资助　中央财政支持地方高校广州大学"工程类专业校企协同育人"建设项目
　　　地理信息科学专业校企协同育人建设项目
　　　广州大学2016年度教材出版基金

不动产测绘

BUDONGCHAN　CEHUI

杨木壮　刘　武　徐兴彬　谢鸿宇
冯艳芬　吴大放　王楚焊　宋榕潮　**编著**
吴　涛　唐　玲　李光灿

中国地质大学出版社

ZHONGGUO DIZHI DAXUE CHUBANSHE

内 容 简 介

本书在充分吸收现有相关教材基本理论和实践知识的基础上,在深度和广度上力求体现学科专业发展前沿,着重在基础理论和实践应用两方面进行系统论述,全面系统地介绍了地籍测绘、房产测绘、宗海测绘等主要不动产测绘的基本原理与方法。全书共分9章,第一章主要介绍不动产的相关概念,第二章至第五章主要介绍地籍、房产和宗海测量、调查及管理,第六章至第七章主要介绍不动产登记与管理,第八章主要介绍不动产权籍调查数据库和管理系统的建设,第九章主要介绍无人机测量技术及方法。

本书可作为土地资源管理专业、房地产开发经营、自然地理与资源环境、人文地理与城乡规划、不动产管理等地学类与资源科学类相关专业的本科教材和参考书,也可供不动产登记、国土资源管理部门及相关工作部门的科技和管理人员参阅。

图书在版编目(CIP)数据

不动产测绘/杨木壮等编著. —武汉:中国地质大学出版社,2016.12(2024.1重印)
ISBN 978-7-5625-3960-5

Ⅰ.①不⋯
Ⅱ.①杨⋯
Ⅲ.①不动产-测绘-高等学校-教材
Ⅳ.①F293.3

中国版本图书馆 CIP 数据核字(2016)第 294248 号

不动产测绘	杨木壮 刘 武 徐兴彬 谢鸿宇 冯艳芬 吴大放 王楚焊 宋榕潮 **编著** 吴 涛 唐 玲 李光灿

责任编辑:舒立霞 党梅梅	组稿:张晓红		责任校对:周 旭
出版发行:中国地质大学出版社(武汉市洪山区鲁磨路388号)			邮政编码:430074
电　话:(027)67883511	传真:67883580		E-mail:cbb@cug.edu.cn
经　销:全国新华书店			http://www.cugp.cug.edu.cn
开本:787mm×1092mm 1/16		字数:538千字	印张:21
版次:2016年12月第1版		印次:2024年1月第7次印刷	
印刷:武汉市籍缘印刷厂		印数:11501-13500册	
ISBN 978-7-5625-3960-5			定价:48.00元

如有印装质量问题请与印刷厂联系调换

前　言

《不动产测绘》主要作为土地与房产测量课程的配套教材，是土地资源管理专业、人文地理与城乡规划管理专业的专业主干课程，也是不动产权籍调查、测量与登记的重要参考。该教材主要论述地籍测绘、房产测绘、宗海测绘等主要不动产测绘的基本原理与方法，在深度和广度上力求体现学科专业发展前沿，着重在基础理论和实践应用两方面进行系统论述。

"土地与房产测量"课程在土地资源管理专业、人文地理与城乡规划管理专业人才培养中具有重要的地位和作用，通过该课程教学，使学生掌握不动产测绘的基础理论及方法，具有分析与解决不动产测绘及管理实际问题的基本能力。

目前，以"不动产"为主题的测量教材主要有《不动产测量与管理》(蓝悦明等，2008)。该教材属于综述性教材，内容宽泛，包括不动产测量与管理的作用、地籍测量与房产测量的方法及手段、土地管理和房产管理的基本原理与方法等。

当前国内不动产测绘方面的教材主要针对地籍测量与管理，相关教材主要分为两大类，一类偏向于地籍管理，另一类偏向于地籍测量。地籍管理的教材主要着重论述地籍的产生与发展、地籍调查的内容与方法、地籍管理的分类与内容以及地籍管理的现代化技术手段，例如林增杰主编的《地籍学》(2006)、苏根成等编著的《地籍管理》(2011)；地籍测量相关教材则主要从土地调查出发，主要涉及有关权属调查、地籍控制测量、界址点测量、地籍图绘制、现代测量技术在地籍测量中的应用等内容，例如李天文等编著的《现代地籍测量》(2004)。

关于房产测量有国家标准《房产测量规范》(GB/T 17986.1—2000)，因此有关这方面的教材主要是基于对国家标准的解析与论述，例如吕永江主编的《房产测量规范与房地产测绘技术》(2001)。此外，现有相关房产测量类的教材也主要是针对中职与高职类学生，例如何霖主编的《地籍与房产测绘》(2014)、侯方国等编著的《房产测绘》(2007)等。

《不动产测绘》是土地资源管理专业、房地产开发经营以及地理与资源类专业建设和人才培养的急需教材。目前国内针对不动产测绘的教材鲜有所见，能把不动产测量基础理论与实践应用相结合且适用于本科教学的教材更是稀缺。因此，编著一本适应新时代发展,有利于培养土地资源管理等相关专业人员加深对不动产籍的认识、强调对不动产籍管理的应用、着重训练不动产测量技术操作等方面的教材迫在眉睫。

本教材的出版具有较好的教学、科研与实际工作基础,已将几年的教学实践作为现有教材的重要补充和实证案例。编著者近年来主持了多项与不动产相关的科研课题,也承担了土地调查与规划、海洋资源等技术咨询服务项目,发表了相关学术论文。编写组主要成员刘武、徐兴彬等在地籍测绘、基础测量等方面具有丰富的经验与成果积累,这些都可以为本教材提供丰富的素材与案例。

本教材在充分吸收现有相关教材基本理论和实践知识的基础上,突出了如下特点:全面系统的地籍测绘、房产测绘、宗海测绘等主要不动产测绘的基本原理与方法,有别于现有教材主要局限于土地与房产测量;在深度和广度上力求体现学科专业发展前沿,着重在基础理论和实践应用两方面进行系统论述;体现不动产测量与管理最新进展,包括政策、理论、方法、成果等;注重实操性,深入浅出,通过典型案例教学及习题设计,使学生掌握若干重要的不动产测绘与管理的专业知识及技能。本教材的出版将对土地资源管理专业及相关资源环境类专业学科发展、人才培养以及不动产测绘、登记与管理工作具有重要的参考作用。

本书在撰写过程中,参阅了大量相关著作、论文及资料,已将引用的主要文献进行标注,如有遗漏,恳请谅解。在此对文献作者表示衷心的感谢!

本教材是中央财政支持地方高校广州大学"工程类专业校企协同育人"建设项目,地理信息科学专业校企协同育人建设项目,以及广东省教育教学改革项目"面向社会需求的应用地理学 BCA 工程人才培养模式构建与实践——以自然地理与资源环境专业为例"的成果之一,也得到了广州大学 2016 年度教材出版基金的资助。

本书由杨木壮、刘武、徐兴彬等编著,参与编写的还有谢鸿宇、冯艳芬、吴大放、王楚焊、宋榕潮、吴涛、唐玲、李光灿,研究生梁俊杰、陈江实浩、何韵等参与了文稿及图件的撰编工作,在此一并深表感谢!

由于编著者水平所限和资料有限,书中不妥之处在所难免,敬请同行专家、学者及读者朋友批评指正。

编著者

2016 年 9 月

目　录

第一章　不动产概论 (1)

第一节　不动产的含义及特征 (1)
一、不动产的含义 (1)
二、不动产的特征 (3)

第二节　不动产的种类 (5)

第三节　不动产管理概念、管理职能与模式及管理特征 (7)
一、不动产管理概念 (7)
二、不动产管理职能与模式 (9)
三、不动产管理的特征 (10)

第四节　不动产管理内容 (12)
一、不动产产权产籍管理 (12)
二、不动产资源的规划管理 (16)
三、不动产交易市场管理 (17)
四、不动产税收管理 (19)
五、不动产经营管理 (21)
六、不动产综合服务管理 (26)
七、不动产资产管理 (27)
八、不动产资源信息化管理 (28)

第二章　地籍调查与管理 (32)

第一节　地籍概论 (32)
一、地籍及其特点 (32)
二、地籍的种类及功能 (33)

第二节　地籍调查 (36)
一、地籍调查概述 (36)
二、初始地籍调查概述 (37)
三、变更地籍调查概述 (41)

四、土地利用现状调查 …………………………………………………… (42)

　第三节　地籍管理 ……………………………………………………………… (47)
　　一、地籍管理的概念及任务 ……………………………………………… (47)
　　二、地籍管理的内容 ……………………………………………………… (48)

第三章　地籍测量 …………………………………………………………………… (53)

　第一节　地籍测量概述 ………………………………………………………… (53)
　　一、地籍测量的概念 ……………………………………………………… (53)
　　二、地籍测量的特点 ……………………………………………………… (53)
　　三、地籍测量的发展概况 ………………………………………………… (55)

　第二节　地籍控制测量基础 …………………………………………………… (57)
　　一、测量坐标系的概念 …………………………………………………… (57)
　　二、高斯投影及其平面直角坐标系 ……………………………………… (58)
　　三、几种国家坐标系简介 ………………………………………………… (64)
　　四、国家测量控制网介绍 ………………………………………………… (66)
　　五、控制测量的一般工作程序与方法 …………………………………… (69)
　　六、地籍控制测量的精度 ………………………………………………… (71)
　　七、地籍控制点的密度要求 ……………………………………………… (71)

　第三节　地籍控制测量方法介绍 ……………………………………………… (71)
　　一、三角形网测量 ………………………………………………………… (71)
　　二、导线测量 ……………………………………………………………… (72)
　　三、GPS 测量 ……………………………………………………………… (75)
　　四、地籍高程控制测量 …………………………………………………… (81)

　第四节　地籍图测绘 …………………………………………………………… (83)
　　一、地籍图基本知识 ……………………………………………………… (83)
　　二、地籍图的基本内容 …………………………………………………… (85)
　　三、地籍图测绘的基本要求 ……………………………………………… (89)
　　四、地籍图测绘的方法 …………………………………………………… (91)
　　五、宗地图测绘 …………………………………………………………… (92)
　　六、农村居民地地籍图测绘 ……………………………………………… (95)
　　七、土地利用现状图测绘 ………………………………………………… (96)
　　八、土地权属界线图的编制 ……………………………………………… (97)

　第五节　界线测量 ……………………………………………………………… (98)
　　一、界线测量的技术要求 ………………………………………………… (98)

二、界址线标定 …………………………………………………………………… (102)

　　三、界线测量的方法 ………………………………………………………………… (102)

　　四、成果整理与检查 ………………………………………………………………… (117)

第四章　房产测绘 ……………………………………………………………………… (120)

第一节　房产测绘概述 ……………………………………………………………… (120)

　　一、概述 …………………………………………………………………………… (120)

　　二、房产测绘的目的和任务 ………………………………………………………… (120)

　　三、房产测绘的作用 ………………………………………………………………… (121)

　　四、房产测绘的内容 ………………………………………………………………… (122)

　　五、房产测绘的委托与承揽 ………………………………………………………… (124)

第二节　房产测绘成果的三种图 …………………………………………………… (125)

　　一、房产分幅平面图 ………………………………………………………………… (125)

　　二、房产分丘(宗)平面图 …………………………………………………………… (126)

　　三、房产分层分户平面图 …………………………………………………………… (126)

第三节　房产面积测算 ……………………………………………………………… (128)

　　一、房产面积测算的一般规定 ……………………………………………………… (128)

　　二、房屋建筑面积测算的有关规定 ………………………………………………… (130)

　　三、用地面积测算 …………………………………………………………………… (135)

　　四、房产测量的精度要求 …………………………………………………………… (136)

　　五、房地产面积计算举例 …………………………………………………………… (136)

第四节　房屋共有建筑面积的分摊计算 …………………………………………… (138)

　　一、共有公用面积的处理原则 ……………………………………………………… (138)

　　二、共有建筑面积的分摊内容 ……………………………………………………… (139)

　　三、共有建筑面积的分摊方法 ……………………………………………………… (139)

　　四、分摊范围 ………………………………………………………………………… (141)

　　五、分摊步骤 ………………………………………………………………………… (142)

　　六、总体分摊方式 …………………………………………………………………… (142)

　　七、功能区划分与局部分摊方式 …………………………………………………… (143)

　　八、共有建筑面积的计算分摊实例 ………………………………………………… (145)

第五节　房产测绘成果的审核 ……………………………………………………… (151)

　　一、审核与测绘的责任区分 ………………………………………………………… (151)

　　二、审核后成果的效力 ……………………………………………………………… (151)

　　三、成果审核机构建设 ……………………………………………………………… (151)

四、审核后对成果存在异议的解决办法 …………………………………………… (151)
　第六节　房产测绘相关的术语解释 …………………………………………………… (151)
　　一、房屋方面 …………………………………………………………………………… (151)
　　二、用地方面 …………………………………………………………………………… (152)
　　三、结构方面 …………………………………………………………………………… (152)

第五章　宗海测量 …………………………………………………………………………… (155)

　第一节　术语和定义 …………………………………………………………………… (155)
　　一、海域 ………………………………………………………………………………… (155)
　　二、宗海 ………………………………………………………………………………… (155)
　　三、宗海内部单元 ……………………………………………………………………… (155)
　　四、界址点 ……………………………………………………………………………… (156)
　　五、界址线 ……………………………………………………………………………… (156)
　　六、标志点 ……………………………………………………………………………… (156)
　　七、标志线 ……………………………………………………………………………… (156)
　　八、宗海图 ……………………………………………………………………………… (156)
　第二节　典型宗海分类 ………………………………………………………………… (156)
　　一、分类原则 …………………………………………………………………………… (157)
　　二、分类体系 …………………………………………………………………………… (157)
　　三、海域使用类型与用海方式 ………………………………………………………… (159)
　第三节　宗海现场测量方法 …………………………………………………………… (164)
　　一、宗海界址界定的基本原则 ………………………………………………………… (164)
　　二、宗海界址界定的一般流程 ………………………………………………………… (165)
　　三、各方式用海范围界定方法 ………………………………………………………… (166)
　　四、各类型宗海界址界定方法 ………………………………………………………… (167)
　　五、海籍测量 …………………………………………………………………………… (172)
　第四节　宗海图编绘 …………………………………………………………………… (177)
　　一、总则 ………………………………………………………………………………… (178)
　　二、宗海图的编绘及要求 ……………………………………………………………… (179)
　　三、成图质量检查 ……………………………………………………………………… (185)
　　四、准确性检查 ………………………………………………………………………… (186)

第六章　不动产登记 ………………………………………………………………………… (188)

　第一节　不动产登记概述 ……………………………………………………………… (188)

一、不动产登记制度 …………………………………………………………………… (188)
　二、不动产登记常用术语 ……………………………………………………………… (189)
　三、不动产登记工作规范性引用文件 ………………………………………………… (189)
　四、不动产登记类别 …………………………………………………………………… (189)
 第二节　不动产权籍调查 …………………………………………………………………… (191)
　一、调查内容 …………………………………………………………………………… (191)
　二、技术路线与方法 …………………………………………………………………… (192)
　三、调查程序 …………………………………………………………………………… (193)
　四、不动产权籍调查数据库和管理系统建设 ………………………………………… (196)
 第三节　不动产单元的设定与编码 ………………………………………………………… (196)
　一、地籍区和地籍子区 ………………………………………………………………… (196)
　二、不动产单元设定与编码 …………………………………………………………… (197)

第七章　不动产面积量算 …………………………………………………………………… (202)

 第一节　不动产面积量算的方法 …………………………………………………………… (202)
　一、面积测算的基本要求 ……………………………………………………………… (202)
　二、面积量算的含义与种类 …………………………………………………………… (202)
　三、面积量算的常用方法 ……………………………………………………………… (203)
 第二节　面积平差与测算精度 ……………………………………………………………… (208)
　一、土地面积平差 ……………………………………………………………………… (208)
　二、控制面积测算 ……………………………………………………………………… (209)
　三、土地面积测算的精度要求 ………………………………………………………… (209)
 第三节　土地面积计算 ……………………………………………………………………… (210)
　一、不同类型宗地面积测算的项目及关系 …………………………………………… (210)
　二、土地面积分摊原则及方法 ………………………………………………………… (210)
 第四节　房屋面积计算 ……………………………………………………………………… (212)
　一、房屋面积计算的一般规定 ………………………………………………………… (212)
　二、房屋面积的计算范围 ……………………………………………………………… (212)
 第五节　其他不动产类型面积计算 ………………………………………………………… (213)
　一、海域面积计算 ……………………………………………………………………… (213)
　二、林地面积计算 ……………………………………………………………………… (216)
　三、草原面积计算 ……………………………………………………………………… (217)
 第六节　不动产面积测算程序与整合 ……………………………………………………… (218)
　一、不动产登记整合的任务与原则 …………………………………………………… (218)

二、土地面积测算流程 …………………………………………………………… (219)
　　三、各类别不动产登记数据整理依据 …………………………………………… (219)
　　四、不动产数据整合流程 ………………………………………………………… (220)

第八章　不动产权籍调查数据库和管理系统建设 ……………………………… (223)
　第一节　不动产权籍调查数据库与管理系统设计 ………………………………… (223)
　　一、建设背景与目的 ……………………………………………………………… (223)
　　二、数据库和管理系统的建设依据 ……………………………………………… (223)
　　三、数据库和管理系统的主要内容 ……………………………………………… (223)
　第二节　建设原则与方法 …………………………………………………………… (225)
　　一、系统建设原则 ………………………………………………………………… (225)
　　二、系统建设方法 ………………………………………………………………… (226)
　第三节　主要功能 …………………………………………………………………… (228)

第九章　无人机测量技术及方法 …………………………………………………… (230)
　第一节　无人机及其应用 …………………………………………………………… (230)
　第二节　无人机摄影测量系统 ……………………………………………………… (234)
　第三节　无人机摄影测量工作流程 ………………………………………………… (235)

附　录 ………………………………………………………………………………… (239)
　附录A　典型宗海界址界定示例 …………………………………………………… (239)
　附录B　海域使用面积测量作业记录表 …………………………………………… (257)
　附录C　海域使用面积测量记录表 ………………………………………………… (258)
　附录D　海籍调查表样式 …………………………………………………………… (259)
　附录E　宗海图编绘图式图例 ……………………………………………………… (262)
　附录F　宗海位置图、宗海界址图、宗海平面布置图版式 ……………………… (263)
　附录G　宗海图范例 ………………………………………………………………… (266)
　附录H　不动产权籍调查表（试行） ……………………………………………… (287)
　附录I　代码表 ……………………………………………………………………… (317)
　附录J　不动产登记证书 …………………………………………………………… (322)
　附录K　不动产测量报告编写要求 ………………………………………………… (324)

第一章 不动产概论

第一节 不动产的含义及特征

一、不动产的含义

(一) 不动产的由来及定义

在国外不动产一词常用 real property 和 real estate,我国把不动产译为 immovable property。不动产一词最早源于英文"不动产"(real estate),这个词实际上产生于西班牙语"真实的"一词,含义是"皇室的"。El Camino Real 就是指皇室的马路,而不动产是指皇室的资产。公元 1500 年左右,农业时代结束,工业时代开始,权力不再基于土地和农业,君主们认识到必须实行土地改革法案,允许农民拥有土地。为此,皇室创造了对土地所有权的"纳税"和"抵押贷款"两种衍生工具,成为让平民融资并获得土地的一种方式。税收和抵押贷款就是不动产的衍生工具。当皇室认识到,金钱不再产生于土地而是产生于土地的"衍生工具"时,君主们建立了银行,让银行管理新增加的事务,即不动产管理。

关于不动产的定义及其范围,各国较多地从民法的角度进行界定。《法国民法典》第 516 条就规定"一切财产,或为动产,或为不动产"。第 518 条将不动产定义为:"土地及其建筑物依其性质为不动产。"瑞士民法将不动产定义为:"不动产登记簿上已登记的独立且持续的权利、矿山、土地的共有关系的所有部分。"《德国民法典》中并没有使用"不动产"一词,而是使用"不可动之物",其通行的解释是"地产",在法典的第 96 条规定:"土地的主要组成部分,为定着于土地的物,特别是建筑物及与土地尚未分离的出产物。"可见,房屋等建筑物是地产的必要组成部分,与土地不可分割,突出了土地作为不动产核心的观念。《意大利民法典》第 812 条的规定是:"土地、泉水、河流、树木、房屋和其他建筑物,即使是临时附着于土地上的建筑物以及在一般情况下那些或是自然或是人为地与土地结为一体的物品是不动产。固定河岩或者河床之上并且为永久使用而建造的磨坊、浴场以及其他漂浮在水面上的建筑视为不动产。"在英国的法律中,不动产与广义的土地等同,是指包括地面、地下和土地上空的一切财产。这里地面上的财产,除主要指房屋外,还包括定着其上的物,如生长着的植物等任何有意置于地表或埋在地下,认为应永远定着于土地上的东西。有的国家法律规定,不动产中包括农作物,有的则不包括,有的对于农作物还区别对待。如在美国法律中,关于植物为动产与不动产的划分标准是:按年计算并以人力生产的各类植物为动产,包括水果、苗圃花卉、短时期内将伐树木及已转卖土地上的已收割或已成熟的农作物。而常年生并立于土壤中的天然植物为不动产，包括乔木和灌木、已转卖土地上生长的树木和无保留条件转卖土地上生长期中的农作物。所以，对不动产和动产的区别，要依据国家、地方法律的规定而确定。尽管各国对不动产的表述不同，但都包含了土地、建筑物及土地上的定着物等基本要素。

我国《物权法》第92条将不动产定义为："不动产是指土地以及房屋、林木等地上定着物。"最高人民法院《关于贯彻执行(中华人民共和国民法通则)若干问题的意见》第186条所作的解释认为："土地、附着于土地上的建筑物及其他定着物、建筑物的固定附属设备为不动产。"建设部2003年发布《房地产业基本术语标准》中对不动产术语的定义为：不动产(immovable property)是指依自然性质或法律规定不可移动的土地、土地定着物、与土地尚未脱离的土地生成物、因自然或者人力添附于土地并且不能分离的其他物，包括物质实体和依托于物质实体上的权益。中国台湾地区《民法典》第66条规定："称不动产者，谓土地及其定着物。不动产之出产物，尚未分离者，为该不动产之部分。"

美国教科书《现代不动产》中对不动产的描述是：不动产是指拥有所有权的事物——所有者可以使用、控制或处置的事物。不动产包括有形土地、建筑物和附属于土地的改良工事，从学术意义上讲，不动产是指内生于不动产所有权的法律权利、权益和利润。也就是说，拥有土地不仅是拥有自然土地，而是拥有在一定限制条件下使用、处置和使用土地的权利。通过立法程序和法庭司法，社会来具体确定这一系列权利，而且随着时间的推移改变这些权利。比如分区规划法令规定，作为住宅的用地就限制其土地主人在这块土地上建立工厂的权利。

我国教科书中对不动产也有相似的定义。在任纪军编写的《不动产经营》一书中认为，不动产又称房地产(Real Estate)，是指土地以及土地上的永久性的附着物，及其所有者权利。在金俭等编写的《中国不动产物权法：原理·规则·适用》一书中认为，不动产是指位置不能移动或者移动位置后会引起性质、形状改变或降低其价值的财产。在牛建高主编的《不动产投资分析》一书中认为不动产是相对于动产而言的，它强调的是财产和权利载体在地理位置上的相对固定性(非移动性)，具体是指土地以及建筑物等土地定着物，是实物、权益、区位三者的综合体，具有自然和经济双重属性。

从上述各定义中，我们可以看到，不动产包含以下三层含义。其一不动产是一种财产，它可能是自然财富，如土地、土壤与植物资源，也可能是人力创造的财富，如建筑物。其二这种财产的位置是不能移动的。土地作为不动产的基础总是固定于地球的某一位置。这类财产一旦移动位置就不是原来意义上的财产，因为这类财产一旦移动位置后，就会引起性质、形状的改变或者会降低其价值。房屋移动后，就不可能保持原来的面貌。当然，随着科学技术的发展，这类财产有的位置移动后，仍能保持原有形状，如活动房。但即便如此，该财产的属性可能就此发生了变化。其三这种财产是以法权形式进行交易，其管理有异于其他的一般动产，是通过系列的衍生物进行经营与管理的。

(二)不动产的两重属性

作为特殊商品的不动产具有自然属性和经济属性两重属性。

从自然属性的角度来考察不动产时，不动产包括土地、建筑物及其他附着物。土地是包含地面、地上空间和地下空间的三维立体空间。建筑物是一种土地定着物，具体是指人工建筑而成，由建筑材料、建筑构配件和建筑设备等组成的整体物，包括房屋和构筑物两大类。其他附着物是建筑物以外的土地定着物,具体是指固定在土地或建筑物上,与土地、建筑物不可分离的物;或者虽然可以分离,但是分离不经济,或者分离后会破坏土地、建筑物的完整性、使用价值或功能,或者会使土地、建筑物的价值明显受到损害的物。例如,排水管道、电力、热力系统、地上建造的庭院、花园、假山、栅栏等。不动产虽然包括土地和建筑物等部分,但并不意味着只有土地与建筑物合成物体时才被称为不动产,单纯的土地或者单纯的建筑物都属于不动产,是不动产的一种存在形态。但在总体上,土地是不动产的主要存在形态。

从经济属性的角度来考察不动产时,不动产作为生产力的组成部分,是一种重要的资产,它总是在一定的社会关系中存在。这时,不动产不仅仅表现为一种物,更表现为一种权益。权益是不动产自然体的衍生物,是无形的、不可触摸的部分,包括权利、利益和收益。权利,即人们拥有的财产权利,在中国目前主要有所有权、使用权、抵押权、租赁权等各种不动产产权。不动产的各种经济活动的实质就是其权属(即产权)的运行过程。用益物权是指对他人所有物在一定范围内进行占有、使用、收益、处分的他物权。其特征为:标的物主要是不动产,以占有为前提,是他物权、期限物权、限制物权,是以使用、收益为目的的独立物权。

从不动产的整体概念来看,不动产交易的标的是不动的土地、土地上的房屋及不可移动的资源物产,而交易的载体是产权及其属性或权利关系。因此不动产的"产"实质体现的是一种权利关系,即产权。其中"房产"与"地产"是不动产涵盖的两种主要内容或形式,所以不动产在国内通常称为房地产,并且以一种产业业态的形式广泛用于经济领域。"地产"一旦作为房地产业开发对象,也必然包括"房产"在内或与房产相联系,任何房地产经济活动最终会形成一定的不动产形式,必然与一定的权利关系或产权关系联系在一起。

从不动产与房地产的关系来看,不同学科是有一定区别的。经济学上认为,不动产与房地产对交易标的及其权属关系的描述是一致的,含义是大致相同的。在法学上,不动产的含义则要比房地产更为宽泛。因为我国从权属的角度来分,房地产仅是指建立在土地之上的房屋财产,它包括了房产与地产。法律规定,土地所有权归国家所有,土地产权只能转让使用权,不能出售所有权。因此房地产是房屋所有权与土地使用权的统一,房地产概念偏重于法律产权的范畴,并且界定清楚,而不动产还包括了非房屋体的土地之上的附着物。在不同国家的体制与法律体系下,所使用的概念有所不同。在我国房地产业中不动产和房地产两个词常可以相互替换使用。本教材所采用的是相对更为宽泛的不动产概念,在书中也同时使用房地产、土地、地产、房产、物业等词。

二、不动产的特征

不动产是一种特殊的商品,除具有一般商品的共性外,还具有许多自身的特征。

(一)地理位置的固定性

土地和建筑物是不动产,具有不可移动性。在交易市场中,流动的不是土地和房屋实体,而是其相关的权益(或权利)。不可移动性是不动产与其他商品最大的区别,因而地理位置的交通通达性、用地性质等均对不动产质量、功能和价格的影响比其他商品更为显著。这也就决定了不动产商品的异质性和市场的地域性。

(二)不可替代性

由于不动产地理位置的不可移动以及地形、地势、周边环境的差异性,因此,每一件不动产商品都是唯一的、独特的、异质的产品,具有不可替代性。相比之下,粮食、煤炭、石油等有形商品或者股票这种无形商品都具有同质性,都是可替代商品,对于购买者来说,得到一批同质商品中的任何一份都是没有任何区别的。不动产交易形态多属个别产品议价成交,不像其他商品(如股票、债券或黄金)有集中交易价格指标,并且这种异质性和一定时期内各个分割市场的小量交易导致信息不畅有关。

(三)消费品和投资品兼备的双重性

消费品即购买者以消费、使用为主要目的商品,如面包、衣服等;资本品则不直接用于消费,它可作为未来生产其他财货的中间投入,如机器、设备等。房地产既可用于居住、生活等消费活动,又可成为投资的工具,随着人口的增长,房地产需求总量在不断增长,而土地总量却是固定的,因此从宏观来看,房地产的价格会不断上升,使房地产具有保值、增值的功能,是现代社会防止通货膨胀及货物贬值的重要工具。由于现实中难以区分房地产的消费性和投资性,人们购买房地产的目的往往两者兼而有之。可见,除黄金及珠宝等外,不动产也是少数兼具消费品与投资品双重特性的资产。

(四)使用功能的多样性

土地和房屋就其本身的性质来说,可以有多种不同的功能,而相同功能用途的房地产,利用方式也可以不尽相同,如一块用于盖房的土地,既可以盖平房、别墅,也可以盖多层建筑。同样,对于房屋而言,也具有功能的多样性,不过其功能的多样性在一定程度上受到土地位置的限制,如位于市中心区的多层商住楼、住宅小区中的洋房与远郊的别墅等。不动产使用功能的多样性,同时也决定了不动产需求的普遍性。引入市场竞争的不动产市场开发,更有利于不动产资源的优化配置与功能多样化。

(五)使用寿命的长期性与永续性

不动产具有不易损坏、经久耐用的特点,如土地是一种不易毁灭的自然资源。在适当的条件下,通过开发和再开发,具有生产能力的永续性。如房屋与建筑体的寿命在70~100年及更长,随着建筑技术水平的提高,不动产的寿命年限会更长。从理论上来讲,在资本的参与下,不动产的权益将可以被无限地交易下去,尤其当房屋的需求与使用过程中的物业管理联系在一起时,不动产的经济寿命将会被延长,由此衍生的整个权利体系,特别是所有权与使用权有可能分离并分开运作,从而产生如出售、出租、抵押、典当等不同的交换方式也具有永续性。

(六)市场信息的不对称性

由于不动产的不可移动性,缺乏集中交易市场,信息来源有限,且其透明度及流通度均比其他商品差,在价格为少数卖方决定的情况下,不动产市场可谓是"不完全竞争市场"。由于这一特性,市场上对于不动产的评价一直无法产生基本价值的共识,民间也习惯于在通货膨胀时期视不动产为良好的保值工具。但类似1997年东南亚金融风暴、2008年国际金融风暴与不动产市场不景气的周期性变动,传统上"有土斯有财"的观念也因此面临前所未有的挑战。

(七)市场开放的不完整性

不动产市场的开放程度是不同的。如个人住房不动产市场开放度较高,而国有、集体或企业所有的其他不动产资源的开放性受政策影响大。

(八)短期供给较无弹性

由于土地供给有限,建设周期较长,因此在需求突然增加的情况下,短期的供给变化并不明显,即短期的供给曲线较为陡峭。正因如此,在需求递增的情况下,不动产价格的涨幅通常也较大。

(九)不动产价值的相关性

不动产的价格除与其本身条件有直接关系外,还往往受周围环境的影响,其价格呈现出很大的相关性。例如,一般情况下,坐落于旧宅区中的新住宅,在其他各种条件相同时,其价格往往低于新宅区的房地产。房地产的这种价值的相关性,使相同区域的房地产价格具有一定的可比性。

(十)不动产的可合并性及可分性

土地及房屋可在一定的条件下进行合并或分割,实现功能的扩大或改变,因而在价格上呈现较大的变化。如较小的两块相邻土地合并后可提高其利用程度,导致地价上升;闹市区将较大的商铺分隔,可以提高利用率,增加租金收入。房地产开发企业可利用不动产的这一特征,做好不动产资源的规划与布局,充分发挥不动产的功能,实现资源的优化配置。

第二节 不动产的种类

不动产是指实物形态的土地和附着于土地上的改良物,包括附着于地面或位于地上和地下的附属物。最为核心的就是地产和房产。根据管理的对象、目标与内容等不同,不动产又可以进行不同的分类。

(一)按不动产的自然属性分类

不动产可分为土地、林木、草原、河流、湖泊及其他土地附着物,并且以土地为基础。

(二)按不动产的利用方式分类

国外土地分类开始较早,到 20 世纪六七十年代就出现了各种土地分类系统,多数以土地利用现状作为分类的依据,具体到各国又有差异。如美国主要以土地功能作为分类的依据,英国和德国以土地覆盖(是否开发用于建设用地)作为分类的主要依据,俄罗斯、乌克兰和日本以土地用途作为分类的主要依据,印度则以土地覆盖情况(自然属性)作为划分地类的依据。

我国土地分类研究起步较晚，主要是在新中国成立以后。我国土地分类原则与国外基本相同，也是以土地利用现状作为分类依据，如土地利用现状调查采用以土地用途、经营特点、利用方式和覆盖特征为分类依据，城镇地籍调查以土地用途为分类依据等。

20世纪80年代以来，我国相继开展了大规模的土地利用分类系统研究。80年代初启动了土地调查工作试点，1986年成立国家土地管理局，颁布《中华人民共和国土地管理法》之后全面开展地籍调查工作。迄今为止，最具代表性和影响力的有5个全国土地利用分类标准，如下：

(1)1984年9月由全国农业委员会制订的《土地利用现状调查技术规程》中的"土地利用现状分类及含义"。

(2)1989年由国家土地管理局发布，并于1993年6月修订的《城镇地籍调查规程》中的"城镇土地分类及含义"。

(3)2001年8月由国土资源部发布的《全国土地分类(试行)》。

(4)2002年1月为保证新旧土地分类体系衔接，由国土资源部颁布施行《全国土地分类(过渡期间适用)》。

(5)2007年8月10日，中华人民共和国质量监督检验检疫总局、中国标准化管理委员会正式发布《土地利用现状分类》(GB/T 21010—2007)国家标准。

《土地利用现状分类》(GB/T 21010—2007)采用二级分类体系，一级类有12个，二级类有57个，严格按照管理需要和分类学的要求，对土地利用现状类型进行归纳和划分。一是区分类型和区域，按照类型的唯一性进行划分，不依区域确定类型；二是按照土地用途、经营特点、利用方式和覆盖特征4个主要指标进行分类，一级类主要按土地用途，二级类按经营特点、利用方式和覆盖特征进行续分，所采用的指标具有唯一性；三是体现城乡一体化原则，按照统一的指标，城乡土地同时划分，实现了土地分类的"全覆盖"。该标准的出台，是我国土地管理的一次历史性突破，是城乡统筹发展以及国家宏观调控等对土地管理工作的必然要求，意味着土地利用现状分类标准从过去的行业标准上升到了国家标准。

(三)按不动产的使用功能分类

不动产可分为住宅用、工业用、商业用、农业用和综合开发区用等，具体每一使用功能的不动产还可进行细分。

住宅用不动产是指提供人类居住功能的不动产，也是一般人对土地的最基本需求。良好的住宅用地应兼具"行"的功能，即对外交通能力；除此之外，应具有与生活功能相关的服务设施或环境，如就业机会、学校、医疗设施、商业设施、水电供应设施、怡人的气候及自然环境等，均是构成良好住宅用地的重要因素。住宅用不动产通常分为高档住宅、普通住宅、公寓式住宅、别墅等。

工业用不动产大多位于工业发达区域，随着我国工业园区的大规模兴建和物流园区、自贸区、保税区等功能区的建设，促进了具有综合配套功能的工业类不动产的出售与出租等管理业务的发展。

农业用不动产是指因城乡二元化结构，除城镇不动产以外的用于大农业生产的土地、林地、草地、水域及其农用设施等。决定土地为农业使用的限制要素为土壤、降雨量、地形、地势及气候等因素，因此适合农业使用的土地要求较多。一旦农地变更为他项用途土地，经开发后,将难以恢复原来的农业用途。近年,随着农用地流转政策的出台,活跃了农用土地市场,但为保护农业生态,国家坚持保护18亿亩(1亩=0.0667公顷)耕地不变的国策。

(四)按不动产的权属主体分类

不动产按权属主体可分为国家所有不动产、集体所有不动产、农民所有不动产、城镇个人所有不动产、企业法人拥有不动产、社会团体依法所有不动产(如国外的教会、福利机构拥有的不动产)、企业法人以外拥有的不动产等。

(五)按不动产的使用形态分类

不动产按使用形态可分为城镇不动产和非城镇不动产。根据我国城乡规划相关法规,在每一区域的发展规划背景下,不动产的使用形态分为城市与乡镇土地利用。城市规划范围内的土地划分为住宅、商业、工业、农业、保护、行政、文教及风景绿化等使用性质与使用容量的管制;而乡镇土地的管制结构乃由直辖市或县市相关部门编定农业保护区、工业区、居住区、森林、山坡及风景区等区域之建筑容积管制,以及农业、牧业、林业、养殖业、盐矿业及水利等用地规范的制约。

(六)按不动产的特殊用途分类

随着不动产市场的发展,为满足社会经济发展及不断增长的人民生活水平的需要,不断产生了经济技术开发区、自由贸易区、旅游地产开发区、养老地产开发区等特殊用途的不动产形态。

第三节 不动产管理概念、管理职能与模式及管理特征

一、不动产管理概念

根据现代管理学过程论的观点,不动产管理是组织(包括政府)或个人以不动产为对象进行的计划、组织、控制等,以达到对不动产资源有效利用目的的过程。从管理的具体内容来看,不动产管理是指对不动产的利用规划、开发建设、交易营销、权属登记、估价、金融融资(证券化)、资产经营与管理(增值)、收益分配(税收)等经济活动,进行计划、组织、监督和控制的一系列活动。在地理学与资源学上,不动产管理注重研究土地作为生产要素的空间分布特征和分类等级,对土地及其附属物的资源要素市场分析较少。而在经济学上则重点体现在对不动产资源的价值管理,因此,不动产管理可理解为对不可移动资产的区位管理、资源管理和价值管理的综合管理。正是如此,在今天地理学的应用领域,在高校的人文地理与城乡规划管理专业,应关注不动产商品的自然属性和经济属性,及其在市场上发挥的经济效益,将不动产资源及其管理作为应用研究的一个主要对象。

随着社会经济的快速发展,我国不动产管理的概念也在不断深化和发展,总结起来有以下六个方面的概念。

(一)不动产的专业化、市场化管理

由美国查尔斯.H.温茨巴奇等编著的《现代不动产》(2001)一书中对不动产管理提出:不动产管理是监管不动产的经营和维护以实现不动产所有者的目标的过程。传统上普遍认为,对不动产的日常管理远不如不动产融资管理更具挑战性。然而随着不动产资产总量的不断提高,在一个成本不断上升的年代,不动产所有者得出了良好的不动产管理是控制剩余现金流(或者最后所有者得到的美元)的一个重要结论。的确,租金率和经营成本在很大程度上是由任何不动产所有人都不能控制的市场因素所决定的。但是也有在相同的区域内,类似的不动产在租金收入和经营费用上存在显著差异的现象。仔细分析发现,原因在于高于平均水平的经营费用和低于平均水平的租金导致了不恰当的不动产管理。

(二)不动产的企业化管理

由任纪军编著的《不动产经营》(2006)一书中描述了不动产相关概念的起源。美国的格里克普是房地产理论界公认的最具有创新精神的思想家,最早提出把不动产视为一个企业,并建立了积极的管理模式。长期以来,格里克普一直致力于将砖头和水泥的不动产概念转变为一个经营实体的概念,也就是将不动产视为与其经营企业相类似、同样具有现金流的一个活生生的企业。将不动产资产看成是企业的概念是理性的,因为企业必须不断地变化才能生存。尽管房地产项目的生命周期很长,而且所处的地段是固定的,但必须意识到对房地产项目的需求是随着时间而变化的。如果房地产开发商意识到他们正在创造一个可持续运营的企业,而不只是砖头和水泥,他们就更可能在建筑设计中加入灵活性,这样才能满足在一个变化的环境中能够长期成功运营的要求。成功的关键是将不动产作为一个经营的企业来看待,要让市场满意就需要广泛的管理。因此,以质量为基础的服务和创造性管理可以使不动产成为一个成功的企业。

(三)不动产日常化管理

金俭在《中国不动产特权法:原理·规则·适用》(2008)一书中认为不动产管理是指传统的不动产日常化管理,通常称为物业管理或物业服务。"物业管理"一词自香港舶来,逐渐被大陆所接受,渐成日常用语。所谓"物业",是指已建成并投入使用的各类房屋、配套设施及相关场地。而物业服务是指业主通过选聘物业服务企业,由业主和物业服务企业按照物业服务合同约定,对房屋及配套的设施设备和相关场地进行维修、养护、管理,维护物业管理区域内环境和相关秩序的活动,以达到物业保值与升值的目的。

(四)不动产的资产管理

我国的不动产市场真正起步阶段是在20世纪90年代。经过二十多年的发展与积累,不动产开发与投资市场发展迅猛,在为国家经济贡献了大量GDP(约1/10)的同时,也造就了空前繁荣和庞大的不动产存量资产市场。所谓不动产的资产管理是指不动产管理者接受资产委托人的委托,依照委托人的意愿或请求,对委托不动产资产进行管理与运作,以实现特定目标的行为。这一特定的目标就是对不动产资产的升值与保值。不动产资产管理包括多个不同层次的管理,如物业管理、设施管理、资产管理和组合投资管理等。然而传统的不动产管理的职

能主要是物业管理,目前资产管理和投资组合管理已经扩展了广义的不动产管理职能的范围,以迎接更大范围的挑战,来适应经济的变化和社会对建筑空间需求的变化。

对于大型的不动产组合投资而言,物业管理者、资产管理者和组合投资管理者彼此之间是有关联的,物业管理关注的是资产的日常管理,资产管理通常需要按照不动产的类型、区位位置等分类组合原则来管理不动产。资产管理者往往通过监控物业的市场表现来确定聘用、解聘或调配物业管理者。资产管理者通常进行不动产的经营并监控物业管理者的行为,指导物业管理者的投入来实现不动产的战略规划。

（五）不动产的资源管理

不动产的资源管理重点是土地资源的管理,包括地籍管理、地权管理、地价管理和用地管理等,并且主要体现在政府行政管理的层面。可见,凡是以拥有不动产资源如国家级公园、文物、大型中心等为主的公共事业机构、公司,如果重视不动产资源管理,则可增加其价值乃至收益。目前关于不动产资源管理的提法并不普遍。1998年国家体制改革,由地质矿产部、国家土地管理局、国家海洋局和国家测绘局共同组建国土资源部。保留国家海洋局和国家测绘局（后更名为"国家测绘地理信息局"）作为国土资源部的部管国家局。各省、市、区县均建立有国土资源管理行政部门,以及不动产资源管理机构。

（六）不动产的信息化管理

不动产的信息化管理是指采用先进的地理信息系统技术和网络管理信息系统技术,建立一套完整的土地房产预售、登记、交易、查询、房地产市场分析、统计信息系统,重点通过"以图管房"的核心理念,实现房地产各项业务的内部联动,以及房管部门和开发单位、广大市民的内外联动,提高不动产管理的效率,实现良好的经济和社会效益。目前主要利用现代遥感技术、GPS技术和土地信息系统技术,来提高不动产利用动态监测的效率和适时性。

从以上的分析可概括出不动产管理的概念为:不动产管理是指对不动产资源的规划与开发利用,不动产的占有、权属登记、交易营销、估价、金融融资（证券化）、资产经营与管理（增值）、收益分配（税收）等经济活动,进行计划、组织、监督和控制,目的是为了获取不动产价值最大化的一系列企业化（组织化）的管理活动。不动产管理包括对不动产的日常管理、资产管理、企业化和信息化管理等现代化管理。

二、不动产管理职能与模式

（一）不动产管理职能

不动产管理都是为了一个共同的目标——为提升物业的价值而协同工作。总的来说,不动产管理职能可概况为以下四个方面。

1. 不动产的规划职能

该职能主要包括土地资源的分类、调查、评价、利用、规划等。

2. 不动产的价值管理职能

该职能主要包括建立企业不动产战略规划,进行持有或销售分析,物业翻新改造及其费用支出的决策,监控物业绩效,与子市场其他同类物业的绩效比较,管理和评价物业管理者、协调客户关系等,以此提高不动产的价值。

3. 不动产的综合服务职能

该职能主要指在不动产管理中的物业管理中,包括联系租户、收取租金、控制运营成本、财务报告和记录保存、物业维护、编制资本性支出计划、危机管理、安全管理、公共关系(租户关系)维护等。

4. 不动产管理中的组合投资管理职能

该职能主要指与投资者沟通,制定组合投资的目标和投资准则;确定和执行组织投资战略;监督获取、处置、资产管理的再投资管理;对组合投资的绩效负责;客户报告与现金管理等。

(二)不动产管理模式

1. 行政管理模式

行政管理是运用国家权力对社会事务的一种管理活动,也可以泛指一切企业、事业单位的行政事务管理工作。现代行政管理多应用系统工程的思想和方法,以减少人力、物力、财力和时间的支出和浪费,提高行政管理的效能和效率。不动产管理中部分由政府职能部门行使职责的,如土地规划利用管理、产权产籍管理等均需要政府的行政管理全面推行。

2. 资本运营模式

所谓资本运营是指以利润最大化和资本增值为目的,以价值管理为特征,将本企业的各类资本,不断地与其他企业、部门的资本进行流动与重组,实现生产要素的优化配置和产业结构的动态重组,以达到本企业自有资本不断增加这一最终目的的运作行为。目前一些大型企业为实现不动产资产增值和利润最大化,成立资源部或物业部门,甚至将该业务剥离,由市场专业化的不动产企业进行管理。

3. 服务经营管理模式

服务经营管理模式是指不动产行业中的物业管理企业和房地产经纪企业等均以提供市场服务,满足消费者服务需求为目的的管理模式。如广州怡城物业管理有限公司成立于1997年,是越秀城建地产旗下从事写字楼、商业广场(购物中心)、城市广场等经营管理的专业公司。怡城物业目前受在香港上市的越秀房地产信托基金委托,为其在广州的上市房地产项目城建大厦、财富广场、维多利广场等物业提供经营管理服务,同时受越秀城建地产委托,经营管理其属下的宏城商业广场、越秀新都会等15个项目,直接经营管理面积达80多万平方米,并先后为锦汉大厦等物业提供物业管理顾问服务,为目前广州市高端商业物业管理规模最大企业。

4. 企业化运营管理模式

企业化不动产管理是指企事业单位因为主营业务而涉及的不动产经营与管理,并以不动产保值、增值为目的的经营活动,主要包括不动产选址、不动产投资、不动产取得方式、不动产处置、不动产证券化、不动产服务等相关活动。如以满足物流业发展需要的物流园区,为了真正达到物流园区开发建设的预期目标,避免出现建起后无人进驻、有场无市的现象而造成资源浪费,就必须运用不动产企业化运营的管理模式,优化物流园区的布局,设计不动产管理营运方案,以吸引广大的物流企业或企业物流入驻园区。

三、不动产管理的特征

改革开放30多年来,不动产管理从非市场化向市场化逐步转变,从政策缺位到逐步健全,随着相关制度的不断完善,不动产管理的特征也日益突显。

(一)不动产的权属特征决定了其管理的基本特征

不动产管理的基本特征受权属特征影响较大。在我国土地是公有的,土地的使用受制于国家对土地使用的规划,而不是土地使用价值的高低,土地利用方式的改变需要进行行政审批。而在美国土地是私有的,对一个地块用途的定位遵从土地价值最高最好的原则,至于土地利用方式的变化,往往要通过听证的过程。

(二)不动产管理实现价值链发展

随着经济的不断增长,不动产业的价值链正在发生变化,根据不动产管理的层次与定位,以价值实现为最终目标的政府服务或不动产运营商的市场选择贯穿不动产生命的全过程。最上游是不动产战略规划,中游是不动产开发与经营,下游是不动产的综合服务,其中投融资服务可贯穿不动产生命的全过程。政府的功能主要体现在规范市场、监控市场,提供政策与咨询服务,且贯穿不动产营运与价值链实现的全过程。

(三)不动产管理主体的多方性

与土地有关的权利和利益主体主要有:中央政府、地方政府、农民、开发商、城市居民、工商企业。在目前的制度下,工业与城市住宅用地等建设用地由地方政府,通常是县市级政府独家供应。地方政府获得土地的途径主要有两个:拆迁旧城区或向农民征用土地。中央政府主要监管地方政府征用土地、出让土地的活动。

(四)不动产管理属于第三产业

从不动产产业本身来看,严格来说它是一个特殊的产业链。不动产之房屋生产的建筑业属于第二产业,而目前房地产业主要从事开发与经营管理,就其本身而言,主要归属于第三产业的服务业。在不动产从自然形态向经济形态的转变过程中,往往处于该产业链的两端。前端是不动产资源市场的管理,主要是不动产资源的调查、利用规划与评估、服务咨询等职能;后端则是不动产开发建设后进入使用周期的交易、评估、权属、税费、投融资等的不动产服务管理。

(五)不动产管理的政府介入

纵观各国的城市管理与不动产管理,政府在一定程度上比较深入地介入不动产管理活动。一方面,不动产的资源性、稀缺性和不可移动性,决定了所有政府均在一定程度上对部分或特定的不动产资源进行统一管控;另一方面,不动产中的住宅房屋是影响民生的重要资源,房地产资源与供求价格的宏观调控是政府作为的一只有形之手;再者不动产的发展与当今社会关注的一些方面,如住房、环境及有害废物等问题相关,故政府的介入是必要的。

(六)不动产管理需要跨学科的人才

不动产涉及的产业链较长,管理范畴较广,必然涉及金融、营销、行政管理、人际关系、政府政策、财税、信息化管理等多方面的问题。不动产管理是要求包括资源管理、行政管理、企业管理、经济管理等各种理论与综合知识体系的一个应用领域,需要跨学科的复合型人才。

第四节 不动产管理内容

一、不动产产权产籍管理

(一)产权、产籍的概念

产权,也叫财产权,被简称为财产,是指"有金钱价值的权利所构成的集合体。"

产权是人们享有其他权利的基础,也是社会的基础。近代以后,在法律上建立一个产权体系,成为一个国家法治化必须完成的使命,产权在某些国家受到宪法保护。在2004年3月,我国全国人大通过的宪法修正案第13条规定:"公民的合法的私有财产不受侵犯。国家依照法律规定保护公民的私有财产权和继承权。"

产权是经济所有制关系的法律表现形式,它包括财产的所有权、占有权、支配权、使用权、收益权和处置权。首先,产权是指财产所有权,即所有权人依法对自己的财产享有占有、使用、收益和处分的权力。其次,产权还指与财产所有权有关的财产权。这种财产权是在所有权部分权能与所有人发生分离的基础上产生的,是指非所有人在所有人财产上享有占有、使用以及在一定程度上依法享有收益或处分的权利。也就是说,所有权是产权的核心。

《牛津法律大辞典》对产权的解释为:产权亦称财产所有权,是指存在于任何客体之中或之上的完全权利,它包括占有权、使用权、出借权、转让权、用尽权、消费权和其他与财产相关的权利。把产权等同于所有权,进而把所有权解释为包括广泛的、因财产而发生的、人们之间社会关系的权利约束。

目前对产权存在两种不同的看法,即产权的核心到底是所有权还是使用权。从目前各国实际的操作来看,还是侧重于产权的所有权。相对于动产,不动产对人们生活影响重大,且具有耐久性、稀缺性、不可隐匿性和不可移动性等特点,故许多国家法律对其均有特殊规定。针对不动产产权的归属进行调查,并记录而形成的图册,即是不动产的产权产籍。

(二)不动产产权与产籍组成

1. 不动产所有权

不动产所有权是动产所有权的对称,是以不动产为标的物的所有权。不动产所有权的特点在于其移转必须采取特定的方式。

所有权,又称"完全物权",是指民法上权利人对标的物可以直接全面排他性支配特定的物的物权。全面支配意味着支配范围的全面性和支配时间的无限性。符合这一特征的物权,只有所有权一种。

法律意义上的所有权,是在一定的历史阶段以所有(支配)为基础的技术概念。也就是说,在商品交换占主导地位的近代社会,在交换的主体之间,必须互相承认对方对于商品这种财富的固有的支配(私有)。这种社会需要的法律形态,就是所有权。因此,普通意义上的所有权是以排他的支配为内容的一种权利。不同的民事实体法对于所有权具体内容的规定也有着一定的差异,所有权也受到法律的一定限制。

相对于动产,不动产的产权类型大致可以分为两类:一是土地的所有权;二是土地上建筑物的所有权。

1) 土地所有权

土地所有权是指土地所有者依法对自己的土地所享有的占有、使用、收益和处分的权利。土地所有者这种占有、使用、收益和处分的权利,是土地所有制在法律上的体现。在我国,土地所有权的权利主体只能是国家和农民集体,其他任何组织和公民个人都不享有土地所有权,即在我国不存在土地所有权的私有形式。

国家土地所有权是指国家对国有土地占有、使用、收益和处分的权利。国家土地所有权的四项权能的实现是通过法律规定的形式将其中占有、使用、收益的权利让渡给使用者,从而与土地的所有权分离,国家仅保留最终的处分权。在一般情况下,由于国家本身不使用土地,因此,除了未利用的土地以外,占有和使用国有土地的权利一般由具体的单位和个人取得。国有土地的收益权能一部分由土地使用者享有,一部分由国家通过收取土地使用税(费)和土地使用权有偿出让的形式来实现。国有土地的处分权主要由国家来行使。由于我国法律禁止土地买卖,国家土地所有权不能流转(与集体所有的土地交换除外),因而国家对国有土地的处分权主要是对土地的使用权而言。

农民集体土地所有权是指农民集体依法对其所有的土地占有、使用、收益和处分的权利。集体土地所有权的主体是农村集体经济组织的农民集体。集体土地所有权是由各个独立的集体组织享有的对其所有的土地的独占性支配权利。根据我国《土地管理法》第8条的规定,属于集体所有的土地,是指除法律规定属于国家所有的农村和城市郊区的土地。集体所有的土地主要是耕地及宅基地、自留地、自留山,还包括法律规定集体所有的森林、山岭、草原、荒地、滩涂等土地。至于法律没有规定为集体所有的森林、山岭、草原、荒地、滩涂等土地,则属于国家所有。

农民集体土地所有权的各项权能可以结合,也可以独立。集体土地所有者有权依法使用自己拥有的土地,集占有、使用、收益和处分的权能于一身。集体土地所有者也可以依法把土地划拨给集体内部成员使用,还可以用土地使用权作为条件与全民所有制或城市集体所有制企业联营举办企业等,使土地的所有权与使用权分离。集体所有的土地在国家征用或其他农民集体依法使用时,集体土地的所有者有要求依法得到补偿的权利。从某种意义上来说,这就是土地所有权中处分权能的实现。

2) 土地上建筑物的所有权

建筑物所有权不可能凭空孤立存在。自《罗马法》以来,法律奉行土地吸收地上物的原则,尚未收割的农作物、生长于土地上的树木、构建于土地上的建筑物都属于土地的成分,甚至于落在土地上的小鸟都要如此认定。这固然较好地保护了土地所有权人的利益,但同时也阻碍了人们投资于他人的土地且保有建筑物所有权的热情和行为,平衡和协调土地所有权人和投资于土地的非所有权人之间的利益,让土地所有权人仅仅取得非所有权人利用土地的对价,使非所有权人保有建造在他人土地上的建筑物的所有权。法律创设了地上权制度,只要非所有权人在他人的土地上取得地上权,建筑物便不被土地所吸收,而是与地上权相结合,成为地上权人的所有物,即土地的所有权和其上的建筑物所有权可以相分离。

我国对土地上建筑物的"地上权",使用了"宅基地使用权""集体土地使用权""国有土地使用权""建设用地使用权"等概念。其中,宅基地使用权作为农户在集体所有的土地上建造住房并保有住房所有权的正当根据,集体土地使用权作为乡镇企业建造建筑物并保有所有权的正当根据,国有土地使用权作为在国有土地上建造建筑物并保有所有权的正当根据。我国《物权法》则放弃了国有土地使用权的称谓,改称建设用地使用权,其目的及功能没有变化。所以"建设用地使用权""宅基地使用权"等,这些专有名词中"使用权"所指的是权属,属物权范围;而其他使用权在一般意义上对不动产所享有的"使用权",其法律性质是债权,这其中大有区别,但却时常被混淆。

3)建筑物区分所有权

随着我国经济和工商业的发展和繁荣,城市人口急剧增加,居住问题日趋突出,对建筑面积的增长需求和土地面积的有限性,都促使建筑物不断向高空立体化发展,产生了诸多居民集中居住于同一高层建筑物内而又分别拥有其单元住宅的情况,而出现一种复杂且特殊的不动产所有权现象。与之相关出现了"建筑物区分所有权"这一概念。这种所有权,既不是建筑物之全部的单独所有权,也不是按份共有或共同共有的建筑物之共同共有权,而是既非单独所有又非共有的区分所有制度。建筑物区分所有权是指业主对建筑物内的住宅、经营性用房等专有部分享有所有权,对专有部分以外的共有部分享有共有和共同管理的权利。根据我国社会的实际需要,《物权法》单独设了一节对"业主的建筑物区分所有权"中的基本问题作了专门规定。建筑物区分所有权属于全体业主共有,主张权利时个人无法主张。

2. 不动产使用权

不动产使用权即使用不动产的权利,包括土地使用权和建筑物使用权。一般法律意义上的不动产使用权是债权。不动产使用权是指不动产的使用者(既包括所有权人,又包括非拥有所有权但依法取得不动产使用权的人)对不动产的占有、使用、收益的权利。因此不动产使用权是广义的使用权,它不仅包括土地使用权,还包括土地、土地上定着物的占有、使用和收益权。随着我国土地制度的改革,土地使用权已经成为我国土地权属的重要内容,并且农村土地流转政策的出台意味着农村集体建设用地使用权可上市流转,但土地所有权性质不变。

根据土地所有权的不同,土地的使用权可以分为国有土地使用权和集体土地使用权;按照土地使用权取得的方式不同,土地使用权可以分为以划拨方式取得的土地使用权和以出让方式取得的土地使用权,前者往往是无偿取得,后者则为有偿取得,是改革开放以来市场化土地开发利用的一种新的用地方式。

以出让方式取得土地使用权的土地根据不同的用途可以进行开发和利用。

(1)利用权。即对享有使用权的土地根据不同的用途可以进行开发和利用。

(2)出租权。土地使用权人在土地的出让期限内可以将土地出租给他人,将土地连同地上定着物交付给承租人使用,而由承租人向出租人支付租金。

(3)抵押权。土地使用权人对土地设定抵押,以担保债务的履行。

(4)转让权。在土地出让的期限内,土地的使用权人可以将土地的使用权转让出去,由受让人支付一定的对价。自此,原土地使用权人丧失对土地的使用权。

3. 不动产他项权利

所有权的两个非常重要的特性是直接支配和排他性处分,这是从所有和使用两个层面来讲的。直接支配反映出所有人对物的绝对权利,而排他处分反映出物在使用、流转的过程中人们所享有的绝对权利。近代以前人们对物是注重所有、占有的,而现在注重的却是流转,重视物在流转的过程中所产生的价值利益,在流转的过程中就衍生出不动产的他项权利。

所谓不动产他项权利是指由不动产的所有权衍生出来的对不动产的处分权利,大致可分为典权、租赁权、抵押权、继承权、地役权等权利。

典权:指不动产所有权拥有者将其不动产典当给他人以获得利益。不动产典当是指承典人用价款从不动产所有人手中取得使用房屋权利的行为。典权是设立在他人所有权之上的,以占有、使用、收益为目的的用益物权。承典人与出典人要订典契,约定回赎期限(即存续期)。到期由出典人还清典价,赎回不动产。典价无利息,房屋无租金。在我国现行法律制度下,国家已规定土地不能作为典权的标的,典权的标的仅限于私有房屋而不包括土地(公有土地不得出典)。

租赁权:指不动产所有权人有将其不动产租赁给他人的权利。不动产租赁,是指不动产所有人作为出租人将其不动产出租给承租人使用,由承租人支付租金的行为。承租人取得不动产使用权后,除租赁合同另有规定外,未经出租人同意不得随便处置所承租的不动产。

抵押权:指在不转移不动产所有权的前提下,将标的物的权利置于他人控制之下,作为担保的一种方式。抵押人仍享有标的物使用与收益的权利,但无权处置。抵押权人也不可以随意处置抵押物。当合同到期时,若抵押人未能达到合同约定,抵押权人可以将抵押物拍卖,并优先获得补偿。

继承权:指不动产作为遗产由继承人按照合法遗嘱或法定继承程序取得的权利。不动产继承同其他遗产继承一样,是指依照法定程序把被继承人遗留的不动产使用权转移归继承人所有的法律行为。不动产继承,是所有权及使用权继受取得方式的一种。主要分为两种形式:一种是法定继承,即死者生前没有交代或立下遗嘱,因此继承的顺序以法律规定的程序进行;另一种是遗嘱继承,即死者在生前留有明确的意愿和指示,指示把自己的遗产死后留给何人继承。不管哪一种继承都需要进行产权转移登记。同时,若分割不动产遗产在客观上可行,且不损害其效用,不影响生产、生活,则可以分割。

地役权:指为了自己使用土地的需要而使用他人土地的权利。构成地役权应有两块地相邻,一为供役地,另一为需役地。地役权可分为:通行地役权,用水、引水地役权,电线架设地役权,观望地役权,日照地役权等。地役权有以下三个特点:地役权不能离开需役地而独立存在,地役权随需役地所有权而产生或消灭;地役权可以有偿设立,也可以无偿设立;地役权因相邻关系中的需要及习惯形成,地役权不得与需役地分离转让,或者作为其他权利(如租赁权、抵押权)的标的物。由于我国实行土地公有制,不存在土地私有,因而不存在为自己的土地便利而使用他人土地的问题。相关的通行、排水等权利义务关系由《民法通则》作为相邻关系加以规定,因此未确立地役权。

4. 不动产产籍

不动产产籍包括房籍和地籍的有机组成。由于房产和地产的不可侵害性,房籍和地籍是统一构成房地产产籍制度的整体。房籍以地籍为基础,由地籍发展而来,地籍包括土地产权的登记和土地分类面积记录等内容,是土地的自然状况、社会经济状况和法律状况的调查、记录和登记。

不动产产籍主要由图、档、卡、册组成。它是通过图形、文字记载、证据等,记录反映不动产产权状况(包括产权权属、交易次数、流转方式等)、使用状况等。随着我国不动产管理信息化建设和不动产登记制度的完善,不动产产籍的内涵、形式会更加丰富与规范。

(三)不动产产权产籍管理

产权管理和产籍管理是不动产权属管理中紧密联系的两项工作。如果没有科学系统的产籍资料,产权管理就无法进行。

产权管理是对权属及其变化的管理,产籍管理是对产权资料档案的管理,二者对象不同,工作程序与方法不同,但是它们之间有着密不可分的联系。一般来讲,产籍管理是产权管理的组成部分,产籍管理部门隶属于产权管理机构,产籍管理应与产权管理协调一致。搞好产权管理为产籍管理奠定了基础,而良好的产籍管理又可保障产权管理工作顺利开展。

产权管理是产籍管理的基础。产权管理中,首先开展的是产权申报登记、房地产测绘等各项产权管理工作,工作中所积累的大量资料即为产籍资料。因而产籍管理工作需在产权管理的基础上进行。产籍资料质量的好坏在很大程度上取决于产权登记工作的质量。没有产权登记等产权管理工作,就不可能有产籍管理工作。

产籍管理为产权管理提供依据和手段。产籍资料记录了各种产权的来源和演变情况,具有档案性质。它来源于产权管理,又服务于产权管理。在审查、确认产权以及处理各种产权纠纷等工作时,必须查询、取证于相应的产籍资料,并以此为依据,按照国家的政策、法规做出处理。

二、不动产资源的规划管理

(一)我国当前土地利用规划的实施管理

为加强土地管理,实施土地利用总体规划,控制建设用地总量,引导集约用地,切实保护耕地,保证经济社会的可持续发展,根据《中华人民共和国土地管理法》《国务院关于深化改革严格土地管理的决定》(国发〔2004〕28号)等法律法规文件,土地利用规划按照年度计划、近期规划(或五年规划)、总体规划三个层次实施管理。

(1)土地利用年度计划,是指县级以上国土资源主管部门根据国家对土地利用年度计划的要求,结合当地社会经济发展的实际情况,对当地计划年度内农用地转用量、土地开发整理补充耕地量和耕地保有量的具体安排。

(2)土地利用近期规划,是指县级以上国土资源主管部门根据土地利用总体规划的要求,结合当地实际情况,对规划期内近期(或五年规划)内农用地转用量、土地开发整理补充耕地和耕地保有量、交通、能源、水利、生态等各级重点建设项目的具体安排。

(3)土地利用总体规划,是指各级人民政府,在一定的规划区域内,根据当地自然和社会经济条件以及国民经济发展的要求,协调土地总供给与总需求,确定或调整土地利用结构和用地布局的宏观战略措施。根据我国土地利用规划相关法规,土地利用近期规划执行完毕,可以开展土地利用规划实施评估,评估结果符合土地利用规划修改的相关规定,可以启动进行土地利用总体规划的调整完善。

(二)城市总体规划实施管理

城市总体规划编制与报批根据社会经济发展状况及城市建设的需要,提请市政府组织编制城市总体规划。市政府下达规划编制计划,提出总体要求,拟定城市总体规划编制任务书,择优委托规划设计单位,签订项目合同书,开展总体规划编制工作。针对编制中的重大问题,由市政府组织有关部门进行综合协调和论证。提请建设部组织召开总体规划纲要审查会,审查规划大纲。提请建设部组织召开总体规划论证会,审查规划方案。报请市城市规划委员会对总体规划方案进行审议,提请市人大审查同意后,依照有关规定上报审批。城市总体规划经上级政府或主管部门批准后,将成果印制、公布、归档并组织宣传和实施。

1. 分区规划编制与报批

市级以下规划局拟定分区规划编制任务书,择优委托规划设计单位,签订项目合同书,提供相关基础资料。组织相关部门对规划设计单位提交的分区规划方案进行初审,形成初审意见。修改完善后形成中间成果。经审核,组织专家及相关部门对中间成果进行评审,形成专家意见和会议纪要。经修改完善后,形成报批成果。报批成果经市规划局审查通过后,拟定上报文件,报市规划委员会审议。经市规划委员会审议通过后,报市政府审批。经市政府批准后,将成果印制、公布、归档并组织宣传和实施。

2. 控制性详细规划的编制与报批

控制性详细规划由市级以下规划局组织编制,必要时可会同有关区政府或业务主管部门共同组织。拟定控制性详细规划编制任务书,择优委托规划设计单位,签订项目合同书,提供相关基础资料。组织相关部门对规划设计单位提交的控制性详细规划方案进行初审,形成初审意见。修改完善后形成中间成果。经审核,组织专家及相关部门对规划中间成果进行评审,形成专家意见和会议纪要。经修改完善后,形成报批成果。报批成果经市规划局审查通过后,拟定上报文件,报市规划委员会审议。经市规划委员会审议通过后,报市政府审批。经市政府批准后,将成果印制、公布、归档并组织宣传和实施。

3. 修建性详细规划的编制与报批

市级以下规划局组织编制修建性详细规划,由市级以下规划局拟定修建性详细规划编制任务书,择优委托规划设计单位,签订项目合同书,提供相关基础资料。其他单位委托单独编制的修建性详细规划,由市规划局下达规划设计条件,并负责组织审查。组织相关部门对所有单独编制的修建性详细规划成果进行审查,必要时邀请专家进行评审,形成会议纪要和专家意见。经修改完善后,形成报批成果。拟定审批意见,报分管局领导审查同意后形成批复意见。经市规划局批准后,将成果印制、公布、归档并组织宣传和实施。

三、不动产交易市场管理

(一)不动产交易的概念

不动产由于其不可移动性、独一无二性等特点,使得它与一般商品不同,不能够集中在某个固定的场所看样订货而完成交易。因此,不动产在交易的过程中,不动产本身并不发生流通,而是不动产的所有权、使用权、抵押权等权利在平等主体之间的流转。

不动产交易是指以不动产为商品进行的买卖、租赁、抵押等各种经营活动的总称,其实质是不动产权利的交换。

(二)不动产交易市场的分类

现代商品经济社会,商品的交易形式多种多样,并且得到不断创新,形式越来越灵活。不动产交易也不例外,为了更深入了解不动产交易市场,探索不动产交易市场的规律,需要对不动产交易市场进行细分,主要有以下几种方式。

1. 根据不动产交易中不动产组成要素的不同划分

(1)土地使用权交易市场。指国家对城市土地使用权的有偿有期限出让,以及获得土地使用权的使用者将获得的土地进行一定程度的开发后,将经过开发的土地的土地使用权有偿转让的交易市场。

(2)房屋所有权交易市场。指将房屋通过以支付对价为代价而取得房屋所有权等权利而形成的不动产交易市场,其流转方式主要包括买卖、租赁、抵押等。

(3)不动产融资市场。是指通过银行等金融机构,用信贷、抵押贷款、住房储蓄、发行股票、债券、期票,以及开发企业运用商品房预售方式融资等形成的市场。

(4)不动产劳务市场。指为保证不动产项目正常运营而进行物业管理的活动,以及室内外装饰、维修、设计等活动的市场。

(5)不动产中介服务市场。指与不动产项目相关的房地产咨询、可行性论证、房地产估价、土地估价、房地产经纪、土地登记代理等中介服务形成的不动产市场。

2. 按交易流转次数划分

根据这种划分标准,可将不动产交易市场划分为不动产一级市场、二级市场和三级市场,具体为:

(1)不动产一级市场。又称土地一级市场(土地出让市场),是土地使用权出让的市场,即国家通过其指定的政府部门将城镇国有土地或将农村集体土地征收为国有土地后出让给使用者的市场。不动产一级市场是由国家垄断的市场。

(2)不动产二级市场。又称增量不动产市场,是生产者或者经营者把新建、初次使用的房屋向消费者转移,主要是生产者或者经营者与消费者之间的交易行为。

(3)不动产三级市场。又称存量不动产市场,是购买不动产的单位和个人,再次将不动产权转让或租赁的市场,也就是不动产再次进入流通领域进行交易而形成的市场,也包括房屋的交换。

(三)不动产交易市场管理的必要性

1. 不动产交易市场管理是由不动产市场本身的特性决定的

(1)不动产交易市场的客体——不动产,是一种稀缺性资源,特别是土地资源,是人类进行各项生产、生活活动必不可少的物质基础,因此,任何一个国家都应对本国的不动产交易市场进行严格管理、监督和调控。

(2)由于不动产的不可移动性(位置固定性),在不动产交易市场上流通的不是不动产本身而是其权利,而不动产的产权及其流转必须在国家法律确认和保护下才能充分实现,因此,不动产交易市场的正常运行离不开国家的管理。

（3）由于不动产尤其是土地具有保值增值特性，不动产交易市场与其他一般商品交易市场相比具有更大的投机性。为此，必须由国家运用各种法律手段、经济手段以及必要的行政手段来抑制各种不动产投机行为，管理不动产交易市场。

2. 不动产交易市场中出现的问题也要求加强不动产交易市场管理

（1）不动产资源配置不合理。首先，城市土地"优地劣用"现象普遍，土地利用效率低下，同时，城市规模仍然不断向外扩张，导致城市郊区耕地大幅下降，"摊大饼"式的外延扩张与城市内部的低效率土地利用形成鲜明对比。其次，一方面商品房大量空置，而另一方面商品房价格居高不下，刚性需求得不到满足。再次，区域之间无序竞争、低水平的重复建设，导致产业结构趋同，城市不动产宏观配置不合理。这些问题都充分说明当前不动产资源配置尚不合理，需要加强宏观管理和调控。

（2）不动产收益分配不合理。国有土地收益大量流失，一些地方政府为了尽快吸引更多外资，盲目实行地价优惠政策，有的地价之低不足以补偿征地费用，不仅造成国家巨额土地收益流失，而且由此导致大量"失地农民"的出现，产生了严重的社会问题。目前，尽管我国工业用地出让推行招标、拍卖和挂牌方式，实际以挂牌居多，协议方式限行，但工业用地出让溢价率不高。以广东省工业较发达城市中的中山市和东莞市为例，2009～2013年工业用地出让溢价率均低于10%，工业物业土地出让成本优势明显。

四、不动产税收管理

(一) 不动产税收制度及其发展

1. 我国不动产税收的演变

在中国税收史上，长期作为地方税的主要税种并构成主要收入来源的房地产税收有房捐、契税、地价税、土地增值税、市地税和房产税等。

随着国民经济的逐步复苏以及不动产交易的发展，1997年7月，国务院发布《契税暂行条例》并于同年10月1日起开始实施，在全国范围内恢复开展契税征收管理工作，使契税由此成长为颇具增长潜力的地方税种。

1993年12月，国务院发布《营业税暂行条例》，对于转让土地、房屋等不动产的行为征收营业税。同时发布《土地增值税暂行条例》，开始征收土地增值税。2006年12月，国务院发布的《城镇土地使用税暂行条例》，对外商投资企业、外国企业征收城镇土地使用税。2007年12月，国务院发布的《耕地占用税暂行条例》，对外商投资企业、外国企业征收耕地占用税。至此，我国不动产税收体系得以完善并最终确立。

2. 我国不动产税收制度

财产税是现代税制体系的三大支柱之一，而不动产税则是财产税系中最重要的税种，它是以土地及建筑物等不动产为课税对象的税收。我国现有不动产税主要包括耕地占用税、契税、土地增值税、房产税和城镇土地使用税。从不动产税费体系上讲，现行体制主要存在税费繁杂，种类过多，费大于税，房地产各环节之间的税收负担不平衡等问题。从不动产保有环节的税制体系来看，现行体制主要存在税制不统一，房产、地产分设税种，计税依据不合理，税基过窄等问题。

(二)税收制度的构成要素

税收制度的构成要素主要包括课税对象、纳税人、税率、税目、纳税环节、纳税期限和减免税等。其中征税对象、纳税人和税率,是构成税收制度最基本、最主要的因素,称为"税收三要素"。

(1)课税对象。又称课税客体,是指税法规定的目的物,是征税的根据。通过确定课税对象,解决对什么征税的问题。每一种税都有自己的课程对象,否则,这种税便失去了存在的意义。课税对象随着生产力的发展变化而变化。在自然经济中,土地和人丁是主要的课税对象,在商品经济中,商品的流转额、企业的利润所得和个人所得是主要的课税对象,如我国城市商品房购买流通过程中,房屋建筑或土地就是课税对象。

(2)纳税人。又称纳税主体,是指税法规定的直接负有纳税义务的单位和个人,纳税人可以是自然人,也可以是法人。自然人是指依法享有民事权利并承担民事义务的公民个人,如我国城市居民首次购买商品房的业主需要按照要求缴纳契税,业主就是商品房契税的纳税人。法人是指依法成立并能独立行使法定权利和承担法定义务的社会组织,主要是各类企业,如我国国有企业、集体企业、外资企业、民营企业等都是企业所得税的纳税人。

(3)税率。是税额与征税对象之间的比例。税率的高低,直接关系到国家的财政收入和纳税人的负担。税率可分为比例税率、定额税率、累进税率。比例税率即对同一课税对象,不论其数额大小,统一按一个比例征税,同一课税对象的不同纳税人税负相同。比例税率具有鼓励生产、计算简便、便于征管的优点,一般应用于商品课税。如广州市2016年2月22日起,规定对于首套住房,90平方米以上住房税率是1.5%;对于第二套改善性住房,规定90平方米及以下的税率是1%;规定90平方米以上的税率是2%。再如企业所得税、增值税等都是按照比例征收的。定额税率是按征税对象的一定计量单位直接规定应纳税额,而不是规定征收比例。按征税对象的计量单位直接规定应纳税额的税率形式。我国现行资源税就属于定额税率,如原油$8\sim30$元/t,天然气$2\sim15$元/km^3等。累进税率是按课税对象数额的大小划分若干等级,每个等级由低到高规定相应的税率。课税对象数额越大,税率越高;数额越小,税率越低。它有利于调节纳税人的收入和财富,通常多用于所得税和财产税,如个人所得税、遗产税等都是累进税率。

(4)税目。是税法中规定的应当征税的具体物品、行业或项目,是征税对象的具体化,它规定了一个税种的课税范围,反映了课税的广度。列入税目的就是应税产品或项目,没有列入税目的就不是应税的产品或项目,这样征税的界限就十分明确。

(5)纳税环节。是在商品流转过程中应当缴纳税款的环节。商品从生产到消费要经历许多流转环节,例如工业品一般要经历生产制造、批发、零售等环节;农产品一般要经历生产、收购、调运、批发和零售等环节。对上述各个环节具体确定在哪个环节缴纳税款,这是一个比较特殊而又十分重要的问题,关系到税制结构调整和整个税收体系的布局;关系到税款能否及时足额入库,国家财政等能否得到保障;关系到地区间对税款收入的分配,等等。

(6)纳税期限。是指纳税单位和个人缴纳税款的期限。规定纳税期限的目的主要是为了保证税款及时入库。比如,企业所得税在月份或者季度终了后15日内预缴,年度终了后5个月内汇算清缴,多退少补;营业税的纳税期限分别为5日、10日、15日或者一个月,纳税人的具体纳税期限,由主管税务机关根据纳税人应纳税额的大小分别核定,不能按照固定期限纳税的,可以按次纳税。纳税期限是税收强制性、固定性在时间上的体现。任何纳税人都必须如期纳税,否则就违反了税法,将会受到法律制裁。根据《中华人民共和国契税暂行条例》(国务院令〔1997〕第 224 号)第八条规定,契税的纳税义务发生时间,为纳税人签订土地、房屋权属转移合同的当天,或者纳税人取得其他具有土地、房屋权属转移合同性质凭证的当天。根据《中华人民共和国契税暂行条例细则》(财法字〔1997〕52 号)第十八条规定,条例所称其他具有土地、房屋权属转移合同性质凭证,是指具有合同效力的契约、协议、合约、单据、确认书以及由省、自治区、直辖市人民政府确定的其他凭证。根据上述《契税暂行条例》第九条规定,纳税人应当自纳税义务发生之日起 10 日内,向土地、房屋所在地的契税征收机关办理纳税申报,并在契税征收机关核定的期限内缴纳税款。

(7)减免税。是对某些纳税人或课税对象的鼓励或照顾措施。减税是减征部分应纳税款;免税是免征全部应纳税款。减税免税规定是为了解决按税制规定的税率征税时所不能解决的具体问题而采取的一种措施,是在一定时期内给予纳税人的一种税收优惠,同时也是税收的统一性和灵活性相结合的具体体现。纳税人申请享受税收优惠的,根据纳税人的申请或授权,由购房所在地的房地产主管部门出具纳税人家庭住房情况书面查询结果,并将查询结果和相关住房信息及时传递给税务机关。暂不具备查询条件而不能提供家庭住房查询结果的,纳税人应向税务机关提交家庭住房实有套数书面诚信保证,诚信保证不实的,属于虚假纳税申报,按照《中华人民共和国税收征收管理法》的有关规定处理,并将不诚信记录纳入个人征信系统。如广州市 2016 年 2 月 22 日起,规定个人将购买超过 2 年(含 2 年)的住房对外销售,应持其取得的房屋产权证或契税完税证等证明材料,向地方税务部门申请办理免征营业税手续,凡符合规定条件的,给予免征营业税。

五、不动产经营管理

不动产开发经营管理企业根据其自身的不动产状况以及所处的市场竞争环境,对自身的长期发展进行战略性规划部署,制定企业远景目标,并按经营目的,以不动产作为核心,合理地组织运用其他企业资源,获得尽可能多的产出和尽可能高的经济效益,并为社会创造尽可能多的物质财富,这种经营活动就是不动产经营管理。不动产经营是企业(包括非营利组织)经营管理的重要组成部分。主要包括不动产租赁管理、不动产投资管理、不动产融资以及不动产抵押等内容。

(一)不动产租赁管理

1. 不动产租赁的含义

通常意义的不动产租赁指的是房屋租赁,即房屋所有权人作为出租人将其房屋出租给承租人使用,由承租人向出租人支付租金的行为。房屋租赁是不动产市场中的一种主要交易形式。在租赁市场上,业主或业主的代理人为了某种利益,授权租用者在规定的期限内占用不动产的权利时,租赁便产生了。

不动产租赁是商品交换的一种形式,其核心问题是租金问题,即不动产所有权人作为出租人把标的物在一定时期内的使用权一次或多次出租给承租人,承租人按照双方约定的期限和数额,向出租人支付房租作为购买一定时期的不动产使用权的行为。其中,出租人是房屋的供应者,承租人是房屋的需求者,房租是双方商品交换的价格。物业所有权人是为获得经济收入而出让物业的使用权,而使用权人则是为使用物业而以协商租金为代价向所有权人或经营者承租物业。租赁合同规定了业主和租户双方的责任,租户只拥有暂时的物业占有权,而没有所有权。除房屋租赁外,不动产租赁包括对土地、房产和其他不动产的租赁行为。

2. 不动产租赁的分类

1)土地租赁

随着土地使用制度改革的深化,我国国有土地有偿使用的方式存在着两种不同的方式,一种是国有土地租赁,另一种是国有土地使用权出租。国有土地租赁是指某一土地的所有者与土地使用者在一定时期内相分离,土地使用者在使用土地期间向土地所有者支付租金,期满后,土地使用者归还土地的一种经济活动。国有土地使用权出租是指土地使用者将土地使用权单独或者随同地上建筑物、其他附着物租赁给他人使用,由他人向其支付租金的行为。原拥有土地使用权的一方称为出租人,承担土地使用权的一方称为承租人。

土地使用权出租不是单一的出租土地,而是出租人将土地使用权连同地上建筑物及其他附着物租赁给承租人使用、收益,承租人以支付租金为代价取得对土地及地上建筑物、其他附着物的使用及收益的权利。出租人和承租人的租赁关系由双方通过订立租赁合同确定。土地使用权出租的标的物具有复合性,即不仅包括土地使用权,还包括土地上的建筑物及其他附着物。土地出租一般是同房屋租赁结合在一起的。

2)房产租赁

不动产租赁市场需求是指不动产租赁需求者顾客在一定的地区、一定的时间、一定的市场营销环境和一定的市场营销方案下愿意且能够租赁不动产的数量。行内普遍有一个共识,住宅租赁市场需求代表房地产市场的真实需求与购买力水平。房屋租赁作为一种特定的商品交易的经济活动形式,它具有以下特征:房屋租赁的标的是作为特定物的房屋;房屋租赁让渡的是物业使用权而不是所有权;租赁双方都必须是符合法律规定的责任人;租金的合理确定是物业租赁的核心问题;房屋的租赁关系是一种经济的契约关系。《中华人民共和国合同法》第二百一十四条规定:租赁期限不得超过二十年。超过二十年的,超过部分无效。租赁期限届满,当事人可以续订租赁合同,但约定的租赁期限自续订之日起不得超过二十年。所以除特别主体以外,其他一般主体订立的合同不得超过二十年,超过二十年的,超过部分无效。因此,房屋租赁期限由租赁合同约定,最长租赁期限不得超过法律规定的最高年限。具体来说,房屋租赁的最长期限为二十年,如超过二十年,则超出部分为无效合同。

3. 不动产租赁的管理

不动产租赁是一种民事法律行为,不动产租赁的管理具有一定的法律特征,主要表现在以下几个方面。

1)不动产租赁的标的物是特定物

不动产租赁的标的物是出租人合法持有的不动产,是租赁双方权利义务共同指向的对象。不动产租赁不同于其他财产租赁,出租人只能向承租人提供特定的不动产,租赁期限届满,承租人必须将原不动产交还出租人。

2)不动产租赁的期限性

租赁期限是出租人与承租人权利义务开始与终止的界限,也是区分责任的时间依据。在租赁期限内,出租人不得收回不动产,如有特殊原因要收回不动产,应与承租人协商,并取得承租人同意,承租人有权要求出租人赔偿因提前收回不动产而对其造成的损失。租赁期限届满,房屋租赁关系即行终止。

3) 不动产租赁是一种双务有偿的债权关系

在不动产租赁关系中,出租人负责如期交付租约所规定的不动产给承租人使用。承租人负有按期交付租金,并不得毁损、转让、转租租赁的不动产的责任。

4) 不动产租赁是一种要式行为

不动产租赁是一种重要的民事法律行为。目前我国还没有出台专门的法律来规范不动产租赁行为。但在《中华人民共和国城市房地产管理法》和各部门规章制度中对此行为进行了严格的法律界定。在十八届三中全会之后,国务院常务会议即决定整合不动产登记职责、建立不动产统一登记制度。会议指出,整合不动产登记职责、建立不动产统一登记制度,是国务院机构改革和职能转变方案的重要内容,也是完善社会主义市场经济体制、建设现代市场体系的必然要求。

(二) 不动产投资管理

不动产投资,是指投资者为了获取预期不确定的效益而将一定的资本收入转为不动产,以获得最大限度利润的经济经营行为,包括不动产的开发、经营、中介服务、物业管理服务等经济活动。

1. 不动产投资的特征

与一般投资相比,不动产投资具有以下特征:不动产投资对象的固定性和不可移动性;高成本性;长周期性;低流动性和高保值性;高风险性;强环境约束性。

2. 不动产投资的优点

与其他项目投资相比,不动产投资具有以下优点:不动产具有不断增值的趋势;不动产投资风险相对较小,具有保值增值作用;改变不动产投资方式可以合理避税。

3. 不动产投资的缺点

与其他项目投资相比,不动产投资具有以下缺点:流动性差;投资风险大。不动产不同于其他金融产品,可随时变现或较容易变现,一般出售或出租都需要一定的时间,甚至可能要损失收益乃至亏损才能达到快速变现的目的。不动产投资额比较大,而且不动产投资是一项政策性很强的经济活动,如土地政策、城市规划、房地产税收、租金管制等的变化,都可能给不动产投资者带来一定的风险。

4. 收益性不动产的投资管理

收益性不动产,又称投资性不动产,是指为赚取租金或资本增值,或两者兼有而持有的不动产。收益性不动产应当能够单独计量和出售。投资收益性不动产属于正常经营性活动,形成的租金收入或转让增值收益可以确认为企业的主营业务收入。但对于大部分企业而言,是与经营性活动相关的其他经营活动。

在我国,收益性不动产主要包括:已出租的土地使用权、持有并准备在增值后转让的土地使用权和已出租的建筑物。自用不动产和作为存货的不动产则不属于收益性不动产。

已出租的土地使用权:是指企业通过出让或转让方式取得并以经营租赁方式出租的土地

使用权。企业计划用于出租但尚未出租的土地使用权则不属于此类。

持有并准备在增值后转让的土地使用权:是指企业取得的、准备在增值后转让的土地使用权。按照国家有关规定而认定为闲置土地的,则不属于此类。

已出租的建筑物:是指企业拥有产权的、以经营租赁方式出租的建筑物。包括自行建造或开发活动完成后用于出租的建筑物。企业以经营租赁方式租入再转租的建筑物不属于此类。

(三)不动产融资管理

1. 不动产融资的含义与方式

不动产融资是指在不动产开发、流通及消费过程中,通过货币流通和信用渠道所进行的筹资、融资及相关服务的一系列金融活动的总称。包括资金的筹集、运用和清算。这是从宏观广义的角度来定义。而在实际运作、研究时,我们更倾向于微观狭义概念。从微观狭义概念上来看,不动产融资是指不动产企业及不动产项目直接和间接融资的总和。在市场经济条件下,不动产投资者主要通过金融市场实现资金的融通。金融市场交易的标的物是各种金融合同。金融合同的实质就是将资金的融通关系变成书面形式并通过法律手段予以保证。通常,不动产金融市场的融资方式有两种:直接融资和间接融资。直接融资是指筹资者直接从最终投资者手中筹措资金,双方建立起直接的借贷关系或资本投资关系;间接融资是指筹资者从银行等金融机构手中筹措资金,与金融机构形成债权债务关系或资本投资关系。就具体的融资方式来看,主要有以下几种:

(1)银行信贷。指银行以借款人或第三者拥有的不动产作为抵押物而发放的贷款。抵押物担保的范围包括银行不动产抵押贷款的本金、利息和实现抵押物抵押权的费用及抵押合同规定的其他内容。不动产抵押人在抵押期间不得随意处置受押不动产,受押不动产的贷款银行作为抵押权人有权在抵押期间对抵押物进行必要的监督和检查。

(2)股票融资。包括上市融资和增发、配股再融资。股票融资额较大,但门槛较高,股票融资在不动产融资中所占的比重较小。

(3)债券融资。不动产融资的另一条传统途径是发行企业债和公司债。但国家对债券发行主体有严格的条件限制,债券市场规模小,债券融资比例很低,发展也较为缓慢。

(4)其他融资方式。如项目融资、不动产信托与租赁、不动产证券化等。

2. 不动产抵押

不动产抵押,顾名思义,是指以其合法的不动产为抵押标的物而设立,以不转移占有的方式向抵押权人提供债务履行担保的抵押行为。它是一种物权担保,抵押人可以不转移不动产的占有即可达到担保的目的,因此经常在融资上运用。但债务人(不动产抵押人)不履行债务时,抵押权人有权依法以抵押的不动产拍卖所得的价款优先受偿。

根据标的物不同可将不动产抵押大致划分为两种:土地使用权抵押和房屋所有权抵押。以土地使用权作抵押,其地上建筑物、其他附着物随之抵押;以房屋所有权作抵押,其占用范围内的土地使用权也同时抵押。以依法获准尚未建造的或者正在建造中的房屋或者其他建筑物抵押,当事人办理了抵押物登记的,则为不动产抵押权的效力所及。简单说,即无法将土地和建筑物分开单独进行抵押。所以,基于主物之处分及于从物的原则,实行不动产抵押权拍卖时,其效力自应及于房地产的从物,不动产抵押权的效力也及于从权利。

3. 不动产融资新发展——不动产证券化

将不动产的价值形态由实物转化为证券,以投资和回报利率为基本价值杠杆,推动不动产的增值,这就是不动产证券化。

由于当前房地产融资主要渠道还是银行,这种状况在短时间内难以改变。中国投融资是一个高度管制的行业,其中四大国有商业银行占据了绝大部分的市场份额,是各行业融资的主渠道。目前,中国商业银行资产 280 000 亿元左右,中国的信托机构、证券机构、保险机构所有的资产加起来不到商业银行的 1/10。特别在房地产领域,其他融资方式如上市比较严格,发行企业债也比较困难,产业基金尚未得到法律保护,这对于地产企业所急需短期资金的状况来说是难以解决实际问题的。因此开发企业更是高度依赖于银行信贷发展。

与传统的不动产融资方式相比,不动产证券化金融创新成本低、风险小、流动性大。更重要的是,这种金融创新有助于吸引中、小投资者进行不动产投资,从而为不动产市场的发展获得长期、稳定的资金来源。不动产证券化的重点在于结合不动产市场与资本市场,使不动产价值由固定的资产形式转化为资本形式,使小额投资者可参与不动产投资,而不动产市场本身也可扩大资金来源。

4. 房地产投资信托基金

房地产投资信托基金是一种以发行收益凭证的方式汇集特定多数投资者的资金,由专门投资机构进行房地产投资经营管理,并将投资综合收益按比例分配给投资者的一种信托基金。

房地产投资信托业务最早源于美国。房地产投资信托基金早期的定义为"有多个受托人作为管理者,并持有可转换的收益股份所组成的非公司组织",由此明确界定为专门持有房地产、抵押贷款相关的资产或同时持有两种资产的封闭型投资基金。从国际范围看,房地产投资信托基金是一种以发行收益凭证的方式汇集特定多数投资者的资金,由专门投资机构进行房地产投资经营管理,并将投资综合收益按比例分配给投资者的一种信托基金。

(四)不动产资本经营

1. 不动产资本经营的内涵

不动产资本经营,又称不动产资本营运、运作,是指以利润最大化和不动产资本增值为目的,以不动产价值管理为特征,将不动产资本不断地与其他类型的资本进行流动和重组,实现生产要素的优化配置和产业结构的动态重组,以达到自有资本不断增加这一最终目的的运作行为。这一定义包含有两层意义:第一,不动产资本经营是市场经济条件下社会配置不动产资源的一种重要方式,它通过资本层次上的不动产资源流动来优化社会的资源配置结构;第二,从微观上讲,不动产资本经营是利用市场法则,通过资本本身的技巧性运作,实现不动产资本增值、效益增长的一种经营方式。

不动产资本经营的主体可以是不动产资本的所有者,也可以是不动产资本所有者委托或聘任的经营者,由他们承担不动产资本经营的责任。不动产资本经营往往不单单是其本身,还需要其他各种形态的资本组合参与,同其他生产要素相互组合,优化配置,并投入到某一经营领域、产业之中,或多个经营领域、产业之中,才能发挥资本的功能,有效利用不动产资本的使用价值。

2. 不动产资本经营的目的

不动产资本经营的目的与其他资本经营的目的相似,都是为了实现不动产现存资本最大限度的增值,利润最大化。主要体现在三个方面:利润最大化、股东权益最大化、不动产价值最大化。企业在不动产资本运营过程中,不仅要注重利润和股东权益的最大化,更要重视企业不动产价值的最大化。

3. 不动产资本经营的特征

不动产资本经营与其他类型的资本经营有紧密联系,但也存在着区别。具体说,具有以下三大特征:①低流动性;②增值性;③风险性。

4. 不动产资本经营的分类

随着我国市场经济的发展和成熟,企业以资本形式优化配置,增强核心竞争力,最大限度地实现增值。最常见的两种经营类型有不动产资本扩张型与不动产资本收缩型。

(1)不动产资本扩张型经营。指在现有的不动产资本结构下,通过内部积累、追加投资、兼并收购等方式,使企业实现不动产资本规模的扩大。

(2)不动产资本收缩型经营。指企业为了追求企业不动产价值最大化以及提高企业运行效率,把自己拥有的部分不动产转移到公司之外,从而缩小公司不动产的规模。

六、不动产综合服务管理

不动产综合服务管理是指为满足不动产之房屋产权人或使用者的服务需求,保证物业正常运转,发挥物业基本功能的公共服务、常规服务和特约服务,包括适应现代物业发展趋势的设施管理。综合服务管理既是不动产管理的基础性服务,又是专业化程度较高的服务,包括物业服务管理、现代设施管理和房地产经纪三大服务内容。物业服务管理涵盖不动产项目的各类日常管理的内容;现代设施管理是楼宇现代化、自动化、智能化建设趋势下的新型服务模式;房地产经纪则是一项历史悠久的不动产管理服务。

1. 物业服务管理的含义

在美国,real property 或 real estate 被称为不动产,我国在房地产服务管理中经常使用物业一词。1994 年,中华人民共和国建设部颁布第 33 号令《城市新建住宅小区管理办法》,在全国范围全面推进物业管理服务。第一部《物业管理条例》于 2003 年颁布。2007 年 3 月 16 日全国人民代表大会通过了《中华人民共和国物权法》,随后,国务院颁布〔2007〕第 504 号《国务院关于修改〈物业管理条例〉的决定》,将物业管理改为物业服务。建设部则在 2007 年 164 号令《建设部关于修改〈物业管理企业资质管理办法〉的决定》中明确,"物业服务企业,是指依法设立、具有独立法人资格,从事物业管理服务活动的企业。"从此,物业服务走向市场化和规范化管理。广义的物业服务泛指一切有关房地产开发、租赁、销售及售租后的服务。狭义的物业服务则指建筑物的管理、维修及相关机电设备和公共设施的管护,治安保卫、清洁卫生、绿化等服务内容。

2. 物业服务管理的内容

1)建筑物管理

建筑物是物业服务的核心对象。传统的房屋管理其主要内容就是建筑物的管理。现代建筑投入大、价值高,功能先进、使用寿命长,在管理上的要求更高。对建筑物的管理包括档案资料管理、质量管理和修缮管理三大部分。

2) 物业设备管理

物业的设备设施包括给排水设备,供配电、照明等用电设备,供暖与燃气设备,消防设备,通信设备和智能化管理系统等。物业设备管理指根据设备的性能,按照一定的科学管理程序和制度,以一定的技术管理要求,对设备进行日常养护、维修与更新。

3) 环境管理

在物业服务管理中,环境管理包括绿化管理、车辆管理和环境卫生管理。

4) 安全管理

安全管理是一个广义的概念,包括日常的治安管理、消防管理和突发事件的处理等。

5) 居住行为管理

居住行为的管理包括业主及非业主使用人的信息管理、情感管理和规范管理。

6) 共同事务管理

共同事务管理包括临时管理规约与管理规约、管理规定与《用户手册》、业主投诉与纠纷管理等。

七、不动产资产管理

(一)不动产资产管理的含义

不动产作为一种有形资产,不仅是人类赖以生存和发展的物质基础,而且通过合理的开发利用,能够为社会带来巨额收益。因此,要从不动产资产的特性出发,对其实施资产化管理。

从国家行政管理的角度来看,不动产资产管理是指国家对不动产资产的占有、开发、利用、流转和收益分配等经济活动,进行计划、组织、监督和控制的一系列活动。对不动产实行资产化管理的实质是对属于国家、集体和个人所有的不动产实施所有权管理,其核心是以产权职能规范政府的管理行为,以合理的产权制度引导不动产使用者的经济行为。从不动产权益的角度看,不动产资产管理是指不动产的资产所有人自己或委托专业机构对其有形的房地产资产进行管理,以实现资产所有人所期望的资产增值目标的行为。

(二)不动产资产管理的特点

1. 服务于不动产资产增值的整条产业链

不动产资产管理是一个针对资产的管理增值过程,其中包括了一系列密切相关的管理、增值活动,从房地产资产或项目并购前的战略管理到房地产资产或项目并购再开发中的项目咨询,再到房地产资产或项目并购后的市场整合及营销管理,形成了一个严密的服务于房地产资产增值的完整管理链条。

2. 不动产资产管理是一个系统行为

为区别于传统房地产行业的一次性开发获利行为,不动产资产管理要求在资产管理过程中,做好每一环节的工作。不动产资产管理是针对房地产资产进行的一系列收购、转让、经营、管理、开发等管理行为,要求资产管理中的各组织部门要达到有效协调、沟通,充分发挥团队精神及作用。

3. 不动产资产管理的核心任务是实现不动产资产增值

不动产资产管理过程是以资产增值为核心进行的管理过程,而不动产资产管理企业则是以最大限度地增加股东价值为目标的企业。以资产增值为核心的房地产资产管理行为不仅仅是某些解决方法的简单运用过程,而是通过不动产资产管理使企业建立自身强大的投融资实力、解决经济法律问题的专业能力和对市场问题的良好解决能力,为不同形式的不动产资产提供整体解决方案。

八、不动产资源信息化管理

(一)不动产资源信息化管理方法

不动产资源的信息化管理贯穿于不动产形成、利用、变更、管理的全过程,目前还无法集中统一在一个企业或部门进行全盘管理,我国各行业和各部门往往根据自己掌握的资料进行分阶段分类管理。不动产统一登记管理就是我国近期准备开展的比较规范的,同时又是多数据源、多尺度的大数据管理。我国不动产统一登记管理,往往采用空间数据组织管理模式。空间数据组织管理主要是采用地理信息系统管理软件(GIS)执行,目前,主要有五种数据管理方法:文件管理、文件与关系数据库混合管理、全关系型数据库管理、面向对象数据库管理和对象-关系数据库管理。

1. 文件管理

GIS 中数据分为空间数据和属性数据两类,空间数据描述空间实体的地理位置及其形状;属性数据则描述空间实体有关的应用信息。操作系统实现的文件组织形式,可以分为顺序文件、索引文件、直接文件和倒排文件。顺序文件是最简单的文件组织形式,对记录按照主关键字的顺序进行组织;索引文件除了存储记录本身以外,还建立了若干索引表,记录关键字和记录在文件中的地址;直接文件存储是根据记录关键字的值,通过某种转换方法得到的一个物理存储位置,然后把记录存储在该位置上;倒排文件是带有索引的文件,其中的索引是按照一些辅关键字来组织索引的。文件管理是将 GIS 中所有的数据都存放在自行定义的空间数据结构及其操纵工具的一个或者多个文件中,包括非结构化的空间数据、结构化的属性数据等。空间数据和属性数据两者之间通过标识码建立联系。

2. 文件与关系数据库混合管理

混合管理模式是目前绝大多数使用 GIS 软件所采用的数据管理方案,并且已经得到广泛应用。在早期,几何数据与属性数据在这种管理模式中,除了 OID(标识)作为连接的关键字段外,两者几乎各自独立组织、管理和检索。就几何数据而言,GIS 系统采用高级语言编程可以直接操纵数据文件,图形用户界面与图形处理是一体的;而属性的用户界面与图形处理界面是分开的,这种情况下经常需要同时启用两个系统(GIS 图形系统和关系数据库管理系统),给使用者带来很大的不便。随着数据库技术的发展,许多数据库管理系统提供了更高级的接口,在推出开放式数据库连接协议(ODBC)之后,大部分数据库厂商都遵循了该标准,GIS 软件商只要开发与 ODBC 相连接的软件,就可以很好地解决属性数据的问题。

3. 全关系型数据库管理

在全关系型数据库管理方式中,使用统一的关系型数据库管理空间数据和属性数据。用关系型数据库管理系统管理有两种模式：一种是按照关系型数据库组织的基本原则，对变长的几何数据进行关系范式的分解，分解成定长记录的数据表进行存储，该方法比较耗时；另一种是将图形数据的变长部分处理成 Binary 二进制 Block 块字段。目前，大部分关系数据库管理系统都提供了二进制块的字段域以适应管理多媒体数据或可变长文本字段。在 GIS 软件中，通常把图形的坐标当作一个二元制块交由关系型数据库进行存储管理。这种存储方式虽然省去了大量的关系连接操作，但是二进制块的读写效率比定长的属性字段要低很多。

4. 面向对象数据库管理

面向对象是指无论怎么复杂的实体都可以准确地由一个对象表示，这个对象是一个包含了数据集和操作集的实体。该方法是分析问题和解决问题的新方法，其基本出发点是尽可能按照人们认识世界的方法和思维方式进行分析和解决问题。其基本思想是对问题领域进行自然分割，以更接近人类思维的方式建立问题领域的模型，以便可观的信息实体进行结构模拟和行为模拟，从而使设计出的系统尽可能直接地表现问题求解的过程。为了克服关系型数据库管理空间数据的局限性，提出了面向对象数据模型，并依此建立了面向对象数据库。应用面向对象数据库管理空间数据，可以通过在面向对象数据中增加处理和管理空间数据功能的数据类型以支持空间数据，包括点、线、面等几何体，并且允许定义对于这些几何体的基本操作，包括计算机距离、测量空间关系等，甚至缓冲区分析、叠加分析等稍微复杂的运算也可以进行。对象数据库管理系统提供了对于各种数据的一致的访问接口以及部分空间服务模型，不仅实现了数据共享，而且空间模型服务也可以共享，使 GIS 软件将重点放在数据表现以及开发复杂的专业模型上。

5. 对象-关系数据库管理

直接采用通用的关系数据库管理系统的效率不高，而非结构化的空间数据又十分重要，因而许多数据库管理系统的软件商纷纷在关系数据库系统中进行扩展，使之能直接存储和管理非结构化的空间数据。例如 Ingres、Informix 和 Oracle 等都推出了空间数据管理的专用模块，定义了操纵点、线、面、圆、长方形等空间对象的 API 函数。这些函数，将空间对象的数据结构进行了预先的定义，用户使用时必须满足它的数据结构要求，用户不能根据 GIS 要求（即使是 GIS 软件商）再定义。例如，这种函数涉及的空间对象一般不带拓扑关系，多边形的数据是直接跟随边界的空间坐标，那么 GIS 的空间对象管理模块主要解决了空间数据变长记录的管理，由于有数据软件商进行拓展，效率要比前面所述的二进制块的管理高得多，但是它仍然没有解决对象的镶嵌问题，空间数据结构也不能由用户任意定义，使用上仍然受到一定限制。

（二）不动产资源信息化系统安全管理

随着信息技术的发展，信息系统在运行操作、管理控制、经营管理计划、战略决策等社会经济活动各个层面的应用范围不断扩大，发挥着越来越大的作用。信息系统中处理和存储的既有日常业务处理信息、技术经济信息，也有涉及企业或政府高层计划、决策的信息，其中相当部分是属于极为重要并有保密要求的。信息系统的任何破坏或故障都将对用户以至整个社会产生巨大的影响。信息系统的九大特性是系统开放性、资源共享性、介质存储高密性、数据互访性、信息聚生性、保密困难性、介质剩磁效应性、电磁泄漏性、通信网络的脆弱性等。上述特性对信息系统安全构成了潜在的危险。若信息系统的安全性弱点被不法分子利用，则信息系统的资源就将会受到很大损失，甚至关系到社会组织的生死存亡。因此，信息系统的安全日显重要,加强对信息系统的安全管理十分必要。

信息系统安全是指信息系统资源和信息资源不受自然和人为有害因素的威胁和危害。信息系统安全的内容包括系统安全和信息安全两个部分,在此主要简单介绍一下系统安全。系统安全主要指各种网络设备、操作系统、数据库管理系统和应用软件的安全。

信息系统安全的基本要求可归纳为五个方面:①机密性。机密性是指将敏感数据的访问权限制在一定的实体上,确保未授权实体无法查看数据。机密性通常采用加密技术,即使攻击者进入系统,也不明白关键信息的含义。②可用性。可用性是指得到授权的实体在需要时可以访问信息系统,并按其要求运行的特性;破坏信息网络和信息系统的正常运行就是这种类型的攻击,人们通常采用相应技术措施或网络安全设备来实现这些目标。③完整性。完整性是指网络信息未经授权不能进行改变的特性,即信息在存储或传输过程中保持不被偶然或蓄意地删除、修改、伪造、插入等破坏和丢失的特性;为了确保数据的完整性,数据的接收方必须能够检测出未经授权的数据修改,从而证实数据没有被改动过。④可控性。可控性是指对信息的传播及内容具有控制能力,保证信息和信息系统的授权认证和监控管理。⑤不可否认性。不可否认性也叫不可抵赖性,即防止实体否认自身的行为,包括接收者不能否认收到了信息,发送者也不能否认发送过信息。

1.简述不动产含义及特征。
2.简述不动产管理概念、管理职能与模式及管理特征。
3.简要概述不动产管理内容。
4.信息化管理内容有哪些?

毕宝德. 土地经济学[M]. 6版. 北京:中国人民大学出版社,2011.

查尔斯·H·温茨巴奇,迈克·E·迈尔斯,苏珊娜·埃思里奇·坎农. 现代不动产[M]. 5版. 任淮秀,庞兴华,等译. 北京:中国人民大学出版社,2001.

柴强. 房地产估价[M]. 北京:首都经济贸易大学出版社,2012.

董藩,丁宏. 不动产经济学[M]. 北京:清华大学出版社,2012.

黄安心. 物业管理原理[M]. 重庆:重庆大学出版社,2009.

金俭,等. 中国不动产物权法:原理·规则·适用[M]. 北京:法律出版社,2008.

林左裕. 不动产投资管理[M]. 北京:中国人民大学出版社,2005.

刘洪玉. 房地产开发经营与管理[M]. 北京:中国建筑工业出版社,2011.

刘卫东,罗吕榕,彭俊. 城市土地资产经营与管理[M]. 北京:科学出版社,2004.

娄策群. 信息化管理理论与实践[M]. 北京:清华大学出版社,北京交通大学出版社,2010.

楼江. 不动产市场营销理论与实务[M]. 上海:同济大学出版社,2005.

牛建高. 不动产投资分析[M]. 北京:北京师范大学出版社,2008.

任纪军. 不动产经营[M]. 北京:经济管理出版社,2006.

谭峻,林增杰. 地籍管理[M]. 北京:中国人民大学出版社,2008.

谭峻. 房地产产权产籍管理[M]. 北京:中国人民大学出版社,2012.

王德起. 土地资产管理[M]. 北京:首都经济贸易大学出版社,2009.

王万茂,韩桐魁. 土地利用规划学[M]. 北京:中国农业出版社,2002.

王新军,王霞. 房地产经营与管理[M]. 上海:复旦大学出版社,2005.

谢献春,吴大放. 不动产管理[M]. 北京:科学出版社,2015.

张泓铭. 中国城市房地产管理——原理、方法与实践[M]. 上海:上海社会科学院出版社,2006.

中国房地产估价师与房地产经纪人学会. 房地产基本制度与政策[M]. 北京:中国建筑工业出版社,2011.

周介铭. 城市土地管理[M]. 北京:科学出版社,2010.

周京奎. 城市土地经济学[M]. 北京:北京大学出版社,2007.

周小平,熊志刚. 不动产投资分析[M]. 北京:清华大学出版社,2011.

周寅康. 房地产估价[M]. 南京:东南大学出版社,2006.

第二章 地籍调查与管理

第一节 地籍概论

一、地籍及其特点

地籍是人们认识和运用土地的自然属性、社会属性和经济属性的产物,是组织社会生产的客观需要,随着社会生产力和生产关系的发展而不断发展和完善(苏根成等,2011)。

(一)地籍的概念

地即土地,为地球表面的陆地部分,包括海洋滩涂和内陆水域。籍有簿册、清册、登记之说(苏根成等,2011)。地籍一词在我国古代就已沿用,是中国历代王朝(或政府)登记田亩地产作为征收赋税的根据(李天文等,2012)。

"地籍"一词在国外最早的出处有两种观点:一种观点认为来自拉丁文"caput"和"capitastrum",即"课税对象"和"课税对象登记簿册";另一种观点认为源于希腊文"katastikhon",即"征税登记簿册"。在英文、法文、德文、俄文等中,地籍为土地编目册、不动产登记簿册或按地亩征税课目而设的簿册。在美国,地籍是指关于一宗地的位置、四至、类型、所有权、估价和法律状况的公开记录。日本则认为地籍是对每笔土地的位置、地号、地类、面积、所有者的调查与确认的结果加以记载的簿册。国际地籍与土地登记组织提出的地籍含义是:在中央政府控制下根据地籍测量而得的宗地登记图册。

地籍最初是为征税而建立的一种田赋清册或簿册,其主要内容是应纳课税的土地面积、土壤质量及土地税额的登记。随着社会的发展,地籍的概念有了很大的发展。现代地籍已不仅是课税对象的登记清册,还包括了土地产权登记、土地分类面积统计和土地等级、地价等内容的登记簿册。可见,地籍的作用从最初的以课税为目的扩大到了产权登记和土地合理利用的范畴。地籍除采用簿册登记之外还编绘地籍图,采用图、册并用的手段。现代地籍又从图册逐步向基于信息技术的地籍信息系统方向发展(谭峻等,2008)。

因此,地籍是指国家为一定目的,记载土地的权属、界址、数量、质量(等级)和用途(地类)等基本状况(地籍五大要素)的图簿册(苏根成等,2011)。

(二)地籍的特点

地籍是土地的户籍,但它具有不同于户籍的特点,如空间性、法律性、精确性和连续性(苏根成等,2011)。

(1)地籍的空间性。地籍的空间性是由土地的空间特点所决定的。土地的数量、质量都具有空间分布的特点,土地的坐落和表述必须与其空间位置、界线相联系。在一定的空间范围内,地界的变动必然带来土地使用面积、各种地类界线以及各种地类面积的变化。所以,地籍的内容不仅记载在簿册上,同时还要标绘在图纸上,力求做到图与簿册的一致性。

(2)地籍的法律性。地籍的法律性体现了地籍图册资料的可靠性,如地籍图上的界址点、界址线的位置,地籍簿上权属、面积的登记等都应有法律依据,甚至有关的法律凭证也是地籍的必要组成部分。

(3)地籍的精确性。地籍的精确性表现在地籍的原始和变更资料一般要通过实地调查取得,并运用先进的测绘和计算方面的科学技术手段,保证地籍数据的准确性。

(4)地籍资料的连续性。地籍资料的连续性说明地籍信息不是静态的,社会经济的发展和城镇化进程、土地利用与权属的频繁变更,都会使地籍数据失实,必须经常更新,以保持资料记载和数据统计的连续性,否则难以反映地籍信息的现势性。

二、地籍的种类及功能

(一)地籍的种类

随着社会的发展,地籍使用范围不断扩大,地籍的内涵也更加宽泛,类别的划分也更趋于合理。地籍按其发展阶段、对象、目的和内容的不同,可划分为以下几种类别体系(苏根成等,2011)。

1. 按发展阶段划分

按地籍的发展阶段,可将地籍划分为税收地籍、产权地籍和多用途地籍三大类。

在一定社会生产方式下,地籍具有特定的对象、目的、作用和内容,但它不是一成不变的。从资本主义国家的地籍发展史来看,大致经历了税收地籍—产权地籍—多用途地籍3个阶段。

税收地籍是各国早期建立的为课税服务的登记簿册。税收地籍是指地籍仅仅具有为税收服务的功能,所以税收地籍记载的主要内容是土地纳税人的姓名、土地坐落、土地面积以及为确定税率所需的土地等级等。税收地籍所采用的手段主要是丈量地块面积和按土壤质量、土地出产物及收入评定土地等级。为税收地籍进行测量的工作一般是较为简易的测量。

随着社会经济的发展,土地买卖日益频繁和公开化,这促使税收地籍向产权地籍发展。产权地籍亦称法律地籍,是国家为维护土地合法权利、鼓励土地交易、防止土地投机和保护土地买卖双方的权益而建立的土地产权登记的簿册。凡经登记的土地,其产权证明具有法律效力。产权地籍最重要的任务是保护土地产权人的合法权益,产权地籍必须以反映宗地的界线和界址点的精确位置以及产权登记的准确面积为主要内容。为了使土地界线、界址拐点能随时、实地、准确地复原和保证土地面积计算的精度要求,一般采用解析或解析与图解相结合的地籍测量方法。

多用途地籍,亦称现代地籍,是税收地籍和产权地籍的进一步发展,其目的不仅是为课税或产权登记服务,更重要的是为各项土地利用和土地保护,为全面、科学地管理土地提供信息服务。随着科学技术的发展,特别是电子计算机和遥感技术的发展与广泛应用,地籍的内容及其应用范围也大为扩展,远远突破了税收地籍和产权地籍的局限,并逐步向技术、经济、法律综合的方面发展,其测量手段也逐步被光电、遥感、电子计算机和缩微技术等所代替。

2. 按特点和任务划分

按地籍的特点和任务划分,地籍可分为初始地籍和日常地籍两大类。

土地的数量、质量、权属,及其空间分布、利用状态等都是动态的,地籍必须始终保持现势性。根据土地特性和地籍资料连续性的特点,为了经常保持地籍资料的现势性,国家必须建立初始地籍和日常(变更)地籍。

所谓初始地籍是指在某一个时期内,对县级以上行政辖区全部土地进行全面调查后,最初建立的图册,而不是指历史上的第一本簿册。日常地籍是针对土地数量、质量、权属,及其分布和利用、使用情况的变化,以初始地籍为基数,进行修正、补充和更新的地籍。初始地籍和日常地籍是地籍不可分割的完整体系。初始地籍是基础,日常地籍是对初始地籍的补充、修正、更新。如果只有初始地籍没有日常地籍,地籍将逐步陈旧,变为历史资料,失去现势性及其使用价值。相反,如果没有初始地籍,日常地籍就没有依据和基础,也就不存在日常地籍了。

3. 按行政管理层次划分

按行政管理层次划分,地籍可分为国家地籍和基层地籍。

习惯上将县级以上各级土地管理部门所从事的地籍工作称为国家地籍;基层地籍是指县级以下的乡(镇)土地管理所和村级生产单位(国营农牧渔场的生产队),以及其他非农业建设单位所从事的地籍工作。

地籍也可根据权属单位取得土地权属的管理层次的级别来划分。随着城乡经济体制的改革,以及土地所有权和使用权的分离,客观上形成了两级土地权属单位:一级土地权属单位是指农村集体土地所有单位及直接从政府取得国有土地的使用权单位,即由国家出让、租赁和征用、划拨取得国有土地使用权的单位;二级土地权属单位是指从一级土地权属单位取得集体土地承包使用权的单位和个人,或通过国有土地的转让取得国有土地使用权的单位或个人。因此,根据我国客观存在两级土地权属单位的事实,地籍可以按其管理层次划分为国家地籍和基层地籍两种。

国家地籍是指以集体土地所有权单位的土地和国有土地的一级土地使用权单位的土地为对象的地籍。基层地籍是指以集体土地使用者的土地和国有土地的二级使用者的土地为对象的地籍。当前,为强化国家对各项非农业建设用地的控制管理,可以把农村宅基地及乡、镇、村企业建设用地等方面的地籍,划属国家地籍。从地籍的作用而言,基层地籍主要服务于对土地利用或使用的指导和监督,国家地籍则主要服务于土地权属的国家统一管理,它们是相互衔接、互为补充的一个完整体系。

4. 按地域划分

根据城镇土地和农村土地的职能、特点和权属的区别,地籍可分为城镇地籍和农村地籍两种类型。

城镇地籍的对象是城市和建制镇的建成区土地,以及独立于城镇以外的工矿企业、铁路、交通等用地。农村地籍的对象是城镇郊区及农村集体所有土地、国有农场使用的国有土地和农村居民点用地等。由于城镇土地利用率、集约化程度高,建(构)筑物密集,土地价值高,其位置和交通条件所形成的级差收益悬殊,所以城镇地籍需要采用更大比例尺(1:500)的图纸,其数据及界址的获取要求精度较高的测量方法和面积测量方法。在地籍的内容、方法、权属处理及其成果整理、图册编制等方面,城镇的工作要比农村的复杂得多,技术要求也高。农村居民点(村镇)地籍与城镇地籍有许多相同的地方,所以在实践中农村居民点地籍可以按城镇地籍的相近要求建立,并统称为城镇村庄地籍。

(二)地籍的功能

建立地籍的目的,一般应由国家根据生产和建设的发展需要,以及科学技术发展的水平来确定。目前,我国地籍的用途也已由课税扩大为包括产权登记、土地利用服务等在内的多种用途,亦称现代地籍,它具有多方面的功能和作用。

1. 为土地管理服务

地籍是土地管理的基础,提供有关土地的空间位置、数量、质量和法律状况的基本资料,是调整土地关系、合理组织土地利用的基本依据。土地使用状况及其经界位置的资料,是进行土地分配与再分配,土地出让、转让和征用、划拨工作的重要依据;土地数量、质量及其分布和变化规律是组织土地利用、编制土地利用总体规划的基础资料。地籍资料的完整、准确及其现势程度是科学管好用好土地的基本条件。

我国土地使用制度改革的主要内容,就是改变过去不合理的土地无偿、无限年期和无流动使用为有偿、有限年期的使用。实行土地有偿使用制度,需要制定土地使用费和各项土地课税额的标准,开辟土地使用权的出让、转让市场。记载每宗土地的面积大小、用途、等级,以及土地所有权、使用权状况的地籍,是实行土地使用制度改革、开征各项土地税(费)和进行土地使用权出让、转让活动的基本依据(苏根成等,2011)。

2. 为保障土地权属服务

地籍的核心是权属。地籍是记载土地权属界线、界址拐点位置,以及土地权属来源及其变更的基本依据等的图册。所以,它是调处土地争执、复原界址、确认土地产权最有利的依据,是建立和完善土地市场、保护土地所有者和土地使用者合法权益最具有公信力的基础资料(苏根成等,2011)。

3. 为国家的生产和建设服务

完整准确的地籍图册和统计表册,是国家编制国民经济计划,制定相关政策和各项规划的基本依据,是组织工农业生产和各项建设的基础。地籍是提供土地资源的自然状况、社会经济状况,以及土地的数量、质量及其分布状况的基本资料,掌握和科学地运用这些基本资料,不仅可以指导生产和建设,而且可以进行各项效益分析,避免失误(苏根成等,2011)。

4. 为建立健全国家课税制度服务

土地历来是国家财政收入的重要组成部分,是课税的对象。地籍为国家提供土地所有者、使用者的准确信息,以及土地产权法律登记的内容,为国家税收提供基础资料和依据;地籍提供准确的土地数量、质量、等级等信息,为国家土地课税提供基础资料,成为建立统一的国家地租课税制所不可缺少的条件,为开征城镇国有土地使用税、土地增值税、耕地占用税等起到指导和监督的作用(苏根成等,2011)。

5. 为城镇房地产交易服务

城镇房地产交易以房产的买卖和租赁为主。土地及其土地上的房屋建筑都属于不动产。地籍对于房产的认定、买卖、租赁及其他形式的转让活动,都是不可或缺的依据;同时,地籍还为建立和健全房产档案、解决房产争执和处理房产交易过程中出现的某些不公平现象等提供了参考依据(简德三等,2006)。

第二节 地籍调查

地籍调查是指依照国家的规定,通过权属调查和地籍测量,查清宗地的权属、界址线、面积、用途和位置等情况,形成数据、图件、表册等调查资料,为土地注册登记、核发证书提供依据的一项技术性工作。地籍调查是土地登记的法定程序,是土地登记的基础工作,其成果资料经土地登记后,具有法律效力。为保证城镇(包括村庄)地籍调查工作规范、有序,符合土地登记的要求,原国家土地管理局制定了《城镇地籍调查规程》(简称《规程》)。该《规程》从我国实际出发,按照合法、有效、可行,满足当前地籍管理和土地登记需要,本着有重点、有步骤地完善我国地籍管理制度的原则,对当前开展的地籍调查的内容、方法、程序、精度和成果资料等作了系统性、整体性的规定。对于规范全国的地籍调查工作,因地制宜采用调查方法和先进科学技术手段,促进调查工作的有效开展,建立和完善地籍管理制度起到了重要作用。

一、地籍调查概述

(一)地籍调查的主要内容

当前我国实行的土地登记制度,要求对每宗土地的登记应反映登记对象质和量方面的要素,包括土地权利主体、土地权属性质和来源、土地权利客体及与这三方面直接相关的其他内容。土地权利主体是指土地权利人,包括集体土地所有权人、国有土地使用权人、集体土地使用权人和土地他项权利人。土地权利客体指土地权利、义务所共同指向的对象。地籍调查时对土地权利主体调查的内容包括土地权利人的地址、单位名称或个人姓名、法人代表、个人身份证明等。地籍调查时对土地权属性质和来源调查的内容包括土地的所有权、使用权、他项权利的性质及其来源证明。地籍调查时对土地权利客体调查的内容包括土地的界址、面积、坐落、用途(地类)、使用条件、等级和价格等。其他相关内容的调查包括土地及其上建筑物、构筑物的权利限制等。

为了满足土地登记的需要并为制定土地税费标准、土地利用规划、城市规划、区域性规划和有关政策提供科学依据,地籍调查必须对每宗土地进行确切的描述和记载,因此,地籍调查的主要内容可概括为土地权属调查和地籍测量。

土地权属调查指通过对土地权属及其权利所涉及的界线的调查,在现场标定土地权属界址点、线,绘制宗地草图,调查用途,填写地籍调查表,为地籍测量提供工作草图和依据。土地权属调查的基本单元是宗地。

地籍测量指在土地权属调查的基础上,借助仪器,以科学的方法在一定区域内测量宗地的权属界线、界址位置、形状等,计算面积,测绘地籍图和宗地图,为土地登记提供依据。地籍测量的内容包括地籍控制测量和地籍细部测量。地籍细部测量又分为测定界址点位置、测绘地籍图、宗地面积量算、绘制宗地图。

土地权属调查和地籍测量有着密切的联系,但也存在着质的区别。权属调查主要是遵循规定的法律程序,根据有关政策,利用行政手段,调查核实土地权利状况,确定界址点和权属界线的行政性工作,权属调查工作主要是定性的;地籍测量则主要是测量、计算地籍要素的技术性工作,地籍测量工作主要是定量的。

地籍调查是依照法律程序和技术程序,采用科学方法进行的,调查工作具有法律性质,成果对于维护法律尊严、政府威望、树立国土资源行政主管部门的管理权威和信誉具有重要作用,地籍调查成果经土地登记后具有法律效力。

(二)地籍调查的作用与意义

我国实行的是土地产权登记制度,登记之前须对登记材料进行实质审查,对需要登记的土地开展地籍调查,查清和核实每宗地的地籍要素,目的是保护土地产权人的合法权利和利益,建立起科学的地籍管理制度,是为了获取每一宗地的位置、权属、界线、数量、用途、等级等基本信息,为土地登记提供依据资料(陆红生等,2007)。

地籍调查成果是地籍管理的依据和基础,初始地籍调查起到了地籍管理基础建设的作用,随着变更地籍调查的开展,地籍管理信息库建设越来越丰富,不仅奠定了地籍管理的基础,也为土地管理科学的研究积累了资料。

(三)地籍调查分类

地籍调查通常分为初始地籍调查和变更地籍调查。初始地籍调查是初始土地登记前的区域性普遍调查。变更地籍调查是在变更土地登记或设定土地登记时利用初始地籍调查成果对变更宗地的调查,是地籍管理的日常性工作。

地籍调查还可按区域范围分为城镇地籍调查和村庄地籍调查。

城镇地籍调查是指对城市、建制镇,以及城镇以外的工矿、企事业单位所进行的权属调查和地籍测量,由于城镇土地利用率高、建筑物密集、土地价值高等因素,对城镇地籍测量的精度要求也比较高,城镇地籍图的比例尺一般为 1:500 或 1:1000。村庄地籍调查是指对农村居民点用地按城镇地籍要求进行的地籍调查,对村庄地籍测量的精度要求较城镇地籍测量低,村庄地籍图的比例尺一般为 1:1000 或 1:2000。

二、初始地籍调查概述

初始地籍调查是土地初始登记前的区域性普遍调查,是地籍信息获取技术之一,是地籍工作的一项极其重要的基础工作。初始地籍调查一般要在无地籍资料或地籍资料比较散乱、严重缺乏、陈旧的状况下,才开展这项工作。这项工作涉及到司法、税务、财政、规划、房产等多个方面,规模大,范围广,内容浩繁而复杂,费用巨大。

初始地籍调查的成果为产权管理、地政管理、税收、统计、规划及建立地籍信息系统提供基础资料,因此要求其成果必须具有完整性、可靠性和精确性。初始地籍调查既是一项政策性、法律性和社会性很强的具体工作,又是一项集科学性、技术性、实践性、统一性、严密性于一体的基础工作。

（一）初始地籍调查的目的

初始地籍调查的目的就是在某一时期内，依照有关法律程序对县以上某一行政辖区内申请登记的全部宗地进行全面现场调查，以核实宗地的权属和确认宗地界址的实地位置并掌握土地利用情况，再通过地籍测绘获得宗地界址点的平面位置、宗地形状及其面积的准确数据，并把它们记载于地籍调查表和地籍图上，建立一套准确、完整的地籍卡、册、图，并建立地籍档案。从而为土地登记、核发土地使用证书做好技术上的准备，并满足地政管理、税费征收、城乡规划、农田保护、房地产市场管理及土地动态监测以及其他国民经济各部门之需要。所以，初始地籍调查是一项非常重要的基础工作，从根本上讲是为维护国家土地制度、保护土地权利人的合法权益服务的，并为制定土地政策与土地利用计划等提供基础资料。

（二）初始地籍调查的内容、对象

1. 初始地籍调查的内容

初始地籍调查的内容包括初始权属调查和初始地籍测量。初始权属调查的目的是查清行政辖区内申请登记的全部宗地的权属、界址位置、用途等。初始地籍测量的目的是建立覆盖整个登记行政辖区的地籍平面控制网，测量行政辖区内申请登记的全部宗地的界址点平面位置、宗地形状、面积，绘制地籍图和宗地图，建立地籍档案等。

2. 初始地籍调查对象

初始地籍调查对象包括村庄初始地籍调查和城镇初始地籍调查。城镇初始地籍调查的范围是城市、建制镇和独立工矿的用地。村庄初始地籍调查的范围是城镇郊区、集镇、村庄，国营农、林、牧、渔场和农民集体经济组织使用的非农业建筑用地。

（三）开展初始地籍调查的基本条件

初始地籍调查是一项政策性、技术性很强的工作，开展这项工作必须具备以下条件：

(1) 组织保证。成立以市、县领导为组长，各有关部门负责人参加的土地登记领导小组或由当地政府授予国土资源行政主管部门负责，在国土资源行政主管部门设立办公室，负责具体组织实施。

(2) 经费保障。在土地登记费尚未收取之前，所需经费可从当地财政或土地收益中垫付，待发证收取土地登记费后再归还。

(3) 技术设备准备。要具备一定的技术力量和仪器设备。承担地籍测量的作业单位，应有测绘许可证。

（四）初始地籍调查的工作程序

初始地籍调查的工作程序包括准备工作、初始权属调查、初始地籍测量、文字总结、资料整理、检查验收等。

初始地籍调查的准备工作主要包括：组织准备、宣传工作、试点工作、技术培训、资料收集与踏勘、制定初始地籍调查技术方案等。初始权属调查的工作程序主要包括：宗地权属状况调查、界址调查、绘制宗地草图、填写地籍调查表。初始地籍测量的工作程序主要包括：地籍控制测量、测定界址点、测绘地籍图、制作宗地图、面积量算。初始地籍调查的文字总结主要包括编写初始地籍调查的工作报告和技术报告(图2-1)。

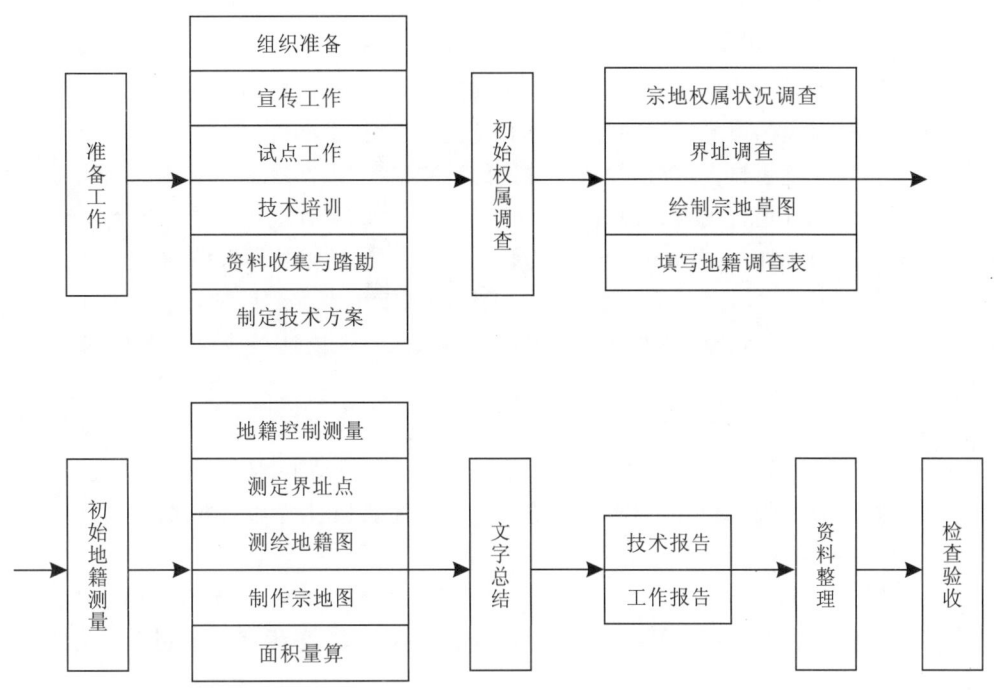

图 2-1 初始地籍调查工作程序

(五)初始地籍调查准备工作

初始地籍调查是土地初始登记前的区域性普遍调查,是一项综合性的系统工程,在开展初始地籍调查前,应做好充分的准备工作,以确保工作的顺利进行,并使调查成果质量符合要求。

1. 组织准备

初始地籍调查工作由当地政府组织开展,成立专门的领导机构,并责成调查辖区内各级国土资源行政主管部门成立相应的工作机构,负责本辖区内初始地籍调查工作的实施,组织调查队伍,对辖区内的初始地籍调查工作进行技术指导、组织协调及检查验收。各级组织机构要选定负责人,职责明确,分工有序,使初始地籍调查工作的质量有管理上的保证。

初始地籍调查工作开展之前,必须制定组织方案。该方案包括了调查的区域范围、时间、经费、方法、程序、人员组织等。科学的计划可以加速工作的进程,节省人力、物力、财力,并可减少不必要的浪费。

初始地籍调查工作是否顺利开展,调查队伍是关键。调查队伍应由土地行政管理人员和专业技术人员组成,包括土地管理、法律、测量、计算机等专业人员。

2. 宣传工作

初始地籍调查工作牵涉千家万户,需要土地权利人的密切配合。为了得到广大群众对这项工作的理解和支持,要充分利用新闻媒体进行宣传、报道。各级政府应召开本辖区内的用地单位领导动员大会,要求用地单位派专人协助初始地籍调查工作。通过宣传工作,使用地单位对初始地籍调查的意义及重要性有较为深刻的理解,以便得到他们的大力支持。

3. 试点工作及技术培训

由于地籍调查涉及许多方面的法规政策,各地区情况有不同的特殊性,同时地籍调查工作涉及不同专业,为使调查工作在行政管理、技术标准上统一,开展初始地籍调查工作前,应进行试点工作和技术培训,为顺利开展初始地籍调查工作提供技术准备。

(1)试点工作。通过试点,可以发现本地区的特殊情况,根据技术规程,结合本地区的实际情况,制定适合于当地情况的初始地籍调查规定。试点区的调查工作应严格按照《城镇地籍调查规程》(TDT 1001—2012)及技术设计书的有关要求实施,严把质量关,不断总结经验。在试点获得一定经验并通过验收后,方可全面开展工作。城镇初始地籍调查工作开始前,作为试点应选择1个街道或1平方千米左右的调查范围为宜。试点区内地类应比较丰富,能反映当地的用地特点。

(2)技术培训。初始地籍调查工作政策性、技术性强、专业面广,因此在城镇初始地籍调查工作开始前,应对初始地籍调查工作人员、技术人员进行业务培训,使其熟悉有关法律、法规和政策,熟悉地籍调查的技术规程和程序,熟练掌握日常地籍调查技术和方法,能正确处理作业过程中出现的特殊情况。

培训方式:培训方式应理论与实际相结合。理论学习与实地作业应穿插进行,以便学员理解和掌握。应逐级培训,根据不同的行政区域,确定调查范围,采用从上级到下级逐级培训的方式。

培训内容:主要学习《中华人民共和国土地管理法》《中华人民共和国土地管理法实施条例》《土地登记规则》《城镇地籍调查规程》和有关确权的文件等,掌握地籍调查程序、内容和方法,仪器的操作技能和作业要求等。

4. 资料收集与踏勘

收集与初始地籍调查有关的政府文件、技术规程和规定;收集能用于初始地籍调查工作的图件,如土地利用现状图、地形图、房屋普查图、航空摄影及卫星遥感资料等;收集调查区域内的控制网点资料,如控制点的坐标、坐标系统的投影带、坐标系统的各项改正数、投影面等;收集调查区内的各种用地资料和建筑物、构筑物的产权资料等。不同部门应分别收集。

初始地籍调查的踏勘就是根据调查区域范围,实地了解调查区域内的基本情况及控制点的完好情况,使制定的调查技术方案更合理化。

5. 制定初始地籍调查技术方案

初始地籍调查技术方案不但指导着开展调查的工作程序,而且还指导着怎样开展调查。方案制定得合理与否,直接关系着整个初始地籍调查的质量。因此,一定要认真地编写。只有经有关部门批准的技术方案,才可以实施。

(1)技术方案的编写单位。初始地籍调查技术方案一般由承担调查任务的实施单位负责编写。

(2)技术方案的提纲。技术方案的提纲包括调查区域的基本情况、权属调查方案、地籍测量技术设计、权属调查和地籍测量的分工和衔接、应提交的成果资料。

调查区域的基本情况包括调查区域的地理位置、范围、行政隶属、用地概况、技术方案编写的依据、地籍调查工作程序、人员组成、经费安排、时间计划等。权属调查方案包括确权的规定

（依据）、工作用图、调查区的划分、地籍编号的要求、调查指界方法和要求、界标设置要求、宗地草图勘丈方法及要求。地籍测量技术设计包括已有控制点及其成果资料的分析和利用、控制网采用的坐标系统、控制网的布设方案、控制点的埋设要求、各项技术参数的改正、观测方法、计算方法、采用的数据采集软件、界址点的观测方法及精度要求、地籍图的成图方法、地籍图的比例尺、面积量算方法及精度要求等。

(3)技术设计的审批。调查技术方案需由上一级的人民政府土地管理部门审批，审批后的调查技术方案可以实施。在实施过程中，若有重大的变动、修改时，还须经原审批部门批准。

三、变更地籍调查概述

变更地籍调查是在初始地籍调查的基础上进行的，当土地登记内容变更时，应及时对变更宗地进行调查，变更地籍调查是日常性的工作。初始土地登记后，对一宗土地上新确认的土地所有权、使用权和土地他项权利进行的土地登记称为设定登记。设定登记发生在初始土地登记之后，它属于变更土地登记。因此，对设定登记宗地进行的地籍调查也是变更地籍调查的范围。变更地籍调查是指在完成初始地籍调查之后，为满足变更土地登记和设定登记的要求、适应日常地籍工作的需要及保持地籍资料现势性而进行的土地及其附着物的权属、位置、数量、质量和土地利用现状的调查。通过变更地籍调查，不仅可以使地籍资料保持现势性，还可以提高地籍成果精度，逐步完善地籍内容。变更地籍调查的工作程序与初始地籍调查的工作程序相似，因变更地籍调查的面积要远远小于初始地籍调查，因此，其工作程序相对简单。变更地籍调查的内容包括变更权属调查、变更地籍测量。

（一）变更地籍调查的作用与特点

初始地籍建立后，随着社会的发展，土地权属状况将发生变化，新增城镇建设用地的增加，土地可能被分割或合并，地上建筑物也越来越多，用途不断地变化，房地产的继承、转让、抵押等活动更加频繁，这就要求地籍管理者能积极做出反应，对地籍信息进行及时变更，以达到维持社会秩序、保障经济活动正常运行的目的。

1. 变更地籍调查的作用

变更地籍调查除为满足变更土地登记和设定登记的要求而进行正常的地籍调查外，还必须不断地消除初始地籍资料中的错误，这也是初始地籍建立后一段时间内地籍变更工作的一部分，因此变更地籍调查是保持地籍资料现势性的重要手段。除此而外，还有以下作用：

(1)检查、补置、更正实地界址点位。
(2)核实、更正、补充相关地籍资料。
(3)逐步消除初始地籍中可能存在的差错。
(4)提高地籍测量成果的质量。随着土地权利的变更，要逐步用高精度的变更测量成果替代原有精度较低的成果，使地籍资料跟上社会经济的发展，能满足新的需求。

2. 变更地籍调查的特点

变更地籍调查技术、方法与初始地籍调查基本相同，但又有其自身的特点。
(1)变更分散、发生频繁、调查范围小。
(2)政策性强、精度要求高。
(3)变更同步、手续连续。进行了变更测量后，与本宗地有关的表、卡、册、证、图均需进行变更。

(4)任务紧急。土地权利人提出变更申请后,需立即进行变更调查、变更测量,才能满足土地权利人的要求。

由此可见,变更地籍调查是地籍管理的一项日常性工作。变更权属调查和变更地籍测量通常由同一个外业组一次性完成。

(二)地籍变更的内容

地籍变更的内容主要是宗地信息的变更,包括界址发生变化宗地信息的变更和界址未发生变化宗地信息的变更。

1. 界址发生变化宗地信息的变更

该变更指城镇地籍变更时,宗地的界址信息发生了变更。如新增划拨国有土地、新增出让国有土地、由于各种原因引起的宗地分割和合并、土地权属界址调整、城市改造拆迁、土地整理后的宗地重划、宗地的边界因洪水冲积作用或泛滥而发生的变化、其他变更。

2. 界址未发生变化宗地信息的变更

该变更指地籍变更时,土地权利主体、面积、坐落、用途、使用条件、等级、价格、建筑物、构筑物、他项权利等发生了变更,而宗地的界址信息未发生变更。如继承土地使用权、交换土地使用权、整宗转让国有土地使用权、收回国有土地使用权、违法宗地经处理后的变更、宗地内新建建筑物、拆迁建筑物、改变建筑物的用途、房地产的转移或抵押、土地权利人申请精确测量界址点的坐标或精确测算宗地的面积、宗地内地物及地貌的改变、土地权利人更名、土地利用类别和土地等级的变更、行政管理区(县、乡、镇)和地籍管理区名称的改变、宗地编号和土地登记册上编号的改变、宗地所属地区的区划变动、宗地位置名称的改变、其他变更。

(三)变更地籍调查的准备

变更地籍调查的技术、方法与初始地籍调查基本相同。在开展变更地籍调查工作之前,除了要做好各种资料的准备工作之外,还应检查和核实其变更的合理性。

1. 资料的准备

变更土地登记申请书、本宗地的原有地籍图及宗地图的复印件、本宗地及相邻宗地的地籍档案复印件、有关的界址点坐标、必要的变更数据的准备(如分割放样元素的计算)、变更宗地附近测量控制点成果(坐标、点的标记或点位说明、控制点网图)。

2. 表格的准备

变更地籍调查通知书、变更地籍调查表。

3. 其他准备

变更调查所用的工具、文具、仪器等。

四、土地利用现状调查

土地利用现状调查是指在全国范围内,为查清土地利用分类面积、分布和利用状况而进行的调查,是国家重要的国情、国力调查,也是土地资源调查中最为基础的调查(陆红生等,2007)。我国很长一段时期内的土地资源家底不清,主要地类面积缺乏可靠数据,因而土地利用现状调查对于我国土地资源实行科学管理具有重要的作用。

(一) 土地利用现状调查的目的

(1)为制定国民经济发展计划和有关政策服务。土地利用现状调查获得的准确的土地信息资料可为编制国民经济和社会发展长远规划、中期计划和年度计划提供切实可靠的科学依据，同时，它还可以为国家制定各项大政方针及对重大问题的决策提供服务。

(2)为农业生产提供科学依据。农业是用地大户，且是国民经济的基础，土地在农业中是最基本的生产资料。土地利用现状调查为各级规划部门编制农业区划、土地利用规划和农业生产规划提供土地基础数据，为各级领导部门因地制宜地领导和组织农业生产、合理安排农业生产布局和调整农业生产结构提供科学依据，土地利用现状调查的数据和图件资料还直接为农业生产单位制定生产计划、组织田间生产管理、农田基本建设等服务。

(3)为建立土地登记、土地统计制度服务。通过土地利用现状调查，查清村、农、林、牧、渔场，居民点外的厂矿、部队、学校等基层宗地的权属性质、权属界线及面积和各地类面积，为土地登记、土地统计创造前提条件。并通过变更登记，及时更新土地权属资料，为维护和巩固社会主义土地公有制服务。通过土地统计、定期更新土地数据，为国家和经济部门提供最新的土地统计资料，从而为建立土地登记、统计制度服务。

(4)为编制利用规划和全面管理土地服务。为合理组织土地利用，就要编制各级土地利用规划，而各级土地利用规划需要土地利用现状调查提供基本土地信息。同时土地利用现状调查还为全面管好、用好土地服务，为地籍管理、土地利用管理、土地权属管理、建设用地管理等提供最基础的土地数据信息。

(二)土地利用现状调查的意义

(1)土地利用现状调查的土地利用类型和数量资料，为国家和各地区编制国民经济发展计划和制定有关的方针政策提供土地方面的依据。

(2)通过土地利用现状调查，使人们明确土地利用现状和分布状况，并认识土地利用与自然条件和社会经济因素的关系，能够充分合理地利用土地资源，使土地资源做到最佳配置，就能获得最好的经济、生态和社会效益。

(3)土地利用现状的数据和图件，指导人们做好土地规划，协调各部门的用地关系，解决土地供需矛盾，特别有利于对耕地的保护。

(4)土地利用现状的权属和分幅土地权属界线图，解决了我国长期以来土地权属不清的问题，理顺了土地权属的关系，有利于搞好土地的登记、发证工作。

(5)土地利用现状调查有利于农业区划，有利于调整作物布局，因地制宜地指导农业生产，合理开发利用农业用地。

(6)土地利用的现状分析，可指出本地区土地利用的经验和存在的问题，有利于土地的合理利用和土地的科学管理，提高土地生产率。

(三)土地利用现状调查的任务

土地利用现状调查的主要任务就是通过土地利用现状调查，基本摸清土地的数量及其分布状况，了解土地利用中的经验及问题，并提出合理利用土地的意见。具体调查成果为各类土地面积和土地总面积量算表、土地利用现状图和土地利用现状调查报告。

(四)土地利用现状调查的内容

(1)查清各土地权属单位之间的土地权属界线和各级行政辖区范围界线。
(2)查清土地利用类型及分布,并量算出各类土地面积。
(3)按土地权属单位及行政辖区范围汇总出土地总面积和各类土地面积。
(4)编制县、乡两级土地利用现状图和分幅土地权属界线图。
(5)调查和分析土地权属争议,总结土地利用的经验和教训,提出合理利用土地的意见。

为便于开展后续的土地登记、土地统计、土地利用规划等,还必须编制分幅的土地利用现状图、土地权属界线图(地籍图的一种)。为直观地反映各种地类分布状况和计划规划以及管理的需要,还要编制县、乡两级的土地利用现状图,要注意总结土地权属和土地利用中的经验和教训,提出合理利用土地的建议。

(五)调查的原则

为保质保量顺利完成调查任务,必须遵守下列根据客观规律总结出来的调查原则:

(1)实事求是的原则。坚决纠正调查中的不正之风,如调查的实际数字不上报,随意更改调查数字;调查中有意缩小耕地面积,扩大其他地类面积;对违法改变土地用途及非法改变土地权属界线持认可态度等。

(2)全面、科学调查的原则。所谓科学调查的原则,是指土地利用现状调查(详查)必须面对全域土地,严格按《土地利用现状调查技术规程》(1984)规定的技术要求进行,建立和实施严格的检查、验收制度。调查中要尽量采用最新的科学技术和手段。

(3)一查多用的原则。所谓一查多用,就是要充分发挥土地利用现状调查成果的作用,不仅为土地管理部门提供服务,而且要为其他部门(农业、林业、水利、城建、统计、计划、交通运输、民政、工业、能源、财政、税务、环保等)服务,成为多用途、多目的的土地信息系统。

(六)调查的基本程序

土地利用现状调查工作一般分为4个阶段进行,即准备阶段、外业阶段、内业阶段和成果验收归档阶段。各阶段的具体工作见表2-1。

1. 准备阶段

准备阶段的工作包括:组织准备、资料准备和仪器用品准备等内容。

1)组织准备

(1)建立领导机构。由于土地利用现状调查工作量大,参加工作的人员多,其结果又必须有一定的权威性,因此首先需要解决组织和领导的问题。以开展县级调查为例,首先要成立领导班子,由县级政府主管领导挂帅,有关部门主要领导参加,下设办公室。主要负责组织专业技术队伍、筹集经费、审定工作计划、协调部门关系、裁定土地权属等重大问题。国有农、林、牧、渔场(包括部队、侨务、司法等部门所属各场)的调查工作,也要在当地政府领导下,统一部署,分头办理。

表 2-1　土地利用现状调查的程序

调查阶段	具体工作
准备阶段	(1)组织准备 (2)资料准备 (3)仪器及用品准备
外业阶段	(1)路线调查 (2)土地分类调查 (3)室内预判 (4)野外调绘 (5)地物补测
内业阶段	(1)航片转绘 (2)面积量算 (3)面积汇总 (4)图件汇编 (5)报告编写
成果验收归档阶段	由上级验收组检查验收

(2)组织专业队伍。良好的专业队伍是确保调查质量的基本条件。就专业技术的需要来讲,在县一级要有两个方面的技术队伍保障。一方面,作业组可按作业程序分为外业调查调绘组、内业转绘组、面积量算统计组、图件编绘组等。作业组下可再设作业小组,也可分片,个人编为一组,负责某个区域。作业组组长为技术负责人,负责作业成果及检查验收等;另一方面,乡土地管理员主要配合专业队员进行权属界、行政界调查与接边以及地类调绘等。县以上应组建技术指导组,研究确定一些技术标准、规范要求,开展技术指导、业务咨询,参与成果检查验收等工作。

(3)举办技术培训。土地利用状况调查是一项技术性强、质量要求高的工作,应对参加调查的人员举办技术培训,讲解《土地利用现状调查技术规程》(1984)和调查的基本知识,结合调查试点使调查人员掌握调查方法和操作要领,为全面开展调查工作打下基础。

(4)制订工作计划。根据任务要求和技术规程,结合调查地区的实际条件,拟定工作计划。其内容一般包括目的要求、预期成果、工作阶段的划分、拟采取的技术路线、工作方法和步骤、经费预算、物质装备和实施方案等。

经验表明,为增强调查人员责任感还应建立各种责任制,如技术承包责任制、阶段检查验收制、资料保管责任制等。采取合同方式,职、权、利分明,以保证调查工作顺利圆满完成(建立管理制度)。

2)资料准备

(1)地形图的收集。地形图是进行野外调查和室内转绘成图的基础图件,首先要收集最新实测各种比例尺的地形图。为了保证成果图件的精度和质量,通常野外所用底图的比例尺应以不小于最后成图比例尺为好。按《土地利用现状调查技术规程》(1984)要求,农区图件比例尺不小于1：1万、重点林区为1：2.5万、一般林区为1：5万、牧区为1：5万或1：10万。所有基础图件均应是质量较好的图件,应满足:①近期的图件;②与实地基本一致,最多变化不大于30%;③正规出版印刷的。

(2)遥感资料的收集。航空相片(简称航片)与卫星影像等遥感资料,是进行土地资源调查的现代化手段之一。当前,我国广大地区主要是大比例尺和中比例尺的黑白航片,个别地区也有彩色红外航片和多波段航片。在收集航片时应该注意收集诸如摄影时间、航高、焦距等参数资料,以便利用航片进行分析。

影像平面图是以航片平面图为基础,在图面上配合以必要的符号、线划和注记的一种新型地图。它既具有航片信息丰富的优点,也可使图廓大小与图幅理论值基本保持一致。因此,只需购买一套。直接利用它可进行外业调查、补测,可节省大量转绘工作,但影像平面图本身价格较高。

(3)背景资料的收集。为了便于分析土地利用现状及划分土地类型,应向政府各有关业务部门收集各种专业调查资料,如行政区划图、地貌、地质、土壤、水资源、草资源、森林资源、气象、交通等图件与资料,人口、劳力、耕地、产量、产值、收益、分配等社会经济方面的统计资料。权属证明文件的收集,包括土地权属文件、征用土地文件、清理违法占地的处理文件,用地单位的权属证明等也应收集。尤其应重视飞地(插花地)的摸底工作,防止调查中出现遗漏,甚至大量返工。

3)仪器及用品准备

土地利用现状调查应配备必要的仪器、工具和文具用品。根据图件资料和作业手段的不同,应配备不同的仪器和工具,如测绘仪器、转绘仪器、面积量算仪器、绘图工具、GPS、制图软件、台式计算机、手提电脑等。还要准备各种表格,如外业雕绘记载表、权属协议书、争议原由书、检查验收用表、面积量算表和土地统计用表等(张健等,2010)。此外,仪器设备准备还应包括通信和交通工具、生活和劳动保护用品等。

2. 外业阶段

野外工作前要做好室内准备,图件资料要求如下:农区,要求近期1：1万地形图与相应比例尺的航空相片;重点林区,要求近期1：2.5万地形图与相应比例尺的航空相片;一般林区,要求近期1：5万地形图与相应比例尺的航空相片;牧区,要求近期1：5万(1：10万)地形图与相应比例尺的航空相片。对航片要划分调绘区域,确定调绘路线。

拿着航空相片到野外,按土地利用分类要求及其含义,经过识别直接在航空相片上绘出每一个利用类型的图斑,并予以注记,最后将调绘片进行着墨整饰与接边。调绘境界、权属界时,应有指界人指界。

3. 内业阶段

内业阶段工作包括以下几个方面:一是航片转绘,即将野外调绘的成果转绘到地形图或相片平面图上;二是土地面积测算,即将图上的每一个地类图斑和线状地物的面积都量算出来,并分村进行分类图斑面积统计;三是编绘土地利用现状图,通常按现状图的要求,用聚酯薄膜蒙在底图上进行透绘,然后清绘整饰成土地利用现状图、土地权属界线图等;四是编写成果及精度分析;五是调查工作中的经验和问题总结;六是土地利用现状分析,提出合理利用土地的建议。

4. 成果验收归档阶段

土地利用现状调查成果实行省、县、作业组三级检查和省、县二级验收制度。

作业组内部自检、互检和主检均要成为一种制度。主检是指作业组中的技术责任人员对调查成果进行的检查验收,要求全面检查,不仅要求数字正确、绘制可靠,而且要求规格一致。

全部调查工作完成后,县人民政府土地行政主管部门组织专业队在县调查范围内进行专门检查,符合要求后,写出成果检查说明,连同调查成果一并报省人民政府土地行政主管部门。

省人民政府土地行政主管部门收到验收资料和申请后,组织力量,对土地利用现状调查成果进行全面检查验收。

验收通过后,由县级人民政府土地行政主管部门将成果进行分类,装订成册,归档保存,以便查考使用。

第三节 地籍管理

一、地籍管理的概念及任务

土地科学是包括地籍管理在内的一系列土地学科的集合体,涉及自然、经济、技术、制度与管理等多种因素和多种学科。土地科学是跨自然科学和社会科学的综合性很强的交叉学科。地籍管理是土地科学研究人地关系的基础学科之一。

(一)地籍管理的概念

古今中外虽没有地籍管理的提法,但它是客观存在的。有的国家称之为地籍工作、地籍业务;有的则是指它的某项工作,如地籍调查工作、地籍测量、土地登记工作、土地分等定级工作和土地统计工作等(简德三等,2006)。

地籍是土地管理的基础,地籍管理是土地管理的基础部分。地籍管理不是一项单一的信息记载工作,掌握土地信息资料、建立地籍簿册(库)并不是地籍管理的唯一目的。对于以土地法定权属为主的有关土地信息的记载是土地管理的基本工作内容和目标性成果之一。因此,地籍管理最基本的工作内容是组织和开展调查,规范技术标准,划分土地等级,进行土地统计,制定法律标准,严格实行土地登记等。通过这一系列的工作来获取土地权属及有关的土地管理所需的地籍资料。然而获取地籍资料不是目的,地籍资料被充分应用才能实现其价值。因此,不仅要有调查、统计、登记的制度,而且还要在原调查记载的基础上不断更新,提高信息面的深度和广度,提高信息的及时性和精确性。科学地开展地籍资料的整理、分析、研究,将关系到应用的深度和广度,影响应用效果。另外,只有从管理学的原理出发,构建地籍资料不断充实、更新、提高的制度和机制,才能确保地籍管理始终处于较高水平(苏根成等,2011)。

我国实行的是社会主义公有制,按法律规定土地属于国家和农民集体所有,单位或个人可依法取得国有土地的使用权,农村集体经济组织成员可依法获得土地集体使用权,因此我国地籍管理的根本任务是为巩固和发展社会主义公有制、为维护土地所有者和使用者的合法权益服务(简德三等,2006)。

有人把地籍管理理解为国家为建立地籍和研究土地的自然状况、权属状况和经济状况而采取的地籍调查、土地登记、土地统计和土地分等定级为主要内容的一系列工作措施的总称。简言之,地籍管理是地籍工作体系的总称。地籍工作体系主要包括土地调查、土地登记、土地统计、地籍信息系统等(简德三等,2006)。有人则认为地籍管理是针对地籍的建立、建设和提供应用所开展的一系列工作(管理)措施(苏根成等,2011)。

基于以上的概括,对地籍管理应当有以下基本的认识:①地籍管理是一系列有序的工作;②地籍管理必须有制度作为保障;③地籍管理在不同时期有着不同的技术基础;④地籍管理有明确的发展方向和应用目的(苏根成等,2011)。

(二)地籍管理的任务

地籍管理的总任务是全面、具体掌握地籍信息、不断更新地籍信息,及时、准确、系统地提供服务,并不懈地改革创新,建设功能齐全、制度健全、业务规范、手段先进、全面完整的地籍管理工作体系。

现阶段地籍管理工作的任务主要包括以下几个方面(苏根成等,2011):

(1)继续广泛深入地掌握土地资源和土地资产家底。从数量和分布向质量甚至更全面的方面掌握我国土地资源家底,形成一体化的系列土地资源家底资料。城镇土地资产家底尚不全面清楚,农村土地资产更是掌握甚微,需继续深入地开展调查、统计、登记及土地定级工作。

(2)土地资源和资产的分配现状、流转管理及态势分析是地籍管理的重要方面。近年来,我们对城市土地的分配状况了解比较多,流转管理也初见成效,但是农村土地尚未全面纳入科学的、规范管理的轨道,亟须加大地籍管理力度,为农村土地流转制度和土地市场的建立、健全创造基础条件,为城乡土地使用制度的进一步改革提供基础环境条件。

(3)不断完善地籍管理工作。在土地利用现状调查和城镇地籍调查已有成果的基础之上,将变更工作紧跟上,更新和充实调查资料,继续开展土地利用动态监测。推动地籍管理工作向规范化、制度化、现代化方向发展,不断提高地籍管理的社会公信度和公示性,提高土地资料的应用价值和社会效益。并且从土地分类、调查技术等方面向城乡一体化方向逐步发展,进而为实现土地城乡一体化而努力。

(4)土地调查向深度、广度发展。将土地自然性状、土地社会经济状况及土地利用其他环境条件与土地自身基本的调查相互融为一体;对土地流失、土地灾害、土地污染、土地开发、土地治理、土地保持、土地病害和土地利用工程开展状况组织深入细致的专项调查,为土地利用决策和规划提供基础;将土地调查向多用途地籍需要的方向发展,开展地面、地下乃至地上空间土地利用的多维调查、统计、登记工作。

(5)加强地籍工作现代化手段的应用。从调查到整理、分析、建库乃至查询、维护、提供使用,逐步扩大高新技术的应用,并努力向商业化、普及化方向发展。

二、地籍管理的内容

地籍管理的内容是与一定社会生产方式相适应的。一方面取决于社会生产水平及与其适应的生产关系的变革;另一方面也与一个国家土地制度演变的历史有关。在一定的社会生产方式条件下,地籍管理作为一项国家的地政措施,有特定的内容体系(简德三等,2006)。

在我国几千年的封建社会中,地籍管理的内容主要是为制定各种与封建土地占有密切相关的税收、劳役和租赋制度而进行的土地清查、分类和登记(简德三等,2006);封建社会末期,为巩固封建土地所有、推行契据制度而开始加重土地登记的内容(苏根成等,2011)。到了民国时期,随着西洋科技文化的传入和中国沦为半殖民地半封建社会,地籍测量和土地登记成为地籍管理的主要内容,但是直到这一时期地籍管理工作也仅仅在一些地区有所开展,尚未覆盖全国范围,且其实际内容也相当狭窄(苏根成等,2011)。新中国成立初期,地籍管理的主要内容是结合土改分地,进行土地清丈、划界、定桩和土地登记、发证等。之后,地籍管理则逐步从地权登记为主转向为合理组织土地利用提供有关土地的自然、经济和权属状况的基础资料,以开展土壤普查、土地评价和建立农业税面积台账为主要内容(简德三等,2006)。随着我国社会主义现代化建设的发展,地籍管理的内容也在不断地加深、扩展,技术手段不断提高,土地利用现状调查、地籍调查和全国城镇土地使用权申报登记工作全面展开,并迅速转为城镇土地登记和土地定级工作,建立起土地统计报表制度及地籍档案管理制度等,地籍管理向着全方位、规范化、制度化方向发展(苏根成等,2011)。

根据我国基本国情和建设的需要,现阶段地籍管理基本由土地调查、土地分等定级、土地登记、地籍信息管理四部分组成。但是地籍管理的基本内容并不是一成不变的,从上述我国地籍管理的简要发展历史可以看出,各个历史时期的地籍管理工作内容不仅侧重有别,甚至多寡不一,但是地籍管理的内容之间不是孤立的,而是相互联系、紧密相关的。

土地调查和土地定级是地籍管理工作中最为基础的工作。土地统计和土地登记都是土地调查的后续工作,在某种意义上是调查工作的归宿,而土地登记与土地统计对于同一土地对象来讲在大量指标上是一致的,但是在法律性上它们之间是断然有别的。这两项工作的先后次序并无严格的规定,甚至可以将土地调查、土地分等定级和土地统计、土地登记安排在同时进行。但是从内在关系来讲,土地登记和土地统计实质上都是以调查和分等定级为基础的。这样可以保证统计和登记的准确、可靠,也有益于统计和登记成果的稳定、真实。地籍管理的以上这些工作成果是地籍档案的基本来源,地籍档案是其他地籍工作的归宿,这些档案的进一步提供使用是地籍管理整个工作的最终归宿。因此,地籍档案管理在地籍管理工作体系中也是一项十分重要的工作(苏根成等,2011)。

(一)地籍调查

地籍调查是以查清土地的存在、土地权属、土地利用状况而进行的调查。土地的存在包括土地的数量、质量、分布等,土地权属包括土地的分配、占有、归属、权利等,而土地利用则包括了土地开发、利用、保护、整治等状况。所有这些与土地有关的状况都是土地调查的内容,它们在土地管理,在巩固社会制度、巩固国家政权,在社会经济生活中都是重要的基础信息(苏根成等,2011)。

根据土地调查内容的侧重点不同,大致可分为土地利用现状调查、地籍调查和土地条件调查3种(简德三等,2006)。

1. 土地利用现状调查

土地利用现状调查以摸清我国土地资源家底为主要目标。20世纪80年代初到90年代中期,在全国范围开展的土地利用现状调查由县人民政府统一领导,以村为基本单位,调查各类土地面积,查清土地的数量、分布、归属、用途和利用现状。通过调查不仅要查清我国土地资源总量、分类、面积和土地利用现实状况,也要为土地资源的全面管理和土地资源开发利用提供详尽的资料。作为土地调查中的土地利用现状调查是地籍管理的一部分，它为了获取某一时点的土地资源家底，在调查的技术思路中，按调查工作的必然规律和调查应用成果的需要而设计了不断更新、充实、提高的广阔空间和技术缺口，以保证调查成果保持较高的现势性（苏根成等，2011）。

2. 地籍调查

地籍调查包括土地权属调查和地籍测量（简德三等，2006），它的核心是土地权属调查，重要的任务是查清土地的权属、位置、界址、用途、等级和面积等，为土地登记提供基础，从而规范土地资产的管理。地籍调查十分重视对土地资产的归属、定位、定量做实地调查，但它不是简单地就土地的归属、数量、位置作记载，而是要求调查工作有一定的精度，能满足土地流转、土地权属变更管理的要求。地籍调查以县为单位开展，以宗地为基本调查单元（苏根成等，2011）。

3. 土地条件调查

土地条件调查是对土地存在环境和条件的调查，是深入认识土地利用环境条件的调查，包括对土壤、地貌、植被、气象、水文、地质，以及对土地的投入、产出、收益、区位、交通等土地所处自然条件和社会经济条件的调查。土地条件调查能加深我们对土地质量的认识，能帮助我们深入分析土地利用的环境条件，为土地分等定级、土地适宜性评价、土地潜力分析提供相关的基础数据。

土地条件调查有较强的专业特性，土壤、地貌等调查不仅有学科的特殊性，而且相互之间有较强的独立性。它们在地籍管理中明确地为地籍管理服务，但目前还不像土地利用现状调查、地籍调查那样有十分鲜明的管理特色。各地在开展土地条件调查时，调查的深度和广度可以有较大的差异，可依其目的和具体条件而定。

上述3项调查可以分别进行，也可以综合进行，近20年来我国在农村的地籍调查是结合土地利用现状调查而进行的，在城镇和农村主要开展的是地籍调查。土地条件调查往往结合一些土地管理工作的需要而进行，如结合土地分等定级、土地利用规划进行（苏根成等，2011）。

（二）土地分等定级

土地分等定级是对土地质量进行评价的一种方式，是地籍管理的工作内容之一。它是以土地利用分类和土地条件调查为基础，对土地质量指标的综合分析，是对土地质量水平的相对评价。土地分等定级为科学合理征收土地税（费）提供依据，为有区别地确定土地补偿标准提供依据，也为因地制宜地合理组织土地利用、制定土地经济政策等提供科学依据。

土地分等定级根据土地的城乡用途差别，区分为城镇土地分等定级和农村土地分等定级。它们均首先在全国范围内划分出土地等级，然后在土地等级的控制下，划分出土地级别。土地分等定级是土地估价的基础，它为深化土地使用制度的改革，规范地产市场奠定了基础（苏根成等，2011）。其中，城镇土地分等定级是对城镇土地利用的适宜性的评定，也是对城镇土地资产价值进行科学评估的一项工作，其等级是揭示城镇不同区位条件下，土地价值差异规律的表现形式；农用土地分等定级是对农用土地质量或其生产力大小的评定，是通过对农业生产条件的综合分析，对农业土地生产潜力和差异程度的评估工作（简德三等，2006）。

（三）土地登记

土地登记是指将法律认可的土地权属状况登载于专用的簿册上。实质上是国家用以确认土地所有权、土地使用权及其他土地权利的一项法律措施。由法律确认的土地权利是合法的权利，受到法律的保护，可以免受侵犯。

土地登记由专职机关和专职人员所从事，存在着设定登记、变更登记及注销登记等多个种类，完整的土地登记规范着土地权利的取得、流转、变更、灭失等行为，并对这些行为实施有效的管理。

土地登记是地籍管理最基本的工作内容，也是地籍管理中出现最早的一项工作。这项工作的初期仅仅为土地赋税服务和设立，随着地籍管理工作的发展和土地管理的全面兴起，土地登记转而以确认合法土地权利为其主要功能，同时也为土地征税和土地利用管理服务。土地登记促进土地的合理配置，促进生产力布局的有效改善，有利于社会安定和经济繁荣（苏根成等，2011）。

（四）土地统计

土地统计是国家对土地的数量、质量、分布、利用和权属状况进行统计调查、汇总、统计分析和提供土地统计资料的工作制度。与其他统计相比，土地统计有着极强的专业特点：①统计对象——土地在数量上总量是恒定的；②统计图件是统计结果的反映形式，而且是统计的基础数据；③土地统计中地类的增减均以界线的推移实现。通过土地统计，澄清和更新人们对土地资源、土地资产和土地利用状况的认识，揭示土地分配、利用的变化规律，为制定土地管理政策提供科学依据（苏根成等，2011）。

（五）地籍信息管理

地籍信息管理以常规的管理方式，即地籍档案管理为主，但现代化地籍信息管理正向建立地籍信息系统方向发展。地籍档案的管理是以地籍管理的历史记录、文件、图册为对象所进行的收集、整理、鉴定、保管、统计、提供使用和编研等工作的总称。地籍档案管理是地籍管理的终端，也是地籍为社会提供服务的桥梁。地籍档案管理是专业档案的管理，其基本内容是根据地籍管理工作的内容，确定地籍档案的范围，有秩序地进行收集、整理，将档案按一定的程序，开展系统的管理，并开展编研和提供服务。

地籍管理的内容在不同历史时期有所变化，而且各项内容也不是相互孤立存在的，它们相互联系，彼此衔接。如土地调查和土地分等定级是基础性的工作，土地登记和统计则相对前两者而言是它们的后续工作，是它们阶段成果的具体体现。

地籍管理工作内容有其一般的开展顺序。一般在土地调查的基础上开展土地登记、土地统计，这样能较好地保证登记、统计结果的准确性和可靠性。有时需要几项工作同时开展，甚至在顺序上有所倒置。例如，先进行土地的登记工作，后开展地籍调查或者土地利用现状调查，这时土地的登记工作在土地权利人申报的基础上进行，称为申报登记或呈报登记。这在我国地籍管理历史上曾有出现（苏根成等，2011）。

1. 简述地籍的含义和特点。
2. 依据不同的划分方法,地籍的种类有哪些?
3. 简述地籍的功能。
4. 地籍调查的内容有哪些?
5. 地籍管理的内容有哪些?

简德三,杨倩.地籍管理[M].上海:上海财经大学出版社,2006.
李天文,张友顺.现代地籍测量[M].北京:科学出版社,2012.
陆红生.土地管理学总论[M].北京:中国农业出版社,2007.
苏根成,王华春.地籍管理[M].北京:北京师范大学出版社,2011.
谭峻,林增杰.地籍管理[M].北京:中国人民大学出版社,2008.

第三章 地籍测量

第一节 地籍测量概述

一、地籍测量的概念

地籍测量是为土地管理和利用所进行的外业测绘工作，以前又称土地测量或户地测量，现在属于不动产测量的范围。地籍测量绘制的图称为地籍图或户地图，现在主要有地籍分幅图（地籍分幅图通常又简称地籍图）和宗地图两种。地籍测量要求高精度地准确测量地块的边界，对于房屋建筑以外的地物，尤其是次要地物可以根据实际情况进行选择性测量，或降低精度测量。与普通地形图测量相比，地籍测量可以较少测量高程点，困难地带可以不测高程或等高线。通常，地籍图按地块编号，直接在图上量算面积，并连同业主姓名注记在图上。

地籍图是土地主管部门在办理土地登记和发放土地所有权证书时，了解地块坐落、宗地面积、界址线边长以及四至关系、使用状况等的依据，旧时也是建立耕地档案必不可少的资料。近代地籍测量工作已由单纯的为了税收保障、保护土地所有者的权益发展成为多用途的地籍测量和土地信息学，成为制订经济建设计划、充分利用土地资源进行国土整治、土地整理和区域规划、提供有关土地资料的科学依据。

因此，地籍测量是为获取和表达地籍信息而进行的测绘工作。其基本内容是测定土地及其附着物的权属、位置、数量、质量和利用状况等。具体内容主要有：

(1) 地籍控制测量。测量地籍基本控制点和地籍图根控制点。

(2) 界线测量。测定行政区划界线和土地权属界线的界址点坐标。

(3) 地籍图测绘。测绘分幅地籍图、宗地图、土地利用现状图、地籍房产图等。

(4) 面积测算。测算地块和宗地的面积，进行面积的平差和统计。

(5) 进行土地信息的动态监测，进行地籍变更测量，包括地籍图的修测、重测和地籍簿册的修编，以保证地籍成果资料的现势性与正确性。

(6) 根据土地整理、开发与规划的要求，进行有关的地籍测量工作。

同其他测量工作一样，地籍测量也遵循一般的测量原则，即先控制后碎部、由高级到低级、从整体到局部的原则。

二、地籍测量的特点

首先，与大比例尺地形图测绘相类似，地籍测量也是一项技术性很强的专业工作。因此，

地籍测量与地形测图之间的密切关系,可归纳为以下几点:

(1)它们都属于国土基础信息的采集,为国家提供相应的"测绘保障",是国家测绘事业中重要的组成部分。

(2)它们都需要谋求信息采集的面覆盖(或区域性面覆盖)。

(3)施测的几何技术基础都完全一样,甚至依靠的技术力量主体都相同。

(4)由于我国经济建设的飞速发展,这两方面的工作目前都面临着跟不上经济发展需要的问题,都有加快工作进程的迫切要求。

(5)它们都要依靠国家财政的支持。虽然基础测绘信息要走有偿服务的道路,国土使用要征收土地使用费,但这些费用都应视为国家财政收入,它的支配从根本上说是受国家政策和国民经济计划统一安排的。

然而,地籍测量与基础测量和专业测量有着明显的不同,基础测量和专业测量一般只注重于技术手段和测量精度,而地籍测量则是测量技术与土地法学的综合利用,涉及土地及其附着物的权利。因此,地籍测量具有以下几个显著的特点:

(1)地籍测量是一项基础性的具有政府行为的测绘工作,是政府行使土地行政管理职能的具有法律意义的行政技术行为。

(2)地籍测量为土地管理提供了精确、可靠的地理参考系统。

(3)地籍测量是在地籍调查的基础上进行的。经过地籍调查,根据现场的实际情况来选择不同的地籍测量技术和方法(如全站仪测图、RTK测图、遥感影像测量等)。

(4)地籍测量具有勘验取证的法律特征。无论是产权的初始登记,还是变更登记或他项权利登记,在对土地权利的审查、确认、处分过程中,地籍测量所做的工作就是利用测量技术手段对权属主提出的权利申请进行的现场勘查、验证,为土地权利的法律认定提供准确、可靠的物权证明材料。

(5)地籍测量的技术标准既要符合测量规范的规定,又要反映土地法律的要求。

(6)地籍测量工作有非常强的现势性。由于社会发展和经济活动使土地的利用和权利经常发生变化,必须对地籍测量成果进行适时更新。所以地籍测量工作比一般基础测绘工作更具有经常性的一面,且不可能人为地固定更新周期,只能及时、准确地反映实际变化情况。地籍测量始终贯穿于建立、变更、终止土地利用和权利关系的动态变化之中,并且是维持地籍资料现势性的主要技术之一。

(7)地籍测量技术和方法是对当今测绘技术和方法的应用集成。地籍测量技术是普通测量、数字测量、摄影测量与遥感、面积测算、误差理论和平差、大地测量、空间定位技术等技术的集成式应用。根据土地管理和房地产管理对图形、数据和表册的综合要求,组合不同的测绘技术和方法。

(8)从事地籍测量的技术人员不但应具备丰富的测绘知识,还应具有不动产法律知识和地籍管理方面的知识。

另外,地籍控制测量是地籍图件的数学基础,是关系到界址点精度的带全局性的技术环节。它是根据界址点和地籍图的精度要求,视测区范围的大小、测区内现存控制点数量和等级等情况,按测量的基本原则和精度要求进行技术设计、选点、埋石、野外观测、数据处理等测量工作。地籍控制测量还具有以下一些特点:

(1)地籍平面控制测量精度要求高,以保证界址点和图面地籍元素的精度要求。

(2) 城镇地籍测量由于城区街巷纵横交错、房屋密集、视野不开阔,故一般采用导线测量建立平面控制网。

(3) 为了保证实地勘丈的需要,基本控制和图根控制点必须有足够的密度,以便满足界址点及地籍图细部测量要求。

(4) 地籍测量规范中规定了界址点的中误差为±5cm,因此高斯投影的长度变形可以忽略不计。当城市位于3°带的边缘时,则可按城市测量规范采取适当的措施(重新划定投影带)。

(5) 地形测量中,图根控制点的精度一般用地形图的比例尺精度来要求(图根控制点的最弱点相对于起算点的点位中误差为 $0.1mm×$ 比例尺分母 M)。而在地籍测量中,界址点的坐标精度通常以实地数值来标定,而与地籍图的比例尺精度无关。一般情况下,界址点的坐标精度要等于或高于其地籍图的比例尺精度。

三、地籍测量的发展概况

一般认为,古代土地测量技术的产生与发展从公元前4000多年便已经开始。公元前3000年左右,古埃及皇家登记的税收记录中,有一部分是以土地测量为基础的,在一些发掘的古墓中也发现了土地测量者正在工作的图画。公元前21世纪尼罗河洪水泛滥时,就曾以测绳为工具测量恢复被冲毁的耕地界线。

1086年,一个著名的土地记录——汤姆时代(The Domsday Book)在英格兰创立,完成了大体覆盖整个英格兰的地籍测量。

1628年,瑞典为了税收目的对土地进行测量和评价,包括英亩数和生产能力,并绘制成图。

1807年,法国为征收土地税收而建立地籍,展开了地籍测量;1808年,拿破仑一世颁布了全国土地法令。这项工作最引人注目的是布设了三角控制网作为地籍测量的基础,并采用了统一的地图投影,在1:2500或1:2250比例尺的地籍图上定出每一街坊中地块的编号,这样在这个国家中所有的土地都做到了唯一划分。这时的法国已建立起了一整套较完善的地籍测量理论、技术和方法。现在许多国家仍在沿用拿破仑时代的地籍测量思想及其所形成的理论和技术。

作为世界四大文明古国之一,中国的土地测量历史也出现得很早。从出土的商代甲骨文中可以看出,耕地被划分成"井"字形的田块,此时已用"规""矩""弓"等测量工具进行土地测量,具有了地籍测量技术和方法的雏形。

另据古籍载,中国早在春秋战国时期(公元前770—公元前221年),地籍图作为一个地图品种就已应运而生。《周礼·地官司徒》中记载:"大司徒之职,掌建邦之土地之图与其人民之数,以佐王安扰邦国。""小司徒之职,凡民讼以地比正之,地讼以图正之。"这说明了中国在公元前就已经有了国家地图和作为调解土地纠纷的地籍图了。

1387年,中国明代开展了全国范围内的地籍测量,编制了鱼鳞图册(图3-1),以田地为主,绘有田地图形,分别详列面积、地形、土质以及业主姓名,作为征收田赋的依据。到1393年完成全国地籍测量并进行土地登记,全国田地总计为8 507 523顷。

现藏于西安碑林的《潼关图》,刻石年代为清朝道光二十四年二月二十五日(公元1844年),是内容完善、幅面较大、记载详尽的灾后地籍图,国内并不多见。《潼关图》反映了以下内容:

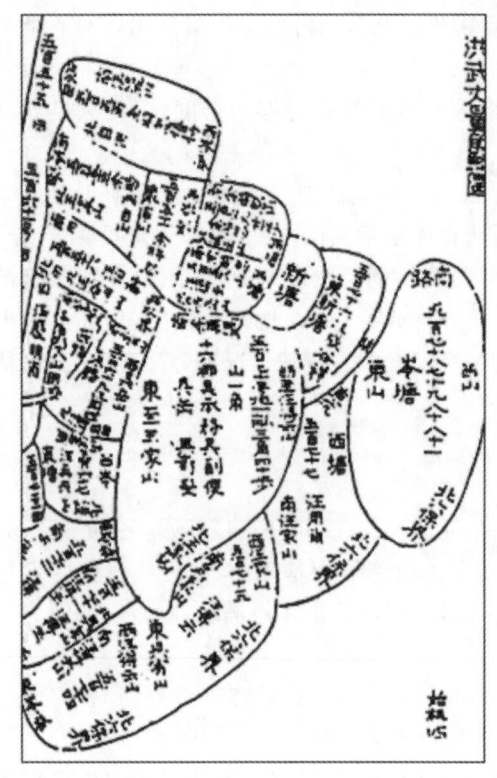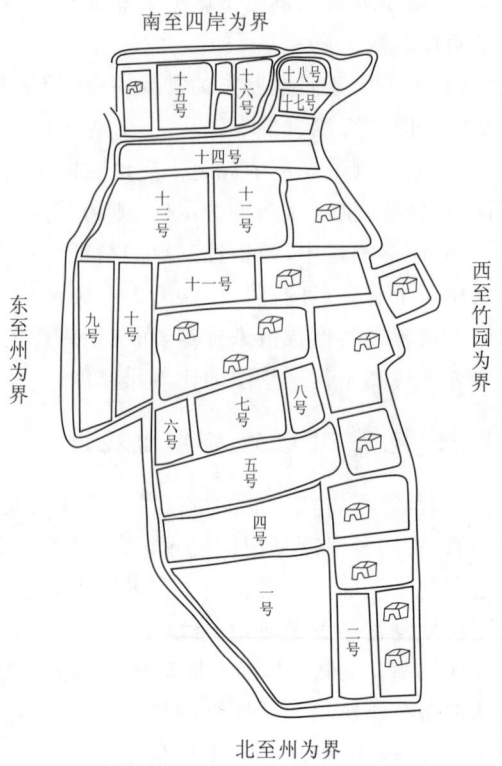

图 3-1　鱼鳞图册

(1)地界。地界以单实线表示,地界之间的土地均注明了长、阔地域限隔尺寸,以"步"(古代度量制度,一步折 0.6 丈)为单位,数字具体明确,是通过丈量后注出的,作为日后备查之根据。此外,除上述小面积土地注出长、阔尺寸外,对远距离主要界点也单独注明距离,如"自大斜阡中行至教场滩东界共五千七百七十八步三尺""自教场滩南界至河边阔一千三百步"等。

(2)县城及村名。图上反映了大量村庄名称,注载所表示的村庄位置,外围绘出村庄概略范围框线,主要有潼关城、长兴堡、城隍庙、寺南寨子、田家庄、田村等。

(3)地界名。在每块地界之间均注有地界名,以便记忆和备查,其载负量很大,但这是必不可少的名称注记,如街头阡、咸水井、田家井、柳家园、上子湾等。

(4)水系名。图中黄河、渭河等大河流均以双线绘出真实宽度,并注有名称;水渠以直线双线绘出,沙滩采用点状符号,外围框绘范围线;桥梁、路口均标示得非常详细,注有专有名称注记及符号。图中符号形状及表示方法大体与现代地图相似或一致。

由于历史的原因,我国于 20 世纪 80 年代中期,才开展大规模的地籍测量工作。为适应我国经济发展和改革开放的形势,于 1986 年成立国家土地管理局,并颁布了《中华人民共和国土地管理法》。至此,地籍测量成为了我国土地管理工作的重要组成部分。国家相继制定了《土地利用现状调查技术规程》(1984)、《城镇地籍调查规程》(1993)、《地籍调查规程》(2012)、《土地利用现状分类》(2007),以及《地籍测量规范》(1987)、《房产测量规范》(1991)等技术标准,开展了大规模的土地利用调查、城镇地籍调查、房产调查和行政勘界工作,同时进行了土地利用监测,理顺了土地权属关系,解决了大量的边界纠纷,达到了和睦邻里关系和稳定社会秩序的目的。

自 20 世纪中叶以来,随着计算机技术、RS 技术(航空摄影测量与遥感)、GPS(全球卫星导航)技术与 GIS(地理信息系统)技术的迅速发展,使得地籍测量理论和技术得到了迅速的发展。

第二节 地籍控制测量基础

地籍控制测量指各项地籍测量工作中所发生的控制测量,包括测量大面积地籍图、房产图时要进行的控制测量,也包括进行权属界线测量、行政区域界线测绘、土地勘测定界等专项地籍测量中的控制测量。广义上讲,地籍控制测量与其他控制测量没有什么区别,都是为了满足碎部点测量的要求而进行的较高等级的测量工作,测量的原则也是"从高级到低级,从整体到局部,先控制后碎部"。

一、测量坐标系的概念

地球本来是个不规则的椭圆形体,为了方便测量、绘图等工作,我们将地球看成是一个标准的椭圆绕地轴旋转而成的椭球体(简称参考椭球体或参考椭圆体)、椭球体的参数几经变更,现为 1980 年国际大地测量与地球物理联合会公布的数据(即为 2000 国家大地坐标系的椭球体参数)。在地球上进行的所有控制测量工作,都被视为是在这个规则的参考椭球体上进行的。

一般我们在测量上使用两种坐标:一种是球面坐标,另一种是平面坐标。

(一)球面坐标

球面坐标就是直接在椭球体面上测量和定位的坐标,如大地坐标中的经纬度和地理坐标中的经纬度均属于球面坐标。

大地坐标以参考椭圆体为原型,用大地经度 L、大地纬度 B 表示(图 3-2)。地球上一点 P 的大地坐标(大地经度 L_P、大地纬度 B_P),是由参考椭球体(参数 a、b、e)、起始子午面、P 点子午线、赤道平面、P 点法线(在该点与椭圆体面垂直的线 P')这些因素确定的。这种以参考椭球体、子午线、法线为依据建立起来的坐标系称为大地坐标系,以此确定的大地经度 L 和大地纬度 B,称为地面点的大地坐标。

地理坐标则用天文仪器实测得到天文经度 λ 与天文纬度 φ,也称为地理经度(可实测地方时计算时差得到)、地理纬度(可按图 3-3 在夜晚观测北极星,测量得纬度为 $\varphi_1 = \varphi_2$)。用天文仪器观测时,是以仪器的竖轴与铅垂线相重合,即是以大地水准面(与该点的铅垂线正交)为基础的。这样,在处理天文测量数据时,便以大地水准面和铅垂线为依据,由此建立的坐标系统,称为天文坐标系或地理坐标系。

由于地球物质分布不均匀,各地的铅垂线和法线方向不一致,所以地面各点的天文坐标(λ、φ)和大地坐标(L、B)存在微小的差异。通常,我们称铅垂线偏离法线的角度为垂线偏差。在用传统大地测量技术建立国家精密平面控制网(又称天文大地网)时,就是先利用大量的野外测量数据,计算出各大地点相对于参考椭球体的垂线偏差(偏差分量 ξ、η),进而将这些以铅垂线为依据的测量数据成果归算到参考椭球体面上,最后计算出参考椭球体面上的大地坐标

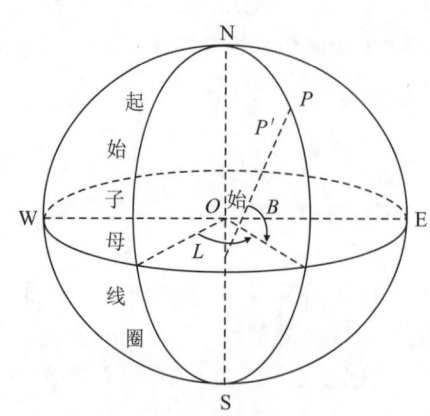 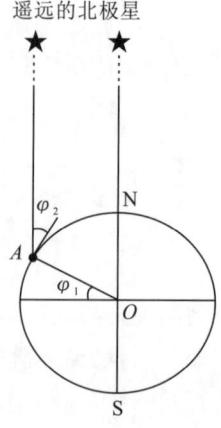

图 3-2　球面坐标系中的大地坐标 $P(L、B)$　　图 3-3　地理纬度的测定

$L、B$，以供后续的地图、地形图制作。

　　球面坐标的应用很广。用地理经纬度来测量和标定远洋船舶的航行位置，是航海运输业数百年来一贯的方法。人类发明飞机之后的航空运输业，也需要在天空实时地测量出飞机的地理位置来对飞机进行导航。日常生活中我们使用的地球仪，全幅面的世界地图、中国地图，上面标示的都是球面坐标。球面坐标表示的地图有一个共同点，就是它们的比例尺通常都较小。

(二)平面坐标

　　在球面体(地球仪)上用球面坐标表示当然会比较清晰直观，在小比例尺地图上用经纬度表示也会体现出很大的优越性。但如果在一张较大比例尺的平面地图上，仅标注有经纬度的地理坐标是不够的，因为地理坐标无法准确量距，这就会让人们工作起来很不方便。因此，人们就越来越需要具有一定精度、较好的准确性、适用于各种用途的平面地图和地形图。也就是说，如果要确定一个小区域范围内各点坐标的相对位置，用平面坐标进行描述会显得比较直观明确。这样，就需要建立一定的测量平面坐标系统，以此来确定一定区域范围内的各点平面坐标位置。例如，在进行大比例尺地形图测绘时，在进行小范围内的工程规划设计与施工测量时，在进行一定区域内的地籍调查测量时，都会首选平面坐标系。

　　但是，地球是用参考椭圆体来代表的，怎么才能将椭圆体表面上的球面坐标转化成平面坐标呢？人们设想出的一个很好的办法就是：按一定投影方式，将地球局部范围投影变换成一个整块平面，建立相应平面坐标系，确定该平面内的各点坐标位置。

二、高斯投影及其平面直角坐标系

(一)地图投影的概念

　　地图投影是指建立地球表面(或其他星球表面)上的点与投影平面(即地图平面)上的点之间的对应关系。在地球的参考椭球面这个曲面上建立平面坐标系，就是要研究如何将椭球面上的点位转换到平面上来。而地图投影的方法多种多样，最简单的一种是"几何透视法"。该方法设想用一个投影面和地球的参考椭球面相切，然后从球体中心用一个点光源将椭球面上的一切图形映射到投影面上，从而实现由椭球面到平面的变换。

椭球面是一个曲面，在几何上称为不可展面。要将曲面强行展开成平面，就如同拿一把菜刀，将一个用橡皮球制成的地球仪切下一小块，用玻璃压平镶嵌起来，想使它看起来没有皱纹、图案保持原状，这是不可能的。又或者是从一个橘子上剥下一块皮，硬要将它压平，想使它没有皱纹、没有裂缝，也是不可能的。这种现象称为投影变形。投影变形有长度变形、角度变形和面积变形三种。对于这些变形，任何投影方法都无法使它们全部消除，而只能使其中一种变形为零，将其余变形控制在一定范围以内。控制这些变形的投影方法相应有等长投影、等角投影和等面积投影。在测量学中，保持角度不变尤其重要，这样可以使图形在一定范围内投影后，图形仍具有相似性。这种保持角度不变的投影又称为正形投影。表3-1是常用的几种正形投影以及它们的应用情况。

表3-1 几种常用正形投影情况统计表

投影名称	创建年代和创建人	投影实质、特点	主要应用情况
墨卡托（Mercator）投影（等角正轴圆柱投影）	1569年，荷兰数学家、天文学家、地图制图学家，研绘成地球仪、航海地图"世界平面图"，终结托勒密时代的传统观念	圆柱与纬线相切或相割，分片投影之后再整体拼接。投影后没有角度变形，经、纬线均为平行直线，且相交成直角，保持方向和角度正确。方便轮船与飞机用直线（即等角航线）导航。缺点：纬度高处面积变形较大	航海图、航空图、百度地图、Google地图，我国海军部门1:5万、1:25万、1:100万图和海底地形图，西安80坐标系
兰伯特（Lambert）投影（等角圆锥投影）	1772年，德国数学家、天文学家	圆锥与纬线相切或相割，投影后无角度变形，纬线为同心圆圆弧，经线为同心圆半径（直线）。经线长度比和纬线长度比相等。适于制作沿纬线分布的中纬度地区中、小比例尺地图	新中国成立前《中华民国全图》，中国1:100万全国地图，1:250万中国全图、中国分省地图
高斯-克吕格投影（等角横椭圆柱投影）	1820年，高斯，德国数学家、天文学家、大地测量学家。1912年，克吕格，德国大地测量学家	横椭圆柱与投影带的中央子午线（经线）相切，分带投影（按6°和3°），无角度变形。中央经线（轴子午线）投影为直线且长度不变。赤道投影后亦为直线，其余纬线为曲线。经线和纬线仍保持正交。缺点：离中央子午线越远，长度变形越大	我国1:5000、1:1万、1:2.5万、1:5万、1:10万、1:25万、1:50万基本比例尺地形图，其中1:5000、1:1万地形图采用3°带，1:2.5万～1:50万地形图采用6°带
UTM投影（通用横轴墨卡托投影）	美国于1945年为全球军事目的创建	为"等角横轴割圆柱投影"。椭圆柱割地球于南纬80°、北纬84°两条等高圈。与高斯-克吕格投影相类似，为分带投影（共分60带），投影角度没有变形	美国世界军用地图、卫星影像图、ArcInfo软件（GIS）

在我国现今 8 种基本比例尺(1∶100 万、1∶50 万、1∶25 万、1∶10 万、1∶5 万、1∶2.5 万、1∶1 万、1∶5000)地形图中,除了 1∶100 万小比例尺地形图是采用兰伯特正轴等角圆锥投影外,其余各种比例尺地形图均采用高斯横椭圆柱正形投影。该投影首先由德国数学家高斯提出和建立,后经克吕格导出严密的投影公式加以补充,故又称为高斯-克吕格投影,简称高斯投影。

(二)高斯投影的几何实质

如图 3-4 所示,高斯投影的几何概念可以叙述如下:

设想一个空心的横椭圆柱体套在参考椭球面上。横椭圆柱体的椭圆与参考椭球体的椭圆完全一致(两椭圆参数相同)。椭圆柱体刚好与椭球面上某一子午线 NBS 相切(紧密重合),该子午线称为轴子午线或中央子午线,NAS 与 NCS 为边缘子午线并构成一个投影带。A、B、C 为 3 条子午线与赤道的交点,AB、BC 弧长相等。此时,椭圆柱体的中心轴 OO 位于赤道中心平面内,并与椭球体的旋转轴 NS 相交于椭球体中心 I 点。假定 I 点是一个点光源,光线照射使椭球面上的投影带及其图形投影到椭圆柱面上,然后将椭圆柱面沿过南、北两极的母线 L_1L_2、K_1K_2 剪开和展平,得到 $NSABC$ 所在的投影平面(图 3-5),该投影平面称为高斯投影平面,简称高斯平面,以此建立的坐标系称为高斯平面坐标系。

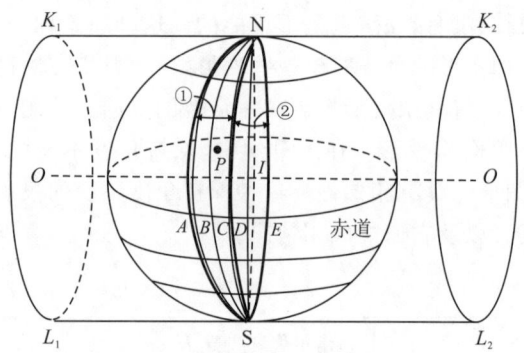

图 3-4 高斯横椭圆柱投影

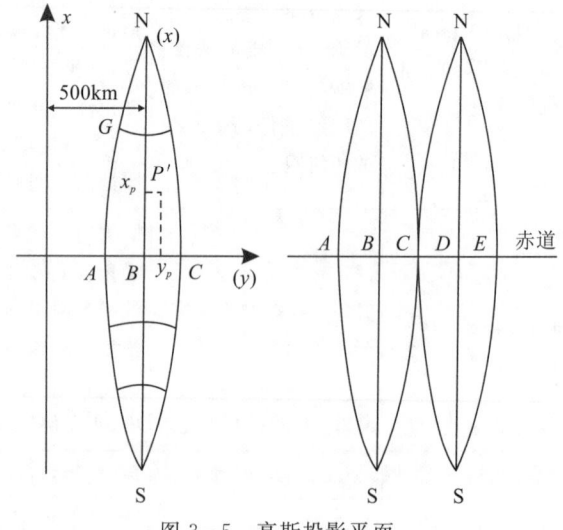

图 3-5 高斯投影平面

(三)高斯投影的特点

根据上述投影概念,高斯正形投影具有如下特点:

(1)中央子午线投影后为直线,长度不变。其余子午线投影后凹向中央子午线,关于中央子午线对称,离开中央子午线的距离越远,长度变形越大。

(2)赤道投影后为直线。其余纬线投影后凸向赤道,并对称于赤道。

(3)经线与纬线投影后,仍然保持互相正交。

(四)高斯投影带的划分

根据高斯投影的上述第一个特点,距离中央子午线比较远的地方投影长度变形较大,由此引起的面积变形也较显著。为了使长度和面积的变形满足测量制图的要求,投影带必须限制在中央子午线两侧一定范围内。为此,将整个参考椭球体面自本初子午线开始,用子午经线均匀地分成各等份,每一等份代表一个投影带(图3-6,第①带,第②带……)。投影时就类似放幻灯片一样,自东向西慢慢旋转椭球体,将椭球体上各投影带的中央子午线分别与圆柱面紧密重合,依次将各投影带的图形投影到圆柱体面上并剪开、展平,直到将所有投影带投影完成。

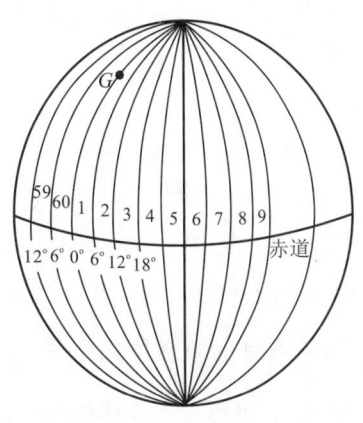

如何划分投影带,国际上通行有两种方法,一种是按经度差6°带划分,从本初子午线开始,自西向东每隔6°为一投影带,依次用阿拉伯数字1~60进行编号,全球共分为60个投影带(图3-6)。另一种是按经差3°带划分,划分时将第1号3°带的中央子午线与第1号

图3-6 6°带投影分带

6°带的中央子午线相同,然后按每隔3°为一投影带,全球共分为120个投影带。而当按6°带划分时,根据地球赤道周长,可以简单计算出沿赤道线位置,每个6°带的两条边界子午线之间最大弧长约为667km,即每个投影带中距离中央子午线最远处不超过334km。经投影后此处的线段会产生约1/700长度变形。对于大比例尺测绘地形图,以及要求较高精度的工程测量(测距误差要求1/2000~1/1000)来说,如此大的投影长度变形是不被允许的。因此还要采用3°带,甚至1.5°带来划分,并以此建立高斯平面直角坐标系。

图3-7展示了6°带与3°带的具体划分以及将它们展开之后的相互位置关系。根据该图,在东半球内的6°带与3°带的带号与其相应的中央子午线的经度有如下关系:

$$\begin{cases} L_6 = 6N - 3 \\ L_3 = 3n \end{cases} \tag{3-1}$$

式中,L_6 为6°带的中央子午线经度,N 为6°带的带号;L_3 为3°带的中央子午线经度,n 为3°带的带号。

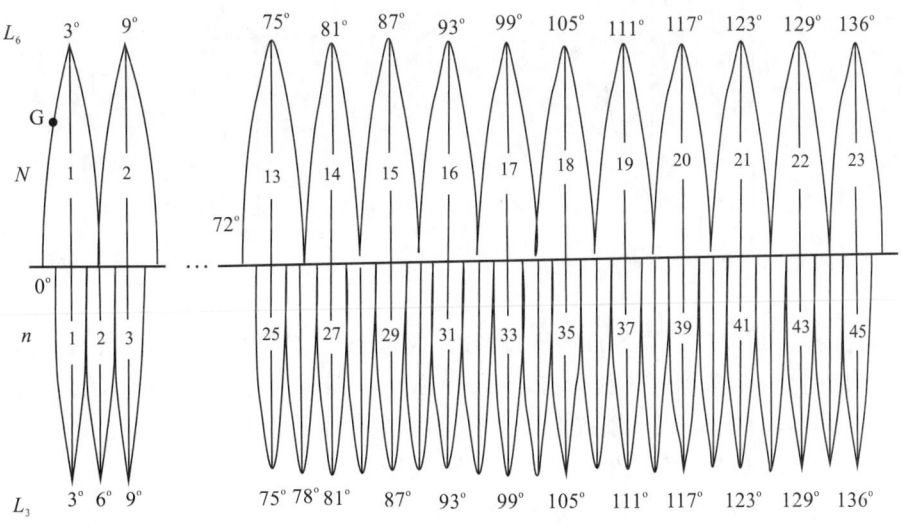

图3-7 6°带与3°带的关系及我国投影带范围

反之，如果知道某点经度 L，则可求算出该点所在 6°带的带号 N 或 3°带的带号 n，计算公式如下：

$$\begin{cases} N = \text{INT}\left(\dfrac{L}{6}\right)+1 \\ n = \text{INT}\left(\dfrac{L}{3}+0.5\right) \end{cases} \quad (3-2)$$

我国领土范围约为东经 73°40′～135°05′。因此，按高斯投影所涉及的 6°带的带号为13～23，全国共 11 条投影带。而 3°带涉及的带号为 25～45，全国共 21 条投影带（图 3-7）。

（五）高斯平面直角坐标系

图 3-5 表示参考椭球体面上的经纬线及点 P 投影到椭圆柱面之上、展开成高斯平面、建立坐标系之后的情况。图 3-8 为高斯平面直角坐标系建立情况。投影展开成高斯平面之后，取中央子午线为坐标纵轴，称为 X 轴；赤道为横轴，称为 Y 轴；两轴垂直相交于 O' 点为坐标原点，以此建立 $O'-XY$ 平面直角坐标系。该平面直角坐标系便称为高斯-克吕格坐标系，简称高斯坐标系（图 3-8）。

该坐标系的纵坐标自赤道向北为正，向南为负；横坐标自中央子午线向东为正，向西为负。我国领土位于北半球，纵坐标 X 均为正值，表示投影之后坐标点距横轴（Y 轴，赤道投影）的距离，横坐标 Y 则有正有负（其绝对值表示投影点距 X 轴，即中央子午线投影的距离）。为了使横坐标也为正值起见，规定在 6°带与 3°带中，每带的坐标纵轴（中央子午线投影）往西平移 500km（图 3-8）。平移之后的坐标系为 $O-xy$ 平面坐标系。坐标系的象限按顺时针方向依次定为 Ⅰ、Ⅱ、Ⅲ、Ⅳ 象限。按照表达习惯（x 在横轴，y 在纵轴）的表示如图 3-9 所示。

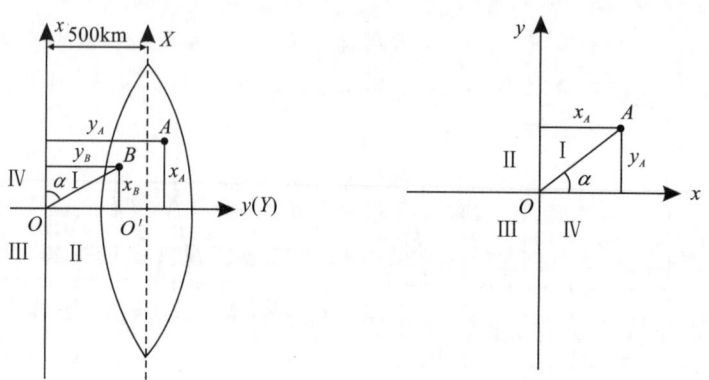

图 3-8　高斯平面直角坐标系　　　　图 3-9　笛卡儿数学坐标系

由于高斯投影是按分带法各自进行投影的，故每个 6°带或 3°带都有自己的坐标轴和坐标原点。而根据图 3-7，我国 6°带投影有 11 条投影带，3°带则有 21 条。因此，如果仅仅知道某点在自己投影带内的坐标，仍不能确定该点在全国范围内的具体位置。为了明确表示某已知坐标点的具体位置，亦即该已知坐标点属于哪一投影带，规定在每个坐标点的横坐标值前冠上带号。这种加了 500km 和带号的坐标系，称为国家统一坐标系，其横坐标用 y 表示。因此，投影带内任一点的横坐标的统一坐标值 y 表示为：

$$y = \text{带号 } N(\text{或 } n) + 500\text{km} + Y \quad (3-3)$$

式中，Y 为以中央子午线投影位置为 X 轴的横坐标值，称为横坐标的自然值。

因此，国家统一坐标系中的 x、y 所表示的意义为：x 表示坐标点在高斯平面上到赤道投影线的距离；y 包括投影带的带号、附加值 500km 和实际平面坐标 Y 三个参数。

【例 3-1】 假设图 3-8 中 A、B 两点所在投影带带号为 19（我国范围），其高斯平面坐标分别为 $x_A=3\,211\,567.698\text{m}$，$y_A=131\,567.699\text{m}$，$x_B=1\,211\,567.731\text{m}$，$y_B=-231\,567.852\text{m}$，试计算该两点的国家统一坐标值。

【解】 A 点：我国国家统一坐标系与高斯坐标系的纵坐标没有变化（表示坐标点到赤道线的垂直距离），即 $x_A=X_A=3\,211\,567.698\text{m}$；横坐标计算根据公式(3-3)，$y_A=19$ 带 $+500\,000+131\,567.699=19\,631\,567.699\text{m}$。同样，对于 B 点有：$x_B=X_B=1\,211\,567.731\text{m}$；$y_B=19$ 带 $+500\,000+(-231\,567.852)=19\,268\,432.148\text{m}$。

在我国，高斯投影的 6°带带号为 13～23，3°带的带号为 25～45，两种投影带没有出现重复相同的带号，所以根据某点的统一坐标值就可判断出该点的坐标是属于 6°带还是 3°带（图 3-7 及例 3-2）。

【例 3-2】 已知我国某点 M 的统一坐标值为 $x=1\,511\,567.138\text{m}$，$y=38\,462\,455.148\text{m}$。试分析指出该点所位于的高斯投影带带号、点位及中央子午线经度。

【解】 根据公式(3-3)，$y=$ 带号 N（或 n）$+500\text{km}+Y=38\,462\,455.148\text{m}$，带号为 38 号带，再根据图 3-7，38 号带为 3°带投影，中央子午线经度为 114°。$500\text{km}+Y=462\,455.148\text{m}$，可以计算出 $Y=462\,455.148\text{m}-500\,000\text{m}=-37\,544.852\text{m}$。即该点位置位于中央子午线以西，投影后在高斯平面上距中央子午线 37 544.852m，距赤道距离 1 511 567.138m。

(六)高斯坐标系与数学坐标系的关系

数学中的直角坐标系是法国数学家笛卡儿在 1619 年创造的，从此也开创了一门新的数学分支学科——坐标几何（即解析几何）。如图 3-9 所示，数学坐标系中的横轴为 x 轴，纵轴为 y 轴，这与高斯先生两百年之后(1820 年)建立的测量坐标系情况刚好相反（图 3-8）。不过，由于各自的方向角均是从 x 轴起算，方向角旋转的方向分别是按逆时针方向和顺时针方向为旋转的正方向，象限的设置也分别是按逆时针和顺时针。因此，数学中的解析几何关系与三角函数公式完全可以适用于测量平面坐标系中。

(七)高斯投影相邻投影带的处理

根据前面的分析介绍，高斯投影属于正形投影，投影后两点间的方位角不变，但其长度会产生变形，而且当线段离开中央子午线的距离越远时，长度变形会越大。高斯投影中的分带投影可以限制投影变形的程度，但却带来了投影后带与带之间不连续的缺陷。因为两相邻投影带的公共边缘子午线在各自投影带中的投影是向相反方向弯曲的（图 3-7），于是，位于边缘子午线附近的分属两带的地籍图就拼接不起来。为了弥补这一缺陷，规定在相邻带拼接处有一定宽度的重叠（图 3-10）。重叠部分以带的中央子午线为准，每带向东加宽经差 $30'$，向西加宽经差 $7.5'$，相邻两带的重叠部分就是经差为 $37.5'$ 的宽度。

位于重叠部分的控制点应具有两套坐标值，分属东带和西带，地籍图、地形图上也应有两套坐标格网线，分属东、西两带。这样，就解决了地形地籍图的拼接和使用、控制点的互相利用以及跨带平差计算等方面的问题。

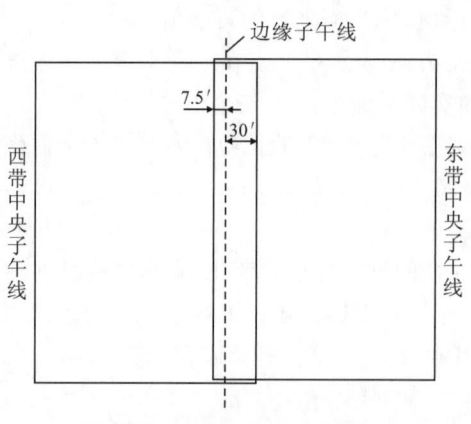

图 3-10 相邻投影带的拼接

若某城镇地处两相邻投影带的边缘时,通常在城镇中央取一条子午线作为中央子午线,建立任意投影带,这样可避免一个城镇区域要横跨两个投影带,同时也可减少长度变形的影响。

(八)高斯投影换带计算

当地面上某控制点位于两相邻投影带的重复地段时,为了获得该点在另一投影带中的坐标,就需要进行坐标的换带计算,也称为坐标转换计算。在很多情况下都需要进行坐标转换,如 6°带与 6°带的相邻投影带的坐标转换、3°带与 3°带相邻带的坐标转换、3°投影带与 6°投影带之间的坐标转换以及 3°带或 6°带与任意投影带之间的坐标转换等。另外还有不同坐标系统之间的坐标转换,如北京 54 坐标、西安 80 坐标、2000 国家大地坐标,它们之间也可相互转换。

坐标换带计算是利用高斯投影的正、反算公式进行。先根据点的高斯平面坐标值 X、Y,用投影反算公式计算出该点的大地坐标值 L、B,再应用投影正算公式计算出另一投影带的坐标值 X、Y。具体计算的公式原理可参见"大地测量学"相关内容,实际工作中通常使用相关软件进行。

三、几种国家坐标系简介

新中国成立以来,我国采用了几种坐标系,统计如下。

(一)1954 年北京坐标系

新中国成立以后,我国大地测量进入了全面发展时期,为满足国家建设的需要,我国采用了苏联的克拉索夫斯基椭球参数,其为长半轴 $a=6\ 378\ 245$m,扁率 $e=1/298.3$,并与苏联 1942 年坐标系进行联测,通过计算建立了我国大地坐标系,定名为 1954 年北京坐标系。1954 年北京坐标系为参心坐标系,其原点在苏联的普尔科沃。与 1942 年苏联普尔科沃坐标系所不同的是,1954 年北京坐标系的高程异常是以苏联 1955 年大地水准面差距重新平差结果为起算值,且以 1956 年青岛验潮站求出的黄海平均海水面为基准面,按我国的天文水准路线传算出来的。

(二)1980 年西安坐标系

由于 1954 年北京坐标系大地原点距我国甚远,在我国范围内该参考椭球面与大地水准面存在明显的差距,在东部地区最大达 68m 之多。因此,1978 年 4 月在西安召开全国天文大地网平差会议,确定重新定位,其数值为 1975 年国际大地测量与地球物理联合会第十六届大会推荐的,数据如下。

长半轴:$a=6\ 378\ 140$m;

扁率:$e=1/298.257$;

地球引力常数(含大气层):$GM=3.986\ 005\times 10^{14}$ m³/s²;

地球重力场二阶带谐系数：$J_2=1.082\ 63\times10^{-3}$；

地球自转角速度：$w=7.292\ 115\times10^{-5}\ \text{rad/s}$。

该坐标系也是一种参心坐标系，其大地原点设在我国中部的陕西省泾阳县永乐镇，位于西安市西北方向约60km，故又称1980年西安坐标系。基准面采用青岛大港验潮站1952—1979年确定的黄海平均海水面（即1985国家高程基准）。

(三) 2000国家大地坐标系

随着社会的进步、科技的发展，参心坐标系已不适合建立全球统一坐标系，不便于阐明地球上各种地理和物理现象，特别是空间物体的运动。现在利用空间技术所得到的定位和影像成果都是以地心坐标系为参照系，迫切需要采用原点位于地球质量中心的地心坐标系作为国家大地坐标系。为此，国家测绘局公布自2008年7月1日起启用2000国家大地坐标系。2000国家大地坐标系是全球地心坐标系在我国的具体体现，其原点为包括海洋和大气的整个地球的质量中心。2000国家大地坐标系采用的地球椭球参数为1980年国际大地测量与地球物理联合会提出的，数据如下。

长半轴：$a=6\ 378\ 137\text{m}$；

扁率：$e=1/298.257\ 222\ 101$；

地心引力常数：$GM=3.986\ 004\ 418\times10^{14}\ \text{m}^3/\text{s}^2$；

自转角速度：$w=7.292\ 115\times10^{-5}\ \text{rad/s}$。

(四) WGS-84坐标系 (World Geodetic System - 1984 Coordinate System)

WGS-84坐标系是一种国际上采用的地心坐标系，由美国国防部研制确定的，是一种协议地球坐标系。WGS-84坐标系的几何定义是：坐标系的原点是地球的质心，Z轴指向BIH（国际时间）1984.0定义的协议地球极（CTP）方向，X轴指向BIH 1984.0的零子午面和CTP赤道的交点，Y轴和Z轴、X轴构成右手坐标系。

WGS-84椭球采用国际大地测量与地球物理联合会第十七届大会大地测量常数推荐值，采用的基本参数如下。

长半轴：$a=6\ 378\ 137\text{m}$；

扁率：$e=1/298.257\ 223\ 563$；

地球引力常数（含大地层）：$GM=3\ 986\ 005\times10^8\ \text{m}^3/\text{s}^2$；

正常化二阶带谐系数：$C2.0=-484.166\ 85\times10^{-6}$；

地球自转角速度：$w=7\ 292\ 115\times10^{-11}\ \text{rad/s}$。

地籍测量工作中应首先尽可能采用国家统一坐标系，当测区远离中央子午线或横跨两个投影带时，或由于测区平均高程较大而导致长度投影变形较大，难以满足精度要求时，采用国家坐标系会带来许多不便。因此，基于限制变形以及方便实用、科学的目的，在实际工作中往往会建立适合本测区的地方独立坐标系。这时可以选择测区中央某一子午线作为投影带的中央子午线，由此建立任意投影带的独立坐标系。这既可使长度投影变形减小，又可使整个测区处于同一坐标系内，无论对提高地籍图的精度，还是拼接使用都是有利的。当投影变形值小于2.5cm/km时，可不经投影直接建立独立的平面坐标系，并可采用以下几种方法：

(1) 用国家控制网中的某一点坐标为原点，某条边的坐标方位角作为起始方位角。

(2) 从中、小比例尺地形图上用图解方法量取国家控制网中一点的坐标或一明显地物点的坐标作为原点坐标,量取某条边的坐标方位角作为起始方位角。

(3) 假设原点的坐标和一条边的坐标方位角作为起始方位角。

四、国家测量控制网介绍

在全国范围内布设的平面控制网,称为国家平面控制网。从新中国成立初期开始建设、历时20余年完成的国家平面控制网主要按三角形网方法布设,从高级到低级分为4个等级,其中一等三角网(锁)精度最高,二等、三等、四等三角网精度逐级降低。除此之外,国家又于20世纪90年代先后进行了两次GPS—A级、一次GPS—B级、一次GPS一级(军测部门)的全国GPS网控制测量。而且,国家及时统一进行了与一等、二等三角形测量相配合的天文测量,并进行了专门的地震监测网络建设。同时,我国也建立了4个等级的高程控制网,并在一等、二等高程网中进行了大量的重力测量工作。

(一) 一等三角网(锁)

图3-11是国家一等三角网的网型布置图。三角网由大致沿经线、纬线方向的三角锁构成。为了控制边长推算的误差积累,在锁段交叉处测定起始边,如图3-12所示,起始边测量误差要求小于1/350 000(用基线网扩大传递的方法推算)。为了控制方位角传递的误差积累,测定了起始边的天文方位角。为了计算当地的垂线偏差,测定了锁段起始边端点及锁段中央的天文经纬度。锁段平均长度约200km,三角形平均边长约20～25km。我国庞大的一等三角网不仅作为低等级平面控制网的基础,还为研究地球的形状和大小提供了重要的科学来源。

图3-12中还表示有国家大地原点所在位置。大地原点亦称大地基准点,是国家地理坐标——天文经纬度的起算点和基准点。我国的大地原点在陕西省泾阳县永乐镇北洪流村境内。

图3-11 我国大陆一等三角网(锁)

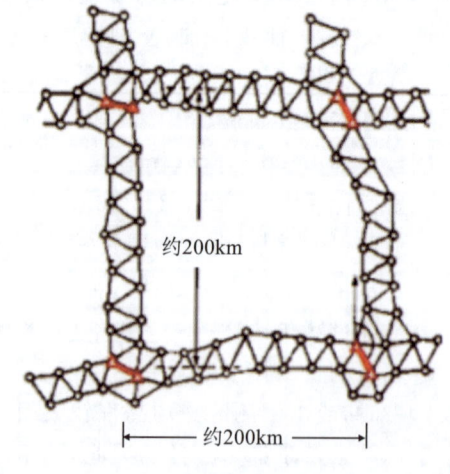

图3-12 锁段示意图

(二) 二等三角网

图3-13的三角锁,是二等三角控制两种格式(锁、网)中的一种。

二等三角控制既是地形测图的基本控制,也是加密三等、四等三角网(点)的基础。二等三角网的布设在一等三角锁所围成的范围内进行,三角形平均边长为13km。为了控制网形的系统误差,进行二等三角测量时也要增加一定量的天文观测。

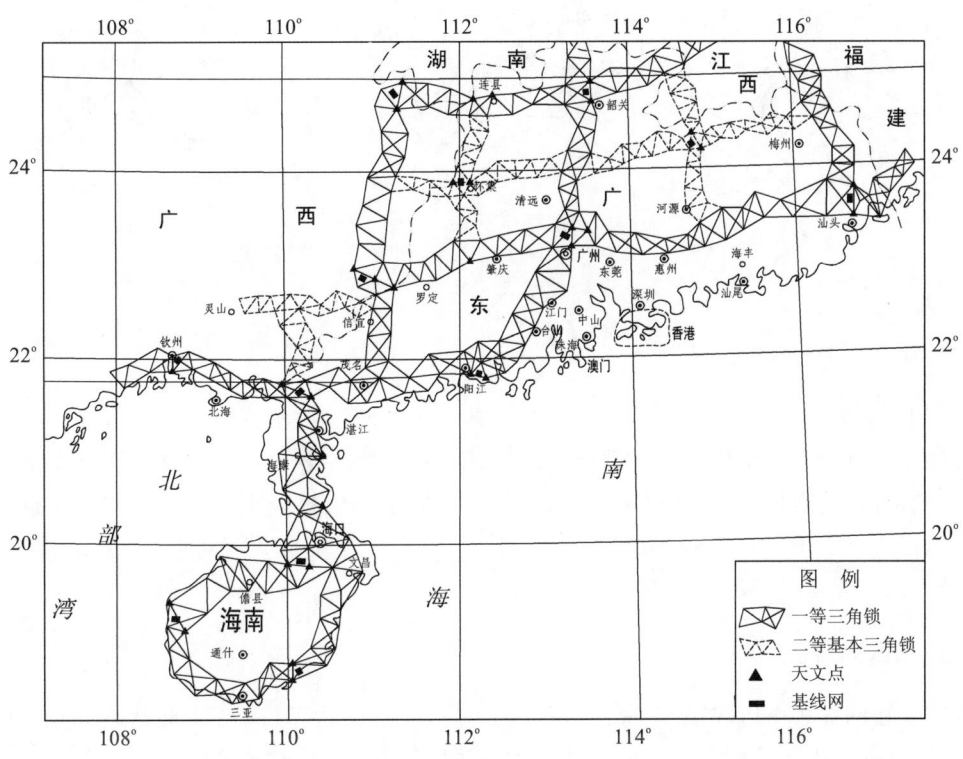

图 3-13　广东省国家一等三角锁、二等基本三角锁布置

(三)三等、四等三角网

三等、四等三角网的布设采用插网和插点的方法,作为一等、二等三角网的进一步加密,三等三角网平均边长为 8km,四等三角网平均边长为 2~6km。四等三角点每点控制面积为 15~20km^2,可以满足 1:1 万和 1:5000 比例尺地形测图需要。图 3-14 是三等、四等三角网在高等级三角网下加密的几种示意图,其中图 3-14 也可以是在四等三角网下的一级三角锁(网)的加密图形。

截至 1982 年,我国完成了全国天文大地控制网的整体平差工作,网中包括了一等三角锁(网)、二等三角网(锁)、部分三等三角网,总共有约 5 万个大地控制点,包含了约 500 条起始边长、近 1000 个正反起始方位角在内的约 30 万个观测量,分别采用条件平差和间接平差两种方案独立进行,平差结果基本一致,而且反映出我国天文大地网的精度较高,结果可靠。

在上述各等级控制网之外,在小于 100km^2 的范围内建立的控制网,称为小区域控制网。在这个范围内,水准面可视为水平面,采用平面直角坐标系计算控制点的坐标,不需将测量成果归算到高斯平面上。小区域平面控制网应尽可能与国家控制网或城市控制网联测,将国家或城市高级控制点坐标作为小区域控制网的起算和校核数据。如果测区内附近无高级控制点,或联测较为困难,也可建立独立平面控制网。

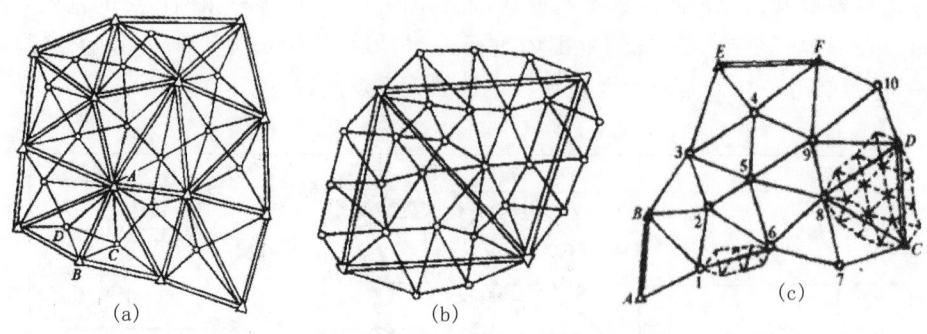

图 3-14 在高等级网下的三等、四等三角网的加密

(四)国家 GPS 测量控制网

GPS 控制网的建设在我国分为 A、B、C、D、E 五个不同精度等级。

我国于 20 世纪 90 年代已先后进行了两次(GPS)A 级、一次(GPS)B 级、一次 GPS 一级和二级(军测部门)的全国 GPS 网控制测量,另外还建立了中国地壳运动观测网络。至此,在全国范围内已建立了国家(GPS)A 级网 27 个控制点、B 级网 818 个控制点,一级、二级网 534 点,以及中国地壳运动观测网络 1081 点。

(五)国家高程控制网

其实上述的 3 种 GPS 国家网,已经是包含有高程(初始为 WGS-84 椭球高)的三维坐标控制网,而(GPS)B 级网 60% 的控制点就布设在国家一等、二等水准点上。

在全国范围内采用水准测量方法建立的高程控制网,称为国家水准网。与平面控制相类似,国家水准网的建设也同样遵循从整体到局部、由高级到低级、逐级控制、逐级加密的原则,分一等、二等、三等、四等,4 个等级进行规划布设。各等级水准网一般要求自身构成闭合环线或闭合于高一级水准路线上构成环形。

国家水准网的建设自新中国成立初期开始,至 1976 年基本完成;接着又依托 1985 国家高程基准进行了一等、二等水准测量并于 1991 年结束;之后又进行了全部一等、部分二等的水准测量复测工作。国家一等、二等水准网用精密水准测量方法建立,是研究地球形状和大小、海洋平均海水面变化的重要资料,同时根据重复测量的结果,可以研究地壳的垂直形变规律,是地震预报的重要资料。国家三等、四等水准网直接为地形测图和工程建设提供高程控制点。

由于国家一等、二等精密水准测量需要进行重力异常改正,因此需在一等、二等水准路线的沿线进行相应的重力测量,重力测量的状况与要求可归纳为以下几点。

(1)测区平均高程大于 4000m,或水准点间的平均高差为 150~250m 的地区,对一等、二等水准路线上的每个水准点均进行重力测量。

(2)测区平均高程为 1500~4000m,或水准点间的平均高差为 50~150m 的地区,应保证在一等水准路线上进行重力测量的点间平均距离小于 11km,二等水准路线上的点间平均距离小于 23km。

(3)在我国西南、西北、东北边境等有较大重力异常的地区,一等水准路线上的每个水准点均应进行重力测量。

(4)在由青岛水准原点至国家大地原点的一等水准路线上,应逐点进行重力测量,以便精确求得国家大地原点的正常高程。

在小区域范围内建立高程控制网,应根据测区面积大小和工程要求,采用分级建立的方法。一般情况下,是以国家或城市等级水准点为基础,在整个测区建立三等、四等水准网或水准路线,用图根水准测量或三角高程测量测定图根点的高程。

五、控制测量的一般工作程序与方法

无论是平面控制测量还是高程控制测量,或是平面与高程同时兼顾的控制测量,虽然其具体的工作方式方法与注意事项各不相同,但它们的主要工作程序与步骤是相类似的。针对一项专门的控制测量工程,其基本的工作过程通常有资料收集,选点、踏勘,技术设计,建立标志,野外观测,平差计算和技术总结等。

(一)资料收集

需要向委托方、当地相关部门、上级测绘行政主管部门等单位收集测区内的各种比例尺地(形)图,各种规格、级别的控制点成果及相关资料(如平差过程、技术报告、成果说明等)。收集的控制点还需在野外踏勘核实。

(二)选点、踏勘

对于较大型的控制测量工程,可先利用已有地形图在室内进行图上选点,然后在野外实地确定,这项工作往往需要几个回合才能最终完成。选好的控制点通常应满足如下基本要求:

(1)点位互相通视(水准点无须考虑此项要求),便于工作。点与点之间能观察到相应的目标,视线上没有障碍物。同时,应注意视线沿线的建筑物离开视线有一定的距离,避免旁折光对测量的影响。

(2)控制点数量足够,点位分布均匀。控制点的数量能满足进行地形测图或下一等级控制测量的要求,符合工程建设测量的需要。

(3)精心选点、便于保存。选在城镇地面上的点需考虑通视方向稍多、能控制较大的观测范围、方便继续发展下级控制的交叉路口;在乡村野外选点需考虑交通方便、土质坚实、稳定可靠。对原有控制点应尽量采用原来点位和点名。

(4)周围视野开阔,有利加密。通常尽量利用当地的山头、单位楼顶等制高点来布设建造控制点,有利于控制点的逐级扩展和加密。

(5)对于 GPS 控制网的选点,另有一些特殊要求,请参见相关规范要求,如国家标准《全球定位系统(GPS)测量规范》(GB/T 18314—2009)。而对于三角测量的选点也有些图形结构方面的严格规定,读者均可查阅国家相关控制测量规范。

(三)技术设计

对于较大型的控制测量工程需进行详细的技术设计。技术设计的内容主要包括:工程来源、概况;测区地理位置、交通、环境、民俗等工作条件情况;已有资料收集、分析评估情况;控制网的设计优化、选点、精度估算情况;技术要求、技术标准的选择;工作程序布置、工期的大致安排,工作进度保障、技术质量保证(技术人员组成、仪器设备质量等)、工作安全保障(人员安全、仪器设备安全、数据资料安全);工作量的统计与成果提交;达到的效果目的等。

(四)建立标志

针对选点图,在选定的点位上埋设固定标石和建立标架,即所谓的建标埋石。建标指建立高达数米的寻常三角标、双锥标等,用于观测瞄准。建标的工作通常针对较高等级的控制点,且地形地貌难以瞄准的情况,如荒漠戈壁地区、有灌木的山头等。

埋石是用钢筋混凝土或花岗岩等坚硬的石材制成有中心标志的标石,在选定的地点位置进行埋设。有时控制点是设在坚固构造物上的中心标志,或是一种打入泥地里的带有中心标志的固定木桩。一般不同级别的控制点埋设不同的标志,而且根据实际情况选择是否建立觇标和确定觇标的材料与规格大小,控制点规格与觇标建造均可参阅相应的规范要求。图3-15、图3-16是一些控制点标志与觇标(标杆、寻常标、双锥标)的样式,较大标石的顶面标志中心附近注有控制点的点号、建造单位及建造时间等。标石应稳定地埋设在冻土线以下的土层里,在点位附近设立指示标志,同时绘图照相,做好点位埋设记录(点之记)。对重要控制点应委托当地测绘行政主管部门落实保管措施。

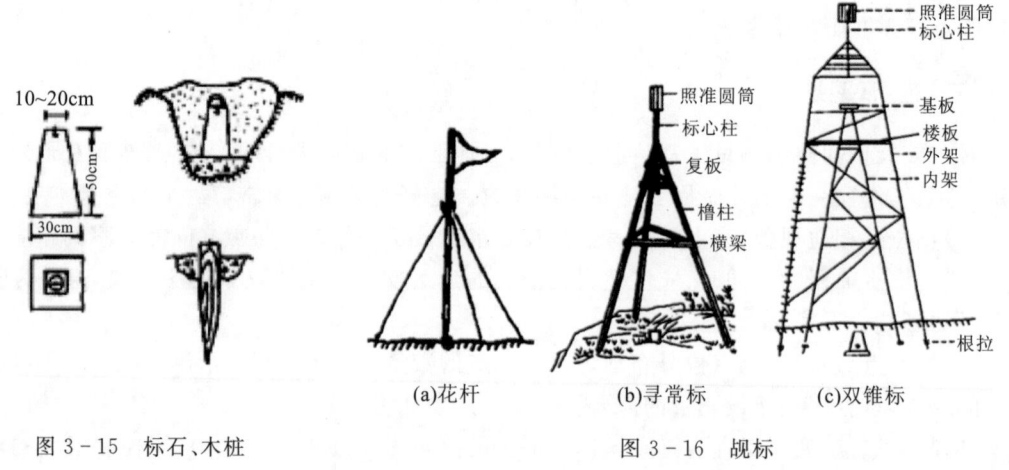

图3-15 标石、木桩
图3-16 觇标

(五)野外观测

根据控制测量要求的内容,主要有水准测量,全站仪测角量边,GPS数据采集等,有时还需进行大气压、温度、湿度测量。野外作业基本工作要求有:①做好仪器工具的检校,掌握仪器的性能;②了解现场实际情况,做好观测组织安排,落实技术措施;③采集和保管野外观测数据。

(六)平差计算与数据整理

主要是通过一定手段(表格、计算器、计算机、软件等)求取控制点的点位坐标与高程。工作内容与要求:①根据控制测量的实施方法和确定的平差原则拟定计算方案;②检查原始观测记录,核对野外观测成果及已知数据,必要时对野外观测数据进行高程投影平面改化;③总体平差、评定精度的计算过程和结果输出规范清晰。

(七)编写技术总结报告

技术总结是对控制测量的整个工作过程进行如实反映。技术总结报告的内容除了包含有技术设计书中的主要内容外,还应反映出野外作业过程、方法要求,列表统计各项控制测量成果(如控制点的坐标、高程、边长、方位角等),按有关技术要求进行成果精度方面的相关说明。也应进行一些实际经验的总结,指出工作中存在的失误与缺憾。

六、地籍控制测量的精度

地籍平面控制测量在精度上除了要满足测图的要求之外,更重要的是要满足测量宗地界址点坐标的精度要求。《地籍测绘规范》(CH 5002—1994)第 3.4.1 条规定:地籍平面控制点相对于起算点的点位中误差不超过±0.05m。《地籍调查规程》(TD/T 1001—2012)第5.3.1.1条要求:地籍平面控制网的基本精度应符合下面规定:①四等网或 E 级网中最弱边相对中误差不得超过 1/45 000;②四等网或 E 级以下网最弱点相对于起算点的点位中误差不得超过±5cm。

七、地籍控制点的密度要求

地籍控制点的密度必须首先满足界址点测量的要求,再考虑测图比例尺的要求。通常情况下,地籍控制网点的密度可参考如下。

(1)城镇建城区:按 100~200m 布设相当于三级精度的地籍控制。
(2)城镇稀疏建筑区:200~400m 布设相当于二级精度的地籍控制。
(3)城镇郊区:400~500m 布设相当于一级精度的地籍控制。

在老旧城区的居民区内,巷道错综复杂,建筑物密集杂乱,界址点也很多。在这种情况下应适当增加控制点和埋石点的密度和数目,以满足界址点测量与测图的要求。

第三节 地籍控制测量方法介绍

地籍控制测量包括基本地籍控制测量和图根地籍控制测量。基本地籍控制测量为测区的首级控制测量,精度等级较高且全面覆盖整个测区范围;图根地籍控制测量是分区分片进行的较低精度等级的控制测量。首级控制与图根控制共同构成测区控制网。传统的地籍控制测量通常采用三角形网测量、导线测量等,现代地籍控制测量主要增加了 GPS 卫星导航定位测量。

地籍控制测量也分平面与高程两部分。高程控制主要有水准、三角高程、GPS 高程等。相对于地籍平面控制而言,地籍高程控制的精度要求、点位密度要求均有所降低。这里主要介绍几种经常应用的地籍平面控制测量的原理方法及其技术精度要求。

一、三角形网测量

近 30 年来,由于测距仪、全站仪的不断推陈出新,使得传统的三角测量基本上已由新式的边角测量所代替,特别是在测距边长适合的情况下,用全站仪同时测角、测边,会大大提高三角形网测量的效率与精度。新式的三角形网测量是在地面上选定一系列的控制点,构成相互连接的若干个三角形,组成各种网(锁)状图形。通过观测三角形的内角与边长,并根据网中的已知点坐标,经计算机软件平差计算求出各未知点的坐标。

《工程测量规范》(GB 50026—2007)3.4.1 条款规定了各等级三角形网测量的主要技术要求,见表 3-2。

表 3-2 三角形网测量的主要技术要求

等级	平均边长(km)	测角中误差(″)	测边相对中误差	最弱边边长相对中误差	测回数			三角形最大闭合差(″)
					1″级仪器	2″级仪器	6″级仪器	
二等	9	1	≤1/25 万	≤1/12 万	12	—		3.5
三等	4.5	1.8	≤1/15 万	≤1/7 万	6	9	—	7
四等	2	2.5	≤1/10 万	≤1/4 万	4	6	—	9
一级	1	5	≤1/4 万	≤1/2 万	—	2	4	15
二级	0.5	10	≤1/2 万	≤1/1 万	—	1	2	30

注:当测区测图的最大比例尺为 1∶1000 时,一级、二级网的平均边长可适当放长,但不应大于表中规定长度的 2 倍。

三角形网测量的具体测量工作程序、测量技术方法、测站技术限差要求等,均可参见相关规范要求,如《工程测量规范》(GB 50026—2007)、《城市测量规范》(CJJ/T 8—2011)、《国家三角测量规范》(GB/T 17942—2000)等。

三角形网测量的内业计算,现在通常采用专业的平差软件进行。当前市面上流行的测量平差软件有南方测绘、清华山维、武汉大学等的平差软件。

在传统的三角测量中还有一类最小型的三角测量,它们利用交会点法来获得未知点的坐标,称解析交会测量。该种方法中有通过观测水平角确定交会点平面位置的测角交会(又含前方交会、侧方交会、后方交会),有通过测量边长确定交会点平面位置的测边交会,有通过边长和水平角同测来确定交会点平面位置的边角交会。只是由于全站仪的出现,使得导线测量变得方便可靠,才导致交会法测量慢慢淡出人们的视线。

二、导线测量

导线测量是一种以测角量边逐点传递确定地面点平面位置的控制测量,由此布设的折线状导线形式可以不受地带狭窄、地面四周通视比较困难的条件限制,比较适合居民建筑区、林木繁茂的隐蔽地区和线形工程建设的测量需要。在城镇建成区的地籍测量中,经常用导线测量进行图根控制测量。实际上,地籍测图中用全站仪测量碎部点以及测定界址点,实质上都是在进行导线测量,只不过它们属于简单的支导线,是只含有一条未知边、一个未知点、一个测站的最简单支导线。

导线的布设形式主要有下面几种。

(一)附合导线

附合导线的典型布设形式如图 3-17(a)所示。导线的布设从已知控制点(图中用△表示)出发,连续经过若干条导线边之后附合到另一已知控制点结束,而导线两端的已知控制点具有各自的已知方向。图 3-17(a)中的 A、B、C、D 均是已知控制点,其余 1、2、3 是未知待求的导线点,图中的观测值有 2 个连接角 φ_1、φ_2 和 3 个转折角 β_1、β_2、β_3 以及 4 条导线边长 D_1、D_2、D_3、D_4,共 9 个观测值。3 个未知点、6 个未知数产生 3 个多余观测,亦即形成 3 个条件检核(一个方位角条件和两个坐标增量条件)。

实际工作中,上述附合导线通常是我们导线形式的首选,这一方面是因为附合导线具有自始至终的边长与方位角条件检核,可以将测量误差比较均匀地分配在沿线各导线点上,另一方面也可以间接检查和了解测区范围内已知控制点的可靠性。

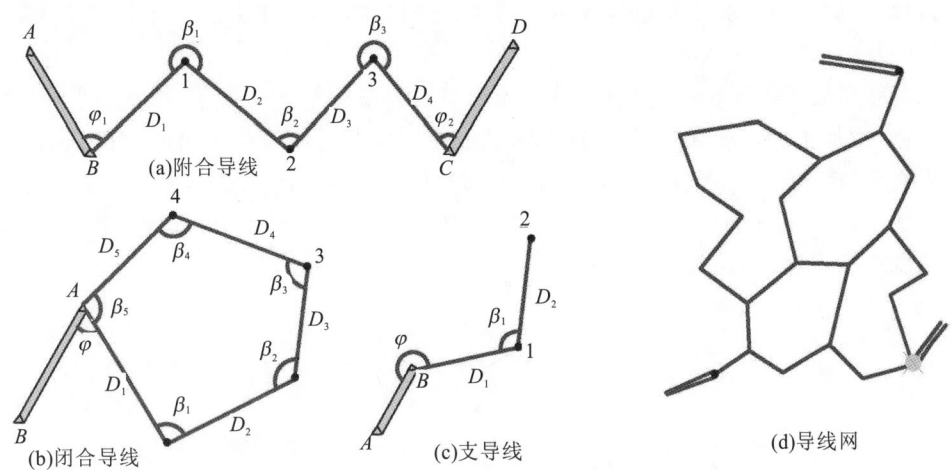

图 3-17 导线测量布设示意图

(二)闭合导线

闭合导线是指从已知控制点出发,经过若干导线边的传递之后又回到原已知点。图 3-17(b)中 A 是已知点,AB 是已知方向,1、2、3、4 是未知的待测导线点。图中的观测值有连接角 φ 和 5 个转折角 β_1、β_2、β_3、β_4、β_5 以及 5 条导线边长 D_1、D_2、D_3、D_4、D_5,共 11 个观测值,4 个未知点、8 个未知数同样产生 3 个多余观测,形成 3 个条件检核。

闭合导线与附合导线具有相同的边长检核条件和方位角检核条件,但闭合导线只利用到两个已知控制点,从已知控制点的利用方面来考虑,与附合导线相比稍逊一筹,所以实际中还需对已知点的边长进行检查核对。另外,起始连接角 φ 测量误差如果过大甚至包含粗差,将会引起整个导线发生旋转位移。所以实际工作中采用闭合导线时,要求将起始连接角 φ 比其他观测角进行更高精度的观测计算。

(三)支导线

如图 3-17(c)所示,从已知控制点出发,经几条导线边的传递直接在未知导线点结束,这样既不回到起始控制点,也无法附合到另一已知控制点的导线,称为支导线。图 3-17(c)中 A 是已知点,AB 是已知方向,1、2 是未知待求的导线点。观测值有连接角 φ 和 1 个转折角 β_1 以及 2 条导线边长 D_1、D_2,共 4 个观测值,无多余观测。

与附合导线和闭合导线相比,支导线的图形强度最差,无任何条件检核,实际工作中需谨慎对待。通常支导线控制测量采取往返测量的方法进行,往测时测量前进方向的左角,返回时测量另一个角再计算取平均值。如果是在地形测图过程中临时支点,为了节省时间不进行返测,尤其需要特别小心,一定要盘左盘右测角、对向测距,防止出现粗差,同时连续支点不要超过3次。

(四)导线网

导线网是由若干条闭合导线和附合导线构成的网形,如图3-17(d)所示。有些教材中将结点导线单独列为一种,其实结点导线也可划为导线网中,只不过这是一种最简单的导线网。图3-18便是一种结点导线的示意图。

结点导线适合于已知控制点相距较远、导线布设较长的情况。由于导线受到几个方向的已知点控制,增加了多余观测,因此在控制精度上便可以获得满意结果,而且有时也可减少导线的总长而节省许多野外观测工作量。例如图3-18中有16个未知点,必要观测只需32个,但现在观测了20个角和18条边,有6个多余观测形成了6个条件可以进行检查与平差计算,使导线精度有所保障。

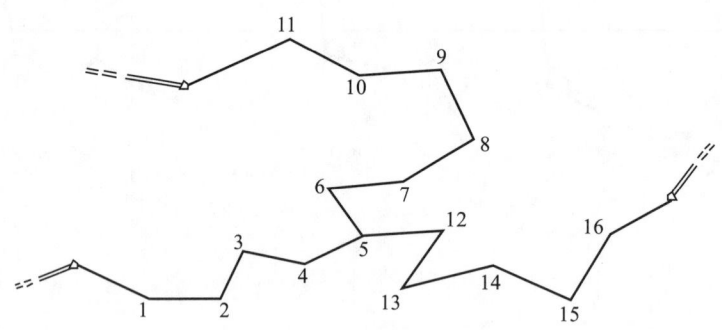

图3-18 结点导线示意图

《工程测量规范》(GB 50026—2007)中的条款规定了导线测量的主要技术要求,如表3-3所示。

表3-3 导线测量的主要技术要求

等级	导线长度(km)	平均边长(km)	测角中误差(″)	测距中误差(mm)	测距相对中误差	测回数			方位角闭合差(″)	导线全长相对闭合差
						1″级仪器	2″级仪器	6″级仪器		
三等	14	3	1.8	20	1/15万	6	10	—	$3.6\sqrt{n}$	≤1/55 000
四等	9	1.5	2.5	18	1/8万	4	6	—	$5\sqrt{n}$	≤1/35 000
一级	4	0.5	5	15	1/3万	—	2	4	$10\sqrt{n}$	≤1/15 000
二级	2.4	0.25	8	15	1/1.4万	—	1	3	$16\sqrt{n}$	≤1/10 000
三级	1.2	0.1	12	15	1/0.7万	—	1	2	$24\sqrt{n}$	≤1/5000

注:表中的n为测站数。

导线测量的具体测量方法、测站限差要求等,亦可参见相关规范要求,如《工程测量规范》(GB 50026—2007)、《城市测量规范》(CJJ/T 8—2011)等。内业计算同样可采用专业平差软件进行。

三、GPS 测量

自20世纪八九十年代美国GPS技术大量涌进我国民用领域之后,二三十年来全球卫星导航技术不断迅速发展,地面用户的卫星接收设备也日新月异,使得GPS控制测量成为当今稍大测区范围时对控制测量方法的首选。GPS建设控制网具有布点灵活、全天候观测、观测及计算速度快、点位精度高等优点,实际工作内容一般如下。

(一)收集资料、野外踏勘

收集测区已有地形图及控制测量成果,主要包括控制点的坐标、等级、中央子午线位置及采用的坐标系统等。野外踏勘的目的是了解测区的范围、地质气象资料、交通环境、通视条件难度、布点方案的初定等。踏勘时最好用测区影像图。

(二)技术方案设计

GPS技术设计是根据《全球定位系统(GPS)测量规范》(GB/T 18314—2009)或相关测量规范,针对本测区地籍测量工作要求与GPS控制网的精度等级和收集到的测区内已有资料,来进行控制网的各项技术设计工作。

国家将GPS控制网分为A、B、C、D、E五级,A级网是卫星定位连续运行基准站,B、C、D、E级网主要为建立的国家二等、三等、四等大地控制网以及测图控制网。技术设计时主要根据测区的范围大小来考虑GPS测量的首级控制网等级。设计时需要考虑的内容如下。

1. GPS网野外观测与图形构成的名词解释

(1)观测时段:各测站同时开始接收卫星信号到观测停止,连续工作的时间。

(2)数据采样间隔:观测时两次读数间隔时间。

(3)同步观测:两台或两台以上的接收机对同一组卫星同时进行观测。

(4)同步观测环:三台或三台以上接收机同步观测获得的基线向量所构成的闭合环。如 n 为设计观测点数,m 为同步仪器总数,则同步环个数为 $(n-1)/(m-1)$ 的最小整数。

(5)独立观测环:由独立观测获得的基线向量所构成的闭合环。

(6)异步观测环:在构成多边形环路的所有基线向量中,只要有非同步观测基线向量,则该多边形环路即称异步观测环。

(7)独立基线:对于 N 台GPS接收机构成的同步观测环,有 $J=N(N-1)/2$ 条同步观测基线,其中独立基线数为 $N-1$。

(8)非独立基线:除独立基线外的其他基线称非独立基线,总基线数与独立基线数之差即为非独立基线数。

2. GPS网的技术要求

GPS测量控制网一般采用载波相位测量相对定位的方法,计算得到同步观测相邻点之间的三维坐标差,即基线向量,以此作为观测量,故通常以相邻点之间距离的中误差 m_D 作为控制网的精度指标:

$$m_D = a + b \times 10^{-6} D \tag{3-4}$$

式中，a 为距离固定误差(mm)；b 为比例误差系数($\times 10^{-6}$)；D 为相邻点间距离(km)。

按照《全球定位系统(GPS)测量规范》(GB/T 18314—2009)规定，B、C、D、E 级的精度应不低于表 3-4 的要求。

表 3-4 B、C、D、E 各级 GPS 网精度要求

等级	相邻点基线分量中误差		相邻点平均距离(km)	相对精度	闭合环(异步观测环)或附合路线的最多边数(条)
	水平分量(mm)	垂直分量(mm)			
B	5	10	50	1×10^{-7}	6
C	10	20	20	1×10^{-6}	6
D	20	40	5	1×10^{-5}	8
E	20	40	3	—	10

3. GPS 网的图形设计

为了确保观测效果的可靠性，有效地发现观测成果中的粗差，必须使 GPS 网中的独立边构成一定的几何图形。这种几何图形一般是由数条 GPS 独立边构成的非同步多边形（亦称非同步闭合环），如三边形、四边形、五边形等。当 GPS 网中有若干个起算点时，也可以是由起算点之间的数条 GPS 独立边构成的附合路线。GPS 网的图形设计，是根据用户对 GPS 网的精度要求及经费、时间、人力、可以投入的 GPS 接收机台数及野外作业条件等因素，设计出由独立 GPS 边构成的多边形网（亦称环形网）。

常用的 GPS 网形有点连式、边连式、点边混合连接式（图 3-19）及网连式等基本类型。

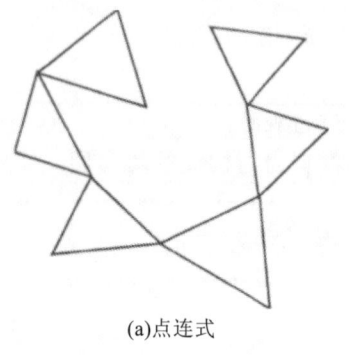
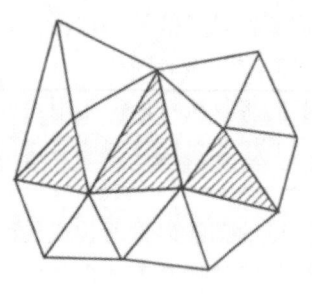
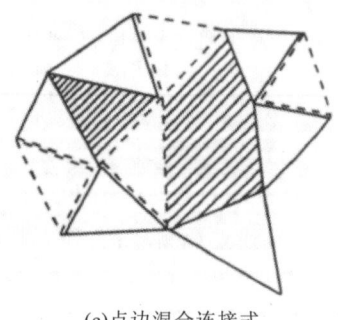

(a)点连式　　　　　　　(b)边连式　　　　　　　(c)点边混合连接式

图 3-19　常用 GPS 网形

(1)点连式。相邻同步图形之间仅有一个公共点连接，非同步图形之间缺少闭合条件，可靠性很差，一般不单独使用。

(2)边连式。同步图形之间由一条公共基线连接，有较多的复测边和非同步图形闭合条件，可靠性较高，但当仪器台数相同时，观测时段将较点连式大为增加。

(3)点边混合连接式。系上述两种连接方式的有机结合，既能保证网的图形强度，提高可靠性，又能减少外业工作量，降低成本，是较为理想的布网方法。

(4)网连式。相邻同步图形之间有两个以上的公共点相连接,图形密集,几何强度和可靠性都很高,但至少需要 4 台以上的接收机,所需的费用和时间较多,一般仅适用于精度要求较高的控制测量。

4. GPS 网与常规控制网的联测

为了使 GPS 网和地面常规控制网建立必要的联系,应考虑 GPS 网至少与 3 个以上高等级的常规控制点进行联测,如需测定 GPS 点的高程,还应与国家等级水准点进行联测,平坦地区联测点不应少于 5 个,丘陵山区不应少于 10 个,且分布均匀。

(三)选点与埋石

由于 GPS 测量同步观测不需要站点之间互相通视,图形结构比较灵活,也不需建立高标,但为了和常规控制网进行联测和加密,每点应有一个以上的通视方向。GPS 测量控制点应选在交通便利、视野开阔、点位较高、易于安置接收设备的地方,应尽量避开对电磁波有强烈吸收、反射等干扰影响的金属构件或其他障碍物,如高压线、电视发射台及大面积水域等。

各级 GPS 点均应埋设固定的标石或标志,标石类型分为天线墩、基本标石和普通标石。B 级 GPS 点应埋设天线墩,C、D、E 级 GPS 点在满足标石稳定、易于长期保存的前提下,可根据具体情况选用。埋设天线墩、基本标石时,应现场浇灌混凝土。新埋标石应视情况办理测量标志委托保管书。

选点埋石结束后应上交的资料包括:GPS 点之记(格式按相应规范要求)、环视图(含周边相片)、GPS 网选点分布图、测量标志委托保管书、标石建造拍摄的照片、选点埋石工作总结等。

(四)作业模式选择

GPS 定位方法各种各样,按定位原理分为伪距定位(测量时间,精度低)和载波相位定位(测相位差,精度高);按接收机状态分为动态定位(用于车船等,精度低)和静态定位(接收机静止测量,精度高);按定位方式分为绝对定位(单点定位,普通导航,精度低)与相对定位(两台及多台 GPS 接收机,定位精度可达 $D\times 10^{-6}$ 级,D 为相邻两台接收机距离)。GPS 等级控制测量中采用的是载波相位的静态相对定位模式。

在进行图根控制测量时,可以使用一种相对比较简单快捷的控制测量方法——GPS 实时差分技术(RTK),这种实时差分技术也属于相对定位,其基本原理就是将一台 GPS 接收机安置在基准站上进行观测,根据基准站已知的精确坐标,计算出基准站到卫星的距离改正数,并由基准站实时地将这一改正数发送给其他同步观测的一台或多台用户接收机(移动站),用于对它们的观测结果加以实时改正,进而实时地解算并显示用户移动站的三维坐标及其精度,这便被称为 RTK(Real Time Kinematic)技术。

(五)仪器准备

外业工作前必须对仪器进行充分检查准备。作业所使用的 GPS 接收机及天线必须送国家计量部门认可的仪器检定单位检定,检定合格后在有效期限内使用。B、C、D、E 级 GPS 网测量采用的 GPS 接收机的选用按表 3-5 执行。

表 3-5 GPS 接收机的选用

控制网等级	B	C	D、E
单频/双频	双频	双频	双频或单频
观测量至少有	L1、L2 载波相位	L1、L2 载波相位	L1 载波相位
同步观测接收机数目	≥4	≥3	≥2

(六)拟订观测计划

运用卫星预报软件,输入测区中心点的概略坐标、作业日期和时间;根据卫星星历文件,编制 GPS 卫星的可见性预报图;对观测区域进行合理划分;选择最佳的观测时段编制出观测时段、测站和接收机的作业调度表;考虑好观测转站用的交通工具等。

(七)野外观测

1. 天线安置

天线应固连在三角架上,通过对中、整平,架设在点位上方,离地面高度应在 1m 以上。天线定向标志线应指向正北,其定向误差一般不应超过±(3°~5°)。天线架设好后,在圆盘天线间隔 120°的 3 个方向分别量取天线高,其误差不应超过 3mm,取 3 次结果的平均值记入手簿。然后在离开天线的适当位置安放接收机,并将天线电缆与接收机进行连接。

2. 开机观测

仪器开机通过自检后,接收机将会追踪锁定卫星(显示器有指示)。观测员便按照接收机操作手册进行测站和时段控制等有关信息的输入和观测操作。观测操作的主要工作是接收 GPS 卫星信号,并对其进行跟踪处理,以获得所需要的观测数据和定位信息。

观测时接收的卫星信息主要包括 GPS 卫星星历及卫星时钟差参数、载波相位观测值及相应的历元时刻、同一历元的伪距观测值及 GPS 实时定位结果等,连同接收机的工作状态等信息一起,将由接收机自动进行记录和存储于电子手簿。除此,观测员还应将测站信息、接收时间、出现的问题和处理情况等及时填写于观测手簿(手簿格式见相应规范)。

如果使用 RTK GPS 接收系统进行实时动态测量,开机后基准站和移动站之间的数据通信和卫星的搜索、锁定等操作均由数据传输电台和软件自动完成,可以通过点击"查看卫星图"命令,观看当前接收到的卫星状态。当接收到 4 颗以上卫星的信号后,即可在显示屏上显示移动站的三维坐标,其数据的接收、下载与解算亦由电子手簿自动完成,并可通过执行有关命令,将所测坐标换算为用户所需坐标系的坐标。

3. 测站要求

GPS 静态测量一般至少用 2 台或 2 台以上接收机进行同步观测,根据国家《全球定位系统(GPS)测量规范》(GB/T 18314—2009)规定,各等级 GPS 控制网静态测量作业的测站主要技术要求见表 3-6。

(八)内业数据处理

GPS 数据处理也可称为 GPS 网平差,GPS 数据处理步骤为:数据预处理→基线向量提取→三维无约束平差→约束平差和联合平差。外业结束后,将观测数据传输至计算机。在完成读入 GPS 观测值数据后,就需要对观测数据进行必要的检查,检查的项目包括测站名、点号、测站坐标、天线高等。对这些项目进行检查的目的,是为了避免外业操作时的误操作。运行后处理软件,C、D、E 级 GPS 网基线解算可采用随接收机配备的商用软件进行以下数据处理。

表 3-6　各等级 GPS 控制网静态测量作业技术要求

项目	级别			
	B	C	D	E
卫星截止高度角(°)	≥10	≥15	≥15	≥15
同时观测有效卫星数	≥4	≥4	≥4	≥4
有效观测卫星总数	≥20	≥6	≥4	≥4
观测时段数	≥3	≥2	≥1.6	≥1.6
时段长度	≥23h	≥4h	≥1h	≥40min
数据采样间隔（s）	30	10～30	5～15	5～15

1. 数据预处理

解算基线向量,计算所有同步观测相邻点之间的三维坐标差(即独立基线向量),检核重复边,即同一基线在不同时间段测得的基线边长的较差,以及由基线向量构成的各种同步环和异步环的闭合差是否满足相应等级的限差要求。该过程一般是自动进行的,无需过多的人工干预。对观测数据进行检验,剔除粗差,将各种数据文件加工成标准化文件。

(1)数据剔除率。同一时段内观测值的数据剔除率,不应超过 10%。

(2)复测基线的长度差。B 级网外业预处理与 C、D、E 级网基线处理后,若某基线向量被多次重复,则任意两条基线长度之差 ds 应满足下式:

$$ds \leqslant 2\sqrt{2}\sigma \qquad (3-5)$$

式中,σ 为相应级别规定的基线中误差,计算时边长按实际平均边长计算。

(3)同步观测环闭合差。三边同步环中只有两个同步边成果可以视为独立的成果,第三边成果应为其余两条边的代数和。由于模型误差和处理软件的内在缺陷,第三边处理结果与前两边的代数和常不为零,其差值应小于下列数值:

$$\begin{cases} \omega_x \leqslant \sqrt{\dfrac{3}{5}}\,\sigma \\ \omega_y \leqslant \sqrt{\dfrac{3}{5}}\,\sigma \\ \omega_z \leqslant \sqrt{\dfrac{3}{5}}\,\sigma \end{cases} \qquad (3-6)$$

式中,σ 为相应级别规定的基线中误差,计算时边长按实际平均边长计算。

(4)独立环闭合差及附和路线坐标闭合差。B、C、D、E 级网外业基线预处理后,其独立闭合环或附和路线坐标闭合差应满足下式：

$$\begin{cases} \omega_x \leqslant 3\sqrt{n}\ \sigma \\ \omega_y \leqslant 3\sqrt{n}\ \sigma \\ \omega_z \leqslant 3\sqrt{n}\ \sigma \end{cases} \quad (3-7)$$

式中，n 为闭合边数；σ 为基线测量中误差。

2. 基线向量提取

进行 GPS 网平差，首先要提取基线向量，构建 GPS 基线向量网。提取基线向量网时需遵循以下原则：

(1)必须选取相对独立的基线，否则平差结果会与真实的情况不相符合。

(2)所选取的基线应构成闭合的几何图形。

(3)选取质量好的基线向量。基线质量的好坏可以依据 RMS、RDOP、RATIO、同步环闭合差、异步环闭合差及重复基线较差来判定。

(4)选取能构成边数较少的异步环的基线向量。

(5)选取边长较短的基线向量。

3. 三维无约束平差

以解算好的基线向量作为观测值，对 GPS 网进行无约束平差，从而得到各 GPS 点之间的相对坐标差值，再以基准点在 WGS-84 坐标系的坐标值为起始数据，即得各 GPS 点的 WGS-84 坐标以及所有基线的边长和相应的精度。

根据无约束平差结果，判别在所构成的 GPS 网中是否有粗差基线，如发现含有粗差的基线，必须进行处理，以使构网的所有基线向量均满足质量要求。

4. GPS 网约束平差

根据 GPS 网和国家或城市控制网联测的结果，将联测的高级点的坐标、边长、方位角或高程作为强制约束条件，对 GPS 网进行二维或三维约束平差和坐标转换，使所有 GPS 点获得与国家或城市控制网相一致的二维或三维坐标值。约束平差的具体步骤如下：

(1)确定平差的基准和坐标系统。

(2)指定起算数据。

(3)检验约束条件的质量。

(4)进行平差解算。

5. 质量分析与控制

进行 GPS 网质量的评定，一般采用如下指标：

(1)基线向量改正数。根据基线向量改正数的大小，可以判断出基线向量中是否含有粗差。

(2)相邻点的中误差和相对中误差。

(九)成果提交

提交成果包括技术设计说明书、卫星可见性预报表和观测计划、GPS 网分布图、GPS 观测数据、GPS 基线解算结果、GPS 基点的 WGS-84 坐标、GPS 基点在国家坐标系中的坐标或地方坐标系中的坐标。

四、地籍高程控制测量

我国现在使用的是以黄海平均海水面为高程起算面的"1985 国家高程基准",起算点在青岛海边的一座小山上,称国家水准原点,精确测量其高程为 $H=72.260\text{m}$。

以前,地籍测量的地籍要素是以二维坐标表示的,不必测量高程。但现在已进入多用途地籍时代,在测量地籍分幅图时,会要求在平坦地区测绘一定密度的高程注记点,在丘林地区、山区测量和表示等高线,以便使地籍成果能更好地为土地管理和经济建设服务。高程控制测量一般采用水准测量、三角高程测量和 GPS 拟合高程测量的方法进行。图根点或碎部点的高程亦可用 GPS-RTK 测量获得。

(一)水准测量

城市高程控制测量一般分为二等、三等、四等。根据城市范围的大小,城市基本高程控制网可以用来布设测量用的图根水准网。地籍测量时,对于小区域范围的高程控制测量可以在国家和城市高等级水准点的基础上,进行四等水准网或四等水准路线的高程控制测量。然后在水准测量的基础上,用三角高程或 GPS-RTK 获得大量图根点的高程。国家《工程测量规范》(GB 50026—2007)规定了各等级水准测量的主要技术要求,见表 3-7、表 3-8。

表 3-7 水准测量的主要技术要求

等级	每千米高差全中误差(mm)	路线长度(km)	水准仪型号	水准尺	观测次数		往返较差、附合或环线闭合差	
					与已知点联测	附合或环线	平地(mm)	山地(mm)
二等	2	—	DS1	因瓦	往返各一次	往返各一次	$4\sqrt{L}$	—
三等	6	≤50	DS1	因瓦	往返各一次	往一次	$12\sqrt{L}$	$4\sqrt{n}$
			DS3	双面		往返各一次		
四等	10	≤16	DS3	双面	往返各一次	往一次	$20\sqrt{L}$	$6\sqrt{n}$
五等	15	—	DS3	单面	往返各一次	往一次	$30\sqrt{L}$	—

注:1. 结点之间或结点与高级点之间,其路线的长度,不应大于表中规定的 0.7 倍。
2. L 为往返测段、附合或环线的水准路线长度(km);n 为测站数。
3. 数字水准仪测量的技术要求和同等级的光学水准仪相同。

(二)三角高程测量

三角高程测量是通过测量竖直角和距离来计算两点间高差的一种高程测量方法,它具有测定速度快、操作简便灵活、不受地形条件限制等优点,特别是在地形高差较大、水准测量困难、GPS 信号也较弱的地区,具有很大的优越性。

现在的三角高程测量一般与全站仪三角形网测量或导线测量同步进行。就是在平面控制和高程控制的基础上布设成光电测距三维控制网,把测水平角、竖直角和测距同时进行,一次性完成平面和高程控制。国家《工程测量规范》(GB 50026—2007)规定了四等、五等三角高程控制测量的主要技术要求,见表 3-9、表 3-10。

表 3-8 水准观测的主要技术要求

等级	水准仪型号	视线长度(m)	前后视的距离较差(m)	前后视的距离较差累积(m)	视线离地面最低高度(m)	基、辅分划或黑、红面读数较差(mm)	基、辅分划或黑、红面所测高差较差(mm)
二等	DS1	50	1	3	0.5	0.5	0.7
三等	DS1	100	3	6	0.3	1.0	1.5
三等	DS3	75				2.0	3.0
四等	DS3	100	5	10	0.2	3.0	5.0
五等	DS3	100	近似相等	—	—	—	—

注:1. 二等水准视线长度小于20m时,其视线高度不应低于0.3m。

2. 三等、四等水准采用变动仪器高度观测单面水准尺时,所测两次高差较差,应与黑面、红面所测高差之差的要求相同。

3. 数字水准仪观测,不受基、辅分划或黑、红面读数较差指标的限制,但测站两次观测的高差较差,应满足表中相应等级基、辅分划或黑、红面所测高差较差的限值。

表 3-9 电磁波测距三角高程测量的主要技术要求

等级	每千米高差全中误差(mm)	边长(km)	观测方式	对向观测高差较差(mm)	附合或环形闭合差(mm)
四等	10	≤1	对向观测	$40\sqrt{D}$	$20\sqrt{\sum D}$
五等	15	≤1	对向观测	$60\sqrt{D}$	$30\sqrt{\sum D}$

注:1. D 为测距边的长度(km)。

2. 起讫点的精度等级,四等应起讫于不低于三等水准的高程点上,五等应起讫于不低于四等的高程点上。

3. 路线长度不应超过相应等级水准路线的长度限值。

表 3-10 电磁波测距三角高程观测的主要技术要求

等级	垂直观测				边长测量	
	仪器精度等级	测回数	指标差较差(″)	测回较差(″)	仪器精度等级	观测次数
四等	2″级仪器	3	≤7	≤7	10mm 级仪器	往返各一次
五等	2″级仪器	2	≤10	≤10	10mm 级仪器	往一次

注:1. 当采用2″级光学经纬仪进行垂直角观测时,应根据仪器的垂直角检测精度,适当增加测回数。

2. 垂直角的对向观测,当直觇完成后应即刻迁站进行反觇测量。

3. 仪器、反光镜或觇牌的高度,应在观测前后各测量一次并精确至1mm,取其平均值作为最终高度。

(三)GPS拟合高程测量

GPS拟合高程也是与GPS平面控制同时进行的。对于GPS拟合高程,国家《工程测量规范》(GB 50026—2007)进行了相关文字规定,主要的技术要求如下。

(1)GPS拟合高程测量的主要技术要求。应符合下列规定:

①GPS网应与四等或四等以上的水准点联测。联测的GPS点,宜分布在测区的四周和中央。若测区为带状地形,则联测的GPS点应分布于测区两端及中部。

②联测点数,宜大于选用计算模型中未知参数个数的1.5倍,点间距宜小于10km。

③地形高差变化较大的地区,应适当增加联测的点数。

④地形趋势变化明显的大面积测区,宜采取分区拟合的方法。

⑤GPS观测的技术要求,应按本规范3.2节的有关规定执行;其天线高应在观测前后各量测一次,取其平均值作为最终高度。

(2)GSP拟合高程计算,应符合下列规定:

①充分利用当地的重力大地水准面模型或资料。

②应对联测的已知高程点进行可靠性检验,并剔除不合格点。

③对于地形平坦的小测区,可采用平面拟合模型;对于地形起伏较大的大面积测区,宜采用曲面拟合模型。

④对拟合高程模型应进行优化。

⑤GPS点的高程计算,不宜超出拟合高程模型所覆盖的范围。

(3)对GPS点的拟合高程成果,应进行检验。检测点数不少于全部高程点的10%且不少于3个点;高差检验,可采用相应等级的水准测量方法或电磁波测距三角高程测量方法进行,其高差较差不应大于$30\sqrt{D}$ mm(D为检查路线的长度,单位为km)。

第四节 地籍图测绘

一、地籍图基本知识

(一)地籍图的概念

地籍图也是地图的一种,属于专题地图的范围。因此,我们可以这样定义:地籍图是按照特定的投影方法、比例关系和专用符号把地籍要素及有关的地貌和地物测绘成图的图形。地籍图是地籍管理的基础资料之一,是制作宗地图的基础图件。

地籍图既要反映包括行政界线、地籍街坊界线、界址点、界址线、地类、地籍号、面积、坐落、土地使用者或所有者及土地等级等地籍要素,又要反映与地籍密切相关的地物及文字注记等。图面要尽可能简洁明晰,便于用户根据图上的基本要素去增补新的内容,加工成满足用户需要的其他各种专题地图。

(二)地籍图的种类

地籍图按使用的性质与目的可分为基本地籍图和专题地籍图,按城乡地域的差别可分为农村地籍图和城镇地籍图,按图的表达方式可分为模拟地籍图和数字地籍图,按用途可分为税收地籍图、产权地籍图和多用途地籍图,按图幅的形式分为分幅地籍图和地籍岛图。

我国现在主要测绘制作的地籍图有城镇地籍图、宗地图、农村居民地地籍图、土地利用现状图、土地所有权属图等。近年来,我国又进行了农村土地承包经营权的确权登记,测绘出村民小组地块图,为农户颁发《土地承包经营权证书》,证书上附有"农户承包地块示意图"(宗地图)。

目前我国城镇地籍调查需测绘的地籍图主要有以下几种。

(1)宗地草图。宗地草图是描述宗地位置和界址点、界址线及宗地相邻关系的实地草编记录图。在土地权属调查时由调查人员现场绘制,各方当事人现场签名,是地籍管理中最重要的野外原始记录资料。

(2)基本地籍图。基本地籍图是依照规范、规程规定,进行地籍测量所获得的基本成果之一,是土地管理的专题地图。一般按矩形或正方形分幅,故又称分幅地籍图。

(3)宗地图。宗地图是以宗地为单位在地籍图的基础上编绘而成,是描述宗地位置、界址点、界址线和相邻宗地关系的实地记录,是土地证书和宗地档案的附图。

(三)地籍图的比例尺

地籍图(含宗地图)比例尺的选择应满足地籍管理的需要。地籍图需准确清晰地表达出土地的权属界址及土地附着物(建筑物、构筑物、植被)的位置。地籍测量的成果资料需要提供给多个行政部门使用,故地籍图应尽量选择较大比例尺。由于城乡土地经济价值的差别,农村地区地籍图的比例尺较城镇地区要小。即使在同一地区,也可视具体情况及需要采用不同的地籍图比例尺。

地籍测量规范或相关规程对地籍图比例尺的选择确定了一般原则和范围。但对具体的区域而言,应选择多大的地籍图比例尺还需根据以下的原则来考虑。

(1)繁华程度和土地价值。商业繁华程度高、土地价值高的地区,地籍图要非常准确和详细地表示出地籍要素及地物要素,因此必须选择较大比例尺测图,如1∶500、1∶1000。反之,则可适当缩小比例尺。

(2)建设密度和细部程度。一般来说,建筑物密度大,其比例尺可大一些,以便使地籍要素能清晰地表达出来,不至于使图面负载过大而导致地物注记相互压盖。若建筑物密度小,选择的比例尺就可小一些。另外,表示房屋细部的详细程度也与比例尺有关,比例尺越大,房屋的细微变化可表示得越清楚。如果比例尺小了,细小的部分无法表示,会影响房产管理的准确性。

(3)地籍图的测量方法。地籍图的测量可以采用数字地籍测量和传统模拟测图两种方法。当采用数字地籍测量时,测出的界址点及地物点的精度较高,在不影响土地管理的前提下,为了节省经费,比例尺可适当小一些。当采用传统的模拟法测图时,界址点及其地物点的精度相对较低,为了满足土地管理需要,比例尺选择应适当大一些。

目前,世界上各国地籍图的比例尺,最大的为1∶250,最小的为1∶5万。例如,日本规定城镇地区为1∶250~1∶500,农村地区为1∶1000~1∶5000;德国规定城镇地区为1∶500~1∶1000,农村地区为1∶2000~1∶5万。

我国《地籍调查规程》(TD/T 1001—2012)第4.6条关于地籍图的比例尺提出如下要求:

(1)地籍图可采用1∶500、1∶1000、1∶2000、1∶5000、1∶1万和1∶5万等比例尺。

(2)集体土地所有权调查,其地籍图基本比例尺为1∶1万。有条件的地区或城镇周边的区域可采用1∶500、1∶1000、1∶2000或1∶5000比例尺。在人口密度很低的荒漠、沙漠、高原、牧区等地区可采用1∶5万比例尺。

(3)土地使用权调查,其地籍图基本比例尺为1∶500。对村庄用地、采矿用地、风景名胜设施用地、特殊用地、铁路用地、公路用地等区域可采用1∶1000和1∶2000比例尺。

因此,我国地籍图比例尺系列一般规定为:城镇地区(指大、中、小城市及建制镇以上地区)地籍图的比例尺可选用1∶500、1∶1000、1∶2000;农村地区(含土地利用现状图和土地所有权属图)地籍图的测图比例尺可选用1∶1000、1∶2000、1∶2500、1∶5000、1∶1万等。宗地图的比例尺则依实际面积大小而定。

为了满足权属管理的需要,农村居民地及乡村集镇可测绘农村居民地地籍图。农村居民地(或称宅基地)地籍图的测图比例尺可选用1∶1000或1∶2000。急用图时,也可编制任意比例尺的农村居民地地籍图,以能准确表示地籍要素为准。

(四)地籍图的分幅与编号

地籍图的分幅及编号与相应比例尺的地形图的分幅及编号方法相同。即1∶5000和1∶1万、1∶5万比例尺的地籍图,按国际分幅划分图幅编号。1∶500、1∶1000、1∶2000比例尺的地籍图,一般采用长方形或正方形分幅编号。城镇地籍图通常采用50cm×50cm正方形分幅和50cm×40cm矩形分幅。

当1∶500、1∶1000、1∶2000比例尺地籍图采用正方形分幅时,图幅大小均为50cm×50cm,图幅编号按图廓西南角坐标公里数编号,X坐标在前,Y坐标在后,中间用短横线连接,如图3-20所示,各比例尺的图幅编号如下:

1∶2000比例尺地籍图的图幅编号为:689.0~593.0。

1∶1000比例尺地籍图的图幅编号为:689.5~593.0。

1∶500比例尺地籍图的图幅编号为:689.75~593.50。

当1∶500、1∶1000、1∶2000比例尺地籍图采用矩形分幅时,图幅大小均为50cm×40cm,图幅编号方法与正方形分幅,图3-21所示的图幅编号如下:

1∶2000比例尺地籍图的图幅编号为:689.0~593.0。

1∶1000比例尺地籍图的图幅编号为:689.4~593.0。

1∶500比例尺地籍图的图幅编号为:689.60~593.50。

若测区已有相应比例尺地形图,地籍图的分幅与编号可沿用地形图的分幅与编号,并于编号后加注图名,图名按图幅内较大单位名称或著名地理名称命名。

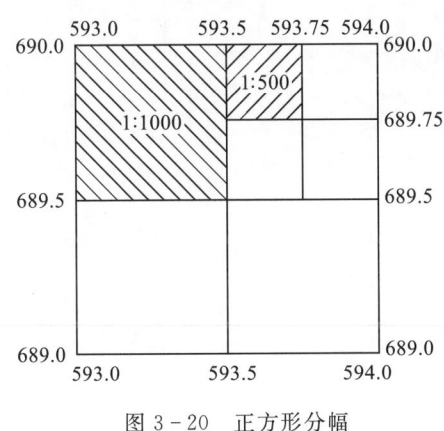

图3-20 正方形分幅

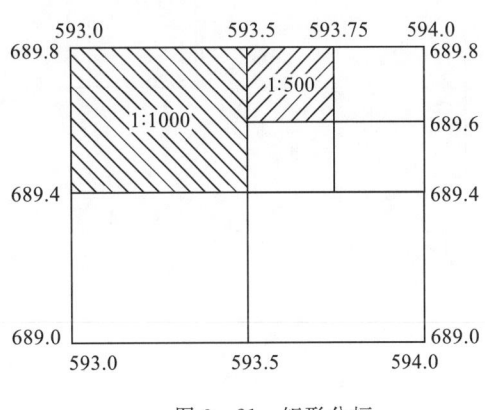

图3-21 矩形分幅

二、地籍图的基本内容

地籍图的基本内容主要包括地籍要素、地物要素和数学要素,城镇地籍图的样图如图3-22所示,农村地籍图的样图如图3-23所示。

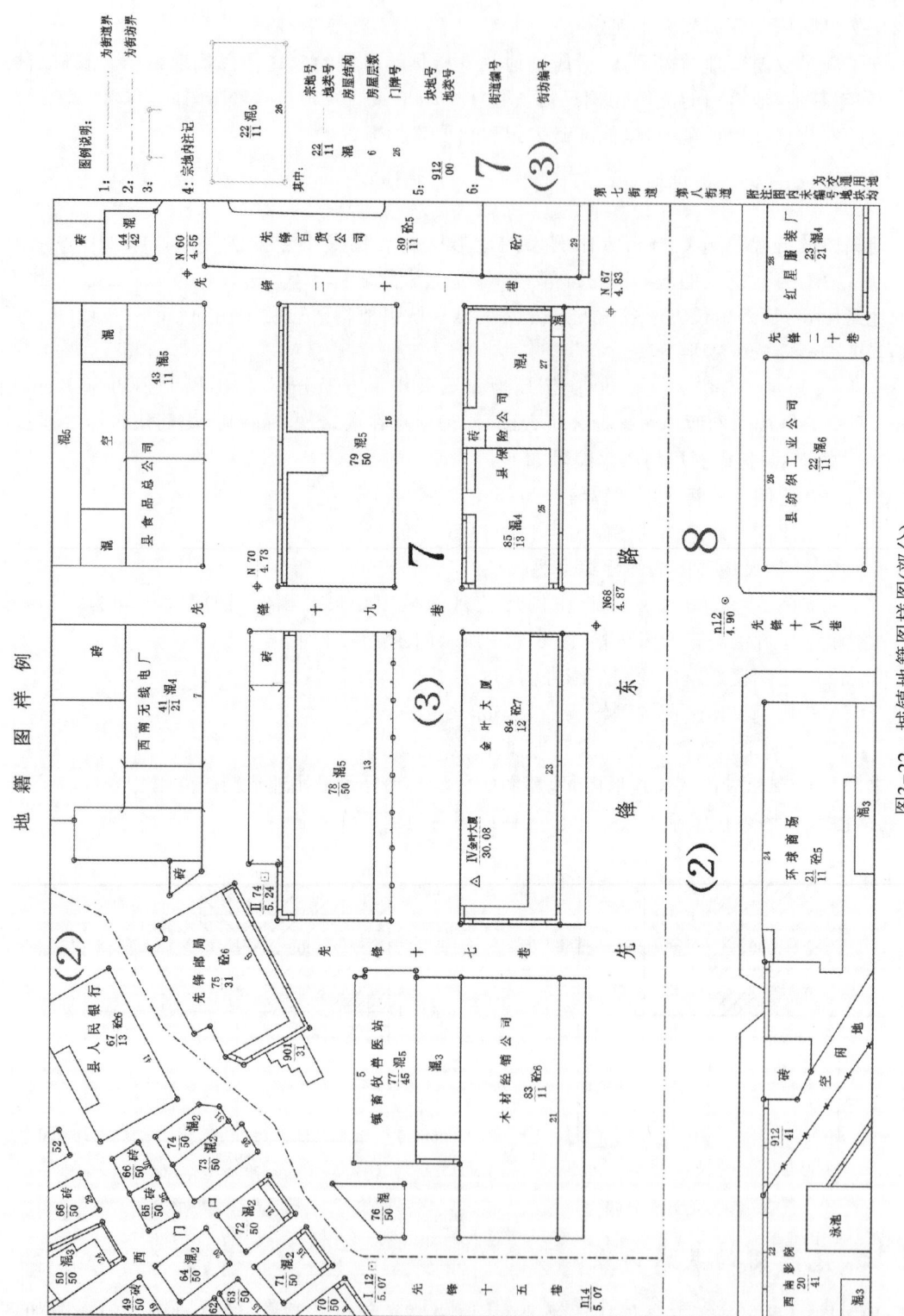

图3-22 城镇地籍图样图(部分)

第三章 地籍测量

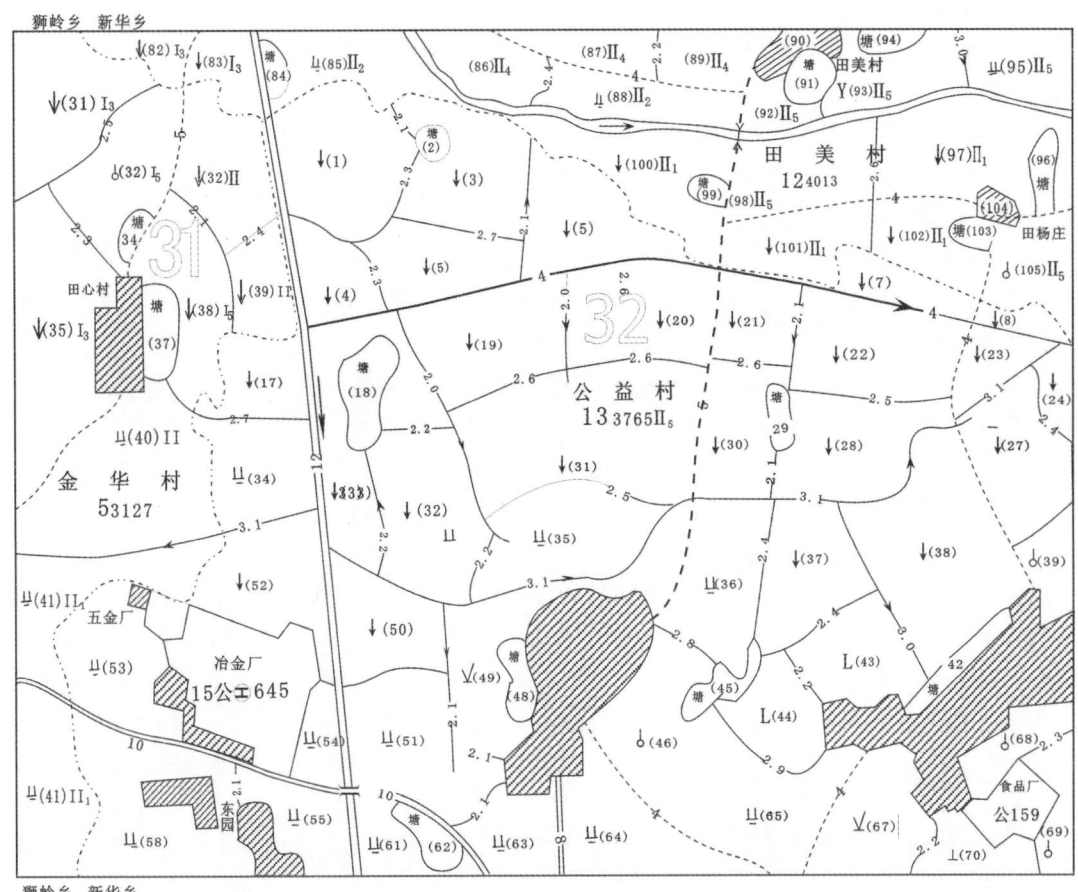

图 3-23 农村地籍图样图

(一)地籍要素

(1)各级行政境界线。主要包括国界线,省、自治区、直辖市界线,地区、盟、自治州、地级市界线,县、旗、县级市、区界线,乡、镇、街道界线及国有农、林、牧、渔场界线。不同等级的行政境界线相重合时只表示高等级行政境界线,境界线在拐角处不得间断,应在转角处绘出点或线。

(2)界址要素。主要包括宗地的界址点、界址线,地籍区、地籍子区、地籍街坊界线与名称,城乡结合部的集体土地所有权界线(村界线)等。在地籍图上界址点用直径 0.8mm 的红色小圆圈表示,界址线用 0.3mm 的红线表示。当土地权属界址线与地籍区(街道)或地籍子区(街坊)界重合时,应结合线状地物符号突出表示土地权属界址线,行政界线可移位表示。

(3)地籍号。宗地的地籍号由区县编号、街道号、街坊号及宗地的顺序号(简称宗地号)组成。在地籍图上只注记街道号、街坊号及宗地号。街道号、街坊号注记在图幅内有关街道、街坊区域的适当显眼位置,宗地顺序号注在宗地内。在地籍图上宗地号和地类号的注记以分式表示,分子表示宗地号,分母表示地类号。对于跨越图幅的宗地,在不同图幅的各部分都需注记宗地号。如果某街道、街坊或宗地只有比较小区域在本图幅内,相应的编号可以注记在本图幅的内图廓线外。如果宗地面积太小,在地籍图上可以用标识线在宗地外空白处注记宗地号,也可以不注记宗地号。

(4)地类。在地籍图上按最新的《土地利用现状分类》(GB/T 21010—2007)规定的土地利用分类编码,注记地块的地类,应注记地类的二级分类。对于宗地较小的住宅用地,可以省略不注记,其他各类用地一律不得省略。

(5)土地坐落。由行政区名、街道名(或地名)及门牌号组成,门牌号除在街道首尾及拐弯处外,其余可跳号注记。

(6)土地权属主名称。选择较大宗地注记土地权属主名称。

(7)土地等级。对于已完成土地定级估价的城镇,在地籍图上绘出土地分级界线及相应的土地等级注记。

(8)宗地面积。每宗地均应注记面积,以平方米(m^2)为单位,一般注记在表示宗地和地类号的分式右侧。

(二)地物要素

(1)作为界标物的地物(如围墙、道路、房屋边线及各类栅栏等)应表示。

(2)房屋及其附属设施。房屋以外墙勒脚以上外轮廓为准,正确表示占地状况,并注记房屋层数与建筑结构。装饰性或加固性的柱、垛、墙等不表示,临时或已破坏的房屋不表示,墙体的凸凹部分小于图上 0.4mm 的不表示。落地阳台、有柱走廊及雨篷、与房屋相连的大面积台阶和室外楼梯等应表示。

(3)工矿企业露天构筑物、固定粮仓、公共设施、广场、空地等绘出其用地范围界线,内置相应符号。

(4)铁路、公路及其主要附属设施,如站台、桥梁、大的涵洞和隧道的出入口应表示,铁路路轨密集时可适当取舍。

(5)建成区内街道两旁以宗地界址线为边线,道牙线可取舍。

(6)城镇街巷均应表示。

(7)塔、亭、碑、像、楼等独立地物应择要表示,图上占地面积大于符号尺寸时应绘出用地范围线,内置相应符号或注记。公园内一般的碑、亭、塔等可不表示。

(8)电力线、通信线及一般架空管线可不表示,但占地塔位的高压线及塔位应表示。

(9)地下管线、地下室一般不表示,但大面积的地下商场、地下停车场及与他项权利有关的地下建筑应表示。

(10)大面积绿化地、街心公园、园地等应表示。零星植被、街旁行树、街心小绿地及单位内小绿地等可不表示。

(11)河流、水库及其主要附属设施(如堤、坝等)应表示。

(12)平坦地区不表示地貌,起伏变化较大地区应适当注记高程点,必要时应绘制等高线。

(13)地理名称应注记。

(三)数学要素与图廓注记

(1)图廓线、坐标格网线的展绘及坐标注记。

(2)埋石的各级控制点位的展绘及点名或点号注记。

(3)图廓外测图图名、图幅编号、接图表、比例尺、坐标系统、高程系统、测图单位、工作日期等的注记。

三、地籍图测绘的基本要求

(一)地籍图的精度要求

地籍图的精度以前包括绘制精度和基本精度两个方面。

地籍图的绘制精度主要针对传统的手绘地籍图而言,指在聚纸薄膜上手工绘制的图廓线、坐标格网线、控制点的展点精度,通常要求:内图廓线长度误差不得大于±0.2mm,内图廓对角线误差不得大于±0.3mm,图廓点、坐标格网点和控制点的展点误差不得超过±0.1mm。对于当今数字化成图,电脑中不存在坐标格网线的绘制误差,但由于打印机及绘图纸的质量问题,会使打印输出的地籍成果图存在一定误差,此误差可参照上述各项要求(稍降低)执行。

地籍图的基本精度主要指界址点、地物点及相应间距的精度,在数字化地籍测量的今天,这也就是地籍图的精度。

《地籍调查规程》(TD/T 1001—2012)第5.3.2.2条同时规定了解析法测量界址点的精度和图解法获得界址点的精度。解析法是指采用全站仪、GPS接收机、钢尺等测量工具,通过全野外数字测量技术获取界址点坐标和界址点间距的方法。解析法测量界址点的精度要求见表3-11。

表3-11 《地籍调查规程》(TD/T 1001—2012)规定解析法测量界址点的精度要求

级别	界址点相对于邻近控制点的点位误差,相邻界址点间距误差(cm)	
	中误差	允许误差
一级	±5.0	±10.0
二级	±7.5	±15.0
三级	±10.0	±20.0

注:1. 土地使用权明显界址点精度不低于一级,隐蔽界址点精度不低于二级。
2. 土地所有权界址点可选择一级、二级、三级精度。

图解法是指采用标示界址、绘制宗地草图、说明界址点位和说明权属界线走向等方式描述实地界址点的位置,由数字摄影测量加密或在正射影像图、土地利用现状图、扫描数字化的地籍图和地形图上获取界址点坐标和界址点间距的方法。图解界址点坐标不能用于放样确定实地界址点的精确位置。图解法获得界址点的精度要求见表3-12。

对于地物点的平面精度要求,则依测图比例尺大小而有所不同。《地籍调查规程》(TD/T 1001—2012)第5.3.3.1条也提出了相应的要求,见表3-13。

我国《城市测量规范》(CJJ/T 8—2011)第6.1条规定的关于数字线划图的测图标准与上述类似,同时还规定了图上高程注记点的精度(相对于邻近图根点的高程中误差)。城镇居民及平坦地区不大于15cm,其他地区等高线插求点的高程中误差,根据地形类别中的平地(地面坡度$\alpha<2°$)、丘陵($\alpha=2°\sim6°$)、山地($\alpha=6°\sim25°$)、高山地($\alpha\geqslant25°$),分别为$H/3$、$H/2$、$2H/3$、H,这里H为图的基本等高距。

表 3-12 《地籍调查规程》(TD/T 1001—2012)规定图解法获得界址点的精度要求

序号	项目	图上中误差(mm)	图上允许误差(mm)
1	相邻界址点的间距误差	±0.3	±0.6
2	界址点相对于邻近控制点的点位误差	±0.3	±0.6
3	界址点相对于邻近地物点的间距误差	±0.3	±0.6

表 3-13 地籍图平面位置的精度要求

序号	项目	图上中误差(mm)	图上允许误差(mm)	备注
1	相邻界址点的间距误差	±0.3	±0.6	荒漠、高原、山地、森林及隐蔽地区等可放宽至1.5倍
2	界址点相对于邻近控制点的点位误差	±0.3	±0.6	
3	界址点相对于邻近地物点的间距误差	±0.3	±0.6	
4	邻近地物点的间距误差	±0.4	±0.7	
5	地物点相对于邻近控制点的点位误差	±0.5	±1.0	

我国《工程测量规范》(GB 50026—2007)要求的地形图的精度也与上述相近。地物点相对于邻近图根点的点位中误差,在城镇建筑及工矿区为 0.6mm,一般地区为 0.8mm,水域地区为 1.5mm。地形点的高程精度,相对于邻近图根点的高程中误差,对于平坦地带(地面倾角 $\alpha<3°$)、丘陵地带($3°<\alpha<10°$)、山地($10°<\alpha<25°$)、高山地($\alpha\geqslant25°$),分别不超过地形图上基本等高距的 1/3 倍、1/2 倍、2/3 倍、1 倍。

(二)地物测绘的一般原则

地籍图上地物的综合取舍,除根据规定的测图比例和规范的要求外,还必须首先充分根据地籍要素及权属管理方面的需要来确定必须测绘的地物,与地籍要素和权属管理无关的地物在地籍图上可不表示。对一些有特殊要求的地物(如房屋、道路、水系、地块)的测绘,必须根据相关规范和规程在技术设计书中具体说明。

(三)图边的测绘与拼接

对于模拟法测图,为保证相邻图幅的互相拼接,接图的图边一般均需测出图廓线外 5~10mm。地籍图接边差不超过点位中误差的 2 倍。如采用野外数字化测图技术或数字摄影测量技术,则无上述接边情况出现。但需注意不同作业小组之间的作业区衔接,以及地籍区、地籍子区之间的衔接。

(四)地籍图的检查与验收

为保证成果质量,必须对地籍图测绘进行质量检查与验收。通常按规定执行两级检查、一级验收制度，即测量组自检、单位专职检查、专门机构验收。测量小组成员除平时对野外观测、内业计算和数字绘图进行充分检核外，还需与兄弟小组进行交换相互检查。检查无误再逐级上交检查核对。图的检查工作包括自检和全面检查，检查的具体方法分室内检查、野外巡视检查和野外仪器检查。在检查中发现的错误，应尽可能予以纠正。如错误较多，则按规定退回原测量小组予以补测或重测。测绘成果资料经全面检查认为符合要求才可向工作委托方提出全面验收，并按质量评定等级。检查验收的主要依据是技术设计书和测量技术规范、规程。

四、地籍图测绘的方法

(一)平板仪测图

平板仪测图是一种传统的测图方法，近年来已逐渐被数字化测图所取代。以前主要用于大比例尺的城镇地籍图和农村居民地地籍图的测制，其作业顺序为测图前的准备(图纸的准备、坐际格网的绘制、图廓点、控制点的展绘)、测站点的设置、碎部点(界址点、地物点)的测定、图边拼接、原图整饰、图面检查验收等。

(二)全野外数字化测图

野外采集数字化成图是目前普遍采用的一种地籍测量成图方法。是利用全站仪、GPS等大地测量仪器，在野外采集有关的地籍要素和地物要素，及时记录在数据终端(或直接传输给便携机)，然后在室内通过数据接口将采集到的数据传输给计算机，使用专门的成图软件对数据进行处理，经过人机交互的屏幕编辑，最终形成地籍图数据文件，并根据需要打印输出。

(三)数字摄影测量测制地籍图

随着航空、航天遥感影像信息技术的迅速发展，采用数字摄影测量系统进行大面积的数字化测量，不仅能完成地籍线划图的测绘，还可以得到各种专题的地籍图。同时利用卫星遥感影像进行土地资源调查和土地利用动态监测，为快速及时地变更地籍测量提供依据。由于地籍测量的精度要求较高，数字摄影测量主要以大比例尺航空像片为数据采集对象，利用该技术在航片上采集地籍数据，其控制点和目标点主要采用航测区域网法和光束法进行平差，即所谓的空三加密，进而通过专业数字摄影测量的数据处理软件，完成地籍测量的内、外业各项工作。近年来，无人机低空摄影技术发展快速，这为小范围内的数字摄影测量提供了迅速扩展的空间。

数字摄影测量得到的地籍图信息丰富，实时性强，既具有线划地图的几何特征，又具有数字直观、易读的特点；内业成图时不受通视条件的限制，可以确保地籍图上的界址点数量充足完善。除要用GPS进行像控和地籍权属调查外，大部分工作均是在室内完成，既减轻了劳动强度，又提高了工作效率。

(四)编绘法成图

当区域内已经测制有比较完善的大比例尺地形图时，在此基础上按地籍测量的要求将地形图编绘成地籍图，这在早些年数字化成图还未盛行的时代，也不失为一种快速、经济、有效的方法。其作业程序如下。

(1)选定工作底图。首先选用符合地籍测量精度要求的地形图、影像平面图作为编绘底图,编绘底图的比例尺应尽可能与编绘的地籍图所需比例尺相同或接近。

(2)复制二底图。由于地形图或影像平面图的原图一般不能直接提供使用,故必须利用原图复制成二底图。复制后的二底图应进行图廓方格网变化情况和图纸伸缩的检查,当其限差不超过原绘制方格网、图廓线的精度要求时,方可使用。

(3)外业调绘与补测。外业调绘工作可在该测区已有地形图(印刷图或晒蓝图)上进行,按地籍测量外业调绘的要求执行。外业调绘时,对测区地物的变化情况要加以标注,以便制订修测、补测的计划。补测时应充分利用测区内原有控制点,如控制点的密度不够时则应先增设测站点。必要时也可利用固定的明显地物点,采用交会定点的方法,施测少量所需补测的地物。补测后相邻界址点和地物点的间距中误差,不得大于图上±6mm。

(4)清绘与整饰。外业调绘与补测工作结束后,将调绘结果转绘到二底图上,并加注地籍要素,进行必要的整饰、着墨,制作成地籍图的工作底图,然后在工作底图上,采用薄膜透绘方法,将地籍图所必需的地籍和地形要素透绘出来,再经清绘整饰后,即可制作成正式的地籍图。

(五)内业扫描数字化成图

内业扫描数字化成图是利用扫描数字化方法对已有地形图或地籍图采集数字化地籍要素数据,同时结合部分野外调查和测量对上述数据进行补测或更新,经计算机编辑处理形成以数字形式表示的地籍图。而为了满足地籍权属管理的需要,对界址点仍采用全野外实测的方法。内业扫描数字化成图作业流程如图3-24所示。

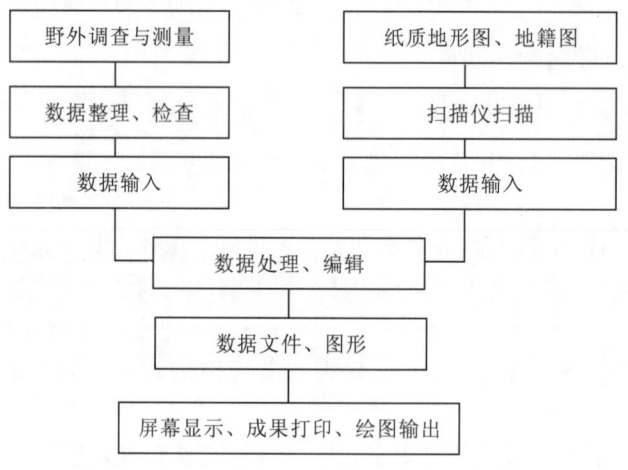

图3-24 内业扫描数字化成图作业流程

五、宗地图测绘

(一)宗地图的概念

宗地图是以宗地为单位在地籍图的基础上编绘而成,是描述宗地位置、界址点、线和相邻宗地关系的实地记录,是土地证书和宗地档案的附图。宗地则是指被权属界线封闭的地块。

在地籍测绘工作的后期阶段,当对界址点坐标进行检核确认准确无误后,并且在其他的地籍资料正确收集完毕的情况下,依照一定的比例尺编绘宗地图。在不动产管理的日常工作中,如果发生土地权属变化、新增建设项目用地等情况,也会实地测量宗地图,并及时对分幅地籍图进行补充更新。

宗地图样图如图 3-25 所示。

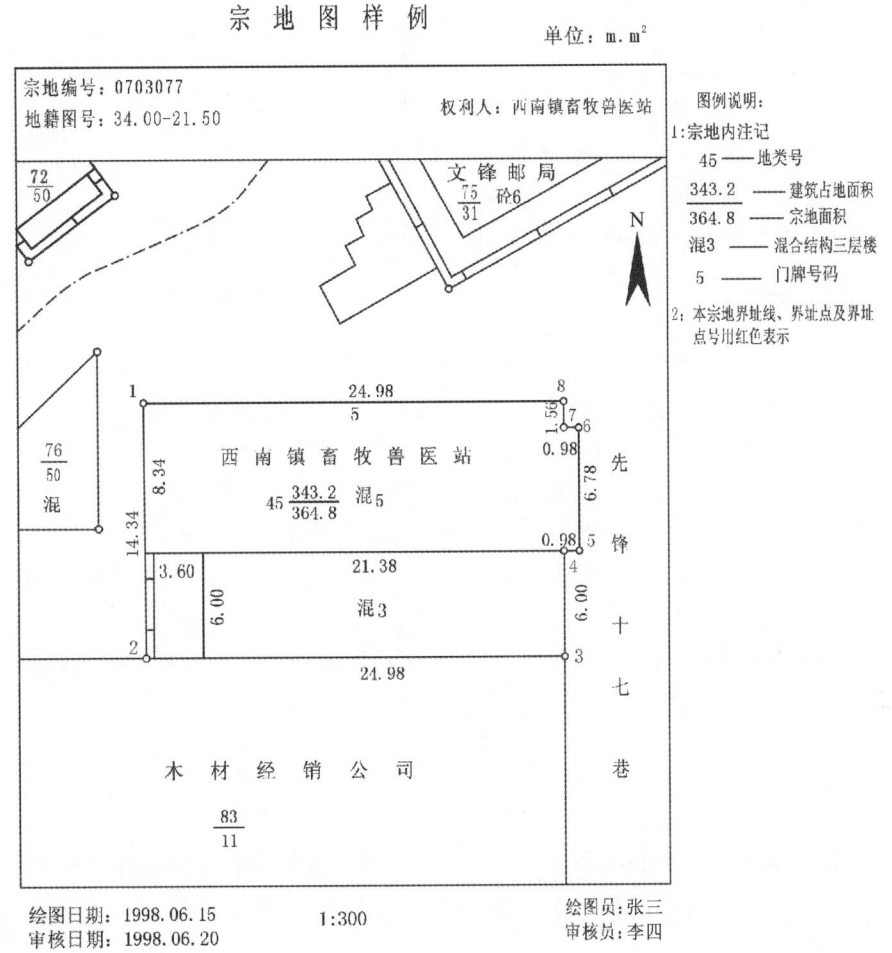

图 3-25 宗地图样图

(二)宗地图的作用

宗地图的作用大致有:
(1)是土地证上的附图,具有法律效力。
(2)是处理土地权属问题的具有法律效力的图件。
(3)为日常地籍管理提供基础资料。
(4)为土地管理与土地税收提供基础资料。

(三)宗地图的内容

宗地图的内容通常有：
(1)宗地所在图幅号、宗地代码。
(2)宗地权利人名称、面积及地类号。
(3)本宗地界址点、界址点号、界址线、界址边长。
(4)宗地内的图斑界线、建筑物、构筑物及宗地外紧靠界址点线的附着物。
(5)邻宗地的宗地号及相邻宗地间的界址分隔线。
(6)相邻宗地权利人、道路、街巷名称。
(7)指北方向和比例尺。
(8)宗地图的制图者、制图日期、审核者、审核日期等。

(四)宗地图的编绘

编绘宗地图时，应做到界址线走向清楚，坐标正确无误，面积准确，四至关系明确，各项注记正确齐全，比例适当。宗地图图幅规格根据宗地的大小选取，一般为32开、16开、8开等，界址点用1.0mm直径的圆圈表示，界址线粗0.3mm，用红色或黑色实线表示。宗地图一般是在相应的基础地籍图和调查草图的基础上编制而成，其主要方法在模拟测图时代有蒙绘法、缩放绘制法、复制法等，在现代数字化测图时期，主要利用计算机编辑成图输出。

(1)蒙绘法。以基本地籍图作底图，将薄膜蒙在所需宗地位置上，逐项准确地透绘所需要素，整饰后制作宗地图。

(2)缩放绘制法。宗地过大或过小时，可采取按比例缩小或放大的方法，先透绘后整饰，再制作宗地图。

(3)复制法。宗地的信息过多时，可采用复制法复制地籍图制作宗地图。大宗地可缩小复印，小宗地可放大复印，复印后加注界址边长、面积及图廓等地籍要素，并删除邻宗地的部分内容。

(4)计算机编辑成图。利用数字法测图时，宗地图生成是在数字法测图系统中自动生成的，生成的宗地图需加注界址边长数据、面积及图廓等要素。

(五)宗地草图的绘制

由于宗地图一般是在相应的基础地籍图和调查草图的基础上编制而成，因此在编绘宗地图之前，需先在野外现场绘制宗地草图。宗地草图的内容大致如下：
(1)本宗地号、坐落地址(门牌号)、权利人。
(2)宗地界址点、界址点号及界址线，宗地内的主要地物。
(3)宗地范围及其附近的控制点名、点号。
(4)相邻宗地号、坐落地址、权利人或相邻地物。
(5)界址边长、界址点与邻近地物的测量距离。
(6)确定宗地界址点位置、界址边方位所必需的建筑物或构筑物。
(7)土地利用类别的名称与编码，地籍区、地籍子区、块地的名称与编号。
(8)观测手簿中未记录的有关参数、相关的说明。

(9)丈量者、丈量日期、检查者、检查日期、概略比例尺、指北针等。

宗地草图的样式可参见图3-26。

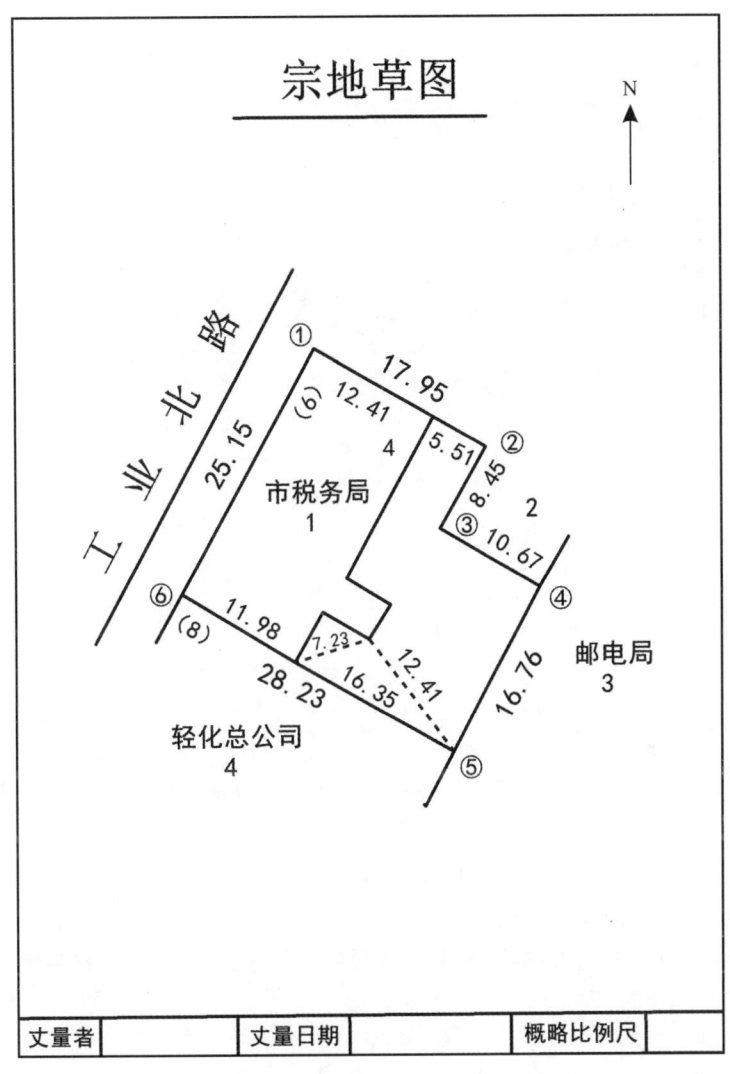

图3-26 宗地草图样式

六、农村居民地地籍图测绘

农村居民地是指建制镇（乡）以下的农村居民地住宅区及乡村圩镇。由于农村地区采用1∶5000、1∶1万较小比例尺测绘分幅地籍图，因而地籍图上无法表示出居民地的细部位置，不便于村民宅基地的土地使用权管理，故需要测绘大比例尺（1∶500、1∶1000、1∶2000）的农村居民地地籍图，用作农村地籍图的加强与补充，以满足地籍管理工作的需要。

农村居民地地籍图采用自由分幅，以岛图形式编绘。图3-27是农村居民地籍图的样图。

农村居民地地籍图的范围轮廓线应与农村地籍图（或土地利用现状图）上所标绘的居民地地块界线一致。居民地内权属单元的划分、权属调查、土地利用类别、房屋建筑情况的调查与

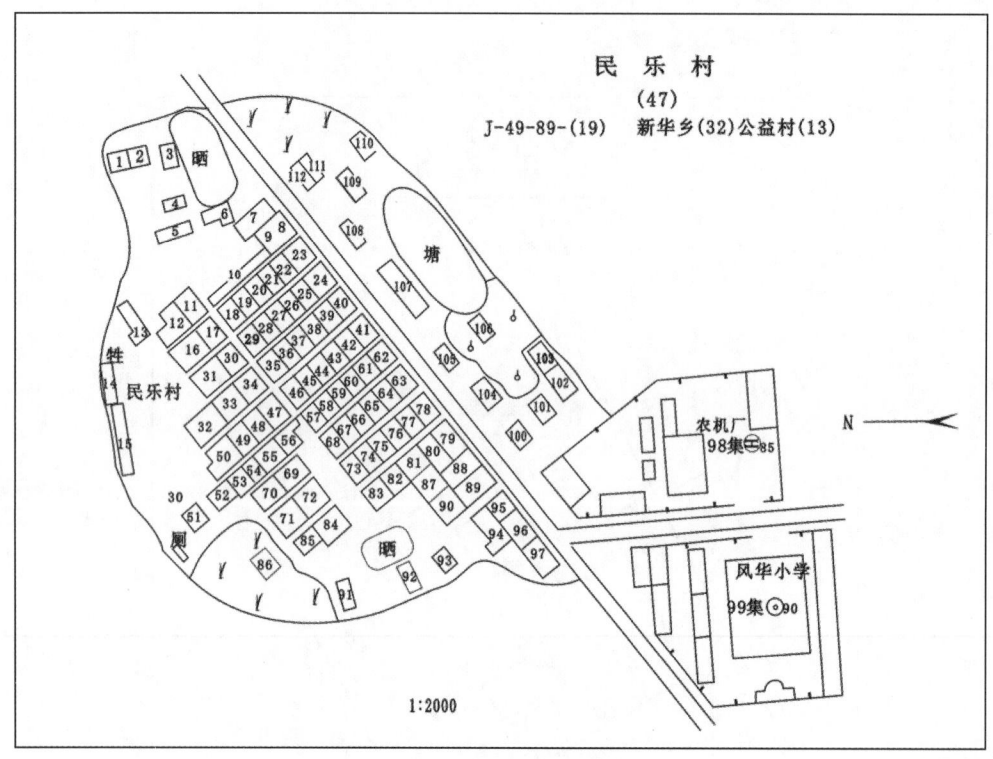

图 3-27 农村居民地地籍图样图

城镇地籍测量相同。农村居民地地籍图的编号应与农村地籍图(或土地利用现状图)中该居民地的地块号一致,居民地集体土地使用权宗地编号按居民地的自然走向1,2,3,…顺序进行编号。居民地内的其他公共设施,如球场、道路、水塘等,不作编号。

农村居民地地籍图表示的内容一般包括:

(1)自然村居民地范围轮廓线、居民地名称、居民地所在的乡(镇)、村名称、居民地所在农村地籍图的图号和地块号。

(2)集体土地使用权宗地的界线、编号、房屋建筑结构和层数。

(3)作为权属界线的围墙、垣栅、篱笆、铁丝网等线状地物。

(4)居民地内公共设施、道路、球场、晒场、水塘和地类界等。

(5)居民地的指北方向。

(6)地籍图的比例尺、测量日期、人员签名等。

七、土地利用现状图测绘

土地利用现状图是关于土地资源和土地使用的现状情况图。土地利用现状调查测绘的主要工作就是依据一定比例尺的影像图,按一定的土地分类规则,对土地的利用现状进行分类标注。土地利用现状图能够为各级政府部门提供土地统计数据,为制定土地利用总体规划、合理调整土地利用结构等工作提供科学依据。

土地利用现状图的基本类型主要有两种:一种是分幅土地利用现状图,分幅编号按地形图、地籍图分幅编号；另一种是一定区域范围内的土地利用现状图，它在分幅土地利用现状图的基础上编绘而成。在征地拆迁过程中，一般要求对征地范围内的土地进行实地调查测量，获得土地分类统计图，作为征地拆迁青苗与地物补偿的依据。

土地利用现状图主要表现各种地类分布状况，对其他内容应进行适当综合取舍。图中主要包括各级行政界、水系、各种地类界及符号、线状地物、居民地、道路、必要的地貌要素、各要素的注记等。为使分幅图的图面清晰，平原地区适当注记高程点，丘陵山区只绘计曲线。此外还应有图廓线、图名、坐标格网线、比例尺、指北针等内容。

现在土地利用现状图的测量调查均采用数字化方法进行。可以根据现状分幅图进行进一步的编制加工，以获得各种形式多样、丰富多彩的专题成果图，如区域总图、分类图、规划图等。不同的专题图可以根据各自的目的和要求进行着色，形成色彩丰富的各式工作用图与挂图。

国家及省、地、县各级行政区均需编制土地利用现状图，一般自下而上层层上报成果资料并进行编制工作。基层土地管理部门主要负责县、乡两级土地利用现状调查的测绘管理工作。

调查工作的成图比例尺一般与调查底图一致，农区1∶1万、重点林区1∶2.5万、一般林区1∶5万、牧区1∶5万或1∶10万等。图的开幅可根据区域的面积大小、形状、图面布置等分为全开或对开两种。图上编制的内容主要有：

(1)图廓线及公里网线，内图廓线、经纬线、公里网线。附图图廓线线粗0.15mm、外图廓线粗1.0mm，图内公里网线长1cm、粗0.1mm。其精度要求：图廓线边长误差不超过±0.1mm，对角线边长误差不超过±0.3mm，公里网连线误差不超过±0.1mm。

(2)水系。湖泊、双线河、大中小型水库、坑塘、单线河(先主后支)、渠道等及其附属物，按原图全部透绘。图式符号及尺寸按《地籍调查规程》(TD/T 1001—2012)要求清绘。

(3)居民地。农村居民点、城镇、独立工矿用地等均按底图形状进行描绘，其外围线用粗0.15mm实线表示。图形内，根据需要可用粗0.1mm线条与南图廓线成45°角加绘晕线，线隔0.8mm。

(4)道路。按主次依次透绘铁路、公路、农村路，其符合及尺寸见《地籍调查规程》(TD/T 1001—2012)。

(5)行政界。省、地、县、乡、村各级行政界线，自上而下依次描绘。线段长短、粗细、间隔均按《地籍调查规程》(TD/T 1001—2012)要求。行政界相交时要做到实线相交，相邻行政界只绘出2~3节。飞地权属界按其地类界相应符号表示。

(6)地类界。以0.2mm实线表示。作业过程中，需注意不要因跑线及移位而使图形变形。

(7)进行各要素的注记。

(8)整饰。按图面设计要求，图名配置在图幅上方中间，字体底部距外图廓线1.0~1.5cm。签名配置在图的右下方。

八、土地权属界线图的编制

土地权属界线图是地籍管理的基础图件，也是土地利用现状调查的重要成果之一。

土地权属界线图与其他专题地图一样，除了要保持同比例尺线划图的数学基础、几何精度外，在专题内容上，应突出土地的权属关系。它以土地利用现状调查成果图为依据，增加界址线、界址点及相应的地物图式符号和注记。

分幅土地权属界线图与土地利用现状调查工作底图比例尺相同。土地权属界址线、界址点可利用分幅土地利用现状调查底图加绘得到。其中界址点用半径 1mm 的圆圈整饰,各界址点用阿拉伯数字顺序编号。县、乡、村等各行政单位所在地表示出建制区的范围线,并分别注记县、乡、村名。图上面积小于 $1cm^2$ 的独立矿用地及居民点以外的机关、团体、部队、学校等企事业单位用地,界址点上不画小圆圈,只绘权属界线,并在适当位置注记土地使用者的名称。依比例尺上图的现状地物,在对应的两侧同时有拐点且其间距小于 2mm 时,只绘拐点,不绘小圆圈。依比例尺上图的铁路、公路等现状地物,只绘界址线,不绘其图式符号,但应注记权属单位名称。不依比例的单线线状地物与权属界线重合时,用长 10mm、粗 0.2mm、间隔 2mm 的线段沿线状地物两侧绘制。当行政界限与权属界线重合时,只绘行政界线而不绘权属界线。行政界线下一级服从于上一级。飞地用 0.2mm 粗的实线表示,并详细注记权属单位名称,如县、乡、村名。根据需要,可增绘对权属界址拐点定位有用的相关地物及说明权属界线走向的地貌特征。

土地证上所附的土地权属界线图,在分幅的 1:1 万土地利用现状图上,将本村权属界址点以半径 1mm 小圆圈整饰并编号,用 0.2mm 红实线表示界址线。从拐点引绘出四至分界线,用箭头表示分界地段,并注明相邻土地所有权单位和使用单位名称。

第五节　界线测量

界线又称为界址线。从界线所包含范围的属性实质来讲,界线可分为权属界线和区域界线。权属界线主要体现的是社会属性,它包围和确定了界线内不动产的权利归属,如宗地界、村界、省边界、国界线等;区域界线主要体现出自然属性,如土地分类中图斑的地类界线、江、河、湖、海的边界线等。当然,有的界线会同时包含有权属界线和区域界线双重功能,如土地利用规划的自然保护区、风景名胜区等。地籍测量中要测量的权属界线主要是宗地的边界线。行政区域边界线在我国有国界线和省(直辖市、自治区)、市(地区)、县(县级市、区)、乡(镇、街道)各级行政区划界线。国家规定村不属于行政机构,而是村民自治单位,因此村界线不属于行政界线,而是与建设用地中的单位宗地界线级别相当的地块边界线。除宗地界线之外,界线还有房屋的界址线,房产调查中"丘"的界线,以及飞地、块地的界线,土地利用调查中图斑的界线,土地勘测定界中的地块边界线,地理国情普查中的图斑边界线,等等。

地籍界址点测量主要以图根控制点为依据,测量宗地界址点的坐标及主要建筑物的坐标位置。本节主要介绍宗地、行政区域勘界、土地勘测定界中的界址点测量,简略介绍其他界线测量技术要求。房屋界线测量、房产调查"丘"的确定,将在本教材后续章节中介绍。

一、界线测量的技术要求

不同种类的界址线,其测量的精度要求也不相同。如地籍宗地测量、行政区域勘界测量、项目用地勘测定界、土地利用现状调查地类界线的确定、地理国情监测图斑调绘等,均有各自的技术标准。

(一)宗地界址点的精度要求

实际上,界址点的精度属于地籍图精度的重要组成部分,表 3-11 中规定了界址点按其特征状况(明显界址点、隐蔽界址点、所有权界址点)分类时,其点位中误差和间距中误差分别为 ±0.05m、±0.075m、±0.10m。

(二)行政区域勘界测量

我国于 1999 年颁布了《省级行政区域界线测绘规范》(GB/T 17796—1999),之后又于 2009 年颁布《行政区域界线测绘规范》(GB/T 17796—2009),后者代替了前者。

GB/T 17796—2009 要求测制 1∶5000、1∶1 万、1∶5 万、1∶10 万的带状地形图,界桩点的精度要求为:平面位置中误差一般不应大于相应比例尺地形图图上 ±0.1mm,高程中误差不大于 1/10 基本等高距。资源开发价值较高的地区,可执行地籍测绘规范中界址点精度的规定。

对于界桩至方位物的距离,要求一般应在实地量测,界桩点相对于邻近固定地物点,间距误差限差不应大于 ±2.0mm。

对于未设界桩的边界点,可以在该地形图上量取其坐标与高程。点位量测精度应不大于图上 ±0.2mm,高程精度应小于 1/3 基本等高距。

《行政区域界线测绘规范》(GB/T 17796—2009)第 7.2 条对边界线标绘的精度也提出了要求:界桩点、界线转折点及界线经过的独立地物点相对于固定地物点的平面位置中误差一般不应大于图上 ±0.4mm。

(三)项目用地勘测定界

原国家土地管理局于 1997 年批准发布《建设项目用地勘测定界技术规程》(试行),之后国土资源部于 2007 年发布《土地勘测定界规程》(TD/T 1008—2007),取代原《建设项目用地勘测定界技术规程》(试行)。

土地勘测定界(以下简称勘测定界)是根据土地征收、征用、划拨、出让、农用地转用、土地利用规划,及土地开发、整理、复垦等工作的需要,实地界定土地使用范围、测定界址位置、调绘土地利用现状、计算用地面积,为国土资源行政主管部门用地审批和地籍管理等提供科学、准确的基础资料而进行的技术服务性工作。勘测定界工作,在各级国土资源行政主管部门组织下,由有资格的勘测单位承担。

该项工作主要针对建设项目用地、基本农田保护用地、农用地转建用地进行勘测定界的各项工作。

必要时,勘测定界工作需要野外测量放样,设立界标。界标之间的距离,直线最长为 150m,明显转折点应设置界标。界标类型主要有混凝土界标、带帽钢钉界标及喷漆界标。

《土地勘测定界规程》(TD/T 1008—2007)第八条"界址点测量"规定:解析法测定的界址点坐标对于相邻控制点的点位中误差,以及相邻界址点间距中误差,均应控制在 ±5cm 范围内。界址点坐标反算距离与实地丈量距离的较差应控制在 ±10cm 范围内(限差)。解析法测定的界址点坐标与原拟用地界址点坐标之差的中误差应控制在 ±5cm 范围内,允许误差应控制在 ±10cm 范围内。

(四)土地利用现状调查

我国1984年颁布过一次《土地利用现状调查技术规程》,其第十六条规定:①调绘宜采用影像平面图,也可采用航摄像片或新测制的地形图。②调绘的界线和地物位置准确,各种注记正确无误,清晰易读,线划符号规则。③测绘面积线不得有漏调和重叠,一般应选在航向重叠或旁向重叠的中部,平原地区航向重叠度达60%以上时,可隔片调绘。④调绘的明显地物界线在图上位移应不大于0.3mm,困难地或不明显地物界线的位移应不大于1.0mm。

第十九条"地类调绘"规定:地形图上最小图斑面积,耕地、园地为$6.0mm^2$,林地、草地为$15.0mm^2$,居民地为$4.0mm^2$。

(五)地理国情监测

在我国,地理国情监测刚刚起步。国务院第一次全国地理国情普查领导小组办公室,于2013年9月17日发布的《第一次全国地理国情普查实施方案》(简称《方案》)指出,地理国情普查的任务,就是"采用航空航天遥感、全球导航卫星系统、地理信息系统等测绘地理信息先进技术,以优于1m的高分辨率航空航天遥感影像数据为主要数据源,充分利用测绘地理信息部门最新完成的覆盖全国陆地国土的1:5万基础地理信息、已有的1:1万基础地理信息以及大量1:5000、1:2000或更大比例尺基础地理信息等资源,以及其他重大工程获取的测绘成果等资源,整合利用其他部门已有的普查成果或与地理国情相关的专题信息,通过多源遥感影像快速获取与处理、现场调查、信息提取、地理统计分析等技术手段,查清反映地表特征、地理现象和人类活动的基本地理环境要素的范围、位置、基本属性和数量特征,通过深入的统计和综合分析,形成这些基本地理环境要素的空间分布及其相互关系的普查结果。"

《方案》规定第一次全国地理国情普查内容包含12个一级类、58个二级类和133个三级类,普查中数据采集的方式分为三种:

第一种,按照地表覆盖分类方式采集。采集的内容包括10个一级类、46个二级类和77个三级类。10个一级类为:01耕地、02园地、03林地、04草地、05房屋建筑(区)、06道路、07构筑物、08人工堆掘地、09荒漠与裸露地表、10水域。

第二种,按照实体要素方式采集。采集的地理国情要素内容包括5个一级类、16个二级类和53个三级类。5个一级类为:06道路、07构筑物、08人工堆掘地、10水域、11地理单元。11地理单元有4个二级类:1110行政区划单元、1120社会经济区域单元、1130自然地理单元、1140城镇综合功能单元。

第三种,利用多尺度数字高程模型数据计算获取坡度、坡向数据,涉及《地理国情普查内容与指标》中定义的1个一级类和3个二级类。

《方案》第4.4条要求,本次普查成果精度优于1:1万地形图成图精度。野外测量单点实测精度达到亚米级;地物点对附近野外控制点的平面位置中误差,平地、丘陵地不超过±5m,山地、高山地不超过±7.5m。本次普查中利用遥感影像解译的地表覆盖类型,最小图斑基本要求为$400m^2$,城市地区执行细化指标。

《方案》要求1:1万地形图覆盖区域和航摄生产区域按1:1万地形图成图精度要求进行正射影像生产。其他非1:1万地形图覆盖区域放宽为1:2.5万地形图成图精度要求进行正射影像生产;特殊困难地区(沙漠、高原等外业调查难以达到或人烟稀少地区)正射影像精度可放宽至1∶5万成图精度要求,但需将放宽精度要求的区域报国务院普查办批准后执行。

《方案》提出"数字正射影像地物点相对于附近野外控制点的平面点位中误差不得大于表3－14中规定的值"。

表 3－14　数字正射影像平面中误差

地形类别	1∶1万成图精度影像平面中误差(m)	1∶2.5万成图精度影像平面中误差(m)
平地	5.0	12.5
丘陵地	5.0	12.5
山地	7.5	18.75
高山地	7.5	18.75

注:对于大面积单一地物地区,例如森林、草原、戈壁等地区,中误差可以适当放宽,但最大不得大于上表的1.5倍,最大误差不超过中误差的2倍。

对于影像接边限差,则要求"图幅间应根据接边精度情况进行接边改正,改正后的接边限差不得超过表3－15中规定的值"。

表 3－15　数字正射影像接边限差

地形类别	1∶1万成图精度影像图幅接边限差(m)	1∶2.5万成图精度影像图幅接边限差(m)
平地	5.0	12.5
丘陵地	5.0	12.5
山地	7.5	18.75
高山地	7.5	18.75

如果不同影像数据源、不同控制数据源以及不同生产批次之间的正射影像接边限差不能满足表3－15的要求,可将接边限差放宽至表3－15的2倍,但须在生产技术总结报告中标明。具体需符合《数字正射影像生产技术规定》(GDPJ 05—2013)的要求。

(1)数据采集精度。即采集的地物界线和位置与影像上地物的边界和位置的对应程度。影像上分界明显的地表覆盖分类界线和地理国情要素的边界以及定位点的采集精度应控制在5个像素以内。特殊情况,如高层建筑物遮挡、阴影等,采集精度原则上应控制在10个像素以内。如果采用影像的分辨率差于1m,原则上对应的采集精度应控制在实地5m以内,特殊情况应控制在实地10m以内。由于摄影时存在侧视角,具有一定高度的地物在影像上产生的移位差需要处理,以符合采集精度要求。

(2)分类精度。对于地表覆盖分类数据,没有明显分界线的过渡地带内覆盖分类应至少保证上一级类型的准确性。应综合采用包括外业调查、交叉复核等多种措施,并加强过程质量控制,确保数据质量。具体分类精度要求及其评价方法见《地理国情普查检查验收与质量评定规定》(GDPJ 09—2013)中的要求。

(3)数据现势性。普查成果数据整体现势性原则上应达到普查时点的要求。行政区划更新采用国家统计局网站发布的"统计用区划代码和城乡划分代码"(http://www.stats.gov.cn/tjbz/),并更新到普查时点时可用的最新版本。学校、医院等单位信息应采用主管部门公布的注册信息。

(4)属性精度。长度、宽度、高程、面积等均采用米制单位。获取的定量属性值保留的小数位及数量单位应符合《地理国情普查数据规定与采集要求》(GDPJ 03—2013)中各具体属性项的要求。各属性项赋值必须符合《地理国情普查数据规定与采集要求》(GDPJ 03—2013)中各具体属性项定义的取值范围,取值与地物实际属性相符。

(5)数据一致性。地理国情普查规定的内容、指标及要求应严格执行,不同任务区采集的同一内容分类,全国应保持一致,便于数据汇总和统计分析对比。各省、自治区、直辖市在开展普查工作时,可结合地方实际需求,在全国统一的普查内容与指标的基础上,增加普查内容,提高普查的详细程度。其普查成果数据上交时,省(自治区、直辖市)普查中按照《地理国情普查内容与指标》(GDPJ 01—2013)中已预定义的类型和指标要求采集的数据,其编码不需做归并处理;如果依据《地理国情普查内容与指标》(GDPJ 01—2013)中确定的规则扩充新的类型,且新扩充类型的采集指标与其上一级类的采集指标相同或接近(指标变化量<30%),汇总上交数据时其编码和图形数据不需做归并处理,但是若新扩充类型的采集指标与其上一级类的采集指标相差较大(指标变化量≥30%),汇总上交数据时需要对图形数据按照《地理国情普查内容与指标》(GDPJ 01—2013)中规定的其上一级类的采集指标要求进行合并和归类处理后才可提交,以确保全国普查数据尺度上的一致性。

二、界址线标定

界址线测量前须对界址点进行界标设置。外业工作之前应尽可能多地收集测区的历史资料,包括各种大比例尺地形图、地籍图、影像图、权属图、权属文件等。根据这些资料,先在工作底图上进行图上标注(同时预编宗地号),然后到实地设置标注,实地标注时应有参加地籍调查的当地工作人员引导,了解权属主的用地范围,实地找准界址点位置。规范要求界址点的设置要能准确表达界址线的走向。在相邻宗地的交叉位置,在线状地物界线的交叉点,在多种界址线类别变化处,均应设置界址点。设置标注界址线、界址点的同时,应及时绘制好宗地草图。

对于面积较小的宗地,可直接在底图上标注各相邻宗地的用地情况,并充分注意界址点的共用情况。对于面积较大的宗地,要仔细标注好四至关系和共用界址点情况,在画好的草图上标记权属主的姓名和草编宗地号。在暂时未能确定的界线附近,可选择若干固定的地物点或埋设参考标志点,测定这些点的坐标值,待权属界线确定后,再据此补测确认后的界址点坐标。

界址点界标需要实地标定。界标的类型有混凝土界标、石灰界标、带铝帽的钢钉界标、带塑料套的钢棍界标、喷漆界标等,具体使用何种界标须征求双方(或多方)权属主意见商定。对于损坏的界标,可根据已有界址点坐标和间距、权属协议书等资料,现场放样恢复。图3-28～图3-31是几种界标式样图(图中单位为 mm)。

三、界线测量的方法

界线测量就是测量界址点的坐标位置,确定界址线的走向。测量界址点坐标的方法一般

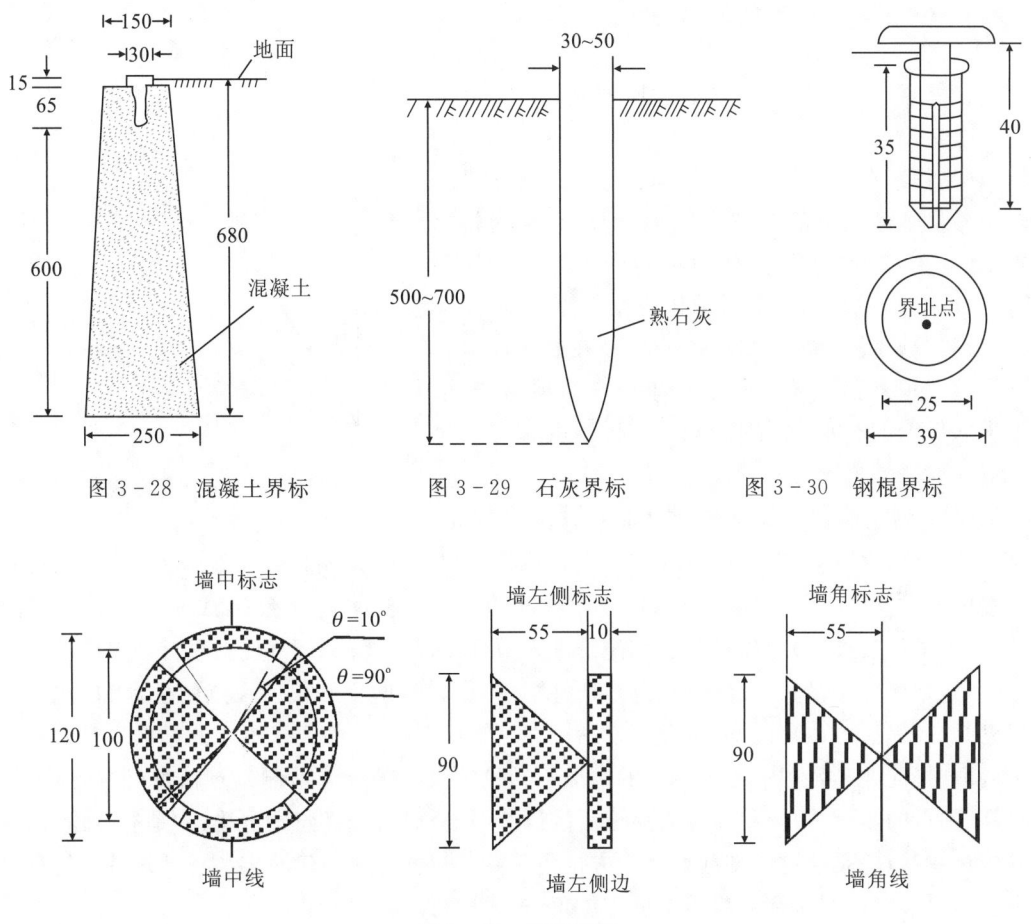

图 3-28 混凝土界标　　图 3-29 石灰界标　　图 3-30 钢棍界标

图 3-31 喷漆界标

有解析法和图解法两种。但无论采用何种方法获得界址点坐标,一旦履行确权手续,就成为确定土地权属用地界址线的准确依据之一。

解析法是全野外数字化测量方法,包括全站仪极坐标测量、角度交会测量、钢尺量距交会测量、GNSS 定位测量等。图根控制点及以上等级控制点均可作为界址点坐标测量的起算点。在地籍测量中要求界址点精度为±0.05m 时必须用解析法测量。

图解法是地籍图上量取界址点坐标的方法。此法精度较低,适用于农村地区和城镇街坊内部隐蔽界址点测量,并且是在要求的界址点精度与所用的图纸精度一致的情况下采用。

(一)全站仪极坐标法

极坐标法是测定界址点坐标最常用的方法,尤其是城镇居民建筑区。如图 3-32 所示。已知数据 $A(x_A,y_A)$,$B(x_B,y_B)$,观测数据 β、S,则可计算 A 点至 B 点的坐标方位角 α 及界址点 P 的坐标 $P(x_P,y_P)$ 为:

$$\alpha = \tan \frac{y_B - y_A}{x_B - x_A} \tag{3-8}$$

$$\begin{cases} x_P = x_A + S\cos(\alpha+\beta) \\ y_P = y_A + S\sin(\alpha+\beta) \end{cases} \quad (3-9)$$

式(3-9)是计算界址点坐标的原理公式。实际中可选择全站仪的坐标测量功能,直接测量各界址点的坐标(含高程),存入仪器中再传输至计算机编辑输出。

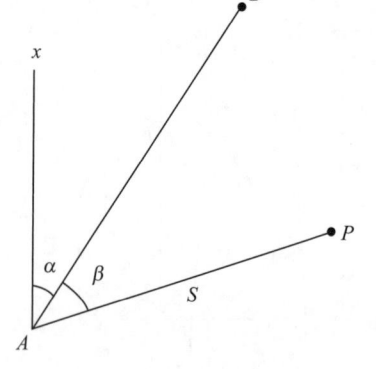

图3-32 极坐标法测定

全站仪坐标测量的方法大同小异,大致分为初始设置、建立项目、建站和坐标测量四个步骤。如尼康DTM-352C全站仪坐标测量的作业流程如下:

(1)初始设置。架设全站仪,开机后在初始测量状态下,按【菜单】键,屏幕显示主菜单包含9项,选择第三项进入仪器的初始化设置菜单,进行角度、距离、坐标、单位、存储模式等的设置。

(2)建立项目。回到初始测量状态,按【菜单】键屏幕显示主菜单,在【菜单】中选择第一项,进入项目管理功能,全站仪列出了以前所有建立的项目。按屏幕左下方的【创建】键,进入项目创建屏幕,通过输入数字或字母设立项目名(如日期+操作员姓名)。然后按【设置】键进入项目设置,按【回车】键使新项目创建成功。

(3)建站。建站设置(按【建站】键),选择第一项已知,即全站仪所在点的坐标和后视点的坐标已知(或起始方位角已知)情况下建站。在已知项选择后,按要求输入测站信息时,可从列表中调取(提前在项目中输入已知点的情况下),也可直接输入当前测站点信息(测站点点号、仪器高、站点的坐标等)。信息输入完成后按【回车】键,然后选择建站方法:一是通过输入后视点的坐标建站,二是通过已知起始坐标方位角建站。根据选择的建站方法把已知后视信息(后视点点号、标高、后视坐标或起始坐标方位角)输入即可。

(4)坐标测量。在建站工作完成后,直接按测量键即可开始坐标数据采集,先做测站点、已知点、同名点检查,之后全站仪转向待测碎部点(界址点),测量并存储。存储时可以同时输入该点的属性信息(外业操作码),以供成图需要。

在进行一段测量之后,为了确认测站是否有误,旋转照准部照准后视点,在建站界面下选择BS检查,调用BS检查功能,对后视方向进行检验,按【重置】键对后视方向归零。按【ESC】键或【放弃】键不重新进行后视方向归零。

全站仪野外测量需特别注意的是:对于金属棱镜框架的偏心改正。司镜人员通常将棱镜立在使观测距离一致(与界址至仪器实际距离一致)的点位,角度偏心则由仪器操作人员重新瞄准位置改正。

(二)交会法

交会法可分为角度交会法和距离交会法。

(1)角度交会法。角度交会法是分别在两个已知测站上对界址点测量的两个角度进行交会,以确定界址点的位置。如图3-33所示,根据已知点A、B的坐标(x_A,y_A)和(x_B,y_B),反算可获得AB边的坐标方位角α_{AB}和边长S_{AB},由坐标方位角α_{AB}和观测角α可推算出坐标方位角α_{AP},由正弦定理可得AP的边长S_{AP},再根据坐标正算公式即可求得待定点P的坐标为:

$$\left.\begin{array}{l}x_P = x_A + S_{AP} \cdot \cos\alpha_{AP} \\ y_P = y_A + S_{AP} \cdot \sin\alpha_{AP}\end{array}\right\} \qquad (3-10)$$

角度交会法一般适用于在测站上能看见界址点位置,但无法测量出测站点至界址点的距离的情况,如位于河流中央的界址点。角度交会测量须注意三角形的几何形状(交会角∠P 在 30°~150°范围内)。为了确保交会测量的精度与准确性,可选择第三个已知点进行多余观测(检查观测),分别计算出两组坐标结果,两组坐标相差在误差要求范围之内,则取其平均值作为界址点的最后坐标值。

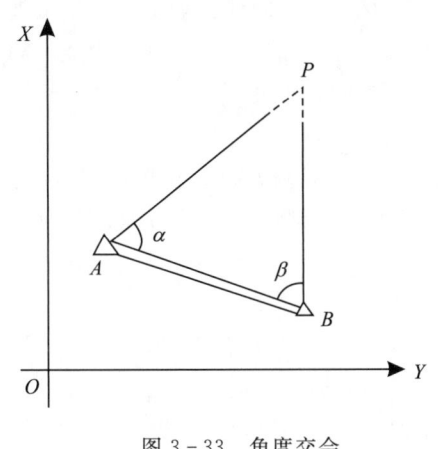
图 3-33 角度交会

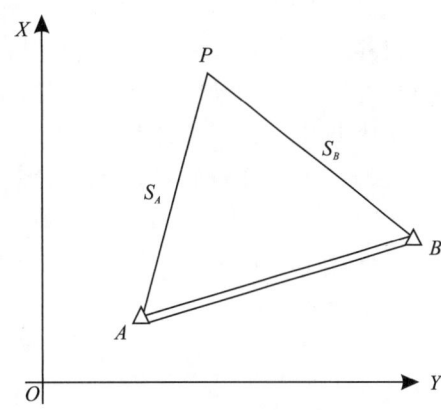
图 3-34 距离交会

(2)距离交会法。距离交会法就是从两个已知点分别量出至未知界址点的距离,以确定出未知界址点位置的方法。如图 3-34 所示,已知 $A(x_A,y_A)$,$B(x_B,y_B)$,观测 S_A,S_B,同样可按上述思路计算出界址点 P 点的坐标。

距离交会法在界址点坐标测量中的应用很多,实际中多使用钢尺量距,工作中须对钢尺进行经常性的检查核对。图 3-34 中的 A、B 两已知点可能是控制点,也可能是已知的界址点或辅助点(为测定界址点而测设的)。这种方法同样须注意三角形的几何图形(仍要求交会角∠P 在 30°~150°范围之内)。为了确保交会测量的精度与正确性,也可选择第三个已知点进行观测,分别计算出两组坐标结果,取其平均值作为界址点的最后坐标值。

(三)GPS-RTK 法

GPS-RTK(Real-time kinematic)是卫星定位测量中的一种实时差分技术,该方法能够进行图根控制测量,也广泛应用于大批量的碎部点测量。它能够实时获得测站点的三维坐标,达到厘米级别的精度。GPS-RTK 系统主要包括三部分:基准站、流动站和软件系统。现今 RTK 又分为常规 RTK 和网络 RTK(即 cors 网络)。常规 RTK 由一个基准站和一至数个移动站组成(俗称"1+1""1+2"等)。网络基准站由若干个远程基准站及用户流动站组成。现以科力达 RTK(K9、S730)为例介绍该方法的使用过程。

1. 基准站部分

基准站架设位置要选择周围视野开阔、净空条件好的地方,避免在截止高度角 15°以上范围内有大型建筑物存在,还要远离大的无线电发射塔、大的水域和高压线。为了让基准站的差分信号能传播得更远,基准站一般选在地势较高的位置(如楼房顶、山头等),以便为整个测区提供有效服务工作。当基准站架设在未知控制点时(实际生产时经常如此),还需考虑与基点(已知控制点)相连通。基准站一般要派专人值守,在确保安全的前提下,也可实现无人值守。当无人值守时,如果手簿显示屏出现异常情况(接收不到基站发射来的信号),必须要在最短时间内到达基站查看情况,此时,有可能是基站电池用完断电(通常如此),当然也有可能是人或者动物将基站破坏。基站的连接步骤如下。

(1)先在基站接好主机(主机俗称"蘑菇头")的发射天线,将主机与基座相连并一起安装在三脚架上即可。使用外接电源时,将外置电台挂在三脚上,接电源线时注意避免电瓶正负极接反导致仪器被烧坏,电缆线与主机连接时,要注意红点对应并且捏住连接头带红点的金属部分垂直插拔,切勿用力扭动旋转以免损坏插头。如果工作范围不大,且电池够用时,也可不用电台而直接使用主机(主机本身也有电池)。

(2)按下主机操作板面右下方的电源开关打开主机(图 3-35),如果是新机设置,或是要将上一次的流动站主机改为基站主机,则用两个手指同时按住 F 键和 I 键,当 6 个灯同时闪的时候两手指同时松开(提示:一定是同时闪灯才松手,只亮不闪时不要松手)。松手后按两下 F 键,接着按 I 键确认。

如果是上一次的基站主机继续在基站使用,则按下主机开关之后机器会自动初始化(请耐心等待 1min)和搜索卫星,当卫星数和卫星质量达到要求后,数据灯旁边的卫星指示灯将开始有规律地闪烁(约每秒钟闪灯 1 次,连续闪几下就说明收到了几颗卫星)。这表明基准站部分开始正常工作。

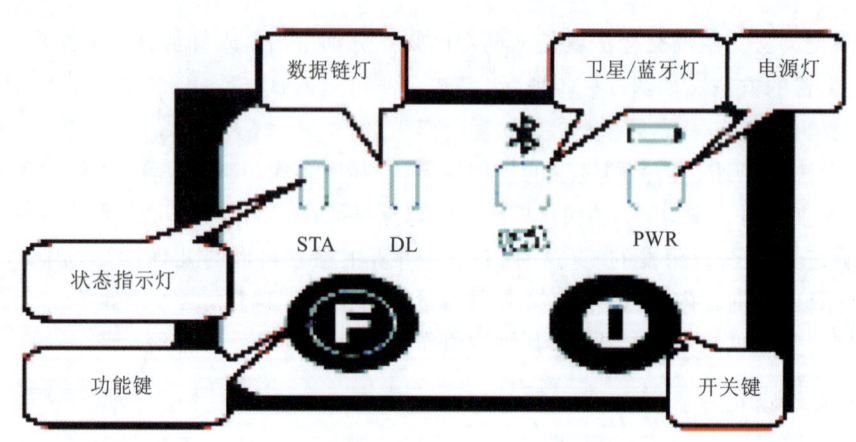

图 3-35 主机操作与指示面板

2. 移动站部分

移动站又称流动站。在流动站方面,通常是测量员拿着另一台主机及观测手簿进行图根控制测量,也可以直接进行地形碎部点测图或工程放样。移动站的工作程序如下。

(1)将移动站主机接在碳纤对中杆上,连接好接收天线(在主机底部),同时将手簿夹在对中杆的适合位置。

(2)打开主机,如果是新机设置,或是要将上一次的基准站主机改为移动站主机,则同样用两个手指同时按住 F 键和 I 键,当 6 个灯同时闪的时候两手指同时松开。松手后立即按一次

F键,接着按I键确认。

如果是上一次的移动站主机继续使用,直接开机后也同样会进行自动初始化和搜索卫星,当达到一定的条件后,主机上的卫星指示灯便开始有规律地闪烁绿灯(每秒闪1次,闪几下就说明收到几颗卫星),此时基准站也在往流动站发射差分信号(数据链灯也会有规律地闪烁绿灯、状态灯有规律地闪红灯)。

(3)打开手簿(按左上角电源开关键)。

(4)启动手簿后,须先将手簿与主机连通。连通可以通过两种途径,一种是直接用电缆线连接(当一个人独立操作时,稳妥),另一种是用蓝牙连接(灵活,方便于两个人在移动站工作)。蓝牙将手簿与主机自动连通,连接时会有数据文字信息在屏幕上闪过。蓝牙设置的操作步骤与界面如下。

步骤1:点击左下角开始→设置→控制面板(如果双击屏幕下面的蓝牙图标 ,会更快捷),在控制面板中双击"Bluetooth设备属性",如图3-36所示。

图3-36 设置蓝牙开始

步骤2:在蓝牙设备管理器窗口中选择"设置"[图3-37(a)],勾选"启用蓝牙",再点击"蓝牙设备"[图3-37(b)]。

步骤3:点击图3-37(b)下方的"扫描设备",开始进行蓝牙设备扫描。如果在附近(小于30m的范围内)有可被连接的蓝牙设备,"蓝牙设备管理器"对话框将显示搜索结果。

注:整个搜索过程可能持续10min左右,请耐心等待,如图3-37(c)所示。

步骤4:选择"K82…"数据项(假定扫到一个:移动站现在的新主机底部条纹码为K8233A117081632),点击"+"按钮,弹出"串口服务"选项[图3-38(a)],双击"串口服务",在弹出的对话框里选择"串口号",一般是从1~8,在可用的串口号中任选一个。如果无法确定选择哪一个端口,则可以从手簿主菜单中按下述步骤操作:我的设备→控制面板→设备属性→串口管理→查出与主机底部条纹码序号相同的号码所对应的串口名称。如现在主机底部条纹码为K8233A117081632,则在手簿中也查找号码为K8233A117081632所对应的串口名称(这里假设为COM7),如图3-38(b)、图3-38(c)所示。

(5)手簿软件和主机连通后,双击"EGStar"图标,启动工程之星3.0 EGStar软件。软件首先会让移动站主机自动去匹配基准站发射时使用的通道。如果自动搜频成功,则手簿界面

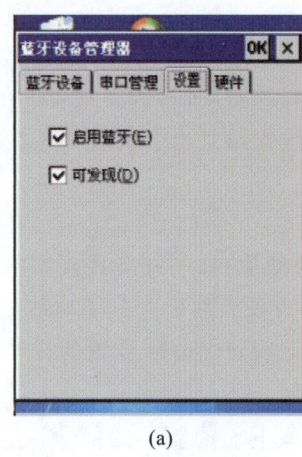  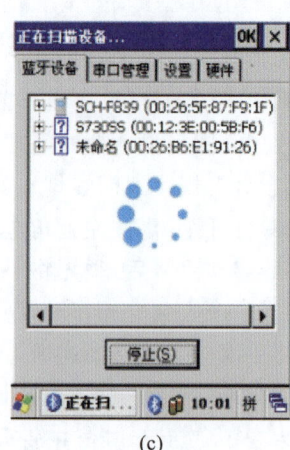

(a) (b) (c)

图 3-37 蓝牙设备管理扫描

 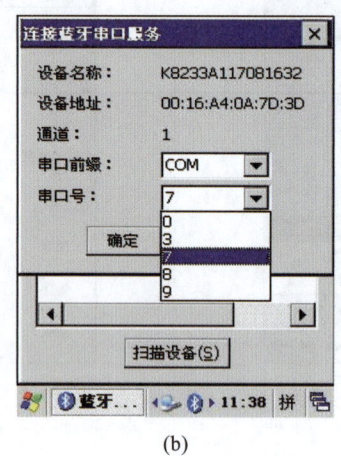 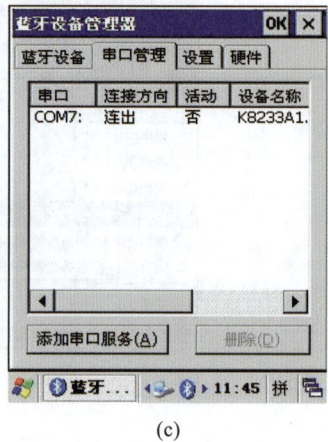

(a) (b) (c)

图 3-38 蓝牙串口服务

下方会有信号在闪动。

(6)在确保手簿中蓝牙连通和收到差分信号后,开始新建工程(工程→新建工程),输入工程名(建议用年月日加自己的姓氏字母或工程名字母,如 20100526X),点击"确定",如图 3-39 所示。新建的工程将保存在默认的作业路径"\Flash Disk\EGJobs\"里面,然后进行参数设置。

(7)坐标系统设置。选择工程设置界面,按照坐标系统→编辑→增加→输入参数系统名,选择椭球名称(坐标系统)Beijing54 或 Xian80,输入当地坐标投影带的中央子午线,再按"确定",修改天线高,最后"确定"即可。如图 3-40 所示。

(8)求坐标转换参数(图 3-41)。在初始界面点击输入→求转换参数→增加,根据提示依次增加控制点的已知坐标和原始坐标,一般至少 3 个控制点,当所有的控制点都输入完成查看确定无误后,单击"保存",选择参数文件的保存路径并输入文件名,保存的文件名称以当天的日期命名。完成之后单击"确定"。然后单击"保存成功"小界面右上角的"OK",四参数已经计算并保存完毕。完成后点击"应用"。四参数的四个基本项分别是:北平移、东平移、旋转角和

第三章 地籍测量

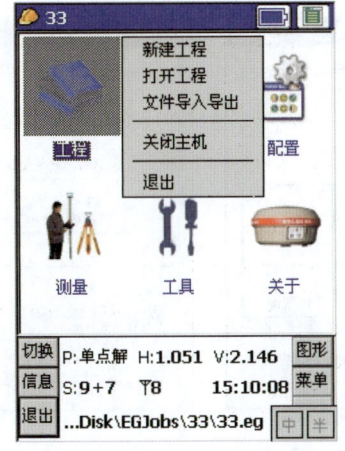 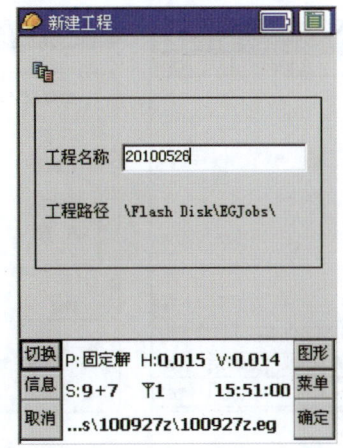

图 3-39 工程→新建工程

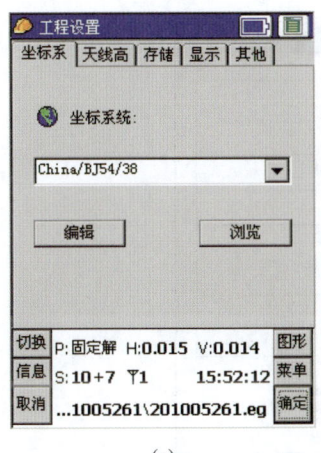  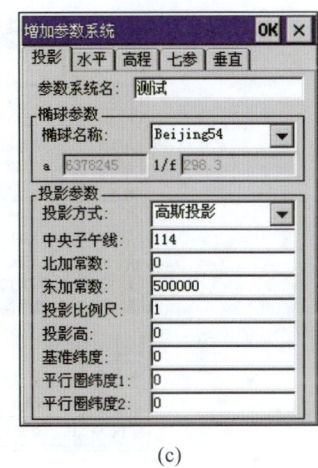

(a) (b) (c)

图 3-40 坐标系统设置

比例尺。

根据图 3-41(c)的提示,输入控制点的大地坐标(即控制点的原始坐标)时,有三种输入方法,分述如下。

第一种"从坐标管理库选点"。调出记录的原始坐标(此原始坐标是求取四参数之前采集的坐标),选择需要的坐标点,单击"确定",再"确认"。如图 3-42 所示。

第二种"读取当前点坐标"。①首先在该点使主机气泡对中整平;②单击"读取当前点坐标";③选取"杆高",在"天线高"输入当前杆高;④单击确认。

第三种"直接输入大地坐标"。根据测区现场已有的控制点大地坐标直接输入。

第一个点"增加"完成后,继续单击"增加",重复上述步骤增加第二个点,依此类推。一般平面转化最少需要 2 个点,高程转化最少需要 3 个点。所有的控制点都输入以后,向右拖动滚动条可以查看水平精度和高程精度,如图3-43所示。

查看确定无误后,单击"保存",出现如图 3-44(a)所示界面。选择好参数文件的保存路

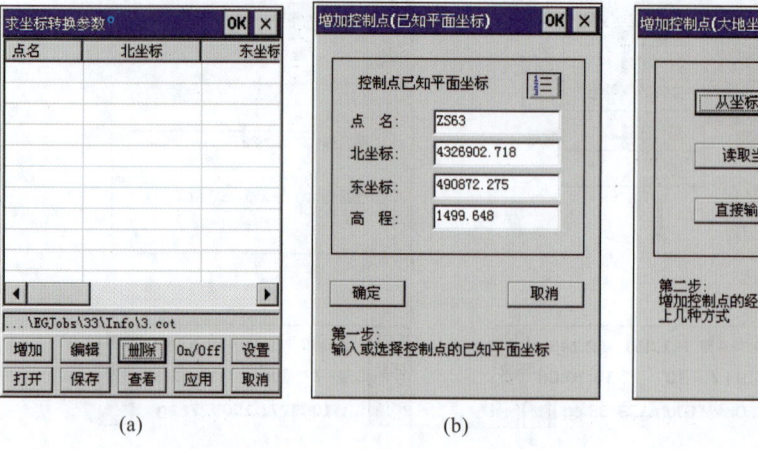

图 3-41 求坐标转换参数

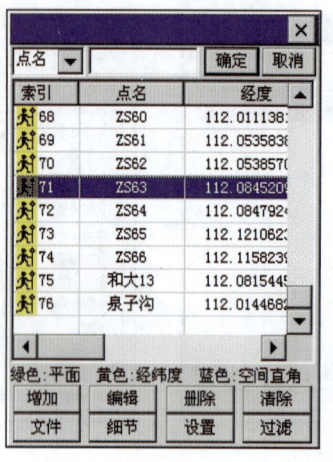 

图 3-42 增加点的原始坐标(大地坐标)

径并输入文件名,建议将参数文件保存在当天工程文件名下的 Info 文件夹里面,单击"OK",会出现如图 3-44(b)所示界面。继续单击"OK",则四参数已经计算完成并保存完毕,并会出现如图 3-45 的界面。

此时单击右下角的"应用",出现图 3-46 所示界面,点击"是"即可。点击下面的"查看"按钮可查看所求的四参数。如果在工程设置的初始界面(图 3-47)点击右上角的 ,也可以查看手簿中已有的四参数,此时主要查看比例尺是否为"1.0000…"或是"0.9999…",越接近 1,说明参数值越准确。在计算过程中,如果坐标输错,可以选中该坐标项之后点击"编辑"或"删除"进行相应修改。

(9)校正向导。每天开始碎部测量(测图或放样)之前

图 3-43 查看水平精度和高程精度

第三章 地籍测量

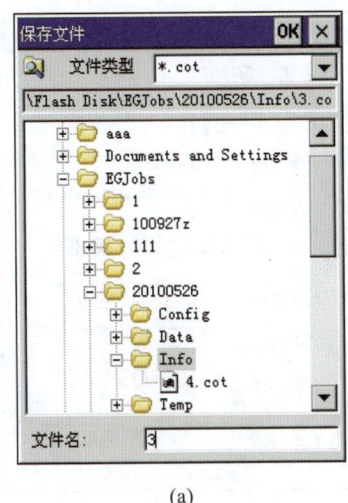
(a)

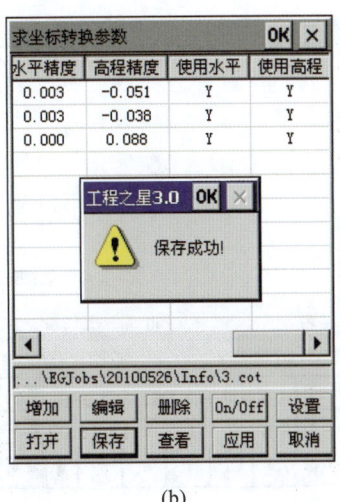
(b)

图 3-44 保存控制点参数文件

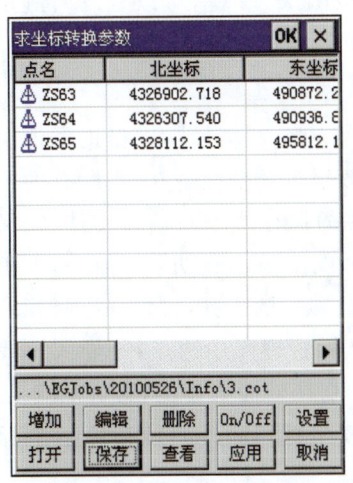

图 3-45 坐标录入完成

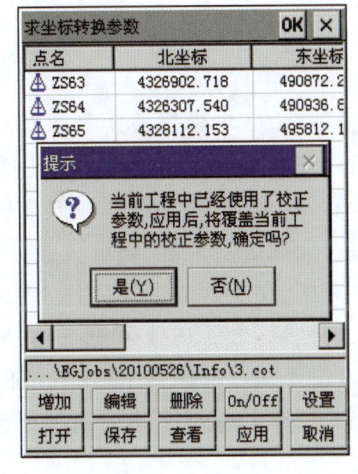

图 3-46 参数赋值

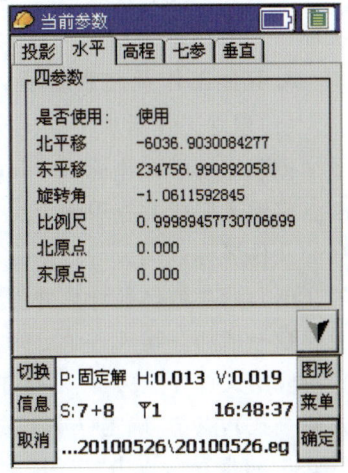

图 3-47 初始界面时查看四参数

必须进行此项校正(这类似于全站仪对后方向)。按照"输入"→"校正向导"→选择"基准站架设在未知点",再点击"下一步"。输入当前移动站所在的已知点坐标、天线高和天线高的量取方式,再将移动站立于已知点上后点击"校正",系统会提示是否校正,"确定"即可。

注意:如果当前状态不是"固定解"时,会弹出提示,这时应该选择"否"来终止校正,等精度状态达到"固定解"时重复上面的过程重新进行校正。校正好后便可进行碎部点测量。移步将对中杆立在需测的点上,当状态达到固定解时,按快捷键"A"开始测量和保存数据。

(10)数据采集(点测量)。操作步骤:测量→点测量,如图3-48所示。

按一下手簿上的字母"A"键,即采集出当时瞬时坐标,如图3-49所示。为方便编辑绘图,点名可以根据实际地物取名,如房角可以取名F1、F2、…,坎可以取名K1、K2、…,依此类推。

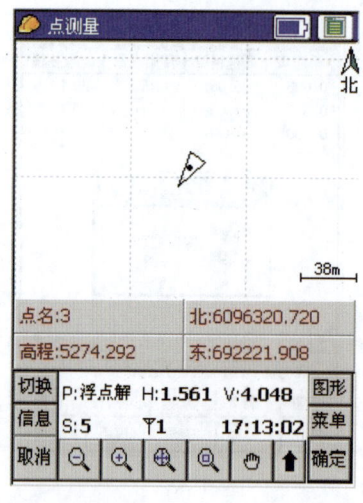
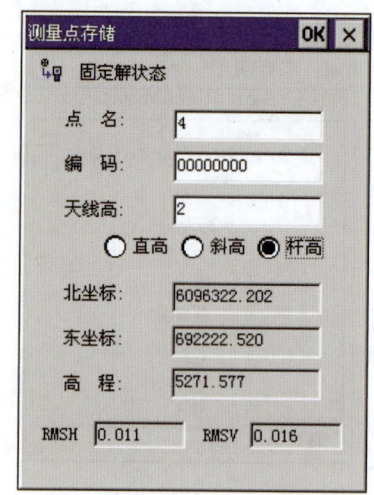

图 3-48　点测量　　　　　　　图 3-49　点存储

单击"OK"或者按"ENT"键,即保存当时所测坐标。连续按两次"B"键,可以查看所测量坐标。

3. 其他工作及注意事项

(1)建立工程后求坐标转换参数。在"求坐标转换参数"界面,点击"增加",根据提示依次增加控制点的已知坐标(Beijing54)和原始坐标(如 wgs84),一般至少 3 个控制点,当所有的控制点都输入完成并查看确定无误后,单击"保存",选择参数文件的保存路径并输入文件名,保存的文件名称以当天的日期命名。完成之后单击"确定"。然后单击"保存成功"小界面右上角的"OK",四参数已经计算并保存完毕,完成后点击"应用"。求取参数的步骤:设置→求坐标转换参数→增加→输入一个已知点的坐标,之后选择第一项(从坐标管理库中选点)→导入→找到对应的文件导进去,然后选中这个已知点的原始坐标(就是你刚在外面采集的,最好名为 a,方便查找),点击"确定(OK)"。最后依次输入这几个点的已知坐标(Beijing54)和原始坐标(wgs84),保存后点击"应用"。

查看精度:在求坐标转换参数后查看水平精度和高程精度,或是查看四参数旋转角和比例应接近 1。

(2)如果在工程建立后进行端口连接(手簿与主机连接),步骤如下:打开 EGStar→点击配置→端口设置(此时再选择端口),如果不知道选择哪个端口就退出到桌面,打开我的设备→控制面板→Bluetooth 设备属性→串口管理→将设备名称那一行拉开一点查看自己主机的型号应该接哪个串口,查看到之后再进入端口设置选择端口,波特率选择最大的→按确定即可连接上。

(3)连接上之后就可以选择比较高等级的控制点进行点的校正,将主机架在点上后,手簿操作如下:EGStar→输入→校正向导→校正模式(校正模式应按基准站设在已知点或者未知点的情况下进行选择),再按下一步,输入对应的信息,按校正再按确认即可。这样,就校正完毕了,如图 3-50 所示。

校正后还要将点进行平滑 15s 测量一次,设置平滑 15s 步骤如下:EGStar→配置→工程设

第三章 地籍测量

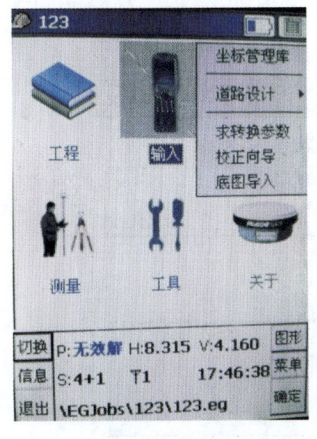 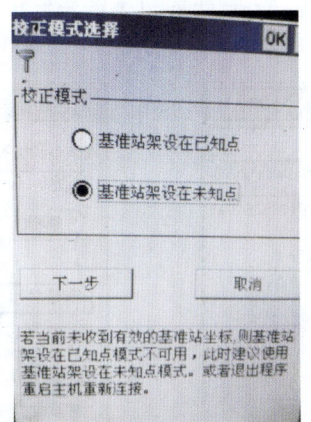 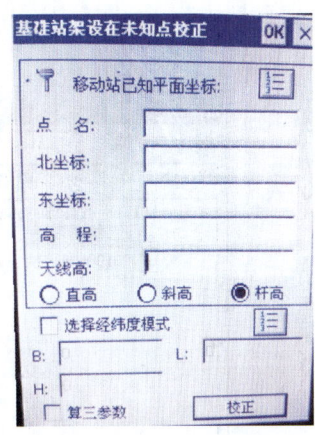

图 3-50 基准点架设在未知点校正

置→存储→平滑存储,平滑存储次数改为 15,再按"确定"即可。如图 3-51 所示。

设置平滑后等主机扶正和手簿呈固定解状态后点击测量→点测量→按"A",等待 15s 后按"OK"或按"ENT"键即可。测完点后再按一下"查看",查看测量的坐标与正确坐标的误差相差多少,如果在几厘米以内就认可,超出 10 厘米就得进行处理。

(4)数据下载。每天完成 RTK 野外数据采集后,当天便将手簿中的数据下载到电脑中进行编辑绘图。数据下载到电脑前,还需先进行数据格式的转换,将手簿中后缀为.dat 的原始数据文件转换为后缀为.txt 的成果文件,以便进一步输送至电脑进行编辑绘图。文件转换的步骤为:工程→文件导入导出→文件导出→在文件类型中选择南方 cass 格式→测量文件(选择相应文件)→成果文件(取目标文件名)→导出。具体分述如下。

在工程之星的初始界面选择工程→文件导入导出→文件导出→在"导出文件类型"中选择南方 cass 格式,如图 3-52 所示。

选择数据格式后,点击"测量文件",出现如图 3-53(a)所示式样。选择需要转换的原始

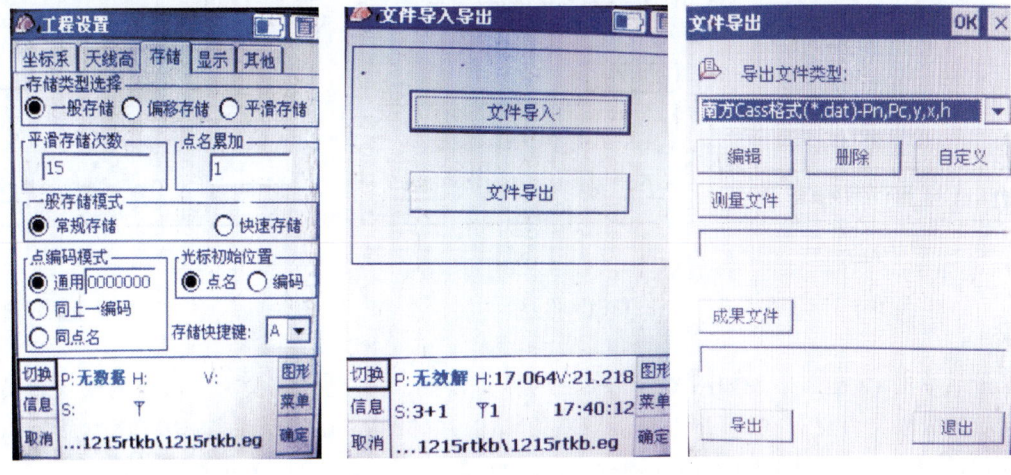

图 3-51 平滑存储　　　　　　　　图 3-52 文件导出开始

数据文件,即工程名.dat(20100526.dat),然后单击确定"OK",出现如图3-53(b)所示式样。

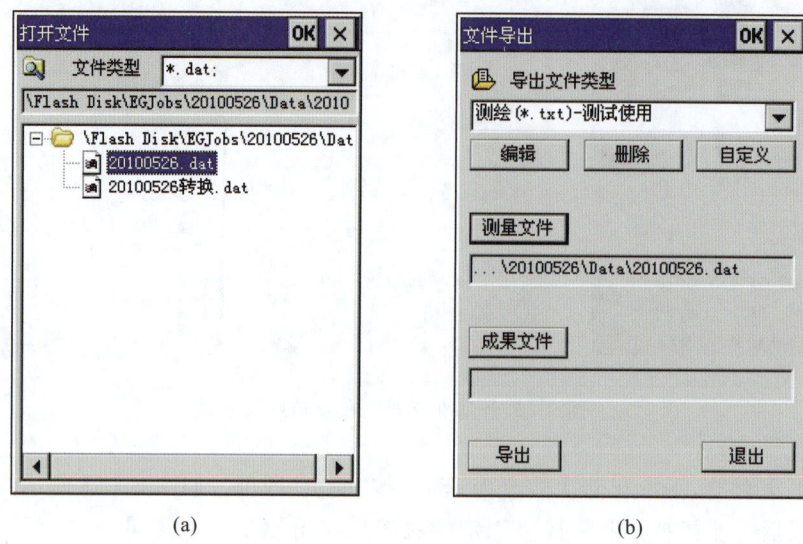

图3-53 选择野外测量数据文件

点击"成果文件",输入要保存的文件名(可在原文件名后加上"转换后"以示区别),文件类型选择.txt,如图3-54(a)所示。确定后点击"OK",出现图3-54(b)。

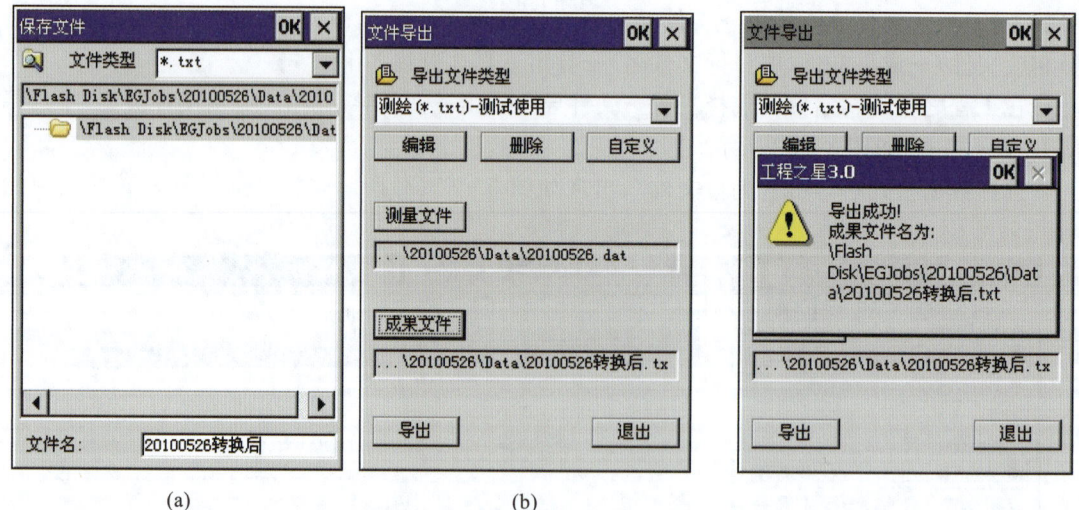

图3-54 输入成果文件(目标文件)名　　　　图3-55 转换后的成果文件路径

最后单击"导出",出现如图3-55所示的界面,表示文件已经转换为所需要的格式。转换格式后的成果文件保存在"\Flash Disk\EGJobs\20100526\data\"里面,点击"OK",然后点击"退出",结束"文件导出"工作,继续进行下面的数据文件传输至电脑的工作。

(5)将手簿里转换好的数据文件复制至电脑,步骤如下:

①在手簿的起始主界面执行:我的设备→控制面板→打开 USB 功能切换→选择 USB 通信→退回手簿主界面。②选择手簿多用途通信电缆 USB 插入电脑,手簿接口连手簿,在计算机资源管理器"我的电脑"里面找到手簿数据存储盘。③打开所建工程文件夹→打开 EGJOBS 文件夹→打开 DATA 文件夹→找到所建成果文件夹→复制至电脑→完成。④在电脑上打开南方 CASS 绘图软件→绘图处理→展外测点点号→开始绘图。

【网络 RTK】

网络 RTK 是指在某一区域内,建立构成网状覆盖的多个永久性基准站,利用载波相位观测值,以这些基准站计算和发播卫星定位的改正信息,对该区域内的用户进行实时改正定位。

在网络 RTK 中,用户无须架设独立的测区基准站,只需考虑移动站的校正与工作使用。主要步骤有:先打开主机里的电池,装上手机移动卡,打开主机电源(设置为移动站)→打开手簿→连接(蓝牙或有线)→启动工程之星软件→新建或打开工程→配置网络参数→求转换参数→连接成功→碎部测量→成果导出。

配置网络参数操作如下:

配置→网络设置,进入如图 3-56 所示网络设置界面,点击"编辑"或"增加"按钮,如图 3-57 所示界面。

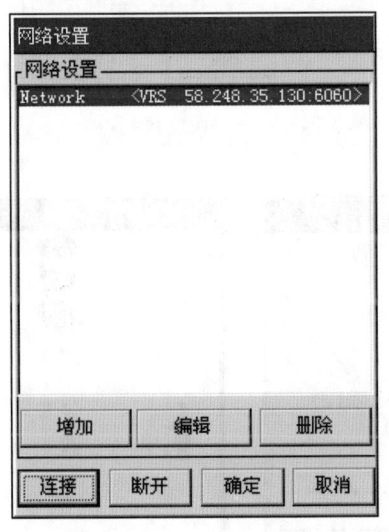

图 3-56 网络设置

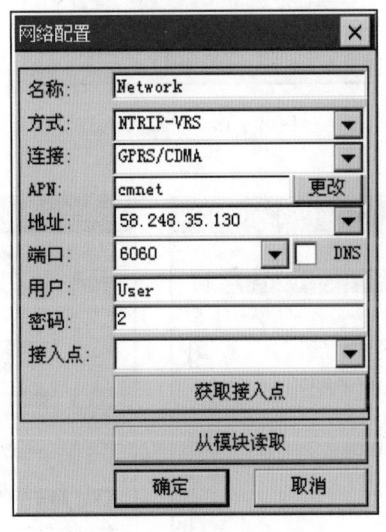

图 3-57 网络参数配置

"从模块读取"功能,是用来读取系统保存的上次接收机使用"网络连接"设置的信息的,点击该功能读取成功后,会将上次的信息填写到输入栏,以供检查和修改。在图 3-57 中,依次输入相应的网络配置信息。最后的"接入点"不用输,其他内容输完后,点击"获取接入点",进入"获取源列表"界面,工程之星会对主机模块进行输入信息的设置以及登陆服务器获取到所有的接入点,获取过程如图 3-58 所示。

提示:对于 NTRIP-VRS 模式,如果在有密码限制的情况下,一组账号和密码只能供任意一台主机来使用,不能同时使用于 2 台或是 2 台以上的主机。

在网络配置界面"接入点"的下拉框中选择需要的接入点(图 3-59 中的"CMR"),点击"确定",该配置被输送到主机的模块之中,手簿返回到如图 3-56 所示网络设置界面,此时点击"连接",会进行网络参数设置(图3-60)。在这里主机会根据程序步骤一步一步地进行拨号链接与设置,屏幕会以一问一答的形式显示链接设置的进度(如发生账号密码错误、手机卡欠费等,也将在此处显示)。链接成功后,屏幕显示"所有参数设置完毕!",点击"确定",进入图3-61界面,主机进行"初始化网络""GPRS连接""登录服务器""GPGGA数据上发"等连接工作,完成之后点击"确定",屏幕进入到工程之星初始界面(图3-62)。

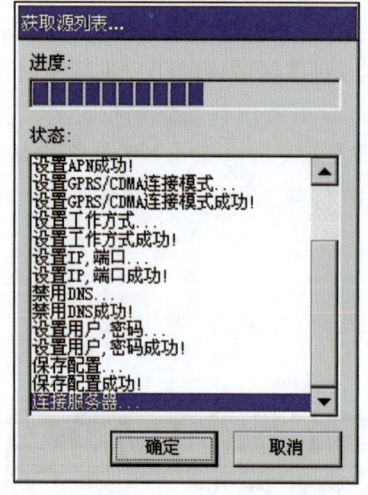

图3-58 获取接入点

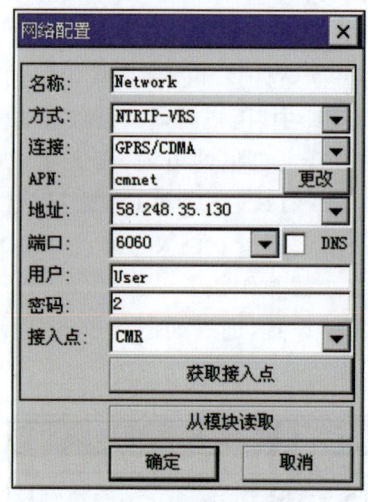

图3-59 选取接入点

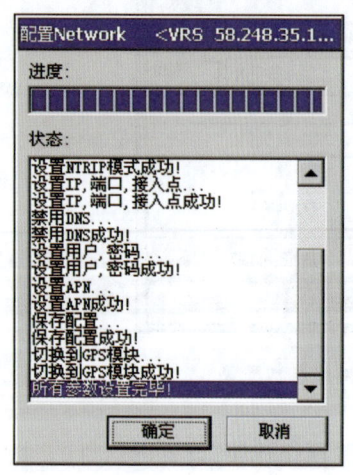

图3-60 网络参数设置

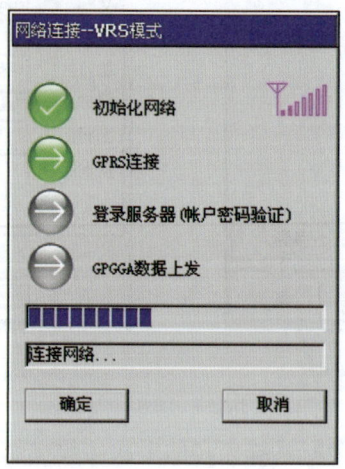

图3-61 连接

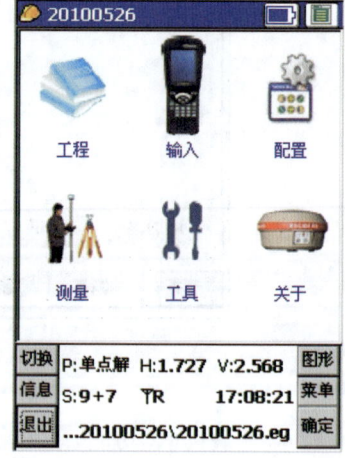

图3-62 连接后回到初始界面

设置成功后很快就能接收到差分信息,当状态达到固定解时(图3-62中的"单点解"不行!),就可以进行相关测量工作(图根控制、数字测图、工程放样等)。

工作中还须注意以下事项。

(1)网络RTK依托无线网络进行数据传输,有时很久都收不到差分来的信息,这时用户可以从以下几个方面进行常见问题的诊断和处理:

①通过设置菜单下的"网络连接"中的"设置",进行网络参数读取,查看参数设置是否正确;

②查看"设置"菜单下的"移动站设置"情况,检查差分格式是否正确;

③检查手机卡是否欠费、新卡所开通的上网业务是否为 NET 方式(连接电脑上的 WWW 网站的),而不是 WAP 方式(连接手机 WAP 网站的);

④检查手机卡所使用的 GPRS(General Packet Radio Service,通用分组无线技术)或 CDMA(Code Division Multiple Access,中国电信的码分多址)网络是否覆盖作业区域。

(2)如果用户可以收到差分信息,但手簿一直显示处于浮点解,无法达到固定解,则需进行如下检查:

①检查作业地区的网络是否稳定,网络延迟是否严重;

②检查可用卫星分布及状态是否满足要求;

③检查流动站离主参考站的距离是否过远;

④检查作业地区周围是否有较大的电磁场干扰源;

⑤如果没有上述问题则重新启动主机重新初始化。

如经过以上检查仍然有差分信息但无法固定解,则需联系经销商或 CORS 服务中心。

四、成果整理与检查

界址点的外业观测工作结束后,应及时地计算整理出各宗地、图幅、地籍区的界址点坐标,反算整理出相邻界址边长,填入相应的调查记录表中。及时整理外业工作形成的各种图件(底图、草图、工作示意图)、表册、坐标与面积计算、电子数据、文字资料。

工作中及时进行检查,包括从其他控制点对界址点进行坐标测量检查,用钢尺进行量边检查,检查界址点与相邻地物点间距等,计算统计出各项误差,与《地籍调查规程》(TD/T 1001—2012)等相应测绘标准或设计书要求对照检查,判断各项误差是否超限。如出现问题,应按照坐标整理计算、野外观测的顺序进行检查,发现错误及时改正。一个宗地的所有边长都被认为测量准确、在限差范围以内时才可以计算宗地面积。一个地籍子区内的所有界址点坐标(包括图解的界址点坐标)检查合格后,便进行界址点的统一编号,计算全部的宗地面积,把界址点坐标和面积填入标准的表格中,整理成册。

一、判断题

1. 地籍测量是为土地管理和利用所进行的测绘工作。
2. 分幅地籍图才是地籍图,宗地图、土地利用现状图并不是地籍图。
3. 分幅地籍图不是地籍岛图,宗地图是地籍岛图。
4. 大地坐标系指大地经度、大地纬度,但不包括大地高。
5. 高斯投影中,有6°带投影与3°带投影,我国范围所在的投影带,3°带投影的带号与6°带投影的带号,没有一个重复。
6. 在我国高斯投影的平面坐标系中,要将投影带的中央子午线所在的 X 坐标轴往西移 500km,是因为我国所有国土范围全部都在地球赤道以北。

7. 地籍宗地图中的界址点精度要求与地籍图比例尺无关。
8. 地籍图上的地籍要素决定数学要素。
9. 全站仪测量的界址点相对于邻近图根点的点位误差,与棱镜对点误差相关。
10. 宗地图的图幅规格一般为 50cm×50cm 或 50cm×40cm。

二、单项选择题

1. 通常情况下,地籍界址点及相关房地产要素点,相对于临近控制点的点位中误差,应不大于( )。

　　A. ±0.05m　　　　B. ±0.10m　　　　C. ±0.15m　　　　D. ±0.20m

2. 不动产测量的土地单元是( )。

　　A. 地块　　　　　B. 宗地　　　　　C. 项目用地　　　　D. 丘

3. 高斯投影属于( )投影。

　　A. 等长度　　　　B. 等面积　　　　C. 等角度　　　　　D. 等高度

4. 被权属界线封闭的地块称为( )。

　　A. 块地　　　　　B. 项目用地　　　C. 房屋用地　　　　D. 宗地

5. 在宗地草图上,与本宗地相邻的各宗地的界址线( )。

　　A. 必须全部表示　B. 部分表示　　　C. 可选择性表示　　D. 无须表示

6. 在城镇建筑密集区,进行图根控制测量的主要方法一般为( )。

　　A. 交会测量　　　B. 导线测量　　　C. 三角测量　　　　D. 卫星定位测量

7. 在 GPS 控制测量中,检验基线观测质量最基本的参量是( )。

　　A. 同步环闭合差　B. 异步环闭合差　C. 复测基线长度较差　D. 独立环闭合差

8. 图根导线测量的方位角闭合差允许值为( )。

　　A. $\pm 10\sqrt{n}$　　B. $\pm 16\sqrt{n}$　　C. $\pm 24\sqrt{n}$　　D. $\pm 40\sqrt{n}$

9. 根据界址点与邻近地物点关系及距离允许误差要求,界址线邻近的地物点测量精度应( )界址点的测量精度。

　　A. 等同于　　　　B. 不同于　　　　C. 高于　　　　　　D. 低于

10. 根据《地籍调查规程》(TD/T 1001—2012),土地使用权的明显界址点,相对于邻近控制点的点位中误差,为( ),相邻界址点间距中误差为( )。

　　A. ±0.075m　　　B. ±0.05m　　　　C. ±0.10m　　　　D. 都不对

三、综合题

1. 高斯投影如何分带?为什么要进行分带?
2. 设某地面点的经度为东经 115°22′30″,问该点位于 6° 投影带和 3° 投影带时分别为第几带?其中央子午线的经度为多少?
3. 若我国某处地面点 A 的坐标值为 X=3 234 567.89m,Y=38 432 109.87m,则该坐标值是按____度带投影计算而得,A 点位于第____带。该带中央子午线的经度是____,Y 坐标的自然值为____,该点位于投影带中央子午线的____面约____ km。
4. 解析法测量界址点的主要方法主要有哪些?它们各自适合哪些情况?
5. 简述 GPS-RTK 的基本原理和作业方法。
6. GPS-RTK 测量中为什么要进行点校正?
7. 简述地籍图的概念与分类。

8. 如何确定地籍图的比例尺？如何进行地籍图的分幅和编号？
9. 简述地籍图和地形图的相同点与不同点。
10. 试分析地籍图与宗地图的异同点。
11. 简述界址线的确定在哪些工作中出现。

主要参考文献

邓军,等.地籍测量[M].1版.郑州:黄河水利出版社,2012.

中华人民共和国国家质量监督检验检疫总局,中国国家标准化管理委员会.GB/T 17796—2009 行政区域界线测绘规范[S].北京:中国标准出版社,2009.

中华人民共和国国土资源部.TD/T 1001—2012 地籍调查规程[S].中华人民共和国国土资源部,2012.

中华人民共和国国土资源部.TD/T 1008—2007 土地勘测定界规程[S].中华人民共和国国土资源部,2007.

国务院第一次地理国情普查领导小组办公室.第一次全国地理国情普查实施方案[R].国务院第一次地理国情普查领导小组办公室,2013.

蓝悦明,等.不动产测量与管理[M].1版.武汉:武汉大学出版社,2008.

全国农业区划委员会.土地利用现状调查技术规程.1984.

魏德宏,等.房地产测量[M].1版.北京:北京大学出版社,2013.

徐兴彬,等.基础测绘学[M].1版.广州:中山大学出版社,2014.

詹长根,等.地籍测量学[M].3版.武汉:武汉大学出版社,2011.

第四章　房产测绘

第一节　房产测绘概述

一、概述

房产测绘是为了测定和调查房屋、土地的自然状况与权属状况的专业测绘,简称房产测量。房产测绘的主要对象是房屋的自然状况、权属状况、利用状况以及相关的地形要素。

房产测绘是一项政策性、技术性很强的专业测绘工作,尤其是房产面积的测算,直接关系着千家万户的利益。

房产测绘从业人员,除了具备房屋面积测算的技能外,还必须熟悉和掌握规划、土地、房产交易、权属登记、房屋设计、物业管理、人防、消防等相关行业的法律、法规和规定。房产测绘行业,通过测绘手段,为房产管理提供技术支撑,维护产权人的合法权益。

房产测绘是运用测绘技术及手段,遵循国家和地方有关的法律法规,执行国家和地方的有关技术标准、规定,确定房屋、土地的位置、权属、界线、质量、数量和现状等,并以文字、数据及图件表示出来的工作。

房产测绘的主要对象是房屋和土地,它以房产簿册、房产数据、房产图集等测绘成果来反映各个单位与个人分户占有房产及使用土地的情况。

目前,房产测绘遵循的法律法规主要有《测绘法》《城市房地产管理法》《房产测绘管理办法》等。房产测绘执行的国家标准是原国家质量技术监督局于2000年2月22日发布、2000年8月1日实施的《房产测量规范》(GB/T 17986.1.2—2000)。各地在《房产测量规范》的基础上根据各地方地域情况制定各地方的地方性细则和规定,有的已升格为地方性标准,如广州市质量技术监督局发布的《房屋面积测算规范》、深圳市质量技术监督局发布的《房屋建筑面积测绘技术规范》及北京市质量技术监督局发布的《房屋面积测算技术规程》等,对房屋尺寸的采集及房屋面积的计算做了详细的规定,使经办人进行房产测绘时有依有据,容易操作。

二、房产测绘的目的和任务

(一)房产测绘的目的

房产测绘的目的就是采集和表述房屋及房屋用地的有关信息。

第一,为房地产管理包括产权产籍管理、开发管理、交易管理和拆迁管理服务,以及为评估、征税、收费、仲裁、鉴定等活动提供基础图、表、数字和相关的信息。

第二，为城市规划、城市建设(如户籍人口管理、基础设施、地下管网、通信线路、环境保护等)提供基础数据和资料。

第三，为委托人从事房地产交易、申请房地产产权登记、建设项目拆迁等活动提供房地产测绘数据。

第四，为房地产管理信息系统(GIS)、数字城市提供基础数据和信息。

(二)房产测绘的任务

房产测绘的任务就是对房屋本身以及与房屋相关的建筑物和构筑物进行测量调查与绘图工作，对土地以及土地上自然和人造物体进行测量调查与绘图工作，对房地产的权属、位置、结构数量、利用状况等进行测定、调查和绘制成图的工作，从而为房地产管理，尤其是为房屋的产权、产籍管理提供准确可靠的成果资料。同时也为房地产开发、征收税费、城镇规划以及市政工程的建设和管理提供必不可少的基础资料。

房屋、土地属于不动产定着物，中华人民共和国国土资源部令第63号《不动产登记暂行条例实施细则》(已经2015年6月29日国土资源第3次部务会议审议通过)对不动产的所有权规定了严格的登记制度，要求在《不动产登记簿》中登记不动产的坐落、界址、空间界限、面积、用途等自然状况，而这项工作就是房产测绘工作，因此在不动产登记的新形势下房产测绘将起到不可替代的作用。

国土、规划、住建部门对于土地利用与房屋建设有着严格的监管制度，该管理行为都需要以房产测绘成果作为强有力的基础数据。

房屋产权的变更，包括转让、继承、赠与等行为均涉及到税费的征收，征收多少的依据仍然是有效房产测绘的测量成果。

三、房产测绘的作用

房产测绘有法律、财政经济、社会服务及测绘服务等四方面的作用。

房产测绘成果通过审核后，方可用于房地产登记、交易、评估、抵押、仲裁、诉讼、产权、产籍、产业的管理，为房地产开发、房屋拆迁、征收房地产税费以及城镇规划设施等提供必要的图件、数据、资料，成为证明房屋面积、界线范围、地理位置等的依据文件，具有权威性和公正性。

(一)法律方面的作用

房产测绘为房地产的产权、产籍管理、房地产开发提供房屋和房屋用地的权属界址、产权面积、权源及产权纠纷等资料，是进行产权登记、产权转移和产权纠纷裁决的依据。确认后的房地产成果资料具有法律效力。

房产图中每户所有的房屋与使用土地的权属范围，是业权人持有效、合法的房屋建设用地来源和规划报建、竣工等有关资料到房地产管理部门申请房产测绘，房产测绘专业人士到房屋现场进行房产现状测绘而得。业权人持房产测绘成果到房地产管理产权登记部门申请产权登记，经审核确认后，作为核发房屋地产所有权证中的房产图，是具有法律效力的，它是加强房地产管理，核定产权、颁发产权证、保障房地产占有和使用者的合法权益，加强社会主义法制管理的重要依据。

(二)财政经济方面的作用

房产测绘的成果包括房地产的数量、质量、利用状况等资料,为进行房地产评估、征收房地产税费、房地产开发、房地产交易、房地产抵押以及保险服务等方面提供数据和资料。

房产测绘主要是对房屋和土地进行测绘,提供大量准确的图纸作为基础资料,用它掌握城市房屋和土地的现状和变化,清理各种占有的房产及其数量和面积,建立产权、产籍和产业管理的图册档案,统计各类房屋的数量和比重,作为开展房产经济理论研究的重要材料。同时也为财政、税务等部门研究确定土地分类等级,制订税费标准,提供了基础资料。

(三)社会服务方面的作用

房产测绘不仅为房地产服务,也为城镇规划、建设、市政工程、公共事业、环保、绿化、治安、消防、文教卫生、水利、交通、财政税收、金融、保险、工商管理、旅游、街道照明、通信、燃气供应等城镇事业提供基础资料和有关信息,是保证信息共享、避免重复测绘、重复投入的重要措施。

房产测绘主要是通过测量技术手段与调查工作来确定房产产权、使用权范围界线、面积和房屋建筑物的分布、坐落位置、形状、占有、结构、层数、建成年份、用途及土地的使用等基本情况和权属归属情况,取得各项基础数据。

为了使城市房产管理和住宅建设工作稳步地纳入社会主义现代化建设的轨道,城市房地产管理部门和城市规划部门必须全面掌握上述各要素的基本状况。只有这样才能更好地加强城市房地产管理和城市规划建设,合理地调配使用房屋和土地,妥善地安排住宅的修建,制订旧城区的房屋改造和房屋新建的规划及实施计划。

(四)测绘服务方面的作用

房产测绘属大比例尺图形测绘,是在建筑物竣工图的基础上进行实地测绘,它不同于通常意义上的大比例尺地形测量,但却为大比例尺地形测量修测提供基础资料。它具有更多的信息源,量大、涉及面广、内容繁多、图表复杂,并具有一定意义上的政府行为。房产测绘为目前的不动产统一登记提供强有力的数据来源,也是建立现代城市地理信息系统重要的基础信息,同时也是城市大比例图更新的主要基础资料。

四、房产测绘的内容

按国标《房产测量规范》(GB/T 17986.1—2000),房产测绘的基本内容包括房产平面控制测量、房产调查、房产要素测量、房产图绘制、房产面积测算、变更测量、成果资料的检查与验收等。

(一)房产平面控制测量

与其他测量工作一样,房产测量也是通过先控制后碎步的方法来控制误差积累的。

房产平面控制测量的目的是在测区内用精密的测量仪器和方法测定少量的、分布均匀并且精度较高的点位,获得其平面坐标与高程,分为平面控制测量、高程控制测量两部分。在房产测绘中主要是平面控制测量,需要进行高程测量时,由技术设计书另行规定。

房产平面控制点的布设应遵循从整体到局部、从高级到低级分级布网的原则,也可越级布网。房产平面控制点包括二等、三等、四等平面控制点和一级、二级、三级平面控制点。

(二)房产调查

房产调查分房屋用地调查和房屋调查,包括对每个权属单元的位置、权界、权属、数量和利用状况等基本情况,以及地理名称和行政境界的调查。

房屋用地调查以丘为单元分户进行,调查的内容包括用地坐落、产权性质、等级、税费、用地人、用地单位所有制性质、使用权来源、四至、界标、用地用途分类、用地面积和用地纠纷等基本情况,以及绘制用地范围略图。调查结束后形成《房屋用地调查表》,详见国标《房产测量规范》(GB/T 17986.1—2000)附录 A。

房屋调查以幢为单元分户进行,调查内容包括房屋坐落、产权人、产别、层数、所在层次、建筑结构、建成年份、用途、墙体归属、权源、产权纠纷和他项权利等基本情况,以及绘制房屋权界线示意图。调查结束后形成《房屋调查表》,详见国标《房产测量规范》(GB/T 17986.1—2000)附录 A。

(三)房产要素测量

房产要素测量的主要内容包括界址测量、境界测量、房屋及其附属设施测量、陆地交通、水域测量、其他相关地物测量等。

其他相关地物是指天桥、站台、阶梯路、游泳池、消火栓、检阅台、碑以及地下构筑物等。

(四)房产图绘制

房产图是房产产权、产籍管理的重要资料。

按房产管理的需要可分为房产分幅平面图、房产分丘(分宗)平面图和房产分层分户平面图。

(五)房产面积测算

房产面积测算指水平面积测算,分为房屋面积测算和用地面积测算两类,其中房屋面积测算包括房屋建筑面积、共有建筑面积、产权面积、使用面积等测算。

(1)房屋建筑面积系指房屋外墙(柱)勒脚以上各层的外围水平投影面积,包括阳台、挑廊、地下室、室外楼梯等,且具备上盖,结构牢固,层高 2.20m 以上(含 2.20m)的永久性建筑,并具有一定的使用功能。

(2)房屋共有建筑面积系指各产权主共同占有或共同使用的建筑面积。

(3)房屋产权面积系指产权主依法拥有房屋所有权的房屋建筑面积。房屋产权面积由直辖市、市、县房地产行政主管部门登记确权认定。

(4)房屋的使用面积系指房屋户内全部可供使用的空间面积,按房屋的内墙面水平投影计算。

(六)变更测量

变更测量分为现状变更测量和权属变更测量。

1. 现状变更测量内容

(1)房屋的新建、拆迁、改建、扩建、建筑结构及层数的变化。

(2)房屋的损坏与灭失,包括全部拆除或部分拆除、倒塌和烧毁。
(3)围墙、栅栏、篱笆、铁丝网等维护物以及房屋附属设施的变化。
(4)道路、广场、河流的拓宽、改造,河、湖、沟渠、水塘等边界的变化。
(5)地名、门牌号的更改。
(6)房屋及其用地分类面积增减变化。

2. 权属变更测量内容

(1)房屋买卖、交换、继承、分割、赠与、兼并等引起的权属的转移。
(2)土地使用权的调整,包括合并、分割、塌没和截弯取直。
(3)征拨、出让、转让土地而引起的土地权属界线的变化。
(4)他项权利范围的变化和注销。

变更测量应根据房地产变更资料,先进行房地产要素调查,包括现状、权属和界址调查,再进行分户权界和面积的测定,调整有关的房地产编码,最后进行房地产资料的修正。

(七)成果资料的检查与验收

房产测绘成果实行二级检查一级验收制。

一级检查为过程检查,在全面自检、互查的基础上,由作业组的专职或兼职检查人员承担。二级检查由施测单位的质量检查机构和专职检查人员在一级检查的基础上进行。

根据房产测绘工作性质及采集数据情况,将房产测绘中测绘工作分为基础测量和项目测量。

基础测量的目的是为了不动产定着物土地、房屋有具体的地理位置,全面反映房屋及其用地位置和权属状况的基本图——房地产平面分幅图。

项目测量的目的是为了利用测绘手段获取不动产定着物土地、房屋具体使用权范围界线、面积和房屋建筑物的分布、坐落位置、形状、占有、结构、层数、建成年份、用途及土地的使用等基本情况,取得各项基础数据。根据需要或申请人的要求,测绘出房地产分丘平面图、房地产分层分户平面图及相关的图、表、册、簿、数据等。

项目测绘与房地产权属管理、交易、开发、拆迁等房地产活动密切相关,工作量大。目前最大量、最日常性的工作是房屋、土地权属证件附图的测绘,是颁发不动产权证的必要图件。

基础测量和项目测量的内容简单表示如下:

基础测量 { ①控制测量 / ②地籍数据测量

项目测量 { ①商品房测量 / ②存量房测量 / ③公、私房测量 / ④征审测量 / ⑤地籍勘界

五、房产测绘的委托与承揽

按照《房产测绘管理办法》的规定,有下列情形之一的,房屋权利申请人、房屋权利人或者其他利害关系人应当委托房产测绘单位进行房产测绘:

(1)申请产权初始登记的房屋。
(2)自然状况发生变化的房屋。
(3)房屋权利人或者其他利害关系人要求测绘的房屋。

房产管理中需要的房产测绘,由房地产行政主管部门委托有房产测绘资质的测绘单位进行。如政府为了公共利益需要进行征地拆迁时,就要委托测绘单位进行房产测绘,其成果作为征地拆迁区域内为拆迁户补偿的有效根据。

国家实行房产测绘单位资格审查认证制度,从事房产测绘的单位必须具备《测绘资质管理规定》中规定的条件,具有相应的不动产测绘中房产测绘资质资格,其所从事房产测绘所得的成果才具有法律效力。

第二节 房产测绘成果的三种图

房产测绘成果按形式可以分成房产簿册(各类文档和表格)、房产数据(各类计算数据和计算结果)和房产图集(各类图件)3种类型。在房产测绘中使用过的地形图、控制点成果以及测量完成的控制点、界址点、面积、房产平面图等和相应的技术设计书、技术总结等都应归入房产测绘成果,包括纸质资料和电子文档。

目前,房产测绘的成果是以测绘成果报告书的形式进行整理的,其中包括项目所有的测绘成果及与测绘有关的信息,一般它含以下内容:
(1)测绘依据。
(2)责任人。
(3)房屋建筑面积测绘报告,包括房屋坐落、项目名称、测绘目的、测绘结果、测绘精度、测量方法、测绘仪器及测绘软件、特殊情况说明、项目工作人员、测绘单位、施测时间等内容。
(4)房屋建筑面积测绘成果,包括说明、房屋建筑面积汇总表(包括幢、各功能区、分层、共有共用、幢内各层各类建筑面积)、分户(套)面积明细表、各类面积计算表、房产平面图、附件及备注等内容。
(5)附件,包括房屋建筑面积测绘合同、房屋建设有关资料[竣工验收合格证、建设工程规划许可证、土地红线、规划红线、建设用地批准书等有关建房证件、附图(复印件)]、建筑施工变更联系单等。

房产图是房产产权、产籍管理的重要资料。按房产管理的需要房产测绘成果可分为房产分幅平面图、房产分丘(宗)平面图和房产分层分户平面图。

一、房产分幅平面图

房产分幅平面图又称房产地籍图。
(1)按照《房产测量规范》(GB/T 17986.1—2000)的要求进行施测,并全面反映土地及其房屋的位置、权属、界址状况、楼层结构以及与房地产管理有关的地形要素,如铁路、道路、桥梁、水系、城墙等地物。
(2)是核发房地产证及房地产管理的基础图件,是分丘图和分户图的基础图。为了管理的方便,以图幅为单位,在每一权属界线所封闭的地块上按《房产测量规范》(GB/T 17986.1—2000)规定编上丘号(地号)。

(3)城镇建成区的分幅图一般采用1∶500比例尺,图幅大小一般采用50cm×50cm的正方形分幅。在广州采用40cm×50cm的矩形分幅,见图4-1。

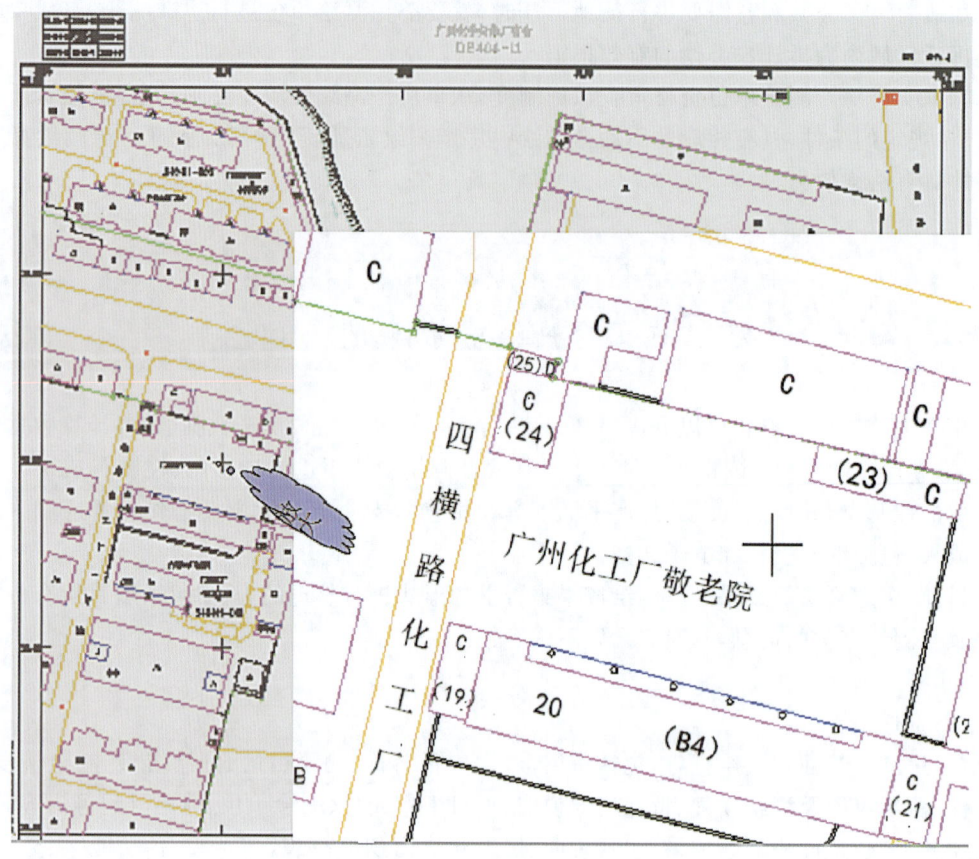

图4-1 广州市城镇建成区分幅平面图举例

二、房产分丘(宗)平面图

房产分丘(宗)平面图是以产权人(单位)的房屋、用地的权属使用范围为单位所测量的平面图,它反映房地的坐落位置、权属界址、四邻关系、边长、楼层结构、地号、用地面积、建筑面积等要素,是分幅图的局部图(图4-2、图4-3)。

三、房产分层分户平面图

一栋房屋有多个产权人,为更好地反映其权属情况而特制的平面图,除表示房地产分户平面图的内容外,它还详细反映了每户单元的面积大小、部位,以及楼梯间、走廊等公用设施的使用情况,是在分丘图的基础上绘制的细部图(图4-4)。

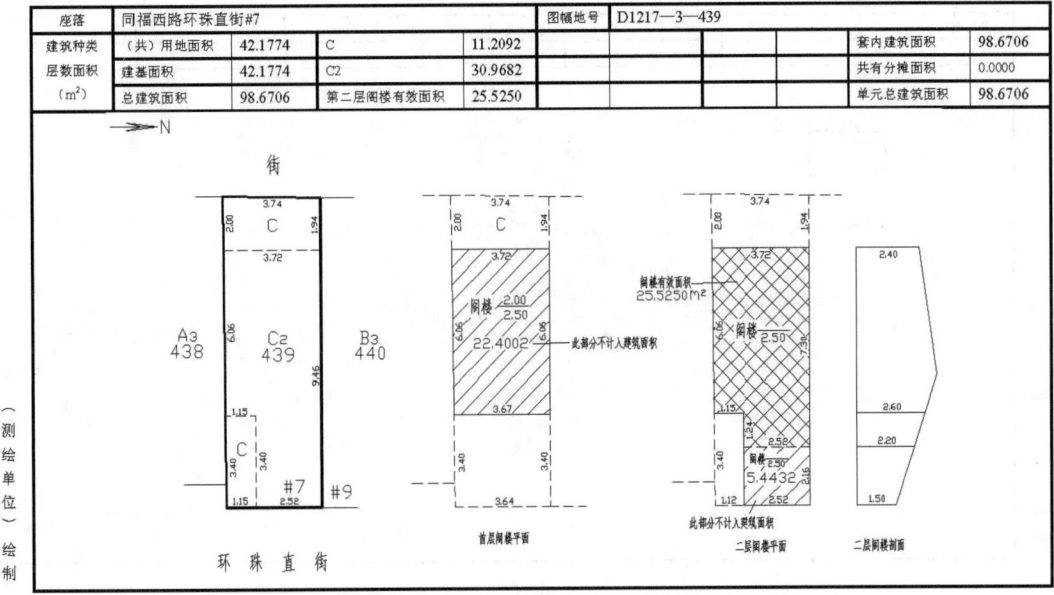

图 4-2 房地产平面附图

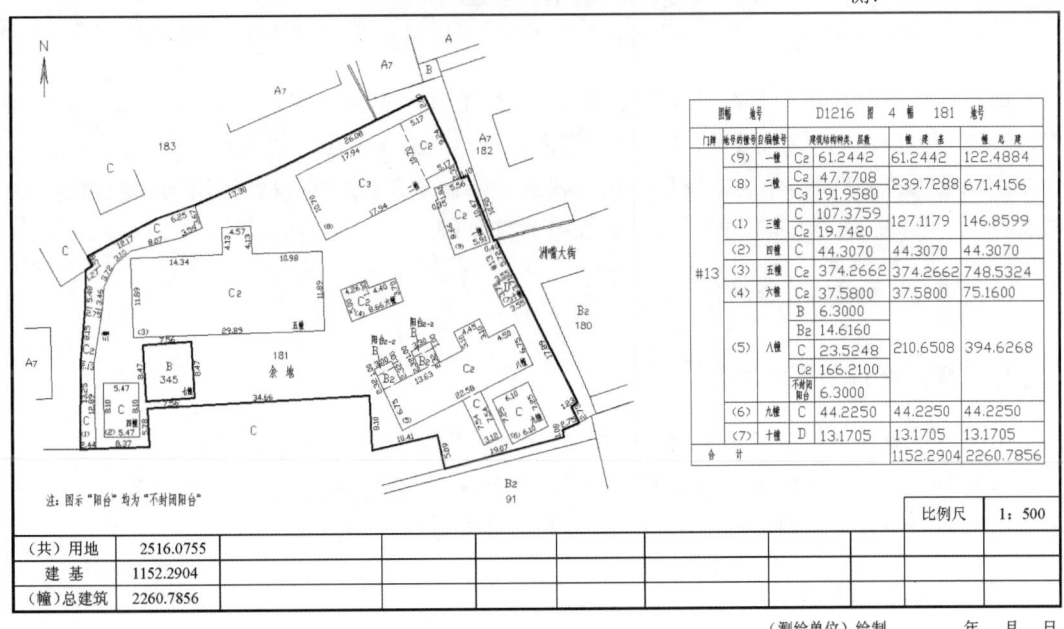

图 4-3 房屋建筑面积测绘总平面图

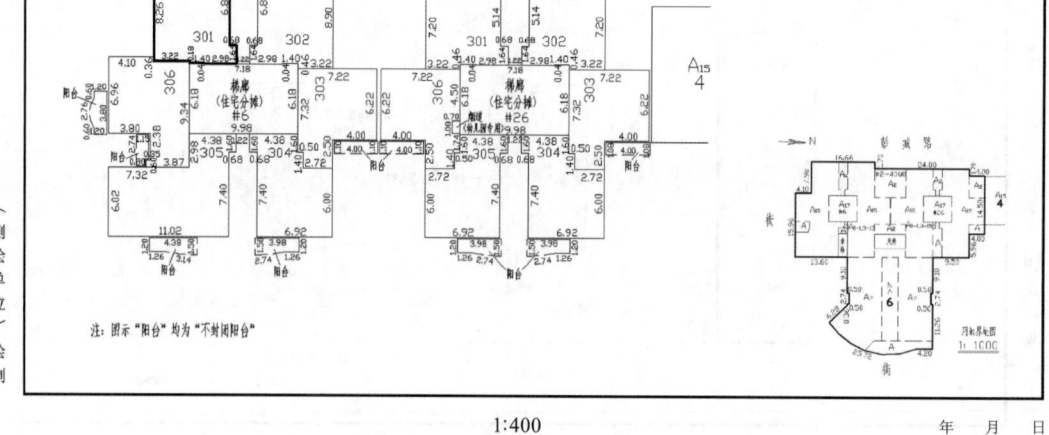

图 4-4 房地产分层分户平面图

第三节 房产面积测算

房产面积测算是房产测绘的主要任务之一,其主要内容是测定房产权界,房屋的建筑面积、坐落位置,房屋的层次、结构、分户的建筑面积以及共有面积分摊等基础数据。这些数据经房地产发证机关确认后,作为核发房屋所有权证的测绘资料及所有权证的附图,是核定产权、颁发权证、保障房地产占有和使用者合法权益的重要依据。

一、房产面积测算的一般规定

(一)房产面积测算的内容

房产面积测算是指房产水平面积测算,具体分为房屋面积测算和房屋用地面积测算两类。

房屋面积测算是指房屋建筑面积、房屋使用面积、共有建筑面积、产权面积等各项测算。

房屋用地面积测算是指房屋独立使用土地面积与共有土地面积测算等。

(二)房屋的建筑面积

房屋建筑面积系指房屋外墙(柱)勒脚以上各层的外围水平投影面积,包括阳台、挑廊、地下室、室外楼梯等,且具有上盖、结构牢固、层高 2.20m 以上(含 2.20m)的永久性建筑,并且有实际使用功能。

根据建筑面积计算的定义,计算房屋建筑面积必须具备以下五个条件:
(1)具有上盖或屋顶。
(2)必须有墙、柱、栏杆等维护物。
(3)结构牢固的永久性建筑物。
(4)层高(屋顶面至屋地板面的垂直距离)在 2.20m 及 2.20m 以上。
(5)可作为人类生产、生活的场所。

成套房屋的套内建筑面积(图 4-5)是由三部分组成的:
(1)套内房屋的使用面积。
(2)套内房屋的墙体面积。
(3)套内房屋的阳台建筑面积。

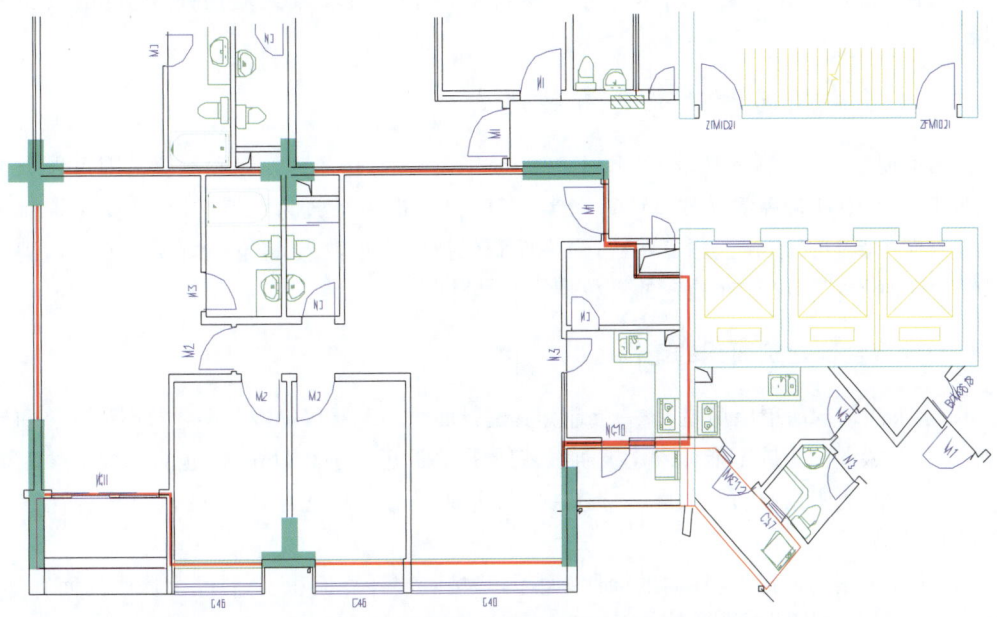

图 4-5 成套房屋在建筑平面图上的分布

(三)房屋的产权面积

房屋产权面积是指业权人(或单位)依法拥有房屋所有权的房屋建筑面积。

(四)房屋的共有建筑面积

房屋共有建筑面积是指各产权主共同占有或共同使用的建筑面积。

(五)房产面积测算的要求

(1)各类面积必须独立测算两次,其较差应在规定的限差以内,取中数作为最后结果。
(2)面积以平方米(m^2)为单位,取至 $0.01m^2$。

(六)房屋建筑结构的分类

房屋建筑结构的分类指按房屋的梁、柱、墙等承重结构的建筑材料来划定的结构分类,共分为六类。在广州分别用英文字母 M、N、A、B、C、E 作代号表示,在代号的右下方用阿拉伯数字表示楼房的自然层数。

(1)钢结构。承重的主要构件是用钢材料建造的,包括悬索结构,以字母 M 表示。

(2)钢、钢筋混凝土结构。承重的主要构件是用钢、钢筋混凝土建造的,以字母 N 表示。

(3)钢筋混凝土结构。承重的主要构件是用钢筋混凝土建造的,以字母 A 表示。

(4)混合结构。承重的主要构件是用钢筋混凝土和砖木建造的,以字母 B 表示。

(5)砖木结构。承重的主要构件是用砖、木材建造的,以字母 C 表示。

(6)简易结构。指木屋或用木柱等简易材料作承重板墙或无墙的简易房屋,以字母 E 表示。

二、房屋建筑面积测算的有关规定

按国家现行《房产测量规范》(GB/T 17986.1—2000),房屋建筑面积测算范围可以分为计算全部建筑面积(折减系数为 1)、计算一半建筑面积(折减系数为 0.5)和不计算建筑面积三类。各类面积测算必须独立测算两次,最终面积保持两位小数点,单位为平方米(m^2),满足相应的精度。测绘仪器必须在检定的有校期内才能使用。

(一)计算全部建筑面积的范围

(1)永久性结构的单层房屋,按一层计算其建筑面积。多层房屋按各层建筑面积的总和计算(层高低于 2.20m 的房屋不能计入建筑面积,房屋层高远远大于 2.20m 的,也只能按一层计算)。

(2)房屋内的夹层、插层、技术层及其梯间、电梯间等其高度在 2.20m 以上部分计算建筑面积(图 4-6)。

(3)穿过房屋的通道,房屋内的门厅、大厅,均按一层计算面积。门厅、大厅内的回廊部分,层高在 2.20m 以上的,按其水平投影面积计算(图 4-7)。

图 4-6 房屋夹层

图 4-7 房屋内大厅

(4)楼梯间、电梯(观光梯)井、提物井、垃圾道、管道井等在自然层开门的均按房屋自然层计算面积。

(5)房屋天面上,属永久性建筑,层高在2.20m以上的楼梯间、水箱间、电梯机房及斜面结构屋顶高度在2.20m以上的部位,按其外围水平投影面积计算。

(6)飘(挑)楼、全封闭的阳台按其外围水平投影面积计算,飘窗台高度在2.20m以上的按其外围水平投影面积计算。

图4-8 房屋间永久性封闭的架空通廊

(7)属永久性结构有上盖的室外楼梯,按各层水平投影面积计算。

(8)与房屋相连的有柱走廊,两房屋间有上盖和柱的走廊,均按其柱的外围水平投影面积计算。

(9)房屋间永久性封闭的架空通廊,按外围水平投影面积计算(图4-8)。

(10)地下室、半地下室及其相应出入口,层高在2.20m以上的,按其外墙(不包括采光井、防潮层及保护墙)外围水平投影面积计算。

(11)有柱或有围护结构的门廊、门斗,按其柱或围护结构的外围水平投影面积计算(图4-9)。

门廊

门斗

图4-9 有柱结构的门廊和有围护结构的门斗

(12)玻璃幕墙、金属幕墙等作为房屋外墙的,按幕墙外围水平投影面积计算;既有主墙,又有幕墙的,以主墙为准计算建筑面积,墙厚按主墙体厚度计算,各楼层墙体厚度不同时,分层分别计算。

(13)属永久性建筑有柱的车棚、货棚等按柱的外围水平投影面积计算。

(14)依坡地建筑的房屋,利用吊脚做架空层,有围护结构的,按其高度在2.20m以上部位的外围水平面积计算;对倾斜、弧状等非垂直墙体的房屋,层高(高度)在 2.20m 以上的部位计算建筑面积。房屋墙体向外倾斜,超出底板外沿的,以底板投影计算建筑面积(图 4-10)。

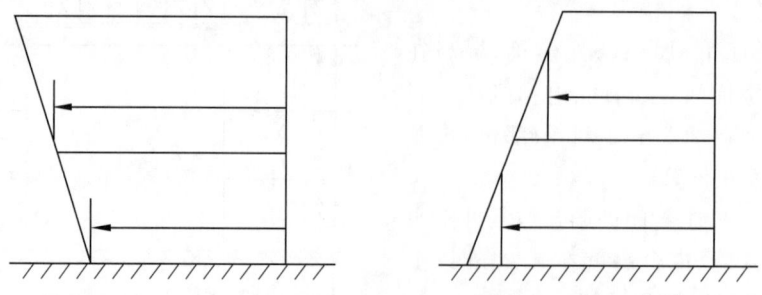

图 4-10　向外倾斜并超出底板外沿的房屋墙体

斜面结构房屋的面积计算(图 4-11)。

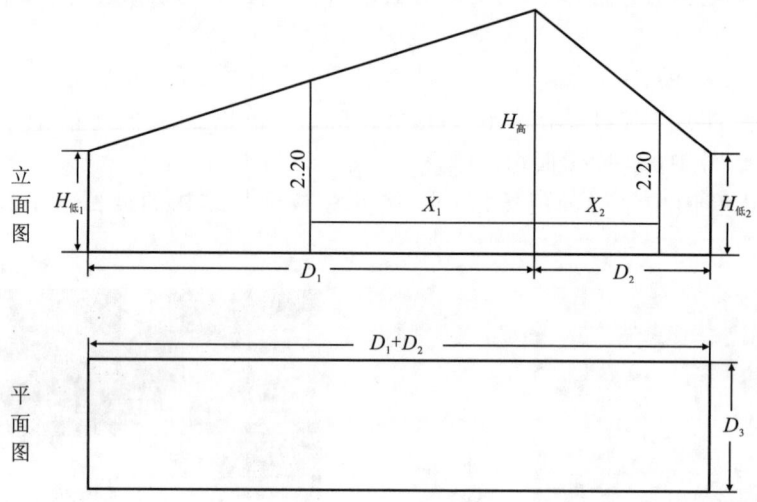

图 4-11　斜面结构房屋剖面图及平面图

计算公式:

$$X_1 = D_1 \times (H_高 - 2.20)/(H_高 - H_{低1})$$
$$X_2 = D_2 \times (H_高 - 2.20)/(H_高 - H_{低2})$$
$$有效建筑面积 = (X_1 + X_2) \times D_3$$

(15)与室内任意一边相通,具备房屋的一般条件,并能正常利用的变形缝(伸缩缝、沉降缝),应计算建筑面积。

(二)计算一半建筑面积的范围

(1)与房屋相连有上盖无柱的走廊、檐廊,按其围护结构外围水平投影面积的一半计算。

(2)未封闭的阳台、无柱走廊(挑廊),按其围护结构水平投影面积的一半计算。

阳台、挑廊、架空通廊的外围水平投影超过其底板外沿的,以底板水平投影计算建筑面积(图 4-12)。

(3)独立柱、单排柱的门廊、车棚、货棚等属永久性建筑的,按其上盖的水平投影面积的一半计算(图4-13)。

(4)无顶盖的室外楼梯按外围水平投影面积的一半计算建筑面积(图4-14)。

说明:无顶盖的室外楼梯,顶层按其外围水平投影面积的一半计算建筑面积,其他层当上层楼梯设计为其顶盖且可以完全遮盖的,按其外围水平投影面积计算建筑面积。

(5)有顶盖不封闭的永久性架空通廊,按外围水平投影面积的一半计算。

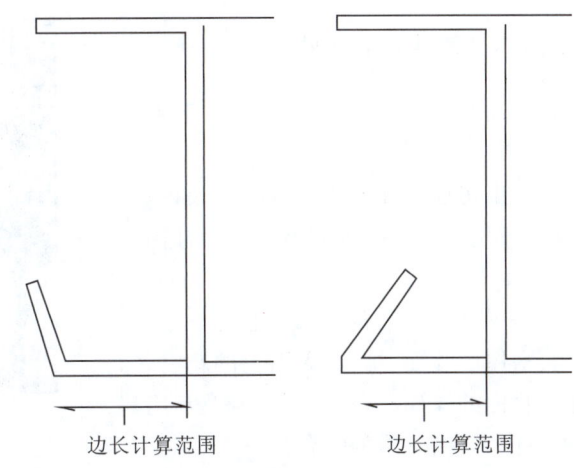

图4-12 房屋超底板外围边长计算范围示意图

图4-13 独立柱、单排柱门廊

图4-14 无顶盖的室外楼梯

(三)不计算建筑面积的范围

(1)层高小于 2.20m 的阁楼、夹层、插层、设备层、地下室和半地下室。

(2)突出房屋墙面的构件、配件、装饰柱、装饰性的玻璃幕墙、垛、勒脚、台阶、无柱雨篷等(图 4-15)。

(3)房屋之间无上盖的架空通廊。

(4)房屋的天面、挑台,天面上的花园、泳池;建筑物内的操作平台、上料平台及利用建筑物的空间安置箱、罐的平台。

图 4-15 突出房屋墙面的构件

(5)骑楼、过街楼的底层用作道路街巷通行的部分(图 4-16、图 4-17)。

图 4-16 骑楼

图 4-17 过街楼

(6)利用引桥、高架路、高架桥等路面作为顶盖建造的房屋。

(7)活动房屋、临时房屋、简易房屋,独立烟囱、亭、塔、罐、池,地下人防干、支线。

(8)与房屋室内不相通的房屋间伸缩缝。

(9)临街楼房、飘楼、无柱走廊下的底层作为公共道路、街巷通行的,均不计算建筑面积;楼梯下方的空间,楼梯已计算建筑面积的,其下方空间不论是否利用均不再计算建筑面积。

(10)与室内不相通的类似于阳台、飘楼、无柱走廊的建筑,不计算建筑面积(图 4-18)。

图 4-18 与室内不相通的类似阳台

三、用地面积测算

(一)房屋用地面积内容

1.房屋用地的来源

房屋用地的来源是指取得土地使用权的时间和方式,如转让、出让、征用、划拨等。

2.房屋用地调查的内容

房屋用地调查的内容包括用地坐落、产权性质、等级、税费、用地人、用地单位所有制性质、使用权来源、四至、界标、用地用途分类、用地面积和用地纠纷等基本情况,以及绘制用地范围略图。

3.房屋用地的坐落

房屋用地的坐落是指房屋用地所在街道的名称和门牌号。

4.房屋用地的产权性质

房屋用地的产权性质按国有、集体两类填写。集体所有的还应注明土地所有单位的全称。

5.房屋用地四至

房屋用地四至是指用地范围与四邻接壤的情况,一般按东、南、西、北方向注明邻接丘号或街道名称。

6.房屋用地范围的界标

房屋用地范围的界标是指用地界线上的各种标志,包括道路、河流等自然界线,房屋墙体、围墙、栅栏等围护物体,以及界碑、界桩等埋石标志。

7.用地略图

用地略图是以用地单元为单位绘制的略图,表示房屋用地位置、四至关系、用地界线、共用院地的界线,以及界标类别和归属,并注记房屋用地界线边长。

房屋用地界线是指房屋用地范围的界线。包括共用院地的界线,由产权人(用地人)指界与邻户认证来确定。提供不出证据或有争议的应根据实际使用范围标出争议部位,按未定界处理。

(二)用地面积测算的范围

用地面积以丘(宗)为单位进行测算,包括房屋占地面积、其他用途的土地面积测算,各项地类面积的测算。丘(宗)有固定界标的按固定界标划分、没有固定界标的按自然界标划分。

(三)不计入丘内用地面积范围

(1)无明确使用权属的冷巷、巷道或间距地。

(2)市政管辖的马路、街道、巷道等公共用地。

(3)公共使用的河涌、水沟、排污沟。

(4)已经征用、划拨或者属于原房地产记载的范围,经过规划部门核定需要作为市政建设的用地。

(5)其他按规定不计入用地的面积。

四、房产测量的精度要求

(一)房产测量的精度指标与限差

以中误差作为评定精度的标准,以两倍中误差作为限差。

(二)房产平面控制测量的基本精度要求

末级相邻基本控制点的相对点位中误差不超过±0.025m。

(三)房产界址点精度要求

我国房产面积的精度分为三个等级,根据实践和实际的要求,一般采用 2 个精度等级,即采用第二、第三精度等级标准。对新建商品房(含此前未测的)建筑面积测算精度采用第二等级精度要求,对其他房产建筑面积测算精度采用第三等级标准,其余有特殊要求的用户和城市商业中心黄金地段可采用一级精度。

各级界址点相对于邻近控制点的点位误差和间距超过 50m 的相邻界址点的间距误差不超过表 4-1 的规定。

表 4-1 房产界址点的精度要求

界址点等级	界址点相对于邻近控制点的点位误差和相邻界址点间的间距误差	
	限差(m)	中误差(m)
一	±0.04	±0.02
二	±0.10	±0.05
三	±0.20	±0.10

注:间距超过 50m 的相邻界址点的间距误差应不超过表 4-1 的规定。

间距未超过 50m 的相邻界址点的间距误差不超过式(4-1)计算结果:

$$\Delta D = \pm(m_j + 0.02 m_j D) \tag{4-1}$$

式中,m_j 为相应等级界址点的点位中误差(m);D 为相邻界址点间的距离(m);ΔD 为界址点坐标计算的边长与实量边长较差的限差(m)。

需要测定房角点的坐标时,房角点坐标的精度等级和限差执行与界址点相同的标准。

(四)面积限差公式(表 4-2)

五、房地产面积计算举例

在计算房地产面积之前,要明确以下概念。

(1)用地面积:指产权人使用土地的范围。

(2)建基面积:指房屋建筑基底面积。

表 4-2 房屋面积测算的中误差与限差

房屋面积的精度等级	房屋面积中误差(m)	房屋面积误差的限差(m)
一级	$\pm(0.01\sqrt{S}+0.0003S)$	$\pm(0.02\sqrt{S}+0.0006S)$
二级	$\pm(0.02\sqrt{S}+0.001S)$	$\pm(0.04\sqrt{S}+0.002S)$
三级	$\pm(0.04\sqrt{S}+0.003S)$	$\pm(0.08\sqrt{S}+0.006S)$

注：S 表示面积；ΔS 表示面积限差。

(3)总建筑面积：指各层建筑面积的总和。

(4)层高：指地面到楼面、楼面到楼面、楼面到屋面之间的垂直距离。

(5)自然层：指房屋的自然层数。

(6)骑楼底层：计算用地、建基面积，不计算建筑面积。

(7)过街楼底层：不计算用地、建基面积和建筑面积。

(8)墙体的分类：自有墙、共有墙和借墙。

【例1】 有一栋三层半钢筋混凝土结构的房屋，各边尺寸丈量结果已注记在图 4-19 中，试计算该栋房屋的用地面积、建基面积及总建筑面积。单位：长度 m，面积 m²。

计算如下：

A4 面积：$5.81\times9.01=52.3481(m^2)$

A3 面积：$4.53\times9.12=41.3136(m^2)$

骑楼面积：$3.12\times9.12=28.4544(m^2)$

飘楼面积：$2.13\times9.01=19.1913(m^2)$

不封闭阳台面积：$1.41\times3.41=4.8081(m^2)$

余地面积：$3.31\times9.01=29.8231(m^2)$

该栋房屋的用地面积：$52.3481+41.3136+28.4544+29.8231=151.9392(m^2)$

该栋房屋的建基面积：$151.9392-29.8231=122.1161(m^2)$

该栋房屋的总建筑面积：$52.3481\times4+41.3136\times3+28.4544\times2+19.1913\times3+(4.8081\times2)\times0.5=452.6240(m^2)$

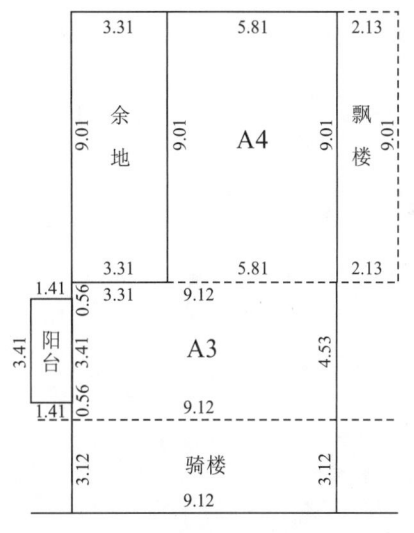

图 4-19 三层半钢筋混凝土结构房屋建筑平面图

【例2】 有一双隅二层房屋，第二层有一阁楼，试按照图 4-20 中所示尺寸，计算阁楼的有效建筑面积，并计算该房屋的用地面积、建基面积及总建筑面积。单位：长度 m，面积 m²。

计算如下：

$$X_1=5.12\times(3.76-2.20)/(3.76-1.84)=4.16(m)$$

$$X_2=6.26\times(3.76-2.20)/(3.76-1.94)=5.37(m)$$

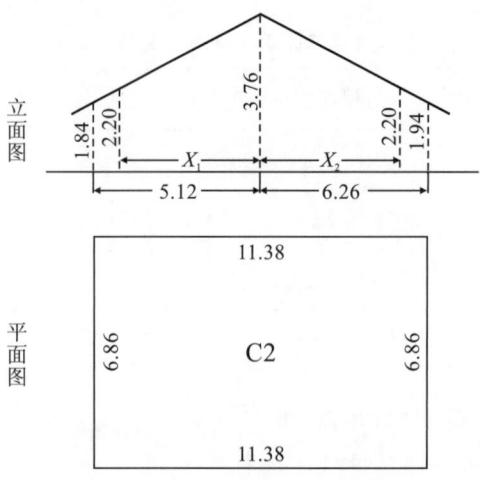

图 4-20 双隅二层房屋建筑立面图及平面图

阁楼有效建筑面积：
$$(4.16+5.37)\times 6.86=65.3758(m^2)$$
该房屋用地面积、建基面积 C2：
$$11.38\times 6.86=78.0668(m^2)$$
该房屋总建筑面积：
$$78.0668\times 2+65.3758=221.5094(m^2)$$

第四节 房屋共有建筑面积的分摊计算

一、共有公用面积的处理原则

(1)产权各方有合法权属分割文件或协议的,按文件或协议规定执行。

(2)无产权分割文件或协议的,可按相关房屋建筑面积的比例进行分摊计算。

套(单元)的分摊面积等于面积分摊系数乘以参加分摊的套(单元)建筑面积,面积分摊系数等于应分摊面积总和除以参加分摊的各套(单元)建筑面积总和。

共有面积按相关面积比例分摊的计算公式：

$$\delta S_i = K \times S_i \tag{4-2}$$

$$K = \frac{\Sigma \Delta S_i}{\Sigma S_i} \tag{4-3}$$

式中,K 为面积的分摊系数;S_i 为各单元参加分摊的建筑面积(m^2);δS_i 为各单元参加分摊所得的分摊面积(m^2);ΔS_i 为应分摊的共有建筑面积(m^2);$\Sigma \Delta S_i$ 为应分摊的共有面积总和(m^2);ΣS_i 为参加分摊的各单元建筑面积总和(m^2)。

二、共有建筑面积的分摊内容

(一)共有建筑面积

楼房不可缺少的辅助建筑面积,为各权属单元提供服务,由各权属单元按建筑面积比例分摊。但有些面积由权属单元分摊不合理,因而亦存在不应分摊的共有建筑面积。

(二)应分摊的共有建筑面积

(1)楼梯间、电梯井、管道井、垃圾道、公共走廊、公共门厅、公共大厅、变电房、水泵房、水箱间、值班警卫房、专用设备房、为整幢大楼服务的公共用房等。

(2)套(单元)与共有建筑面积之间分隔墙,以及外墙(包括山墙)水平投影面积一半的建筑面积应列入共有建筑面积进行分摊。

(三)不应分摊的共有建筑面积

(1)作为人防工程的地下室、避难室(层)。
(2)用作公共休憩、绿化等场所的架空层。
(3)大楼内的机动、非机动车库。
(4)为建筑造型而建,但无实用功能部分的建筑面积。
(5)违章建的公共建筑面积。
(6)不应分摊的共有建筑面积,若使用到其他功能的共有建筑面积时,需按其建筑面积比例参与分摊。

三、共有建筑面积的分摊方法

(一)应分摊的共有建筑面积类型

一般可分为三大类:
(1)幢共有建筑面积:指大楼内各功能公用的公共配套设施。
(2)功能共有建筑面积:指功能内的公共配套设施。
(3)本层共有建筑面积:指除住宅功能外其他功能各层的公共配套设施。

(二)住宅楼共有建筑面积的分摊

住宅楼的共有建筑面积以幢为单位进行分摊,根据整幢的共有建筑面积和整幢套面积的总和求取整幢住宅楼的分摊系数,再根据各套房屋的套内建筑面积,求得各套房屋的分摊面积。

住宅楼房屋的共有建筑面积计算:整幢房屋的建筑面积扣除整幢房屋各套套内建筑面积之和,并扣除作为独立使用的地下室、车棚、车库等和为多幢房屋服务的警卫室、管理用房、设备用房以及人防工程等不应计入共有建筑面积的面积,即为整幢住宅楼的共有建筑面积。

按前述公式,根据本幢楼房的各项共有建筑面积之和与各套内建筑面积之和,求得分摊系数,然后计算房屋各套分摊所得的共有建筑面积。

$$\text{分摊系数} = \frac{\text{本幢应分摊共有建筑面积之和}}{\text{本幢各套内建筑面积之和}} \qquad (4-4)$$

$$\text{某套分摊所得共有建筑面积} = \text{分摊系数} \times \text{某套内建筑面积} \qquad (4-5)$$

(三)商住楼共有建筑面积分摊

商住楼共有建筑面积的分摊是先将大楼分为住宅、商业两大功能区,再将整幢大楼的两大功能共有的建筑面积分给两大功能区,然后两大功能区单元再各自分摊各功能区的共有建筑面积,具体步骤如下:

(1)根据住宅和商业各自的建筑面积(包括本功能的共有建筑面积)分摊全幢的共有建筑面积,即住宅部分分摊得到的全幢共有建筑面积和商业部分分摊得到的全幢共有建筑面积。

(2)将住宅和商业部分所得的分摊面积再各自进行分摊。

1. 住宅部分

将分摊得到的幢共有建筑面积,加上住宅部分本身的共有建筑面积,依照共有共用面积的处理和分摊的方法和公式,按各套的建筑面积比例,分摊计算各套房屋的分摊面积。

2. 商业部分

将分摊得到的幢共有建筑面积,加上商业部分本身功能的共有建筑面积,按各层的建筑面积依比例分摊至各层,作为各层共有建筑面积的一部分,加至各层的共有建筑面积中,得到各层总的共有建筑面积,然后再根据层内各套房屋的套内建筑面积按比例分摊至各套,得出各套房屋分摊得到的共有建筑面积。

上述用公式表示如下:

(1)幢共有建筑面积分摊:

$$\text{幢分摊系数 } K_{\text{幢}} = \frac{\text{幢应分摊共有建筑面积 } \Sigma\Delta_{i(\text{幢})}}{\text{住宅、商业参加分摊的建筑面积和 } \Sigma S_{i(\text{住})} + \Sigma S_{i(\text{商})}} \qquad (4-6)$$

住宅部分得分摊面积:$\delta S_{\text{住}} = K_{\text{幢}} \times \Sigma S_{i(\text{住})}$ (4-7)

商业部分得分摊面积:$\delta S_{\text{商}} = K_{\text{幢}} \times \Sigma S_{i(\text{商})}$ (4-8)

(2)住宅部分共有建筑面积分摊:

$$\text{分摊系数 } K_{\text{住}} = \frac{\text{住宅本身功能共有建筑面积 } \Sigma\Delta_{i(\text{住})} + \delta S_{\text{住}}}{\text{住宅参与分摊各套总的建筑面积 } \Sigma S_{i(\text{住})}} \qquad (4-9)$$

住宅套得分摊面积:$\delta S_{i(\text{套})} = K_{\text{住}} \times S_{i(\text{套})}$ (4-10)

(3)商业部分共有建筑面积分摊:

$$\text{分摊系数 } K_{\text{商}} = \frac{\text{商业本身功能共有建筑面积 } \Sigma\Delta_{i(\text{商})} + \delta S_{\text{商}}}{\text{商业各层参与分摊总的建筑面积 } \Sigma S_{i(\text{层})}} \qquad (4-11)$$

层得分摊面积:$\delta S_{i(\text{层})} = K_{\text{商}} \times S_{i(\text{层})}$ (4-12)

$$\text{层分摊系数 } K_{\text{层}} = \frac{\text{层共有建筑面积 } \Sigma\Delta_{i(\text{层})} + \delta S_{i(\text{层})}}{\text{参与分摊的各套内面积和 } \Sigma S_{i(\text{套})}} \qquad (4-13)$$

套得分摊面积:$\delta S_{i(\text{套})} = K_{\text{层}} \times S_{i(\text{套})}$ (4-14)

(四)多功能综合楼共有建筑面积的分摊

多功能综合楼是指具有多种用途的建筑物,这幢建筑物内有住宅、商业用房、办公用房等,各共有建筑面积的功能与服务对象也并不相同。因此,对多功能综合楼就不能和普通住宅楼一样,用一个分摊系数一次进行分摊,而是应按照谁受益、谁分摊的原则,对各类共有建筑面积,按照各自的功能和服务对象分别进行分摊,即进行多级分摊。

按照国家标准《房产测量规范》(GB/T 17986.1—2000)的规定,采取由上而下的分摊模式,即首先分摊整幢的共有建筑面积,把它分摊至各功能区;住宅功能把分摊面积和功能区原来自身的共有建筑面积加在一起,再分摊至功能区内各个单元;而商业等功能区把分摊面积和功能区原来自身的共有建筑面积加在一起,分摊至功能区内各个层,然后再把功能区分别的分摊面积与层原来自身的共有建筑面积加在一起,最后分摊至各套或各户。

套内建筑面积加上分摊面积,就得到了各套或各户的房屋建筑面积。如果商业等各功能区内,各层的结构相同,共有建筑面积也相同,则可免去层这一级分摊,由功能区直接分摊至套或户。

共有建筑面积的分摊,执行按比例分摊的原则,由上而下依次进行,即先分摊幢,然后分摊功能区,再分摊层,最后把共有建筑面积分摊至套或户。

四、分摊范围

国家标准《房产测量规范》(GB/T 17986—2000)规定了应分摊的共有建筑面积和不应分摊的共有建筑面积,但由于早期国标制定条款的局限性,广州市房地产测绘院根据建住房〔2000〕166号"关于认真贯彻执行《房产测量规范》,加强房产测绘管理的通知"要求:"各省、自治区建设厅(建委),直辖市房地产管理局,可遵循《房产测量规范》的基本原则,制定本地、本城市的实施细则或技术规程。"于是2014年在严格认真贯彻执行《房产测量规范》的基础上编写了广州地方标准规范《房屋面积测算规范》(DBJ 440100/T 204—2014),细化了国标的相应条款,使在广州从事房产测绘工作者才能更容易、更确切地干好该工作。

广州地方标准规范《房屋面积测算规范》(DBJ 440100/T 204—2014)7.2.3.1规定:

(一)下列设施不计入应分摊共有建筑面积,如在幢内设置的应分摊所在幢相关应分摊的共有建筑面积:

(1)作为人防工程的建筑面积。

(2)独立使用的地下室、半地下室、车库、车棚。

(3)位于首层、顶层或裙楼顶层设置,用于公共休息和通行的亭、走廊、塔、绿化和停车的公共建筑空间。

(4)避难层、避难间、转换层、电信机房、联通机房、网络机房、人防通信、警报工作间。

(5)用作公共事业的市政建设的建筑物。

(6)作为配套公共服务设施移交项目:

①医疗设施:社区卫生服务中心、残疾人康复服务中心等。

②行政管理设施:街道办事处、社区服务中心、派出所等警务用房、消防站、社区居委会等。

③邮政及市政公用设施:公交站场、垃圾压缩站、公共厕所、环境卫生站、邮政所等。

④市场经营设施:肉菜市场等。

(7)《建设工程规划许可证》附图或《建设工程规划验收合格证》附图等规划报建、验收审批资料中列为公共服务设施的项目。

(二)下列设施不计入应分摊共有建筑面积,不分摊所在幢相关的共有建筑面积:

(1)穿过房屋首层的消防通道。

(2)地铁服务的通风井、地铁商铺、地铁出入口等。
(3)公共设施内形成的封闭空间。
(4)作为配套公共服务设施移交项目：
①市政公用设施：110kV变电站、220kV变电站。
②教育设施：中学、小学。

五、分摊步骤

一幢大型的综合楼商品房，要准确、高效地对其进行分摊计算，必须按一定规律进行分摊，具体分摊步骤如下：

(1)确定一幢房屋共有建筑面积的范围和名称。
(2)对共有建筑面积进行分类，确定应分摊的共有建筑面积和不应分摊的共有建筑面积。
(3)按使用功能划分功能区。
(4)按共有建筑面积的服务范围自上而下、由整体到局部的顺序，即按幢共有建筑面积、功能区间共有建筑面积、功能区共有建筑面积、层间共有建筑面积、层内共有建筑面积、层内局部共有建筑面积的顺序逐级分摊，下一级的共有建筑面积参与上一级的共有建筑面积分摊。分摊后，大楼的各种建筑面积用如图4-21所示的各种颜色代表各种建筑面积占有份额的大小。

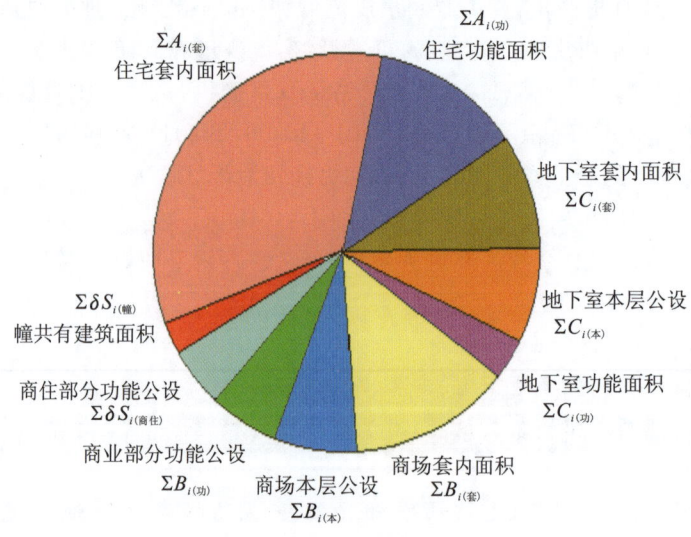

图4-21 各种建筑面积的颜色代表

六、总体分摊方式

共有建筑面积各级分摊方式具体如下。
(1)第一级分摊：幢共有建筑面积分摊。
(2)第二级分摊：功能区间共有建筑面积分摊。
(3)第三级分摊：功能区共有建筑面积分摊。
(4)第四级分摊：层间共有建筑面积分摊。
(5)第五级分摊：层内共有建筑面积分摊。
(6)第六级分摊：层内局部共有建筑面积分摊。

七、功能区划分与局部分摊方式

(一)幢划分的意义

划分好幢是房产测绘的首要工作,因为:①是房产要素调查的基本单位;②是房产分幅分丘图测量的基本单位;③是房产面积测量的基本单位。

(二)幢划分的原则性探讨

划分幢在商品房测绘中是比较困难的,也是很多同行纠结的问题,广州市房地产测绘院通过30多年的房产测绘实践,从下面四个方面考虑了幢的划分:

(1)同期规划、同期建设、同期验收的房屋。
(2)整体基础、统一结构的房屋。
(3)以规划部门批准的幢数划分(规划许可证及规划总平面图)。
(4)根据"幢"定义的"独立性"原则划分。

(三)"独立"性的理解

幢是指一座独立的,包括不同结构和不同层次的房屋。"独立"包含了使用上的独立和建筑结构上的相对独立(图4-22)。

图4-22 幢实物图

(1)产权权属登记的独立,即权属关系不能因"幢"的划分而失去功能或效能,而导致不符合产权登记单元的要求。
(2)房屋建筑结构的相对独立:①设计上的独立楼房;②现实性的独立楼房。
(3)房屋建筑面积计算的独立,不能因"幢"的划分造成房屋建筑面积发生变化。

广州市地方技术规范《房屋面积测算规范》(DBJ 440100/T 204—2014)有下面详细阐述。幢的类型简图详见表4-3。

表 4-3　幢的类型简图

类型		简图		
有裙楼	1. 裙楼上各塔楼以伸缩缝相连	A4 / A30 A30 A30（伸缩缝）	A4 / A30 A28 A26（伸缩缝）	有裙楼的建筑，无论有多少个塔楼，塔楼的使用性质是住宅、商业、办公，均视为一幢建筑
	2. 裙楼上各塔楼间有一定间距	A4 / A30 A30 A30	A4 / A28 A30 A28	
	3. 裙楼上各塔楼间既有伸缩缝相连也有一定间距	A4 / A30 A30 A30（伸缩缝）	A4 / A26 A28 A26（伸缩缝）	
无裙楼	1. 地面上幢内以伸缩缝相连	25层 25层 25层 ±0.000 地下层；A30 A30 A30（伸缩缝）	30层 27层 24层 ±0.000 地下层；A30 A28 A26（伸缩缝）	1. 若《建设工程规划许可证》许可同期规划、同期建设的，应视为一幢建筑；2. 若《建设工程规划许可证》非许可同期规划、同期建设的，可视为多幢建筑
	2. 以连廊相连	A30 连廊 A30 连廊 A30	25层 / 9层 连廊 连廊 9层 ±0.000 地下层	
区内组团	1. 地面上各幢间有一定间距	A30 A30 A30；25层 25层 25层 ±0.000 地下层	A30 A28 A26；25层 30层 25层 ±0.000 地下层	视为多幢建筑
	2. 大院式	(1)A4　(2)A8　(3)A6　123院地	注：简图所注层数为示意层数	

(四)幢内功能区的划分

在实际工作中幢内功能区的划分依据:
(1)《建设工程规划许可证》附图。
(2)《建设工程规划验收合格证》附图。
(3)规划报建、验收审核资料。

(五)划分功能区

在实际工作中按房屋使用功能划分功能区:
(1)主要功能为住宅、商业、办公、厂房等。
(2)其他功能为地下机动车库、地下非机动车库、地上汽车库、地上非机动车库、首层架空层、其他层架空部分、避难层、转换层、设备层等。
(3)配套公共服务设施移交项目。

(六)按房屋平面结构划分功能区

(1)塔楼:每座独立的塔楼视为一个功能区。
(2)裙楼:每层裙楼按不同的使用功能划分功能区。
(3)地下室:每层地下室按不同的使用功能划分功能区。

(七)幢内功能区的局部分摊方式

(1)住宅功能区,采用垂直分摊方式。
(2)商业功能区,采用功能区层内分摊方式。
(3)办公功能区,采用垂直分摊和功能区层内分摊两种方式。
(4)其他功能区,采用功能区层内分摊方式。

八、共有建筑面积的计算分摊实例

(一)纯住宅房屋共有建筑面积的计算分摊

【例1】 门牌号为1号的纯住宅楼,自然层共6层,有两个单元楼梯,每梯2户,每梯屋面天台上有1个楼梯间。试测量并计算出此住宅楼各户的建筑面积。

测量和计算步骤如下:
(1)实地测量房屋各自然层外围水平投影边长、各套房屋界址线、各共有面积部分边长的尺寸数据。
(2)对实地测量的各种数据进行平差处理,计算出各自然层的建筑面积、各套房屋的套内建筑面积、共有建筑面积,具体见表4-4。
(3)根据公式: $K = \Sigma \Delta S_i / \Sigma S_i$ 计算各套房屋分摊共有建筑的系数:
$$K = \Sigma \Delta S_i / \Sigma S_i = 251.10/1648.92 = 0.152\ 281\ 493$$
(4)根据公式:分户分摊的共有建筑面积=共有建筑的分摊系数×套内建筑面积,计算各套房屋应分摊的共有建筑面积。

(5)计算各套房屋建筑面积,具体见表4-5。

表4-4 分摊前各类面积统计表　　　　　　　　　　　单位:m²

功能区	自然层数	分摊前自然层的面积	共有建筑面积	户号	户套内建筑面积
住宅	1层	304.11	36.99	1梯-101	69.48
				1梯-102	64.08
				2梯-101	64.08
				2梯-102	69.48
	2~6层	313.35×5	36.99×5	1梯-01	71.79
				1梯-02	66.39
				2梯-01	66.39
				2梯-02	71.79
	屋面梯间	29.16	29.16		
	合计	1900.02	251.10		1648.92

表4-5 共有面积计算表　　　　　　　　　　　单位:m²

功能区	自然层数	户号	户套内建筑面积	分摊共有面积	户建筑面积
住宅	1层	1梯-101	69.48	10.58	80.06
		1梯-102	64.08	9.76	73.84
		2梯-101	64.08	9.76	73.84
		2梯-102	69.48	10.58	80.06
	2~6层	1梯-01	71.79	10.93	82.72
		1梯-02	66.39	10.11	76.50
		2梯-01	66.39	10.11	76.50
		2梯-02	71.79	10.93	82.72
		合计	1648.92	251.08	1900.00

(二)商住楼房屋共有建筑面积的计算分摊

【例2】 门牌号为2号的商住楼房,自然层共10层,第1层为商业用房,第2~10层为住宅用房,有2个单元楼梯,每梯2户,每梯屋面天台上有1个楼梯间。试测量并计算出此商住楼房各户的建筑面积。

测量和计算步骤如下:

(1)实地测量房屋各自然层外围水平投影边长、各套房屋界址线、各共有面积部分边长的尺寸数据。

(2)按照《房屋面积测算规范》(DBJ 440100/T 204—2014)规定划分商业与住宅两个功能区。

(3)对实地测量的各种数据进行平差处理,计算出各自然层的建筑面积、商业与住宅两个功能区的自用面积、功能区间的共有建筑面积,具体见表4-6。

表4-6 分摊前各类面积　　　　　　　　　　　　　　　　单位:m²

功能区	自然层数	分摊前建筑面积	商业自有面积	住宅自有面积	功能区之间共有面积(幢共设)
商业	1层	627.1	507.74		119.36
住宅	2~8层	585.38×7		585.38×7	
	9层	535.06		535.06	
	10层	203.61		203.61	
	屋面梯间(属住宅)	56.82		56.82	
	合计	5520.25	507.74	4893.15	

商业自有面积=商业区域范围内的建筑面积-功能区之间的共有面积

住宅自有面积=住宅区域范围内的建筑面积-功能区之间的共有面积

功能区间的共有面积包括:两个功能之间共同使用的共有建筑面积,如电房、泵房、电表房及外半墙等。

(4)根据公式:第一级分摊系数=功能区间共有建筑面积÷功能区自有建筑面积之和,计算第一级分摊共有建筑面积的系数,即:

$$K=119.36/(507.74+4893.15)=0.022\ 100$$

(5)根据公式:功能区分摊的共有建筑面积=第一级分摊系数×各功能区的自有建筑面积,计算各功能区应分摊的共有建筑面积,具体见表4-7。

表4-7 一级分摊计算表　　　　　　　　　　　　　　　　单位:m²

功能区	自有面积	分摊功能区间共有面积	分摊后功能区建筑面积
商业	507.74	11.22	518.96
住宅	4893.15	108.14	5001.29
合计	5400.89	119.36	5520.25

(6)在商业和住宅功能区内,分别计算出各户的套内建筑面积、各户之间的共有建筑面积,具体见表4-8。

商业功能区各户之间的共有面积包括:商场公共厕所面积。

住宅功能区各户之间的共有面积包括:各层的梯间、走廊及屋面梯间面积。

(7)在商业和住宅功能区内,根据公式:共有建筑面积分摊系数=共有建筑面积÷套内建筑面积之和,分别计算出各户房屋分摊共有建筑面积的系数:

$K_{商}$=(功能区内各户共有面积+一级分摊给商业的共有面积)/
功能区内各户套内面积之和
=(23.12+11.22)/484.62=0.070 860

$K_{住}$=(功能区内各户共有面积+一级分摊给住宅的共有面积)/
功能区内各户套内面积之和
=(645.51+108.14)/4190.82=0.179 833

表 4-8 功能区套内面积、共有面积计算表　　　　单位:m²

功能区	层次	户号	套内面积	功能区内各户共有面积
商业	1 层	101	115.01	23.12
		102	266.61	
		103	103.00	
		合计	484.62	23.12
住宅	2~8 层	1 梯-01	121.21	76.56×7
		1 梯-02	134.10	
		2 梯-01	132.19	
		2 梯-02	121.32	
	9 层	1 梯-901	117.20	60.14
		1 梯-902	120.26	
		2 梯-901	117.20	
		2 梯-902	120.26	
	10 层	1 梯-1001	38.54	49.45
		1 梯-1002	38.54	
		2 梯-1001	38.54	
		2 梯-1002	38.54	
		合计	4190.82	645.51

(8)根据公式:分户分摊的共有建筑面积=共有建筑面积分摊系数×套内建筑面积,计算各套房屋应分摊的共有建筑面积,具体见表 4-9。

(三)综合性楼房共有建筑面积的计算分摊

【例3】 门牌号为 3 号的塔式综合楼,1~3 层为裙楼,4 层以上为 A、B 两座塔楼,地下楼层 1 层,A 塔楼 16 层,屋面有电梯机房和步梯间;B 塔楼 15 层,屋面有电梯机房和步梯间。地下室由停车场、人防用房、公共设备用房、商业独立设备用房、核心桶体(含电梯间、步梯间、前室、管井等)组成,1～3层为商业用房,4层为休闲用房,5层以上为住宅用房。试测量并计算出此综合楼房各户的建筑面积。

测量和计算步骤如下:

(1)实地测量房屋各自然层外围水平投影边长、各类使用性质房屋的界址线、公共设施用房边长的尺寸数据。

(2)按照《房屋面积测算规范》(DBJ 440100/T 204—2014)规定,根据房间的使用性质及共有关系,划分五个功能区。

表 4-9 各户共有面积分摊计算表   单位:m²

功能区	层次	户号	套内面积	分摊共有面积	各户建筑面积
商业	1层	101	115.01	8.15	123.16
		102	266.61	18.89	285.50
		103	103.00	7.30	110.30
		合计	484.62	34.34	518.96
住宅	2～8层	1梯-01	121.21	21.80	143.01
		1梯-02	134.10	24.12	158.22
		2梯-01	132.19	23.77	155.96
		2梯-02	121.32	21.82	143.14
	9层	1梯-901	117.20	21.07	138.27
		1梯-902	120.26	21.62	141.88
		2梯-901	117.20	21.07	138.27
		2梯-902	120.26	21.62	141.88
	10层	1梯-1001	38.54	6.93	45.47
		1梯-1002	38.54	6.93	45.47
		2梯-1001	38.54	6.93	45.47
		2梯-1002	38.54	6.93	45.47
		合计	4190.82	753.67	4944.49

注:分摊计算凑整误差:4944.49-4944.47=0.02(m²)。

(3)对实地测量的各种数据进行平差处理,计算出各自然层的建筑面积、五个功能区的自用面积、功能区间的共有建筑面积,具体见表 4-10。

各功能区的自有面积 = 本功能区域范围内的建筑面积-功能区之间的共有面积,功能区之间的共有面积包括:

①地下室配电房、水泵房;

表 4-10 分摊前各类面积计算   单位：m²

层次	层建筑面积	功能区间共有建筑面积	人防工程自有建筑面积	商业自有建筑面积	住宅 A 自有建筑面积	住宅 B 自有建筑面积	休闲用房自有建筑面积
地下室	2200.39	163.44	1876.15	160.80			
1 层	1909.86	187.37		1722.49			
2 层	1972.22	58.97		1913.25			
3 层	1994.90	63.02		1931.88			
4 层 A 座	756.60d						756.60
4 层 B 座	529.09						529.09
5~18 层(A 座)	611.77×14				8564.78		
19 层(A 座)	488.03				488.03		
5~18 层(B 座)	537.01×14					7518.14	
屋面梯间(B 座)	52.27	52.27					
屋面梯间(B 座)	59.16	59.16					
合计	26 045.44	584.23	1876.15	5728.42	9052.81	7518.14	1285.69

②一层的门厅、走道、核心桶体(含电梯间、步梯间、前室、管井等)；

③屋面机房、步梯间。

(4)根据公式：第一级分摊系数＝功能区间共有建筑面积÷功能区自有建筑面积之和，计算第一级分摊共有建筑面积的系数，即：

K_1＝584.23/(1876.15＋5567.62＋1285.69＋9052.81＋7518.14)

＝584.23/25 300.41＝0.023 09

(5)根据公式：功能区分摊的共有建筑面积 ＝ 第一级分摊系数× 各功能自有建筑面积，计算各功能区分摊的共有建筑面积，具体见表 4-11。

表 4-11 第一级分摊后各类面积计算   单位：m²

功能区	层次	自有建筑面积	分摊功能区的共有建筑面积	分摊后功能区的建筑面积
人防工程	地下室	1876.15	43.32	1919.47
商业	1~3 层	5567.62	128.56	5696.18
休闲	4 层 A 座	756.60	17.47	774.07
休闲	4 层 B 座	529.09	12.22	541.31
住宅	5~19 层 A 座	9052.81	209.03	9261.84
住宅	5~18 层 B 座	7518.14	173.59	7691.73
合计		25 300.41	584.19	25 884.60

(6)按照例2的方法进行下一级分摊,直至计算到房屋的各基本单位。

第五节 房产测绘成果的审核

一、审核与测绘的责任区分

房产测绘成果的审核应在测绘成果检查验收合格后进行。房产测绘成果的检查验收,遵照《房产测量规范》(GB/T 17986—2000)的规定进行,即实行二级检查一级验收制。

房产测绘单位应对界址点坐标、房屋及细部点坐标、土地面积、房屋的建筑面积、套内面积、共有面积及共有面积分摊系数等的测量和计算的正确性负责。房产测绘成果审核单位应对房产测绘单位是否具有合法资质、测量员是否具备上岗资格的审核负责,同时应对房产面积测算成果是否适用、面积计算依据的正确性的审核负责。

二、审核后成果的效力

凡从事房产测绘的单位均应取得房产测绘资格,并在规定的范围内从事房产测绘工作。凡未经审核的房产测绘成果,房产管理部门不得用于房屋权属登记等房产管理。

三、成果审核机构建设

房产行政主管部门负责当地房产测绘专业管理工作。房产行政主管部门在有条件的情况下应建立房产测绘成果管理机构,承担日常的房产测绘成果审核、建档入库以及档案和数据库的维护工作。

四、审核后对成果存在异议的解决办法

当事人或其他利害关系人对房产测绘成果有异议的,可委托房产测绘成果鉴定机构进行鉴定。

第六节 房产测绘相关的术语解释

房产测绘是测定和调查房屋与土地的自然状况与权属状况的一项专业测绘活动,涉及到一些术语。下面的一些术语可以帮助大家进一步了解房产测绘。

一、房屋方面

(1)建基面积:是房屋的基地面积,指建筑物的首层外墙勒脚线以上外围水平投影的占地面积,也就是房屋占地表的面积,因此首层的不封闭阳台、无柱走廊、檐廊、天井(通天)等不计算建基面积。

(2)总建筑面积:是指房屋各层建筑面积总和,包括不是自然层,但符合计算建筑面积规定的阁楼、夹层、插层、技术层等的建筑面积以及按规定计算的不封闭阳台、挑廊、架空通廊、无柱走廊、无顶盖的室外楼梯等建筑面积的总和。

(3)套内建筑面积:是由套内房屋的使用面积、墙体面积及套内阳台建筑面积组成。

(4)共有建筑面积:是指两个以上产权人共同占有、使用的不能分割的建筑面积。

(5)分摊面积:是指按功能分摊了的共有建筑面积所得数值。

(6)销售面积:是以规划报建图及其报建审批的文件为依据,进行面积测算的,该面积用于签订商品房买卖契约。

(7)产权面积:是依据竣工后房屋的实际状况,对房屋面积进行实测和面积计算,并经权属登记部门依法确认后的面积。

二、用地方面

(1)用地面积:是指产权人使用土地的范围,包括其地上建筑物、天井、庭院、通道、余地等占地面积的总和。

(2)共用地面积:是指两个以上产权人共同占有、使用的不能分割的土地范围。

(3)余地(院地):是指已取得土地使用权的建筑基地面积以外的土地。

(4)空地:是指已占用建筑基地以外的并未取得使用权的土地。

(5)天井(通天):是指建筑物中露出天空的空地部分。

(6)用地四至:是指用地权属范围与四邻接壤的街巷、门牌等地理名称及丘号。

三、结构方面

(1)建筑物:是指供人们进行生产、生活或其他活动的房屋或场所。

(2)构筑物:是指人们不直接在内进行生产、生活或其他活动的房屋或场所。如:塔、亭或地下干线等。

(3)地下室:是指建在地面以下的建筑物,其室内地面低于室外地平面的高度超过该室内净高的1/2。

(4)半地下室:是指采光窗在室外的建筑物,其室内地面低于室外地平面的高度超过该室内净高的1/3,但不超过一半的地下室。

(5)骑楼:是指建在公路旁的建筑物首层,并且有柱支撑,是公共行人道。

(6)过街楼(骑街楼):建筑物的首层用作道路、街、巷通行的部分。

(7)挑楼(飘楼):是指二楼以上楼层挑(飘)出首层的外墙面部分的建筑。

(8)阁楼:是指在房屋自然层内,利用较高的层内空间(包括人字架屋顶)所加建的使用空间。

(9)夹层:是指在房屋自然层之间所加建的楼层或是在房屋自然层内,利用较高的层内空间所加建的楼层。

(10)插层:是指在房屋自然层之间所加插进去的楼层。

(11)技术层:是指房屋自然层之间,用作水、电、暖、卫生等设备安装的楼层。

(12)转换层:是指在大楼中不同功能区之间转换的楼层,多为设备、结构或功能转换层。

(13)架空层:是指在楼房的某一层中,只有楼房的承重柱体支撑,而无围护墙体的楼层空间,可以是首层,也可是中间层。

(14)架空房屋:是指底层架空,以支撑物作承重的房屋,其架空部位一般为水域或斜坡。

(15)水箱间:是指在房屋天面上,室内建有储水池、水电房等设备的建筑物。

(16)走廊:是指与房屋相连、独立有顶盖,作为该楼房人们进出和行走使用的水平交通通道。

(17)挑廊(飘走廊):是指挑(飘)出首层墙(柱)外的走廊。

(18)柱廊:是指有柱支撑,供人通行的走廊。

(19)檐廊:是指以屋檐、雨篷等作为上盖但无柱支撑,与房屋相连有围护结构的走廊,是该生产或生活场所的一部分。若有永久性围护结构,则按围护结构外围水平投影面积的一半计算建筑面积。

(20)桃檐:指房屋向外挑出的屋檐、雨篷。

(21)架空通廊:是指二层以上连接两建筑物,具有一定建筑形式,有围护结构,供人们通行的空中走廊。

(22)回廊:是指有些门厅、大厅的层高很高,一般在沿厅周围设有的走廊。

(23)门廊:是指突出建筑物门前,有顶盖和柱或墙支撑,供人们进出门口的通道。

(24)门斗:是指房屋门前突出的有顶盖,且支撑顶盖的两边是承重墙体的建筑。

(25)阳台:是指供居住者进行室外休息、活动、晾晒衣物等的空间。

(26)封闭式阳台:是指采用实体栏板作围护,栏板以上用玻璃等物全部围闭的阳台。

(27)不封闭式阳台:是指没有完全围闭的阳台。

(28)挑台:是指挑出房屋外墙,有围护结构而无上盖的平台。

(29)玻璃幕墙:是指房屋外墙无砖石结构,而是以玻璃幕墙直接作为房屋的外墙体。

(30)女儿墙:是指房屋天面上,高出天面的四周围护结构的护栏墙体。

(31)天面(天台):是指房屋顶面上,四周有女儿墙围护,但没有上盖,可供人们正常活动的平台。

(32)室外楼梯:是指位于房屋外部的,供人们生产或活动的上落各楼层的固定楼梯。

(33)伸缩缝:是指建筑物和建筑物之间设置在基础以上的竖直缝,为使相邻两建筑物分离而形成的空隙,以适应温度变化时所引起的建筑物的伸缩。

(34)沉降缝:是指建筑物和建筑物之间的竖直缝,沉降缝常设置在负荷或地基承载力差别较大的部位,以及新旧建筑之间,以避免两建筑物下沉不均时使房屋出现裂缝。

(35)勒脚:是指房屋外墙接近室外地面处的突出墙表面的部分,目的是保护近地墙身和对建筑立面产生一定的效果。

(36)坐落:是指房地产所在地的地理名称、丘号。

(37)四至:是指房地产权属范围与四邻接壤的街巷、门牌等地理名称、丘号。

(38)层高:是指地面至楼面、楼面至楼面、楼面至瓦底之间的垂直距离,顶层是平天台面的,楼板面至屋顶面的垂直高度也包括楼板面至房屋顶台平面的高度,但不应该包括房屋顶面隔热层的高度。

1. 简述房产测绘的目的、任务、作用和内容。
2. 简述房产测绘成果的三种图的功能。
3. 理解房产面积测算的方法。

吕永江,等.GB/T 17986—2000 房产测量规范[S].北京:国家质量技术监督局,2000.

杨堂堂,袁国辉,等.DBJ 440100/T 204—2014 房屋面积测算规范[S].广州:广州市质量技术监督局,2014.

袁国辉,刘武,等.DBJ 440100/T 149—2012 地下空间产权测绘技术规范[S].广州:广州市质量技术监督局,2012.

第五章 宗海测量

第一节 术语和定义

一、海域

(一)海域

海域指中华人民共和国内水、领海的水面、水体、海床和底土。
内水指中华人民共和国领海基线向陆地一侧至海岸线的海域。
[《中华人民共和国海域使用管理法》(2002)第二条]

(二)海域使用

海域使用指在中华人民共和国内水、领海持续使用固定海域3个月以上的排他性用海活动。
[《海域使用分类》(HY/T 123—2009)定义2.1]

(三)海域使用类型

海域使用类型指根据不同的海域使用方式和特点所形成的海域差异性划分的海域类别。
[《海域使用分类》(HY/T 123—2009)定义2.2]

(四)用海方式

用海方式指根据海域使用特征及对海域自然属性的影响程度划分的海域使用方式。
[《海域使用分类》(HY/T 123—2009)定义2.3]

二、宗海

宗海指被权属界址线所封闭的同类型用海单元。
注:类型指海域使用类型中的二级类。
[《海籍调查规范》(HY/T 124—2009)术语和定义3.2]

三、宗海内部单元

宗海内部单元指宗海内部按用海方式划分的海域。

[《海籍调查规范》(HY/T 124—2009)术语和定义 3.3]

四、界址点

界址点指用于界定宗海及其内部单元范围和界线的拐点。
[《海籍调查规范》(HY/T 124—2009)术语和定义 3.4]

五、界址线

界址线指由界址点连接而成的线。
[《海籍调查规范》(HY/T 124—2009)术语和定义 3.5]

六、标志点

标志点指具有明显标志并可通过对其坐标的测量推算界址点坐标的点。
[《海籍调查规范》(HY/T 124—2009)术语和定义 3.6]

七、标志线

标志线指由标志点连接而成的线。
[《海籍调查规范》(HY/T 124—2009)术语和定义 3.7]

八、宗海图

宗海图指记载宗海位置、界址点、界址线及其与相邻宗海位置关系的图件,包括宗海位置图、宗海界址图和宗海平面布置图。

(一)宗海位置图

宗海位置图指反映项目用海地理位置、平面形状及其与周边重要地物位置关系的图件。

(二)宗海界址图

宗海界址图指反映宗海具体的平面布置、界址点分布、界址范围、用海面积、用途、用海方式及其相邻宗海信息的图件。

(三)宗海平面布置图

宗海平面布置图指反映同一用海项目内多宗宗海之间平面布置、位置关系及其相邻项目用海信息的图件。

第二节 典型宗海分类

按照《海域使用分类》(HY/T 123—2009)相关规定,确定宗海的海域使用一级和二级类型。

一、分类原则

(一)依据海域用途

以海域用途为主要分类依据,遵循对海域使用类型的一般认识,并与海洋功能区划、海洋及相关产业等的分类相协调。

(二)考虑海域使用分类管理需要

体现海域使用管理法律法规在海域使用审批、海域使用期限确定、海域使用金征缴和减免等方面对海域使用的分类管理要求,明确界定法律法规提及的海域使用类型和用海方式。

(三)区分用海方式

区分海域使用的具体用海方式,反映用海活动特征及其对海域自然属性的影响程度,体现海域使用管理工作特点。

(四)保持项目用海完整性

在海域使用类型划分上保持项目用海的完整性,反映其总体特征,方便海域使用行政管理及相关工作。

二、分类体系

(一)海域使用类型体系

(1)海域使用类型采用两级分类体系,共分为9个一级类和31个二级类。
(2)海域使用类型采用阿拉伯数字编码,第一位数字表示一级类,第二位数字表示二级类。
(3)海域使用类型名称和编码见表5-1。

表5-1 海域使用类型名称和编码

一级类		二级类	
编码	名称	编码	名称
1	渔业用海	11	渔业基础设施用海
		12	围海养殖用海
		13	开放式养殖用海
		14	人工鱼礁用海
2	工业用海	21	盐业用海
		22	固体矿产开采用海
		23	油气开采用海
		24	船舶工业用海

续表 5-1

一级类		二级类	
编码	名称	编码	名称
2	工业用海	25	电力工业用海
		26	海水综合利用用海
		27	其他工业用海
3	交通运输用海	31	港口用海
		32	航道用海
		33	锚地用海
		34	路桥用海
4	旅游娱乐用海	41	旅游基础设施用海
		42	浴场用海
		43	游乐场用海
5	海底工程用海	51	电缆管道用海
		52	海底隧道用海
		53	海底场馆用海
6	排污倾倒用海	61	污水达标排放用海
		62	倾倒区用海
7	造地工程用海	71	城镇建设填海造地用海
		72	农业填海造地用海
		73	废弃物处置填海造地用海
8	特殊用海	81	科研教学用海
		82	军事用海
		83	海洋保护区用海
		84	海岸防护工程用海
9	其他用海	91	其他用海

(二)用海方式体系

(1)用海方式采用两级层次体系,共分为 5 种一级方式和 20 种二级方式。

(2)用海方式采用阿拉伯数字编码,第一位数字表示一级方式,第二位数字表示二级方式。

(3)用海方式名称和编码见表 5-2。

表 5-2 用海方式名称和编码

一级方式		二级方式	
编码	名称	编码	名称
1	填海造地	11	建设填海造地
		12	农业填海造地
		13	废弃物处置填海造地
2	构筑物	21	非透水构筑物
		22	跨海桥梁、海底隧道等
		23	透水构筑物
3	围海	31	港池、蓄水等
		32	盐业
		33	围海养殖
4	开放式	41	开放式养殖
		42	浴场
		43	游乐场
		44	专用航道、锚地及其他开放式
5	其他方式	51	人工岛式油气开采
		52	平台式油气开采
		53	海底电缆管道
		54	海砂等矿产开采
		55	取、排水口
		56	污水达标排放
		57	倾倒

三、海域使用类型与用海方式

(一)渔业用海

渔业用海指为开发利用渔业资源、开展海洋渔业生产所使用的海域。

1.渔业基础设施用海

指用于渔船停靠、进行装卸作业和避风,以及用以繁殖重要苗种的海域,包括渔业码头、引桥、堤坝、渔港港池(含开敞式码头前沿船舶靠泊和回旋水域)、渔港航道、附属的仓储地、重要苗种繁殖场所及陆上海水养殖场延伸入海的取、排水口等所使用的海域。其中：

(1)填成土地后用于建设顺岸渔业码头、渔港仓储设施和重要苗种繁殖场所等的海域,用海方式为建设填海造地。

(2)采用非透水方式构筑的不形成围填海事实或有效岸线的渔业码头、堤坝等所使用的海域,用海方式为非透水构筑物。

(3)采用透水方式构筑的渔业码头、引桥等所使用的海域,用海方式为透水构筑物。

(4)陆上海水养殖场延伸入海的取、排水口等所使用的海域,用海方式为取、排水口。

(5)有防浪设施圈围的渔港港池、开敞式渔业码头的港池(船舶靠泊和回旋水域)等所使用的海域,用海方式为港池、蓄水等。

(6)渔港航道等所使用的海域,用海方式为专用航道、锚地及其他开放式。

2. 围海养殖用海

围海养殖用海指筑堤围割海域进行封闭或半封闭式养殖生产的海域。用海方式为围海养殖。

3. 开放式养殖用海

开放式养殖用海指无须筑堤围割海域,在开敞条件下进行养殖生产所使用的海域,包括筏式养殖、网箱养殖及无人工设施的人工投苗或自然增殖生产等所使用的海域。用海方式为开放式养殖。

4. 人工鱼礁用海

人工鱼礁用海指通过构筑人工鱼礁进行增养殖生产的海域。用海方式为透水构筑物。

(二)工业用海

工业用海指开展工业生产所使用的海域。

1. 盐业用海

盐业用海指用于盐业生产的海域,包括盐田、盐田取排水口、蓄水池、盐业码头、引桥及港池(船舶靠泊和回旋水域)等所使用的海域。其中：

(1)采用非透水方式构筑的不形成围填海事实或有效岸线的盐业码头等所使用的海域,用海方式为非透水构筑物。

(2)采用透水方式构筑的盐业码头、引桥等所使用的海域,用海方式为透水构筑物。

(3)盐业生产用取、排水口所使用的海域,用海方式为取、排水口。

(4)盐田、盐业生产用蓄水池等所使用的海域,用海方式为盐业。

(5)盐业码头的港池(船舶靠泊和回旋水域)所使用的海域,用海方式为港池、蓄水等。

2. 固体矿产开采用海

固体矿产开采用海指开采海砂及其他固体矿产资源所使用的海域,包括海上以及通过陆地挖至海底进行固体矿产开采所使用的海域。用海方式为海砂等矿产开采。

3. 油气开采用海

油气开采用海指开采油气资源所使用的海域,包括石油平台、油气开采用栈桥、浮式储油装置、输油管道、油气开采用人工岛及其连陆或连岛道路等所使用的海域。其中：

(1)石油平台及浮式生产储油装置(含立管和系泊系统)等所使用的海域,用海方式为平台式油气开采。

(2)油气开采用栈桥所使用的海域,用海方式为透水构筑物。

(3)输油管道所使用的海域,用海方式为海底电缆管道。

(4)油气开采用人工岛所使用的海域,用海方式为人工岛式油气开采。

(5)油气开采用人工岛的连陆或连岛道路(含涵洞式)等所使用的海域,用海方式为非透水构筑物。

4. 船舶工业用海

指船舶(含渔船)制造、修理、拆解等所使用的海域,包括船厂的厂区、码头、引桥、平台、船坞、滑道、堤坝、港池(含开敞式码头前沿船舶靠泊和回旋水域,船坞、滑道等的前沿水域)及其他设施等所使用的海域。其中:

(1)填成土地后用于建设船舶工业厂区等的海域,用海方式为建设填海造地。

(2)采用非透水方式构筑的不形成围填海事实或有效岸线的船厂码头、堤坝等所使用的海域,用海方式为非透水构筑物。

(3)采用透水方式构筑的船厂码头、引桥、平台、船坞及滑道等所使用的海域,用海方式为透水构筑物。

(4)有防浪设施圈围的船厂港池、开敞式船厂码头的港池(船舶靠泊和回旋水域)、船坞、滑道等的前沿水域等所使用的海域,用海方式为港池、蓄水等。

5. 电力工业用海

指电力生产所使用的海域,包括电厂、核电站、风电场、潮汐及波浪发电站等的厂区、码头、引桥、平台、港池(含开敞式码头前沿船舶靠泊和回旋水域)、堤坝、风机座墩和塔架、水下发电设施、取排水口、蓄水池、沉淀池及温排水区等所使用的海域。其中:

(1)填成土地后用于建设电力工业厂区等的海域,用海方式为建设填海造地。

(2)采用非透水方式构筑的不形成围填海事实或有效岸线的电厂(站)专用码头、堤坝等所使用的海域,用海方式为非透水构筑物。

(3)采用透水方式构筑的电厂(站)专用码头、引桥、平台、风机座墩和塔架、水下发电设施及潜堤等所使用的海域,用海方式为透水构筑物。

(4)电厂(站)取、排水口所使用的海域,用海方式为取、排水口。

(5)蓄水池、沉淀池、有防浪设施圈围的电厂(站)港池、开敞式电厂(站)专用码头的港池(船舶靠泊和回旋水域)等所使用的海域,用海方式为港池、蓄水等。

(6)温排水区用海,用海方式为专用航道、锚地及其他开放式。

6. 海水综合利用用海

指开展海水淡化和海水化学资源综合利用等所使用的海域,包括海水淡化厂、制碱厂及其他海水综合利用工厂的厂区、取排水口、蓄水池及沉淀池等所使用的海域。其中:

(1)填成土地后用于建设海水综合利用工业厂区等的海域,用海方式为建设填海造地。

(2)海水综合利用取、排水口等所使用的海域,用海方式为取、排水口。

(3)蓄水池、沉淀池等所使用的海域,用海方式为港池、蓄水等。

7. 其他工业用海

指上述工业用海以外的工业用海,包括水产品加工厂、化工厂、钢铁厂等的厂区、企业专用码头、引桥、平台、港池(含开敞式码头前沿船舶靠泊和回旋水域)、堤坝、取排水口、蓄水池及沉淀池等所使用的海域。其中：

(1)填成土地后用于建设上述工业厂区等的海域,用海方式为建设填海造地。

(2)采用非透水方式构筑的不形成围填海事实或有效岸线的企业专用码头、堤坝等所使用的海域,用海方式为非透水构筑物。

(3)采用透水方式构筑的企业专用码头、引桥、平台及潜堤等所使用的海域,用海方式为透水构筑物。

(4)取、排水口所使用的海域,用海方式为取、排水口。

(5)蓄水池、沉淀池、有防浪设施圈围的企业专用港池、开敞式企业专用码头的港池(船舶靠泊和回旋水域)等所使用的海域,用海方式为港池、蓄水等。

(三)交通运输用海

交通运输用海指为满足港口、航运、路桥等交通需要所使用的海域。

1. 港口用海

港口用海指供船舶停靠、进行装卸作业、避风和调动等所使用的海域,包括港口码头(含开敞式的货运和客运码头)、引桥、平台、港池(含开敞式码头前沿船舶靠泊和回旋水域)、堤坝及堆场等所使用的海域。其中：

(1)填成土地后用于建设堆场、顺岸码头、大型突堤码头及其他港口设施等的海域,用海方式为建设填海造地。

(2)采用非透水方式构筑的不形成围填海事实或有效岸线的码头、堤坝等所使用的海域,用海方式为非透水构筑物。

(3)采用透水方式构筑的码头、引桥、平台及潜堤等所使用的海域,用海方式为透水构筑物。

(4)有防浪设施圈围的港池、开敞式码头的港池(船舶靠泊和回旋水域)等所使用的海域,用海方式为港池、蓄水等。

2. 航道用海

指交通部门划定的供船只航行使用的海域(含灯桩、立标及浮式航标灯等海上航行标志所使用的海域),不包括渔港航道所使用的海域。用海方式为专用航道、锚地及其他开放式。

3. 锚地用海

指船舶候潮、待泊、联检、避风及进行水上过驳作业等所使用的海域,用海方式为专用航道、锚地及其他开放式。

4. 路桥用海

指连陆、连岛等路桥工程所使用的海域,包括跨海桥梁、跨海和顺岸道路等及其附属设施所使用的海域,不包括油气开采用连陆、连岛道路和栈桥等所使用的海域。其中：

(1)填成土地后用于建设顺岸道路及其附属设施等的海域,用海方式为建设填海造地。

(2)采用非透水方式构筑的不形成围填海事实或有效岸线的跨海道路(含涵洞式)及其附属设施所使用的海域,用海方式为非透水构筑物。

(3)跨海桥梁及其附属设施所使用的海域,用海方式为跨海桥梁、海底隧道等。

(四)旅游娱乐用海

旅游娱乐用海指开发利用滨海和海上旅游资源,开展海上娱乐活动所使用的海域。

1. 旅游基础设施用海

指旅游区内为满足游人旅行、游览和开展娱乐活动需要而建设的配套工程设施所使用的海域,包括旅游码头、游艇码头、引桥、港池(含开敞式码头前沿船舶靠泊和回旋水域)、堤坝、游乐设施、景观建筑、旅游平台、高脚屋、旅游用人工岛及宾馆饭店等所使用的海域。其中:

(1)填成土地后用于旅游开发和建设宾馆、饭店等的海域,用海方式为建设填海造地。

(2)采用非透水方式构筑的不形成围填海事实或有效岸线的旅游码头、游艇码头、堤坝、游乐设施、景观建筑及旅游用人工岛等所使用的海域,用海方式为非透水构筑物。

(3)采用透水方式构筑的旅游码头、游艇码头、引桥、游乐设施、景观建筑、旅游平台、高脚屋、潜堤,以及游艇停泊水域等所使用的海域,用海方式为透水构筑物。

(4)有防浪设施圈围的旅游专用港池、开敞式旅游码头的港池(船舶靠泊和回旋水域)等所使用的海域,用海方式为港池、蓄水等。

2. 浴场用海

指专供游人游泳、嬉水的海域,用海方式为浴场。

3. 游乐场用海

指开展游艇、帆板、冲浪、潜水、水下观光及垂钓等海上娱乐活动所使用的海域,用海方式为游乐场。

(五)海底工程用海

海底工程用海指建设海底工程设施所使用的海域。

1. 电缆管道用海

指埋(架)设海底通讯光(电)缆、电力电缆、深海排污管道、输水管道及输送其他物质的管状设施等所使用的海域,不包括油气开采输油管道所使用的海域。用海方式为海底电缆管道。

2. 海底隧道用海

指建设海底隧道及其附属设施所使用的海域,包括隧道主体及其海底附属设施,以及通风竖井等非透水设施所使用的海域。其中:

(1)隧道主体及其海底附属设施所使用的海域,用海方式为跨海桥梁、海底隧道等。

(2)通风竖井等非透水设施所使用的海域,用海方式为非透水构筑物。

3. 海底场馆用海

指建设海底水族馆、海底仓库及储罐等及其附属设施所使用的海域,用海方式为跨海桥梁、海底隧道等。

(六)排污倾倒用海

排污倾倒用海指用来排放污水和倾倒废弃物的海域。

1. 污水达标排放用海

指受纳指定达标污水的海域,用海方式为污水达标排放。

2. 倾倒区用海

指倾倒区所占用的海域,用海方式为倾倒。

(七)造地工程用海

指为满足城镇建设、农业生产和废弃物处置需要,通过筑堤围割海域并最终填成土地,形成有效岸线的海域。

1. 城镇建设填海造地用海

指通过筑堤围割海域,填成土地后用于城镇(含工业园区)建设的海域,用海方式为建设填海造地。

2. 农业填海造地用海

指通过筑堤围割海域,填成土地后用于农、林、牧业生产的海域,用海方式为农业填海造地。

3. 废弃物处置填海造地用海

指通过筑堤围割海域,用于处置工业废渣、城市建筑垃圾、生活垃圾及疏浚物等废弃物,并最终形成土地的海域,用海方式为废弃物处置填海造地。

(八)特殊用海

指用于科研教学、军事、自然保护区及海岸防护工程等用途的海域。

1. 科研教学用海

指专门用于科学研究、试验及教学活动的海域。用海方式参照(一)~(七)确定。

2. 军事用海

指建设军事设施和开展军事活动所使用的海域。用海方式参照(一)~(七)确定。

3. 海洋保护区用海

指各类涉海保护区所使用的海域,用海方式为专用航道、锚地及其他开放式。

4. 海岸防护工程用海

指为防范海浪、沿岸流的侵蚀及台风、气旋和寒潮大风等自然灾害的侵袭,建造海岸防护工程所使用的海域,用海方式为非透水构筑物。

(九)其他用海

指上述用海类型以外的用海。用海方式参照(一)~(七)确定。

第三节 宗海现场测量方法

一、宗海界址界定的基本原则

(一)尊重用海事实原则

根据用海事实,针对海域使用的排他性及安全用海需要,参照《海籍调查规范》(HY/T 124—2009)所列宗海界址界定的一般流程和基本方法,界定宗海界址。

(二)用海范围适度原则

宗海界址界定应有利于维护国家的海域所有权,有利于海洋经济可持续发展,应确保国家海域的合理利用,防止海域空间资源的浪费。

(三)节约岸线原则

宗海界址界定应有利于岸线和近岸水域的节约利用。在界定宗海范围时应将实际无需占用的岸线和近岸水域排除在外。

(四)避免权属争议原则

宗海界址界定应保障海域使用权人的正常生产活动,避免毗连宗海之间的相互穿插和干扰,避免将宗海范围界定至公共使用的海域内,避免海域使用权属争议。

(五)方便行政管理原则

宗海界址界定应有利于海域使用行政管理,在保证满足实际用海需要和无权属争议的前提下,对过于复杂和琐碎的界址线应进行适当的归整处理。

二、宗海界址界定的一般流程

(一)宗海分析

根据本宗海的使用现状资料或最终设计方案、相邻宗海的权属与界址资料以及所在海域的基础地理资料,按照有关规定,确定宗海界址界定的事实依据。对于界线模糊且不能提供确切设计方案的开放式用海,按相关设计标准的要求确定其界址的界定依据。

(二)用海类型与方式确定

按照海域使用分类相关规定,确定宗海的海域使用一级和二级类型,判定宗海内部存在的用海方式。

(三)宗海内部单元划分

在宗海内部,按不同用海方式的用海范围划分内部单元。用海方式相同但范围不相接的海域应划分为不同的内部单元。内部单元界线按照《海籍调查规范》(HY/T 124—2009)3.3和3.4的要求界定。

(四)宗海面界址界定

综合宗海内部各单元所占的范围,以全部用海的最外围界线确定宗海的平面界址。

(五)宗海垂向范围界定

遇特殊需要时,应根据项目用海占用水面、水体、海床和底土的实际情况,界定宗海的垂向使用范围。

三、各方式用海范围界定方法

(一)填海造地用海

岸边以填海造地前的海岸线为界,水中以围堰、堤坝基床或回填物倾埋水下的外缘线为界。

(二)构筑物用海

1)非透水构筑物用海

岸边以海岸线为界,水中以非透水构筑物及其防护设施的水下外缘线为界。

2)透水构筑物用海

安全防护要求较低的透水构筑物用海以构筑物及其防护设施垂直投影的外缘线为界。其他透水构筑物用海在透水构筑物及其防护设施垂直投影的外缘线基础上,根据安全防护要求的程度,外扩不小于10m保护距离为界。

(三)围海用海

岸边以围海前的海岸线为界,水中以围堰、堤坝基床外侧的水下边缘线及口门连线为界。

(四)开放式用海

以实际设计、使用或主管部门批准的范围为界。

(五)其他方式用海

根据用海特征,参照(一)~(四)的方法界定。

(六)特殊情况处理

1. 相邻开放式用海的分割

当本宗海界定的开放式用海与相邻宗海的开放式用海范围相重叠时,对重叠部分的海域,应在双方协商的基础上,依据间距、用海面积等因素进行比例分割。

2. 公共海域的退让处理

当本宗海界定的开放式用海范围覆盖公用航道、锚地等公共使用的海域时,用海界线应收缩至公共使用的海域边界。

3. 用海方式重叠范围的处理

当几种用海方式的用海范围发生重叠时,重叠部分应归入现行海域使用金征收标准较高的用海方式的用海范围。

4. 超范围用海需求的处理

当某种用海方式的用海需求超出本规范一般方法界定的用海范围时,可在充分论证并确认其必要性和合理性的基础上,适当扩大该用海方式的用海范围。

四、各类型宗海界址界定方法

(一)渔业用海

1. 渔业基础设施用海

(1)用于顺岸渔业码头、渔港仓储设施和重要苗种繁殖场所等建设的填海造地用海,按本章第三节第三点界定,参见附录 A.1、A.2 以及 A.8 中的填海造地部分。

(2)渔港和开敞式渔业码头,按以下方法界定:

①以透水或非透水方式构筑的渔业用码头,以码头外缘线为界,参见附录 A.6、A.7 和 A.9~A.19 中的码头部分。

②有防浪设施圈围的港池,外侧以围堰、堤坝基床的外缘线及口门连线为界,内侧以海岸线及构筑物用海界线为界,参见附录 A.6 中的港池部分;开敞式渔业码头港池(船舶靠泊和回旋水域),以码头前沿线起垂直向外不少于 2 倍设计船长距离为界(水域空间不足时视情况收缩),参见附录 A.7~A.19 中的港池部分。

③渔港航道,以审核认定的范围为界。

(3)陆上海水养殖场延伸入海的取、排水口用海,岸边以海岸线为界,水中以取、排水头部外缘线外扩 30m 的矩形范围为界,参见附录 A.34、A.35。

2. 围海养殖用海

按本章第三节第三点界定,参见附录 A.1、A.3。

3. 开放式养殖用海

(1)筏式和网箱养殖用海。单宗用海以最外缘的筏脚(架)、桩脚(架)连线向四周扩展 20~30m 连线为界,参见附录 A.36;多宗相连的筏式和网箱养殖用海(相邻业主的台筏或网箱间距小于 60m)以相邻台筏、网箱之水域中线为界,参见附录 A.37。其间存在共用航道的,按双方均分航道空间的原则,收缩各自的用海界线。

(2)无人工设施的人工投苗或自然增殖的人工管养用海,以实际使用或主管部门批准的范围为界。

4. 人工鱼礁用海

以废船、堆石、人工块体及其他投弃物形成的人工鱼礁用海,以被投弃的海底人工礁体外缘顶点的连线或主管部门批准的范围为界。

(二)工业用海

1. 盐业用海

(1)盐田、盐业生产用蓄水池用海,按本章第三节第三点界定,参见附录 A.1。

(2)盐业码头和港池用海,按以下方法界定:

①以透水或非透水方式构筑的盐业用码头,以码头外缘线为界,参见附录 A.6、A.7 和 A.9~A.19 中的码头部分。

②盐业码头港池(船舶靠泊和回旋水域),以码头前沿线起垂直向外不少于 2 倍设计船长且包含船舶回旋水域的范围为界(水域空间不足时视情况收缩),参见附录 A.7~A.19 中的港

池部分。

(3)盐田取、排水口用海,岸边以海岸线为界,水中以取、排水头部外缘线外扩30m的矩形范围为界,参见附录A.34、A.35。

2. 固体矿产开采用海

(1)通过陆地挖至海底进行固体矿产开采的用海,以实际占用或主管部门批准的矿产开采范围外扩10m距离为界。

(2)海砂开采用海,以实际占用或主管部门批准的用海范围为界。实际用海的界定范围不得小于以矿产开采区域中心点为圆心,最大开采船只5倍长度为半径的圆。

3. 油气开采用海

(1)油气开采用人工岛及其连陆或连岛道路用海,按本章第三节第三点界定,参见附录A.2、A.27。

(2)油气开采用栈桥等用海,以栈桥外缘线平行外扩10m距离为界,参见附录A.5。

(3)油气开采综合生产平台、井口平台用海,以平台外缘线向四周平行外扩50m距离为界,参见附录A.28。

(4)单点系泊方式的储油轮用海,以系泊点为圆心,半径为1倍船长的圆为界,参见附录A.29;多点伸展系泊方式的储油轮用海,以油轮垂直投影的外切矩形向四周平行外扩0.5倍船长距离为界,参见附录A.30。

(5)输油管道用海,以管道外缘线向两侧外扩10m距离为界,参见附录A.32。

4. 船舶工业用海

(1)用于船舶工业厂区建设的填海造地用海,按本章第三节第三点界定,参见附录A.1、A.2以及A.8中的填海造地部分。

(2)修造船厂码头和港池用海,按以下方法界定:

①以透水或非透水方式构筑的船厂码头(含引桥)用海,以码头外缘线为界,参见附录A.6、A.7和A.9~A.19中的码头部分。

②有防浪设施圈围的船厂港池用海,外侧以围堰、堤坝基床的外缘线及口门连线为界,内侧以海岸线及构筑物用海界线为界,参见附录A.6中的港池部分;开敞式船厂码头港池(船舶靠泊和回旋水域)用海,以码头前沿线起垂直向外不少于2倍设计船长且包含船舶回旋水域的范围为界(水域空间不足时视情况收缩),参见附录A.7~A.19中的港池部分。

(3)堤坝等非透水构筑物用海,以非透水构筑物(含基床)及其防护设施的水下外缘线为界;栈桥、平台等透水构筑物用海,以透水构筑物及其防护设施垂直投影的外缘线外扩10m距离为界,参见附录A.4、A.5。

(4)船坞和港池用海,按以下方法界定:

①船坞用海,以海岸线及船坞外缘线为界,参见附录A.22、A.23中的船坞部分。

②坞门宽度小于1倍设计船长时的港池(坞门前沿水域)用海,坞门两侧以船坞中心线平行外扩0.5倍设计船长距离为界,坞门前方以坞门前沿起外扩1.5倍设计船长距离为界,参见附录A.22中的港池部分;坞门宽度大于或等于1倍设计船长时的港池(坞门前沿水域)用海,坞门两侧以与坞门两端相齐的船坞中心线的平行线为界,坞门前方以坞门前沿起外扩1.5倍设计船长距离为界,参见附录A.23中的港池部分。

(5)滑道与港池用海,按以下方法界定:

①纵向滑道的构筑物用海部分,以滑道长度自中心线向两侧外扩 0.5 倍设计船长距离为界,参见附录 A.24 中的滑道部分;横向滑道的构筑物用海部分,以滑道外缘线向两侧外扩 0.5 倍设计船长距离为界,参见附录 A.25 中的滑道部分。

②纵向滑道的港池(滑道前沿水域)用海部分,以构筑物用海的外侧边界起外扩 1 倍设计船长距离为界,参见附录 A.24 中的港池部分;横向滑道的港池(滑道前沿水域)用海部分,以构筑物用海的外侧边界两端各延长 0.5 倍设计船长后,平行外扩 1 倍设计船长距离为界,参见附录 A.25 中的港池部分。

5. 电力工业用海

(1)用于电力工业厂区建设的填海造地用海,按本章第三节第三点界定,参见附录 A.1、A.2 以及 A.8 中的填海造地部分。

(2)电厂(站)蓄水池、沉淀池等用海,按本章第三节第三点界定,参见附录 A.1、A.3。

(3)电厂(站)专用码头和港池用海,按以下方法界定:

①以透水或非透水方式构筑的电厂(站)专用码头(含引桥),以码头外缘线为界,参见附录 A.6、A.7 和 A.9~A.20 中的码头部分。

②有防浪设施圈围的电厂(站)专用港池,外侧以围堰、堤坝基床的外缘线及口门连线为界,内侧以海岸线及构筑物用海界线为界,参见附录 A.6 中的港池部分;开敞式电厂(站)专用码头港池(船舶靠泊和回旋水域),以码头前沿线起垂直向外不少于 2 倍设计船长且包含船舶回旋水域的范围为界(水域空间不足时视情况收缩),参见附录 A.7~A.20 中的港池部分。

(4)堤坝等非透水构筑物用海,以非透水构筑物(含基床)及其防护设施的水下外缘线为界;栈桥、平台等透水构筑物用海,以透水构筑物及其防护设施垂直投影的外缘线外扩 10m 距离为界,参见附录 A.4、A.5。

(5)水下发电设施用海,以发电设施外缘线外扩 50m 距离为界,参见附录 A.26。

(6)电厂(站)取、排水口用海,岸边以海岸线为界,水中以取、排水头部外缘线外扩 80m 的矩形范围为界,参见附录 A.34、A.35。

(7)位于水产养殖区附近的电厂温排水用海,按人为造成夏季升温 1℃,其他季节升温 2℃ 的水体所波及的外缘线界定;其他水域的温排水用海,按人为造成升温 4℃ 的水体所波及的外缘线界定。

6. 海水综合利用用海

(1)用于海水综合利用工业厂区建设的填海造地用海,按本章第三节第三点界定,参见附录 A.1、A.2。

(2)蓄水池、沉淀池等用海,按本章第三节第三点界定,参见附录 A.1、A.3。

(3)海水综合利用取、排水口用海,岸边以海岸线为界,水中以取、排水头部外缘线外扩 80m 的矩形范围为界,参见附录 A.34、A.35。

7. 其他工业用海

(1)用于厂区建设的填海造地用海,按本章第三节第三点界定,参见附录 A.1、A.2 以及 A.8 中的填海造地部分。

(2)蓄水池、沉淀池等用海,按本章第三节第三点界定,参见附录 A.1、A.3。

(3)企业专用码头和港池用海,按以下方法界定:

①以透水或非透水方式构筑的企业专用码头(含引桥),以码头外缘线为界,参见附录A.6、A.7和A.9~A.20中的码头部分。

②有防浪设施圈围的企业专用港池,外侧以围堰、堤坝基床的外缘线及口门连线为界,内侧以海岸线及构筑物用海界线为界,参见附录A.6中的港池部分;开敞式企业专用码头港池(船舶靠泊和回旋水域),以码头前沿线起垂直向外不少于2倍设计船长且包含船舶回旋水域的范围为界(水域空间不足时视情况收缩),参见附录A.7~A.20中的港池部分。

(4)堤坝等非透水构筑物用海,以非透水构筑物(含基床)及其防护设施的水下外缘线为界;栈桥、平台等透水构筑物用海,以透水构筑物及其防护设施垂直投影的外缘线外扩10m距离为界,参见附录A.4、A.5。

(5)工业取、排水口用海,岸边以海岸线为界,水中以取、排水头部外缘线外扩80m的矩形范围为界,参见附录A.34、A.35。

(三)交通运输用海

1. 港口用海

(1)用于堆场、码头及其他港口设施建设的填海造地用海,按本章第三节第三点界定,参见附录A.1、A.2以及A.8中的填海造地部分。

(2)码头和港池用海,按以下方法界定:

①以透水或非透水方式构筑的码头(含引桥),以码头外缘线为界,参见附录A.6、A.7和A.9~A.20中的码头部分。

②有防浪设施圈围的港池,外侧以围堰、堤坝基床的外缘线及口门连线为界,内侧以海岸线及构筑物用海界线为界,参见附录A.6中的港池部分;开敞式码头港池(船舶靠泊和回旋水域),以码头前沿线起垂直向外不少于2倍设计船长且包含船舶回旋水域的范围为界(水域空间不足时视情况收缩),参见附录A.7~A.20中的港池部分。

(3)堤坝等非透水构筑物用海,以非透水构筑物(含基床)及其防护设施的水下外缘线为界;栈桥、平台等透水构筑物用海,以透水构筑物及其防护设施垂直投影的外缘线外扩10m距离为界,参见附录A.4、A.5。

2. 航道

含灯塔、灯桩、立标和浮式航标灯等海上航行标志所使用的海域,按实际使用或主管部门批准的范围界定。

3. 锚地

按实际使用或主管部门批准的范围界定。

4. 路桥用海

(1)用于道路及其附属设施建设的填海造地用海,按本章第三节第三点界定,参见附录A.1、A.2。

(2)跨海道路(含涵洞)及其附属设施等用海,按本章第三节第三点界定。

(3)跨海桥梁及其附属设施等用海,以桥面垂直投影外缘线向两侧外扩10m距离为界,参见附录A.31。

(四)旅游娱乐用海

1. 旅游基础设施用海

(1)用于旅游开发和宾馆、饭店等建设的填海造地用海,按本章第三节第三点界定,参见附录 A.1、A.2 以及 A.8 中的填海造地部分。

(2)旅游码头和港池用海,按以下方法界定:

①以透水或非透水方式构筑的旅游码头,以码头外缘线为界,参见附录 A.6、A.7 和 A.9~A.19 中的码头部分。

②有防浪设施圈围的旅游专用港池用海,外侧以围堰、堤坝基床的外缘线及口门连线为界,内侧以海岸线及构筑物用海界线为界,参见附录 A.6 中的港池部分;开敞式旅游码头港池(船舶靠泊和回旋水域)用海,以码头前沿线起垂直向外不少于 2 倍设计船长且包含船舶回旋水域的范围为界(水域空间不足时视情况收缩),参见附录 A.7~A.19 中的港池部分。

(3)游艇码头用海,按以下方法界定:

①以非透水方式构筑的游艇码头用海,按游艇码头和游艇停泊水域分别界定。非透水式游艇码头以码头外缘线为界;游艇停泊水域以设泊位的码头前沿线、码头开敞端外扩 3 倍设计船长距离为界(水域空间不足时视情况收缩)。

②以透水方式构筑的游艇码头用海,游艇码头和游艇停泊水域作为一个用海整体界定,以设泊位的码头前沿线、码头开敞端外扩 3 倍设计船长和码头其他部分外缘线外扩 10m 距离为界(水域空间不足时视情况收缩),参见附录 A.21。

(4)以非透水方式构筑的游乐设施、景观建筑及不形成有效岸线的旅游用人工岛等用海,以游乐设施、景观建筑、人工岛等的水下外缘线为界;以透水方式构筑的游乐设施、高脚屋和旅游平台等用海,以游乐设施、高脚屋和旅游平台垂直投影的外缘线外扩 10m 距离为界,参见附录 A.4、A.5。

2. 浴场用海

设置有防鲨安全网的海水浴场,以海岸线及防鲨安全网外缘外扩 20~30m 距离为界,参见附录 A.38;无防鲨安全网的海水浴场,以实际使用或主管部门批准的范围为界,参见附录 A.39。

3. 游乐场用海

以实际使用或主管部门批准的范围为界。

(五)海底工程用海

1. 电缆管道用海

以电缆管道外缘线向两侧外扩 10m 距离为界,参见附录 A.32。

2. 海底隧道用海

(1)通风竖井等海底之上的设施用海,以通风竖井及其防护设施的水下外缘线为界。

(2)隧道主体及其海底附属设施用海,以隧道主体及其海底附属设施的外缘线向两侧外扩 10m 距离为界,参见附录 A.32。

3. 海底场馆用海

以海底场馆外缘线平行外扩 10m 距离为界,参见附录 A.33。

(六)排污倾倒用海

1. 污水达标排放用海

(1)排水口用海,岸边以海岸线为界,水中以排水头部外缘线外扩 80m 的矩形范围为界,参见附录 A.34、A.35。

(2)污水混合区用海。依据海洋功能区划和保护目标,以其所排放的有害物质随离岸距离浓度衰减,达到海水水质标准要求时水体所波及的外缘线为界。参照《海水水质标准》(GB 3097—1997)的规定。

2. 倾倒区用海

以实际使用或主管部门批准的范围为界。

(七)造地工程用海

城镇建设、农业和废弃物处置填海造地用海,按本章第三节第三点界定,参见附录 A.1、A.2。

(八)特殊用海

1. 科研教学用海

按照主管部门批准的用海位置和范围,参照本章第三节第三点及前述各类用海的界定方法进行界定。

2. 军事用海

按照主管部门批准的用海位置和范围,参照本章第三节第三点及前述各类用海的界定方法进行界定。

3. 海洋保护区用海

以主管部门批准的范围为界。

4. 海岸防护工程用海

以实际使用或主管部门批准的范围为界。

(九)其他用海

参照本章第三节第三点及前述各类用海的界定方法进行界定。

五、海籍测量

(一)测绘基准

1. 坐标系

采用 WGS-84 世界大地坐标系。

2. 高程基准

采用 1985 国家高程基准。

3. 地图投影

一般采用高斯-克吕格投影,以与宗海中心相近的 0.5°整数倍经线为中央经线。东西向跨度较大(经度差大于 3°)的海底管线等用海可采用墨卡托投影。

(二)测量仪器

测量仪器参照《海域使用面积测量规范》(HY 070—2003)中的规定。

1. 测距仪、经纬仪和全站仪

测量中使用的测距仪、经纬仪和全站仪等仪器的性能指标应符合《1∶5000、1∶1万、1∶2.5万海岸带地形图测绘规范》(CH/T 7001—1999)的相关规定。

2. DGPS 接收机

(1)测量中使用的 DGPS 接收机,其基本技术要求应符合表 5-3 的规定。

表 5-3 DGPS 接收机基本技术要求

卫星截止高度角	类型	通道数	PDOP	观测有效卫星个数	跟踪方式
15°	双频/单频	≥8	≤6	≥4	P 码和 C/A 码伪距及相位

(2)测量中使用的 DGPS 接收机应具有防潮、防盐、防霉、防雨淋、抗震的能力,符合海洋环境工作条件的要求;应具有自动选择接收频率、搜索处于最佳工作状态的信标台和数据采集、信号锁定、工作状态显示等功能。

(3)DGPS 接收机应配置数据处理、图形编辑和图件打印等专用软件。

(三)测量前准备

1. DGPS 接收机的检查

(1)DGPS 接收机的检视项目。

①DGPS 接收机及其天线外观是否良好,主机和配件是否齐全。

②需固紧的部件是否有松动和脱落。

③后处理软件盘数是否齐全。

(2)DGPS 接收机通电检查项目。

①电源信号灯工作是否正常。

②按键和显示系统工作是否正常。

③使用自测试命令检测仪器工作是否正常。

④检验接收机锁定卫星时间的快慢,接收信号的信噪比及信号失锁情况。

2. DGPS 接收机的比对

(1)DGPS 接收机在施测前应进行比对试验,以校正仪器可能存在的系统误差。

(2)选择距所测海区较近的 2 个已知点(x_{oi}, y_{oi}, z_{oi})作为比对试验基准点。其试验基准点应是国家各时期布测的三角、导线、GPS 点或海控点。

(3)将 DGPS 接收机分别置于基准点上,每点比对时间不少于 2h。

(4)对自动采集的定位数据进行处理,计算其定位平均值 $\overline{x_i}$、$\overline{y_i}$。

(5)定位修正值 Δx、Δy 的计算:

$$\Delta x_i = x_{oi} - \overline{x_i}$$
$$\Delta y_i = y_{oi} - \overline{y_i}$$

式中,$i=1,2$。

$$\Delta x = (\Delta x_1 + \Delta x_2)/2$$
$$\Delta y = (\Delta y_1 + \Delta y_2)/2$$

(6)按定位修正值 Δx、Δy 对 DGPS 接收机进行修正。

(7)在测量期间若仪器发生故障,经修理或更换软件后应重新进行比对试验。

(四)施测

1. 测量组织者

测量组织者应按《海域使用面积测量规范》(HY 070—2003)第 5 章中所确定的测点布设方案、测量方法、测量设备、计划进度等要求,组织、指挥测量人员作业。

2. 潮间带测量

潮间带面积测量按《1:5000、1:1万、1:2.5万海岸带地形图测绘规范》(CH/T 7001—1999)中"控制点平面位置测量"确定拐点坐标。

3. 海上测量

(1)测量一般在良好天气下进行,测量船只的横摇角度应小于 10°。

(2)DGPS 接收天线应架设在测量船的有利部位,若接收机收到的信号不佳,调整天线高度和方位,直至接收信号良好。

(3)开机后,检查有关指示灯与仪表显示,正常后方可进行自测试并输入各种控制信息。

(4)接收机开始记录数据后,测量人员可使用专用功能键和选择菜单,查看测区信息、接收卫星数、卫星号、卫星健康状况、各通道信噪比、相位测量残差、实时定位的结果及其变化、存储介质记录和电源供电情况等,如发现异常情况或未预料到的情况,应记录在"海域使用面积测量作业记录表"(附录 B)的备注栏内,并及时报告测量组织者。

(5)接收机启动前与作业过程中,应及时逐项填写"海域使用面积测量记录表"(附录 C)和"海域使用面积测量作业记录表"(附录 B)。

(6)测量期间测量人员应细心操作,防止接收设备震动和移位;工作人员或其他物体不得碰动天线或阻挡信号。

(7)测量期间,不应在天线附近 50m 以内使用电台、10m 以内使用对讲机。

(8)测量过程中不允许进行以下操作:

①接收机关闭又重新启动;

②进行自测试;

③改变卫星仰角限;

④改变天线位置。

(9)当 DGPS 接收机出现故障,或者接收的差分信息出现故障告警、停机告警、超出保护极限告警、伪距有误告警情况时,应迅速停止测量。

(10)当所规定的作业项目全部完成,记录资料完整、无误,并符合技术设计有关内容要求时,方可结束作业。

(11)作业结束后,应及时擦拭接收机上的水汽和尘埃,《海域使用面积测量规范》按 DGPS 接收机检查规定进行检查后,存放在仪器箱内。仪器箱应置于通风、干燥阴凉处,箱内干燥剂呈粉红色时,应及时更换。

(五)测量精度

1. 控制点精度

海籍测量平面控制点的定位误差应不超过±0.05m。

2. 界址点精度

(1)位于人工海岸、构筑物及其他固定标志物上的宗海界址点或标志点,其测量精度应优于0.1m。

(2)其他宗海界址点或标志点测量精度应满足《海域使用面积测量规范》(HY 070—2003)中4.4的规定。

(六)测量内容与对象

海籍测量主要内容包括平面控制测量、界址点测量或推算。

海籍测量的对象是界址点及其他用于推算界址点坐标的标志点。

(七)平面控制测量

1. 平面控制基础

国家大地网(点)及各等级的海控点、GPS 网点、导线点均可作为海籍测量的平面控制基础。

2. 控制点引测

根据已有控制点的分布、作业区的地理情况及仪器设备条件,可选用海控点、GPS 网点和导线点,加密引测控制点。

3. 平面控制网设计

根据待测海域的范围及可选平面控制点的分布情况,设计平面控制网,实施外业测量;平面控制测量的解算结果应能为界址测量提供坐标修正参数。

(八)界址测量

1. 测量方法

一般采用 GPS 定位法、解析交会法和极坐标定位法施测。根据实测数据,采用解析法解算出实测标志点或界址点的点位坐标。

对于无法直接测量界址点的宗海,或已有明确的界址点相对位置关系的宗海,可根据相关资料,如工程设计图、主管部门审批的范围等,推算获得界址点坐标。

2. 测量工作方案

在现场施测前,应实地勘查待测海域,综合考虑用海规模、布局、用海方式、特点、宗海界定原则和周边海域实际情况等,为每一宗海制定界址点和标志点测量工作方案。

对于能够直接测量界址点的宗海,应采用界址点作为实际测量点;对于无法直接测量界址点的宗海,应采用与界址点有明确位置关系的标志点作为实际测量点。

实际测量点的布设应能有效反映宗海形状和范围。

3. 现场测量

根据工作方案进行现场测量,在现场填写"海籍调查表"(附录 D)中的"海籍现场测量记录表"(附录 D 表 1),绘制测量示意图,保存测量数据。

(九)海籍现场测量记录表

1. "海籍现场测量记录表"的作用

"海籍现场测量记录表"用于记录实测界址点或标志点的编号、坐标测量数据、位置分布及其与构筑物、用海设施和相邻宗海的相对位置关系。

"海籍现场测量记录表"是推算宗海界址点、绘制宗海图和海籍图的主要依据。

2. "海籍现场测量记录表"的内容

(1)现场测量示意图内容。

①测量单元、实测点及其编号、连线。实测点的编号应以逆时针为序。

②海岸线、明显标志物、实测点与标志物的相对距离。

③相邻宗海图斑、界址线、界址点及项目名称(含业主姓名或单位名称)。

④本宗海用海现状或方案,已有或拟建用海设施和构筑物,本宗海与相邻宗海的位置关系。

⑤必要的文字注记。

⑥指北针。

(2)测量记录内容。

①项目名称。

②测量单元及对应的实测点编号、坐标,对应的用海设施和构筑物。

③坐标系。

④测量单位、测绘人、测量日期。

3. 现场测量示意图的图幅

现场测量示意图的图幅应与"海籍现场测量记录表"中预留的图框大小相当。当测量单元较多、内容较复杂时,可用更大幅面图纸绘制后粘贴于预留的图框,但需在图中注明坐标系、测量单位,并由测绘人签署姓名和测量日期。

4. 现场测量示意图的绘制要求

现场测量示意图应在现场绘制。涉及实测点位置、编号和坐标等的原始记录不得涂改,同一项内容划改不得超过两次,全图划改不得超过两处,划改处应加盖划改人员印章或签字。注记过密的部位可移位放大绘制。

(十)内业数据处理

1. 数据标准化处理

应根据现场测量数据的格式及数据处理软件的要求,完成对数据的标准化处理,形成统一格式和参照系的测量数据。

2. 数据修正

利用平面控制解算的坐标修正参数,对坐标测量结果进行统一修正。

3. 坐标投影转换

根据面积计算、宗海图和海籍图绘制的相关要求,对实测坐标进行投影转换。

4. 界址点推算

根据实测界址点和标志点坐标,依据界址点与标志点的位置关系,推算其他界址点的坐标。

(十一)界址点与界址线

1. 界址点编号

界址点编号采用阿拉伯数字,从1开始,连续顺编。

2. 界址点坐标记录

经过测量或推算获得的界址点坐标填入"海籍调查表"中的"界址点坐标记录表"(附录D表2),记录表内容应包括所有用于界定本宗海及各内部单元范围的界址点。

3. 界址线

将宗海及各内部单元的界址点,按逆时针方向进行顺序连线,形成闭合的界址线。界址线以"*—*—…—*—*"方式表示,"*"代表界址点编号,首尾界址点编号应相同。

4. 界址线记录

宗海及各内部单元的界址线填入"海籍调查表"中的"宗海及内部单元记录表"(附录D表3)中。

第四节 宗海图编绘

根据分析、论证后最终推荐的用海方案绘制宗海位置图和宗海界址图。

宗海位置图应反映宗海的地理位置,清晰、准确地记载项目用海的名称、类型、使用人、具体位置,以及毗邻陆域和海域要素。

宗海界址图应反映项目用海具体的平面布置、权属范围及与相邻宗海的关系,应采用合适的比例尺,全面、清晰、准确地记载项目用海的名称、类型、使用人、具体位置、界址点、界址线、用海面积、用海方式、主要用海设施,以及相邻宗海的类型、使用人、具体位置、用海范围、界址点、界址线等。

项目用海典型界址点应具有代表性,应能简洁、有效地反映项目用海的平面布置和权属范围。典型界址点一般应选择较明显的用海结构折点、拐点和能有效反映结构边缘变化的特征点。宗海图绘制应符合《海籍调查规范》(HY/T 124—2009)的要求。

一、总则

(一)宗海图编绘原则

(1)准确。宗海图界址点界定应精确,内容编绘应精细,成图应规范严谨。
(2)清晰。宗海形状、界址点分布等图示图式应清楚、直观。
(3)美观。宗海图图面编绘应柔和美观,配置合理整洁。

(二)成图数学基础

(1)坐标系。采用2000国家大地坐标系(CGCS2000)。
(2)深度基准。采用当地理论最低潮面,远海区域根据实际情况可以采用当地平均海平面。
(3)高程基准。采用1985国家高程基准。
(4)地图投影。一般采用高斯-克吕格投影,以宗海中心相近的0.5°整数倍经线为中央经线。东西向跨度较大(经度差大于3°)的海底电缆管道等用海应采用墨卡托投影,基准纬线为制图区域中心附近的0.5°整数倍纬线。

(三)宗海图编绘的一般流程

1. 资料收集

收集项目用海的海籍现场测量记录、最终设计方案、相邻用海项目的权属与界址资料,以及项目周边海域的海域使用现状、基础地理信息、近两年的遥感影像等资料。

2. 用海方式确定

按照《海域使用分类》(HY/T 123—2009)相关规定,判定项目用海包括的用海方式。

3. 分宗

根据项目用海的权属界址线封闭情况,对项目用海进行分宗。
填海造地用海应单独分宗。
与其他项目用海交越的电缆管道、跨海大桥等用海不需分段分宗。
用海期限不一致的用海应单独分宗。

4. 界址范围确定

按照《海籍调查规范》(HY/T 124—2009)相关规定,根据用海设计方案和海籍现场测量记录、界址点坐标记录、宗海及内部单元记录等,准确确定宗海界址点,界定宗海内部单元界址范围。宗海内部各单元界址的最外围界线为宗海的界址范围。

在宗海内部,按不同用海方式的用海范围划分内部单元,用海方式相同但范围不相接的海域应划分为不同的内部单元。

5. 面积计算

面积计算方法参照《海籍调查规范》(HY/T 124—2009)。

6. 图件绘制

制作工作底图,并在底图基础上绘制宗海位置图、宗海界址图,必要时绘制宗海平面布置图。

7. 图面整饰

在成图信息编绘完备的基础上,进行界址点列表、宗海内部单元列表及制图信息列表的整体布置与图面整饰。

8. 质量检查

检查制图要素与内容的完备性、规范性、准确性等内容。

二、宗海图的编绘及要求

(一)底图

1. 底图选取

底图应采用最新的能反映毗邻海域与陆地要素(海岸线、地名、等深线等)的国家基础地理信息图件、遥感影像或海图。

宗海位置图底图可采用数字线划图,或栅格格式的地形图、海图,或空间分辨率不低于10m 的遥感影像图。

宗海界址图底图与宗海平面布置图底图应采用数字线划图。

2. 底图要素

宗海图底图应包括以下基础地理信息:
(1)海域、海岛、陆地、海岸线等。
(2)等深线、水深点等海域要素。
(3)河流、主要居民地等陆地要素。
(4)海域、陆地行政界线。
(5)海岛、海湾、河口、海峡、重要地名等注记。
注:涉及国际光缆等项目的,宗海图底图还应包括领海外部界线。

大陆海岸线采用国家、省批准的最新海岸线修测成果;海岛海岸线以实测为准;行政界线采用批准的陆地行政界线和海域行政界线。

宗海位置图底图应标注等深线或水深点;宗海界址图底图和宗海平面布置图底图可根据实际情况,不标注等深线和水深点。

3. 底图绘制要求

(1)图式。海岸线绘制图式参照附录 E,其他基础地理信息编绘图式参照《国家基本比例尺地图图式》(GB/T 20257.1~3—2007)。

(2)标注。基础地理信息名称标注一般采用 14 号宋体,县级以上城市地名及重要基础地理信息名称标注可适当放大。

(3)比例尺。底图比例尺与成图比例尺相适应。

(二)宗海位置图

1. 宗海位置图主要内容

(1)项目用海地理位置与平面轮廓信息。
(2)底图。
(3)项目用海位置文字说明。
(4)坐标系、投影、测绘单位等信息列表。
(5)图名、比例尺、图廓、经纬度注记及指北针等成图要素。

2. 宗海位置图编绘要求

(1)项目用海位置与平面轮廓信息。以项目用海范围形成的图斑,清楚、准确地编绘出项目用海的地理位置、平面轮廓及其与区域中重要地物的相对位置关系。以箭头指引,突出标示一个或一个以上典型界址点的坐标,坐标可置于矩形图框中,图框白底黑字,16号宋体加黑,边框线划宽度0.5mm,颜色为R,G,B:0,0,0。宗海位置图图斑见附录E。

(2)底图。底图编绘要求见本章第四节第二点。

(3)项目用海位置文字说明。以简要的文字说明项目用海所处位置,一般不超过40个字,文字12号宋体,白底黑字。项目用海位置文字说明置于矩形图框内,一般布置在图面左下角,矩形图框高宽比为1:2,大小随文字数量确定。图框线划宽0.2mm,颜色为R,G,B:0,0,0。

(4)制图信息列表。制图信息列表编绘要求见本章第四节第二点。

(5)图名、比例尺、图廓、经纬度注记及指北针等成图要素。图名编绘要求见本章第四节第二点。

比例尺以能清晰反映本项目用海地理位置、平面轮廓及其与附近重要标志性地物的相对位置关系为宜。比例尺样式编绘要求见本章第四节第二点。

图廓、经纬度注记编绘要求见本章第四节第二点。

指北针编绘要求见本章第四节第二点。

(6)同一项目编绘一幅宗海位置图,宗海位置图编绘范例见附录G。

(三)宗海界址图

1. 宗海界址图主要内容

(1)宗海界址信息。
(2)底图。
(3)毗邻宗海信息。
(4)界址点坐标列表。
(5)宗海内部单元列表。
(6)坐标系、投影、测绘单位等制图信息列表。
(7)图名、比例尺、图廓、经纬度注记及指北针等成图要素。

2. 宗海界址图编绘要求

(1)界址点编绘。

①界址点编绘以界址点坐标为基础,通过计算机制图系统进行编绘,图式见附录E。

②界址点原则上从每一用海单元左下角开始标注,界址点编号统一采用阿拉伯数字,从1开始逆时针方向连续顺编。不同宗海内部单元界址点编号按照《海域使用分类》(HY/T 123—2009)海域使用方式二级类次序编排。

③对于界址点较多且连续编号的用海单元,以清晰反映宗海界址为原则,可只标注关键界址点;对于弧形界址区域,在弧形两端与顶点界址点编绘的基础上,应适当增加界址点数量,以反映弧形特征。对于圆形界址区域,可采用圆心坐标与圆半径来表达用海单元界址范围。

④界址点序号标注一般采用14号宋体加粗,黑色。当界址点密集时,界址点编号标注可采用引线形式。引线线宽为0.2mm,颜色为R,G,B:0,92,230。

(2)界址线编绘。将宗海内部单元的界址点,按照逆时针方向进行顺序直线连线,形成闭合的界址线,图式见附录E。

(3)宗海内部单元编绘。宗海内部单元以多边形图斑形式编绘,不同用海方式编绘的图斑图式见附录E。

(4)底图。底图编绘要求见本章第四节第二点。

(5)毗邻宗海信息。毗邻宗海信息包括周边毗邻宗海图斑、项目名称等信息,周边相关信息标注一般采用14号宋体,黑色,毗邻宗海图斑图式见附录E。

(6)界址点坐标列表。宗海界址图应列置界址点坐标列表,界址点坐标单位采用度、分、秒,秒后保留3位小数,界址点编号与图中编号对应,顺序列表。如果界址点个数较多,列表空间不足时,可加附页列表填写界址点编号及坐标,并加注承接说明,在附页上签署测量人、绘图人和审核人的姓名,注明测绘单位并加盖单位印章。界址点列表名头为"界址点编号及坐标(北纬|东经)",表中所有字体均为11号宋体,黑色,表格线划宽度统一为0.1mm,颜色为R,G,B:0,0,0。界址点坐标列表图示见图5-1。

10mm	30mm	30mm
界址点编号及坐标(纬度|经度)		
1	yy°yy′ yy.yyy″	xxx°xx′ xx.xxx″
2	yy°yy′ yy.yyy″	xxx°xx′ xx.xxx″
3	yy°yy′ yy.yyy″	xxx°xx′ xx.xxx″
4	……	……
5		
6	……	……
7	……	……
8	yy°yy′ yy.yyy″	xxx°xx′ xx.xxx″

图5-1 界址点坐标列表

(7)宗海内部单元列表。宗海界址图应列置宗海内部单元列表,包括内部单元、用海方式、界址线和面积。内部单元按照单元具体用途填写。用海方式采用《海域使用分类》(HY/T 123—2009)中二级用海方式。界址线采用界址点编号加"-"表示,界址点编号首、尾相同。对于界址点较多的内部单元,为方便书写,连续编号部分可采取中间省略的方式,如:"1-2-…-79-80-1"。面积单位为公顷,小数点后保留4位。表中所有字体均为11号宋体,黑色,表格线划宽度统一为0.1mm,颜色为R,G,B:0,0,0。宗海内部单元列表图示见图5-2。

内部单元	用海方式	界址线	面积(公顷)
×××	×××	8-9-10-11-12-8	××.××××
×××	×××	1-…-8-12-…-15-1	××.××××
宗海		1-2-3-…-12-13-14-15-1	××.××××
15mm	15mm	23mm	17mm

图5-2 宗海内部单元列表

注:当本表格单元信息内容为单行时,表格行高为5mm;当信息内容为多行时,表格行高以能清晰显示行内信息为宜。

(8)制图信息列表。制图信息列表编绘要求见本章第四节第二点。

(9)图名、比例尺、图廓、经纬度注记及指北针等成图要素。

图名编绘要求见本章第四节第二点。

宗海界址图比例尺以能清晰反映宗海的界址点分布及界址范围为宜。比例尺样式编绘要求见本章第四节第二点。

图廓、经纬度注记编绘要求见本章第四节第二点。

指北针编绘要求见本章第四节第二点。

(10)对于海上风电、跨海桥梁、海底电缆管道等平面布局比较复杂或所占用海域跨度较大的用海,为同时清晰反映宗海的形状以及界址点分布情况,宗海界址图可在整体反映宗海平面分布情况的基础上,对于典型、重要、复杂区域采用局部放大的方式编绘。采用局部放大时,使用标注框形式,线宽为0.2mm,颜色为R,G,B:0,0,0;在标注框内右下角放置比例尺。标注框图幅及比例尺以能清晰反映宗海的形状及界址点分布为宜。

(11)对于海底电缆管道、跨海桥梁、道路等长宽尺寸相差悬殊的用海,可根据实际情况,采用局部不等比例方式移位编绘,以清楚反映宗海界址点分布为宜。

(12)对于立体确权用海,本宗海按照本规范相关要求编绘,与本宗海发生重叠的宗海,按照毗邻宗海处理,重叠部分只体现本宗海图斑。

(13)典型宗海界址图编绘范例见附录G。

(四)宗海平面布置图

1. 宗海平面布置图主要内容

(1)属于同一项目的各宗海及其内部单元平面布置信息。

(2)底图。

(3)坐标系、投影、测绘单位等信息列表。

(4)图名、比例尺、图廓、经纬度注记及指北针等成图要素。

2. 宗海平面布置图编绘要求

（1）同一项目的各宗海及其内部单元平面布置信息。宗海平面布置图应反映同一项目的各宗海及其内部单元之间的平面布置及位置关系。宗海平面布置图只编绘界址线和宗海内部单元图斑，界址线和宗海内部单元不同用海方式图斑图式见附录E。

（2）底图。底图编绘要求见本章第四节第二点。

（3）制图信息列表。制图信息列表编绘要求见本章第四节第二点。

（4）图名、比例尺、图廓、经纬度注记及指北针等成图要素。

图名编绘要求见本章第四节第二点。

宗海平面布置图比例尺以能清晰反映同一项目的各宗海之间的平面布置、相对位置关系为宜。比例尺样式编绘要求见本章第四节第二点。

图廓、经纬度注记编绘要求见本章第四节第二点。

指北针编绘要求见本章第四节第二点。

（5）宗海平面布置图编绘范例见附录G。

(五) 宗海图版式

1. 图幅

宗海位置图、宗海界址图、宗海平面布置图各自单独成图，一般采用A4幅面，满幅面设计；当A4幅面不能满足要求时，可调整图幅至A3，图中相关字号、线宽可随图幅适当调整。

2. 图面配置

宗海位置图、宗海平面布置图应将整个图面置于图幅框内，制图信息列表置于右下部。

宗海界址图图幅左边为图面，右边从上向下依次配置界址点坐标列表、宗海内部单元列表、制图信息列表。图面一般应占到图幅区域的2/3以上。

3. 图廓

图廓由图幅图廓与图面图廓组成。

宗海位置图、宗海平面布置图添加经纬网，并标注主要经纬度。经纬网格线宽为0.2mm，颜色为R,G,B:183,183,183；根据图幅范围采用合适单位间隔进行等距标注，经度标注为"xxx°xx′xx″"，纬度标注为"yy°yy′yy″"，不跨度时中间标注经度可省略为"xx′xx″"，纬度可省略为"yy′yy″"；字体为10号宋体黑色。

宗海界址图采用四角标注坐标，经度标注为"xxx°xx′xx″"，纬度标注为"yy°yy′yy″"，字体为10号宋体，黑色。图幅图廓线划宽度0.5mm，颜色为R,G,B:0,0,0，图幅线划与图面线划之间距离3mm。图面图廓线划宽度0.2mm，颜色为R,G,B:0,0,0。

4. 图名

宗海位置图的图名由"项目名＋宗海位置图"构成，宗海界址图的图名由"项目名＋宗海界址图"构成，宗海平面布置图的图名由"项目名＋宗海平面布置图"构成，24号宋体，黑色，居中，如果图名字数过多，可适当缩小字号。图名置于图幅上部，距离上图廓外缘线3mm。

对于分宗编绘的宗海界址图，其项目名后加"（主体用途）"，主体用途相同的，可在主体用途后加数字区分。例如"×××项目（码头、栈桥及港池）宗海界址图""×××项目（码头1）宗海界址图"。

用于市场化出让方案制定等的宗海图,图名根据实际情况确定。

5. 比例尺

比例尺以数字方式表示,置于图框内,比例尺数值应归整。宗海位置图和宗海平面布置图的比例尺置于图面底部中间部位,以不影响图面要素表达为宜。宗海界址图的比例尺置于图面右下角位置,以不影响图面要素表达为宜。图框线划宽度 0.2mm,颜色为 R,G,B:0,0,0,图框背景颜色为 R,G,B:255,255,255,距下边框、右边框各 1mm,框内字体为 10 号宋体,黑色。比例尺编绘图示见图 5-3。

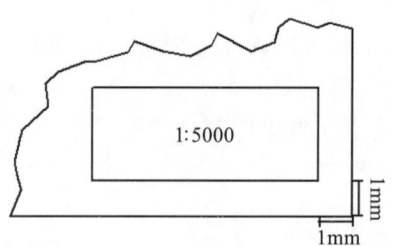

图 5-3 比例尺示意图

6. 指北针

指北针采用箭头式图示,标注北方,黑白色显示,指北针箭头与标注"N"字母总体高 1.0cm,宽 0.50cm,一般置于图面右上角,分别距图面图廓上边界、右边界各 2mm,如影响图面内容显示,可适当调整位置。指北针编绘图示见图 5-4。

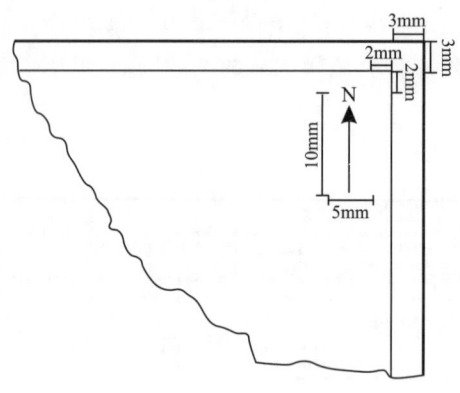

图 5-4 指北针示意图

7. 制图信息列表

制图信息列表主要包括成图基础数据以及测量单位信息,其中成图基础数据包括坐标系、投影、中央经线、高程基准和深度基准。测量单位信息包括测量单位、测量人、绘图人、绘制日期、审核人。制图信息采取列表形式表示,表中所有字体均为 11 号宋体,黑色,表格线划宽度统一为 0.1mm,颜色为 R,G,B:0,0,0。宗海位置图、宗海平面布置图制图信息列表图示见图 5-5,宗海界址图制图信息列表图示见图 5-6。

宗海位置图、宗海界址图、宗海平面布置图版式范例见附录 F。

	15mm	25mm	15mm	25mm
7mm	坐标系		投影	投影名称 (xxx°xx′)
5mm	高程基准		深度基准	
	测绘单位	(填写后须加盖资质单位印章)		
	测量人	(签名)	绘图人	(签名)
	绘制日期		审核人	(签名)
	15mm	25mm	15mm	25mm

图 5-5 宗海位置图、宗海平面布置图制图信息列表图示

	12mm	23mm	12mm	23mm
7mm	坐标系		投影	投影名称 (xxx°xx′)
5mm	高程基准		深度基准	
	测绘单位	(填写后须加盖资质单位印章)		
	测量人	(签名)	绘图人	(签名)
	绘制日期		审核人	(签名)
	12mm	23mm	12mm	23mm

图 5-6 宗海界址图制图信息列表图示

三、成图质量检查

(一)成图要素完备性检查

(1)宗海图底图主要检查海域、海岛、陆地图斑、海岸线、重要地名等基础信息的完备性和成图清晰度。

(2)宗海位置图主要检查宗海图斑及其位置坐标等成图要素的完备性和成图清晰度,以及制图信息的完备性。

(3)宗海界址图主要检查宗海界址点、界址线、内部单元图斑、毗邻宗海信息等主要成图要素的完备性和成图清晰度,以及界址点坐标列表、宗海内部单元列表、制图信息列表的完备性。

(4)宗海平面布置图主要检查同一项目内各宗海及其内部单元界址线、图斑、相关用海项目信息等成图要素的完备性和成图清晰度,以及制图信息列表的完备性。

(5)宗海图版式主要检查图名、比例尺、图廓、经纬度注记及指北针等成图要素的完备性。

(二)规范性检查

对完备性检查的相关要素,开展规范性检查,此外,对宗海位置图、宗海界址图、宗海平面布置图中的图斑、线划宽度与色彩、地理坐标格式、注记字体字号、表格位置格式、图面整饰等要素进行规范性检查。

四、准确性检查

(一)数学基础检查

主要检查宗海图坐标系、投影方式、图廓尺寸和比例尺等是否准确,具体检查方法参考《测绘成果质量检查与验收》(GB/T 24356—2009)。

(二)界址点检查

将界址点坐标列表中的界址点展绘于图面,检查每一界址点与原图相应界址点的符合性,对于界址点密集区域应将图件放大检查。同时对比海籍现场测量记录表等界址点坐标来源文件,检查界址点坐标的准确性。

(三)宗海信息列表检查

对宗海界址图中坐标信息列表的界址点编号、坐标的准确性进行检查;对宗海内部单元列表中所列单元、用海方式、界址点连线、面积的准确性进行检查。

(四)编绘精度检查

编绘精度检查方法参考《测绘成果质量检查与验收》(GB/T 24356—2009)。

1. 简述宗海的含义。
2. 海域使用类型和用海方式有哪些?
3. 理解宗海测量的方法。

本社.中华人民共和国海域使用管理法[J].中华人民共和国国务院公报,2001,17(34):13-17.

国家测绘局.CH/T 7001—1999 1∶5000、1∶1万、1∶2.5万海岸带地形图测绘规范[S].北京:测绘出版社,2000.

国家海洋标准计量中心.HY 070—2003 海域使用面积测量规范[S].北京:中国标准出版社,2003.

国家环境保护局,国家海洋局.GB 3097—1997 海水水质标准[S].国家环境保护局,国家海洋局,1997.

国家环境保护局和国家海洋局.GB 3097—1997 海水水质标准[S].北京:中国环境科学出版社,1997.

中华人民共和国国家海洋局.HY/T 123—2009 海域使用分类[S].北京:中国标准出版社,2009.

中华人民共和国国家海洋局. HY/T 124—2009 海籍调查规范[S]. 北京:中国标准出版社,2009.

中华人民共和国国家海洋局. 宗海图绘制技术规范(意见征求稿)[S]. 中华人民共和国国家海洋局,2014.

中华人民共和国国家质量监督检验检疫总局,中国国家标准化管理委员会. GB/T 20257.1~3—2007 国家基本比例尺地图图式[S]. 北京:中国标准出版社,2007.

中华人民共和国国家质量监督检验检疫总局,中国国家标准化管理委员会. GB/T 24356—2009 测绘成果质量检查与验收[S]. 北京:中国标准出版社,2009.

第六章 不动产登记

第一节 不动产登记概述

不动产登记,是指不动产登记机构依法将不动产权利归属和其他法定事项记载于不动产登记簿的行为。通常称为不动产的,主要是指土地、海域以及房屋、林木等定着物。

一、不动产登记制度

不动产登记是《中华人民共和国物权法》确立的一项物权制度,是指经权利人或利害关系人申请,由国家专职部门将有关不动产物权及其变动事项记载于不动产登记簿的事实,明确"国家对不动产实行统一登记制度"。但受部门体制的约束,不动产统一登记制度一直未能建立,不动产重复登记、机构重叠的问题依然存在。

国务院明确要求建立统一登记制度,整合分散在国务院不同部门的不动产登记职责,交由国土资源部承担。并将建立不动产统一登记制度作为我国社会主义市场经济基础性制度建设的重要组成部分。

2013年3月,十二届全国人大一次会议在人民大会堂举行第三次全体会议,会议有四项议程,第三项议程为听取国务委员兼国务院秘书长马凯《关于国务院机构改革和职能转变方案》首次提出建立不动产统一登记制度,以更好地落实物权法规定,保障不动产交易安全,有效保护不动产权利人的合法财产权。建立以公民身份证号码和组织机构代码为基础的统一社会信用代码等制度,从制度上加强和创新社会管理,并为预防和惩治腐败夯实基础。从此打开了我国不动产统一登记制度的大门。

2014年11月24日,国务院总理李克强签署第656号国务院令,公布《不动产登记暂行条例》(以下简称《条例》)。《条例》于2015年3月1日起施行。《条例》的出台,标志着不动产登记工作进入全面明晰产权、有效保护权益、维护交易安全、提高交易效率的新阶段。

2015年2月15日,中央编办、财政部、住建部等八家不动产登记工作部际联席会议成员单位,在国土部就不动产统一登记工作推进事项展开集中办公,包括研讨不动产登记暂行条例实施细则。

同时,为贯彻落实《国务院机构改革和职能转变方案》,加快建立和实施不动产统一登记制度,尽快实现不动产登记机构、登记簿册、登记依据和信息平台"四统一",确保不动产统一登记工作上下协调联动、积极稳妥实施,国土资源部、中央编办于2015年4月13日出台《国土资源部、中央编办关于地方不动产登记职责整合的指导意见》,以推进各级不动产登记职责整合工作。

2016年1月1日,国土资源部公布《不动产登记暂行条例实施细则》,对集体土地所有权登记、国有建设用地使用权及房屋所有权登记、宅基地使用权及房屋所有权登记等各种不动产权利的登记都做出了更为细致的规定。

二、不动产登记常用术语

(1)宗地:土地权属界线封闭的地块或者空间。

(2)宗海:权属界线封闭的同类型用海单元。

(3)房屋:独立成栋、有固定界线的封闭空间,以及区分幢、层、套、间等可以独立使用、有固定界线的封闭空间。

(4)定着物:固定于土地(海域)并不能移动的房屋、森林、林木等有独立使用价值的物。

(5)不动产:土地(海域)以及房屋、林木等定着物。

(6)不动产单元:权属界线固定封闭,且具有独立使用价值的空间。

(7)不动产单元代码:即不动产单元号,是按一定规则赋予不动产单元的唯一和可识别的标识码。

(8)地籍区:在县级行政辖区内,以乡(镇)、街道办事处为基础结合明显线性地物划分的不动产管理区域。根据实际情况,可以行政村、街坊为基础将地籍区再划分为若干个地籍子区。

三、不动产登记工作规范性引用文件

不动产统一登记涉及机构整合、资源利用,以下规范性引用文件(表6-1)适用于不动产统一登记。

表6-1 不动产统一登记涉及的规范性引用文件

GB/T 2260—2013	中华人民共和国行政区划代码
GB/T 7027—2002	信息分类和编码的基本原则与方法
GB/T 20001.3—2015	标准编写规则 第3部分:信息分类编码
TD/T 1001—2012	地籍调查规程
GB/T 17986.1—2000	房产测量规范
JGJ/T 246—2012	房屋代码编码标准
HY/T 124—2009	海籍调查规范
GB/T 26424—2010	森林资源规划设计调查技术规程
NY/T 2538—2014	农村土地承包经营权要素编码规则
NY/T 2537—2014	农村土地承包经营权调查规程

四、不动产登记类别

不动产登记遵循严格管理、稳定连续、方便群众的原则。其登记类别主要有不动产首次登记、变更登记、转移登记、注销登记、更正登记、异议登记、预告登记、查封登记等。

(一)不动产首次登记

不动产首次登记,是指不动产权利第一次登记。

未办理不动产首次登记的,不得办理不动产其他类型登记,但法律、行政法规另有规定的除外。

市、县人民政府可以根据实际情况对本行政区域内未登记的不动产,组织开展集体土地所有权、宅基地使用权、集体建设用地使用权、土地承包经营权的首次登记。

(二)不动产变更登记

(1)权利人的姓名、名称、身份证明类型或者身份证明号码发生变更的。
(2)不动产的坐落、界址、用途、面积等状况变更的。
(3)不动产权利期限、来源等状况发生变化的。
(4)同一权利人分割或者合并不动产的。
(5)抵押担保的范围、主债权数额、债务履行期限、抵押权顺位发生变化的。
(6)最高额抵押担保的债权范围、最高债权额、债权确定期间等发生变化的。
(7)地役权的利用目的、方法等发生变化的。
(8)共有性质发生变更的。
(9)法律、行政法规规定的其他不涉及不动产权利转移的变更情形。

(三)不动产转移登记

(1)买卖、互换、赠与不动产的。
(2)以不动产作价出资(入股)的。
(3)法人或者其他组织因合并、分立等原因致使不动产权利发生转移的。
(4)不动产分割、合并导致权利发生转移的。
(5)继承、受遗赠导致权利发生转移的。
(6)共有人增加或者减少以及共有不动产份额变化的。
(7)因人民法院、仲裁委员会的生效法律文书导致不动产权利发生转移的。
(8)因主债权转移引起不动产抵押权转移的。
(9)因需役地不动产权利转移引起地役权转移的。
(10)法律、行政法规规定的其他不动产权利转移情形。

(四)不动产注销登记

(1)不动产灭失的。
(2)权利人放弃不动产权利的。
(3)不动产被依法没收、征收或者收回的。
(4)人民法院、仲裁委员会的生效法律文书导致不动产权利消灭的。
(5)法律、行政法规规定的其他情形。

不动产上已经设立抵押权、地役权或者已经办理预告登记,所有权人、使用权人因放弃权利申请注销登记的,申请人应当提供抵押权人、地役权人、预告登记权利人同意的书面材料。

第二节 不动产权籍调查

建立和实施不动产登记制度是我国实施机构改革和政府职能转变的一项重大改革任务。坚定不移地落实登记机构、登记簿册、登记依据和信息平台的"四统一"要求,逐步建立不动产权籍调查体系和工作机制,完善不动产登记制度,是当前不动产登记工作的重要内容。《不动产登记暂行条例》已于2015年3月1日起实施,不动产登记簿证样式已正式印发,不动产登记信息管理基础平台正按计划推进。

不动产权籍调查作为不动产登记的基础,是条例实施、簿册统一和信息平台建设的重要支撑,慎重稳妥做好《不动产登记暂行条例》实施后的不动产权籍调查工作意义重大,国土资源部于2015年3月30日颁发《国土资源部关于做好不动产权籍调查工作的通知》,并制定了《不动产权籍调查技术方案》。

一、调查内容

以宗地、宗海为单位,查清宗地、宗海及其房屋、林木等定着物组成的不动产单元状况,包括宗地信息、宗海信息、房屋(建、构筑物)信息、森林和林木信息等。

(一)宗地信息

查清宗地的权利人、权利类型、权利性质、土地用途、四至、面积等土地状况。

针对土地承包经营权宗地和农用地的其他使用权宗地,还应查清承包地块的发包方、地力等级、是否划定为基本农田、水域滩涂类型、养殖方式、适宜载畜量、草原质量等内容。

(二)宗海信息

查清宗海的权利人、项目名称、项目性质、等级、用海类型、用海方式、使用金总额、使用金标准依据、使用金缴纳情况、使用期限、共有情况、面积、构(建)筑物基本信息等内容。

(三)房屋等构(建)筑物信息

查清房屋权利人、坐落、项目名称、房屋性质、构(建)筑物类型、共有情况、用途、规划用途、幢号、户号、总套数、总层数、所在层次、建筑结构、建成年份、建筑面积、专有建筑面积、分摊建筑面积等内容。针对宗地内的建筑物区分所有权的共有部分,还应查清其权利人、构(建)筑物名称、构(建)筑物数量或者面积、分摊土地面积等。

(四)森林、林木信息

查清森林与林木的权利人、坐落、造林年度、小地名、林班、小班、面积、起源、主要树种、株数、林种、共有情况等内容。

二、技术路线与方法

(一)主要技术依据

GB/T 21010—2017　土地利用现状分类
TD/T 1001—2012　地籍调查规程
GB/T 17986.1—2000　房产测量规范
GB/T 26424—2010　森林资源规划设计调查技术规程
NY/T 2537—2014　农村土地承包经营权调查规程
HY/T 124—2009　海籍调查规范
国务院令第 656 号　不动产登记暂行条例
国土资发〔2015〕25 号国土资源部关于启用不动产登记簿证样式(试行)的通知

(二)技术路线

以地(海)籍调查为基础,以宗地(海)为依托,以满足不动产登记要求为出发点,充分利用已有不动产权籍调查、登记以及前期审批、交易、竣工验收等成果资料,采用已有集体土地所有权地籍图、城镇地籍图、村庄地籍图、海籍图、地形图、影像图等图件作工作底图,通过内外业核实、实地调查测量的方法,完成不动产权属调查和不动产测量等工作。

(三)调查的基本方法

1. 不动产单元的设定与编码

应按照附录 A 的要求,设定不动产单元,编制不动产单元代码(即不动产单元号)。

2. 不动产权属调查

采用内外业核实和实地调查相结合的方法开展不动产权属调查,查清不动产单元的权属状况、界址、用途、四至等内容,确保不动产单元权属清晰、界址清楚、空间相对位置关系明确。

(1)对权属来源资料完整的不动产权属,主要采用内外业核实的调查方法。
(2)对权属来源资料缺失、不完整的不动产权属,主要采用外业核实、调查的方法。
(3)对无权属来源资料的不动产权属,主要采用外业调查的方法。

3. 不动产测量

统筹考虑基础条件、工作需求、经济可行性和技术可能性,在确保不动产权益安全的前提下,依据不动产的类型、位置和不动产单元的构成方式,因地制宜,审慎科学地选择符合本地区实际的不动产测量方法,确保不动产单元的界址清楚、面积准确。

(1)对城镇、村庄、独立工矿等区域的建设用地,宜采用解析法测量界址点坐标并计算土地面积,实地丈量房屋边长并采用几何要素法计算房屋面积。
(2)对于分散、独立的建设用地,可采用解析法测量界址点坐标并计算土地面积,也可采用图解法测量界址点坐标。此时,宜实地丈量界址边长和房屋边长并采用几何要素法计算土地面积和房屋面积。
(3)对于海域和耕地、林地、园地、草地、水域、滩涂等用地,既可选择解析法也可选择图解法获取界址点坐标并计算土地(海域)的面积。如果其上存在房屋等定着物,则宜采用实地丈量其边长并采用几何要素法计算房屋面积。

三、调查程序

不动产权籍调查按照准备工作、权属调查、不动产测量、成果审查与入库、成果整理与归档的次序开展工作。

(一)准备工作

根据授权委托的不动产权籍调查任务,调查机构应做好收集、整理和分析所调查的不动产登记、抵押、查封、权属来源、交易、控制点坐标、界址点坐标等相关资料(包括图件、表格、数据和文件等),制定调查方案,发放指界通知书,计算测量放样数据等工作。

不动产登记和管理的资料分散于不同部门的,调查机构应携带不动产权籍调查资料协助查询单(附录 B),到国土、房产、林业、农业、海洋、水务、规划、档案等部门的档案室或数据库中查询、核对并获取被调查对象的档案资料和数据,并要求出具证明或在资料复印件上加盖档案资料专用章。

(二)权属调查

权属调查应由县级以上人民政府不动产登记机构组织完成。权属调查工作的主要内容包括核实和调查不动产权属和界址状况、绘制不动产单元草图、填写不动产权籍调查表(附录 A)等。对界址线有争议、界标发生变化和新设界标等情况,宜现场记录并拍摄照片。

1. 核实确认不动产的现状

根据申请调查的材料和档案资料查询结果,核实确认不动产的权属现状,确认其界址是否发生变化,然后确定权属调查的具体方法。界址是否发生变化的具体情形如下。

(1)新设界址和界址发生变化的情形有:①征收或征用土地;②城镇改造拆迁;③划拨、出让、转让国有土地使用权或海域使用权;④权属界址调整后的宗地或宗海,土地整理后的宗地重划;⑤宗地或宗海的界址因自然力作用而发生的变化等;⑥由于各种原因引起的宗地或宗海分割和合并。

(2)界址不发生变化的情形有:①转移、抵押、继承、交换、收回土地使用权或海域使用权;②违法不动产经处理后的变更;③宗地或宗海内地物地貌的改变,如新建建筑物、拆除建筑物、改变建筑物的用途及房屋的翻新、加层、扩建、修缮等;④精确测量界址点的坐标和不动产单元的面积;⑤权利人名称、不动产位置名称、不动产用途等的变更;⑥不动产所属行政管理区的区划变动,即县市区、街道、街坊、乡镇等边界和名称的变动;⑦权利取得方式、权利性质或权利类型发生变化。

2. 新设界址与界址发生变化的不动产权属调查

根据不动产现状确认的结果,针对新设界址与界址发生变化的情形,依不动产的类型,其权属调查方法为:

(1)房屋的权属调查方法按照《房产测量规范》(GB/T 17986.1—2000)执行,并填写新的不动产权籍调查表。

(2)耕地的权属调查方法按照《农村土地承包经营权调查规程》(NY/T 2537—2014)执

行,并填写新的不动产权籍调查表。

(3)海域的权属调查方法按照《海籍调查规范》(HY/T 124—2009)执行,并填写新的不动产权籍调查表。

(4)其他土地的权属调查方法按照《地籍调查规程》(TD/T 1001—2012)执行,并填写新的不动产权籍调查表。

3. 界址不发生变化的不动产权属调查

根据不动产现状确认的结果,针对界址不发生变化的情形,首先确定是否需要进行实地核实调查,然后按照下列方法开展权属调查:

(1)如不需要到实地核实调查,则在复印后的原不动产权籍调查表内变更部分加盖"变更"字样印章,并填写新的不动产权籍调查表,不重新绘制草图。

(2)如需要到实地调查,则经实地核实调查后,依不同情形,其处理的方法如下:

①发现不动产权属状况与相关资料完全一致的,按(1)的规定处理。

②发现不动产权属状况与相关资料不完全一致的,应在原不动产权籍调查表上用红线划去错误内容,标注正确内容,并填写新的不动产权籍调查表。

③发现原界址边长或房屋边长数据错误的,应在原草图的复制件上用红线划去错误数据,标注检测数据,重新绘制草图,并填写新的不动产权籍调查表。

(三)不动产测量

不动产测量工作的主要内容包括控制测量、界址测量、宗地(海)图和房产分户图的测绘、面积计算、不动产测量报告的撰写等。

1. 控制测量

对土地及其房屋等定着物,控制测量的技术、方法和精度指标按照《地籍调查规程》(TD/T 1001—2012)执行。对海域及其房屋等定着物,控制测量技术、方法和精度指标按照《海籍调查规范》(HY/T 124—2009)执行。

过渡期间,在同一县级行政区域内,宜采用地籍图的坐标系统和投影方法,并适时建立与2000国家大地坐标系和1985国家高程基准的转换关系。最终测量成果须转换到2000国家大地坐标系和1985国家高程基准。

2. 界址测量

(1)应基于不动产类型、保障不动产权利人切身利益、不动产管理的需要等条件选择界址测量的精度。对同一权籍要素,如果技术标准之间的精度要求不一致,宜以精度要求高的规定为准。

(2)依不同的界址点精度要求选择不同的界址点测量方法。具体的测量方法和程序按照各行业现行技术标准执行。

3. 宗地图、宗海图和房产分户图的测制

不动产权籍图包括地籍图、海籍图及不动产单元图等,其中不动产单元图主要包括宗地图、宗海图和房产分户图(房产平面图)等。

(1)宗地图的测制。以已有各种地籍图为工作底图测绘宗地内部及其周围变化的不动产权籍空间要素和地物地貌要素,并编制宗地图。测绘方法按照《地籍调查规程》(TD/T 1001—

2012)执行,宗地图的内容按照附录 D 执行。

(2)宗海图的测制。以已有海籍图为工作底图测绘宗海内部及其周围变化的不动产权籍空间要素和地物地貌要素,并编制宗海图。测绘方法和内容按照《海籍调查规范》(HY/T 124—2009)执行。

(3)房产分户图的编制。以地籍图、宗地图(分宗房产图)等为工作底图绘制房产分户图。房产分户图的编制要求和内容参照《房产测量规范》(GB/T 17986.1—2000)7.3 的规定,按照附录 D 的要求执行。

4. 面积计算

(1)宗地或宗海面积计算。根据实际情况可采用解析法或图解法计算宗地或宗海的面积。应基于不动产类型、保障不动产权利人切身利益、不动产管理的需要等条件做出合适的选择。宗地面积变更按照《地籍调查规程》(TD/T 1001—2013)执行,宗海面积变更按照《海籍调查规范》(HY/T 124—2009)执行。

(2)房屋面积测算。房屋面积测算方法按照《房产测量规范》(GB/T 17986.1—2000)执行。

5. 不动产测量报告的撰写

不动产测量报告主要反映技术标准执行、技术方法、测量程序、测量成果、成果质量和主要问题的处理等情况,是长期保存的重要技术档案。不动产测量报告格式及编写要求按照附录 K 执行。

(四)成果审查与入库

不动产权籍调查成果主要为文字成果、表格成果、图件成果,包括不动产权籍调查授权委托书、权源资料、不动产权籍调查表、界址点坐标成果表、不动产测量报告、宗地图、宗海图、房产分户图等。

(1)不动产权籍调查成果应由不动产登记机构或授权机构审查。凡在前期审批、交易、竣工验收等行政管理中经相关行政职能部门和授权机构确认且符合登记要求的成果,可继续沿用。

(2)审查的内容有六个方面:

①调查程序是否规范,即权属调查、测量、成果审查、整理归档等是否按照本方案及相关技术标准实施。

②调查成果是否完整,即测绘资料、权属资料、图件和表格资料等是否齐全。

③调查成果是否有效,包含调查机构是否具有相应资质、从事调查工作的人员是否具有相应资格、调查成果是否经过自检等。

④调查成果格式是否符合规定要求。

⑤调查成果是否正确保持宗地、宗海及其房屋、林木等定着物之间的内在联系。

⑥宗地图、宗海图和房产分户图中的空间要素与相邻的界址、地物、地貌是否存在空间位置矛盾。

(3)审查的方法。主要采用室内外复核的方法审查不动产权籍调查成果。

①应充分利用已有数据库、信息系统、办公系统、电子政务系统审查调查成果。

②应将调查机构提供的宗地图、宗海图和房产分户图的电子数据导入已有的权籍空间数据库,查看其与相邻的界址、地物、地貌是否存在空间位置矛盾。

③对权籍空间要素,如果室内无法判定其是否正确时,可到实地查看。
④对调查成果存在的问题,应责成调查机构修改完善,直至成果合格为止。

(4)成果入库和地(海)籍图更新。成果通过审查后,审查部门或单位应将审查后的成果提交给不动产权籍调查数据库和成果管理机构,在完成不动产登记后,更新相关数据库和不动产登记数据库。

(五)成果整理与归档

不动产权籍调查工作结束后,应该对成果进行整理和归档。

(1)不动产权籍调查成果经相关部门审查确认后,调查机构应以宗地、宗海为单位,按照统一的不动产权籍调查表、不动产测量报告和不动产权籍图等成果样式,形成不动产单元调查成果,提交纸质成果和相应的电子数据。

(2)不动产权籍调查成果应按照统一的规格、要求进行整理、立卷、组卷、编目和归档。

四、不动产权籍调查数据库和管理系统建设

以现有的地(海)籍数据库为基础,对接与整合土地、房产、海域、土地承包经营权、林木等各类不动产登记数据,建立统一的不动产权籍调查数据库和管理系统,实现不动产权籍调查成果一体化管理。

为实现不动产权籍调查信息的共享和成果利用,满足不动产登记和管理的需要,日常不动产权籍调查形成的数据成果在完成审查与登记之后,应及时更新不动产权籍调查数据库,并做好数据库的运行和维护工作。

第三节 不动产单元的设定与编码

一、地籍区和地籍子区

(一)地籍区与地籍子区划分

(1)在县级行政辖区内,以乡(镇)、街道界线为基础结合明显线性地物划分地籍区。
(2)在地籍区内,以行政村、居委会或街坊界线为基础结合明显线性地物划分地籍子区。
(3)地籍区、地籍子区划定后,其数量和界线应保持稳定,原则上不随所依附界线或线性地物的变化而调整。
(4)海籍调查可不划分地籍区和地籍子区。

(二)宗地(宗海)划分

1. 宗地划分

在地籍子区内,按照以下情形划分宗地:
(1)依据宗地的权属来源,划分国有土地使用权宗地和集体土地所有权宗地。在集体土地

所有权宗地内,划分集体建设用地使用权宗地、宅基地使用权宗地、土地承包经营权宗地和其他使用权宗地等。

(2)两个或两个以上农民集体共同所有的地块,且土地所有权界线难以划清的,应设为共有宗。

(3)两个或两个以上权利人共同使用的地块,且土地使用权界线难以划清的,应设为共用宗。

(4)土地权属未确定或有争议的地块可设为一宗地。

2. 宗海(含无居民海岛)划分

在县级行政辖区内,按下列情形划分宗海和无居民海岛使用权范围:

(1)依据宗海的权属来源,划分海域使用权宗海。

(2)依据无居民海岛的权属来源,划分无居民海岛使用权范围。

(三)定着物单元的划分

在使用权宗地(宗海)内,应将房屋、林木等定着物划分为不同的定着物单元。

(1)定着物为房屋等建筑物、构筑物的,按以下情形划分定着物单元:

①同一权利人拥有的独幢房屋宜划分为一个定着物单元。

②具有多个权利人的一幢房屋,应按照界线固定,且具有独立使用价值的幢、层、套、间等封闭空间划分定着物单元。

③同一权利人拥有多套(层、间等)界线固定且具有独立使用价值的房屋,每套(层、间等)房屋宜各自划分定着物单元。

④一权利人(如行政机关、企事业单位等)拥有的两幢或两幢以上的房屋可共同组成一个定着物单元。

(2)定着物为森林、林木的,按以下情形划分定着物单元:

①权属界线封闭、独立成片的森林、林木可划分一个定着物单元。

②属于同一权利人多片森林、林木可共同组成一个定着物单元。

(3)定着物为其他类型的,按以下情形划分定着物单元:

①每个定着物可各自单独划分一个定着物单元。

②属于同一权利人全部同类定着物(如水塔、烟囱等)可组成一个定着物单元。

二、不动产单元设定与编码

(一)不动产单元设定

(1)集体土地所有权宗地应设定不动产单元。

(2)无定着物的使用权宗地(宗海)应设为一个不动产单元。

(3)有定着物的使用权宗地(宗海),宗地(宗海)内的每个定着物单元与该宗地(宗海)应设为一个不动产单元。

(二)不动产单元编码

1. 代码结构

按照每个不动产单元应具有唯一代码的基本要求,依据《信息分类和编码的基本原则与方法》(GB/T 7027—2002)规定的信息分类原则和方法,不动产单元代码采用七层 28 位层次码结构,由宗地(宗海)代码与定着物代码构成,分述如下:

(1)宗地(宗海)代码为五层 19 位层次码,采用《地籍调查规程》(TD/T 1001—2012)规定的编码规则,按层次分别表示县级行政区划、地籍区、地籍子区、宗地(宗海)特征码、宗地(宗海)顺序号,其中宗地(宗海)特征码和宗地(宗海)顺序号组成宗地(宗海)号。

(2)定着物代码为二层 9 位层次码,按层次分别表示定着物特征码、定着物单元编号。

(3)不动产单元代码结构如图 6-1 所示。

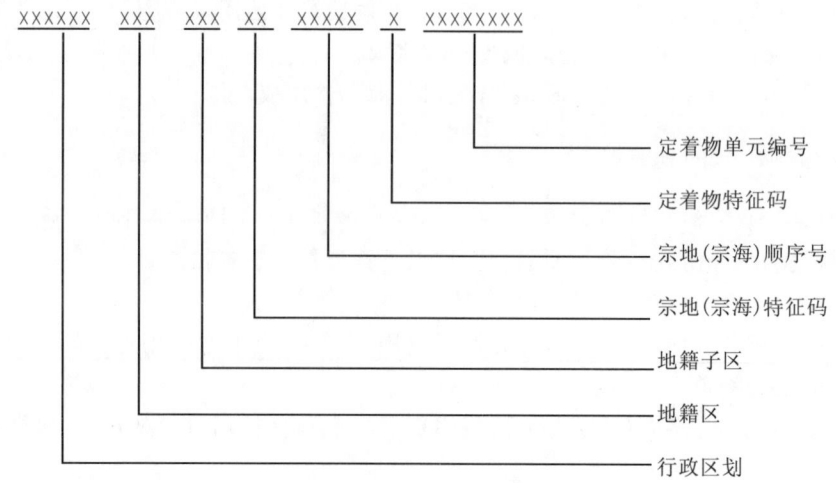

图 6-1　不动产单元代码结构

2. 编码方法

(1)第一层次为县级行政区划,代码为 6 位,采用《中华人民共和国行政区划代码》(GB/T 2260—2013)规定的行政区划代码。

(2)第二层次为地籍区,代码为 3 位,码值为 000～999。其中,海籍调查时,地籍区可用"000"表示。

(3)第三层次为地籍子区,代码为 3 位,码值为 000～999。其中,海籍调查时,地籍子区可用"000"表示。

(4)第四层次为宗地(宗海)特征码,代码为 2 位。其中:

①第 1 位用 G、J、Z 表示。"G"表示国家土地(海域)所有权,"J"表示集体土地所有权,"Z"表示土地(海域)所有权未确定或有争议。

②第 2 位用 A、B、S、X、C、D、E、F、G、H、W、Y 表示。"A"表示集体土地所有权宗地,"B"表示建设用地使用权宗地(地表),"S"表示建设用地使用权宗地(地上),"X"表示建设用地使用权宗地(地下),"C"表示宅基地使用权宗地,"D"表示土地承包经营权宗地(耕地),"E"表示土地承包经营权宗地(林地),"F"表示土地承包经营权宗地(草地),"G"表示使用权无居民海岛,"H"表示海域使用权宗海,"W"表示使用权未确定或有争议的土地(海域),"Y"表示其他使用权土地(海域),用于宗地(宗海)特征扩展。

(5)第五层次为宗地(宗海)顺序号,代码为 5 位,码值为 00001～99999,在相应的宗地(宗海)特征码后顺序编号。

(6)第六层次为定着物特征码,代码为1位,用F、L、Q、W表示。"F"表示房屋等建筑物、构筑物,"L"表示森林或林木,"Q"表示其他类型的定着物,"W"表示无定着物。

(7)第七层次为定着物单元编号,代码为8位。

①定着物为房屋的,定着物单元在使用权宗地(宗海)内应具有唯一编号。前4位表示房屋的幢号,房屋幢号在使用权宗地(或地籍子区)内统一编号,码值为0001~9999;后4位表示房屋的户号,房屋户号在每幢房屋内统一编号,码值为0001~9999。

②定着物为森林、林木的,定着物单元在使用权宗地(宗海)内应具有唯一的编号,码值为00000001~99999999。

③其他的定着物,定着物单元在使用权宗地(宗海)内应具有唯一的编号,码值为00000001~99999999。

④使用权宗地(宗海)内无定着物的,定着物单元编号用"00000000"表示。

3. 代码表示方法

不动产单元代码采用分段的表示,具体方法如下:

(1)第一段表示行政区划代码。

(2)第二段表示地籍区与地籍子区。

(3)第三段表示宗地(宗海)号,由宗地(宗海)特征码和宗地(宗海)顺序号共同组成。

(4)第四段表示定着物代码,由定着物特征码和定着物单元编号共同组成。

(5)不动产单元代码在表示时,段与段之间可用全角字符"空格"进行分隔,"空格"不占用不动产单元代码的位数,如图6-2所示。

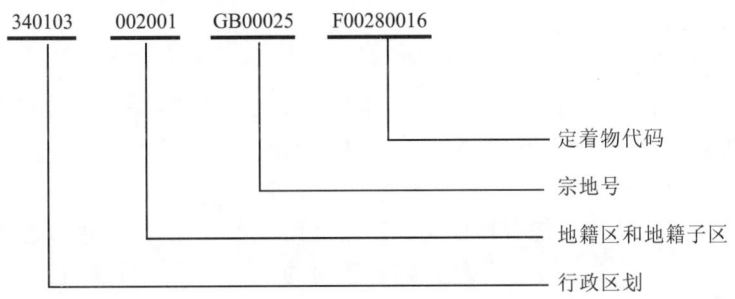

图6-2 不动产单元代码分段表示方法

4. 代码变更规则

1)宗地特征、界址未发生变化的不动产单元代码变更

(1)宗地代码的变更。宗地特征、界址未发生变化的,宗地代码不变。

(2)定着物代码的变更。

①宗地内定着物特征和空间范围均未发生变化的,定着物代码不变。

②宗地内定着物特征发生变化的,先确定新的定着物特征码,定着物单元编号在新定着物特征码的最大定着物单元编号后续编。

③宗地内定着物特征未发生变化的,独幢、层、套、间房屋的定着物单元编号变更情形如下:

a.整幢房屋内的层、套、间界线发生变化的,房屋幢号不变,房屋户号在该幢房屋的最大户号后续编。

　　b.新增的整幢房屋,房屋幢号在宗地(或地籍子区)内最大幢顺序号后续编,房屋户号在该幢房屋内统一编号,码值为0001~9999。

　　c.整幢房屋改建、扩建和翻建的,房屋幢号不变。该幢房屋内新增的层、套、间,房屋户号在该幢房屋内最大户号后续编。

　　④宗地内定着物特征未发生变化的,独立成片的林木等其他独立定着物的空间范围发生变化的,定着物单元编号在相应定着物特征码的最大定着物单元编号后续编。

　　⑤两个或两个以上的定着物组成一个定着物单元的,定着物代码变更情形如下:

　　a.定着物全部转移给其他权利人的,定着物代码不变。

　　b.定着物部分转移给其他权利人的,定着物代码按照GB/T 7027—2002 8.2中的要求编码。

　　c.定着物发生新增、拆除、改造等变化的,不动产权利人未发生转移的,定着物代码不变。

　2)宗地特征发生变化、界址未发生变化的不动产单元代码变更

　　(1)宗地代码的变更。在地籍子区内,确定新的宗地特征码,宗地顺序号在新宗地特征码的最大宗地顺序号后续编,形成新的宗地代码。

　　(2)定着物代码的变更。定着物代码按照本节"4.代码变更规则　(2)定着物代码的变更"中的要求变更。

　3)宗地特征未发生变化、界址发生变化的不动产单元代码变更

　　(1)宗地代码的变更。在地籍子区内,新的宗地顺序号在相应宗地特征码的最大宗地顺序号后续编,形成新的宗地代码。

　　(2)定着物代码的变更。

　　①定着物为房屋且房屋内定着物单元空间范围未发生变化,房屋幢号在地籍子区内统一编号的,则房屋幢号与房屋户号不变;房屋幢号在宗地内统一编号的,则在新宗地内,房屋幢号按照GB/T 7027—2002 8.2的要求编码,房屋户号不变。

　　②定着物为房屋且房屋内定着物单元空间范围已发生变化,房屋幢号在地籍子区内统一编号的,房屋幢号不变,新的房屋户号在该幢房屋内的最大户号后续编;房屋幢号在宗地内统一编号的,在新宗地内,房屋幢号按照GB/T 7027—2000 8.2的要求编码,新的房屋户号在该幢房屋内的最大户号后续编。

　　③定着物为其他类型的,在新宗地内,定着物代码按照GB/T 7027—2000 8.2的要求编码。

　4)宗地特征、界址均发生变化的不动产单元代码变更

　　(1)宗地代码的变更。在地籍子区内,确定新的宗地特征码,宗地顺序号在新宗地特征码的最大宗地顺序号后续编,形成新的宗地代码。

　　(2)定着物代码的变更。定着物代码按照本规则第3部分(不动产代码表示办法)的要求编码。

　5)县级行政区界线发生变化的不动产单元代码变更

　　(1)地籍区、地籍子区整体划入。

　　①宗地代码的变更:在确定新的地籍区、地籍子区后,重编地籍区代码和地籍子区代码,宗

地号不变,形成新的宗地代码。

②定着物代码的变更:定着物代码不变。

(2)地籍区、地籍子区部分划入。

①宗地代码的变更。

a.在确定新的地籍区、地籍子区后,重编地籍区代码和地籍子区代码。

b.划入宗地的编号在新地籍子区内最大宗地号后续编。

②定着物代码的变更。

a.定着物为房屋的,房屋幢号以地籍子区为编码单位的,房屋幢号在新地籍子区最大幢号后续编,房屋户号不变;房屋幢号以宗地为编码单位的,房屋幢号和房屋户号不变。

b.定着物为其他类型的,定着物代码不变。

6)宗海(含无居民海岛)特征、界址未发生变化的不动产单元代码变更

(1)宗海(含无居民海岛)代码不变。

(2)新增或发生变化的定着物,先确定定着物特征码,定着物单元编号在相应定着物特征码的最大定着物单元顺序号后续编,形成新的定着物代码。

7)宗海(含无居民海岛)特征、界址发生变化的不动产单元代码变更

先确定宗海(含无居民海岛)特征码,宗海(含无居民海岛)顺序号在相应宗海(含无居民海岛)特征码的最大宗海(含无居民海岛)顺序号后续编,形成新的宗海(含无居民海岛)代码。在新的宗海(含无居民海岛)范围内,按照编制方法的要求编码。

8)不动产灭失的不动产单元代码变更

原不动产单元代码不再使用。

1.简要归纳我国不动产统一登记制度?

2.我国不动产登记类别有哪些?

3.阐述不动产权籍调查的程序。

4.简要说明我国不动产单元设定及编码。

第七章 不动产面积量算

不动产涵括土地、房屋、森林、草原、海域五大类别,其中土地、房屋两类不动产类别的面积量算较为成熟,本章主要介绍土地、房屋等常规面积计算,并引申至海域、森林等不动产领域面积测算。

第一节 不动产面积量算的方法

一、面积测算的基本要求

(1)土地面积测算应在聚酯膜原图上进行,如果采用其他材料的图纸,就必须考虑图纸伸缩变形的影响。

(2)土地面积测算,无论采用哪种方法,都应该独立进行两次测算(坐标法除外)。两次测算结果的较差要求与测算方法和面积大小有关。

二、面积量算的含义与种类

面积量算是不动产权籍调查和不动产登记过程中必不可少的工作。面积量算系指水平面积量算,面积量算的内容包括宗地(宗海)面积、地类面积、宗地内建筑占地面积、建筑面积量算与面积汇总统计。面积量算为不动产登记发证、汇总统计、出让、转让、征收(用)等提供技术性服务,并具有法律效力。

面积量算方法主要有解析法和图解法两种。

(1)解析法。是根据实测的数值计算宗地面积的方法,包括坐标法和几何要素法。坐标法通常是指对一个不规则的几何地块,测出该地块边界转折点的坐标值,再利用坐标法面积计算公式算出地块的面积;几何要素法则是根据实地测量有关的边、角元素进行面积计算的方法。将规则图形分割成若干个简单的矩形、梯形或三角形等简单的几何图形,分别计算图形面积并相加则可得到所需面积的数据。

(2)图解法。是在地籍图上量取求积所需元素或直接在地籍图上量取面积的方法,主要包括图解坐标法、光电面积量测仪法、求积仪法、几何法、方格网法及网点法等。其共同特点是可以很快地得到图形的面积,计算方法较简单,没有复杂的运算,但面积测算的精度比解析法低。图解法主要用于土地利用调查。

一般来说,土地面积测算遵循"整体到局部,先控制后碎部"的原则,即以图幅理论面积为基本控制,按图幅分级测算,依面积大小比例平差的原则。

在城镇地籍中通常以平方米为面积的基本单位,大面积可采用公顷或平方千米为基本单位,农村地籍中常以公顷和亩为土地面积测算的基本单位。

此外,面积测算还有电算法、沙维奇法、求积仪法和膜片法等方法。通常而言,解析法精度高于图解法精度,电算法精度高于沙维奇法精度,沙维奇法精度又高于求积仪法精度,求积仪法精度又高于膜片法精度。

三、面积量算的常用方法

(一)坐标法

通常坐标法也称直接解析法。一个地块的形状是一个任意多边形,其范围内可以是一个街道的土地,也可以是一个宗地,或一个特定的地块。坐标法是指按地块边界的拐点的坐标计算地块面积的方法。其坐标可以在野外直接实测得到,也可以从已有地图上图解得到,面积的精度取决于坐标的精度。当坐标值越精确,图解得到的面积精度也就越高。

当地块很不规则甚至某些地段为曲线时,可以增加拐点,测量其坐标。曲线上拐点愈多,形状就愈接近曲线,计算出的面积精度愈高。

(二)几何要素法

几何要素法是指将多边形划分成若干简单的几何图形,如三角形、梯形、四边形、矩形等,在实地或图上测量边长和角度,以计算出各简单几何图形的面积,再通过运算计算出多边形总面积的方法。

(三)膜片法

膜片法是指用伸缩性小的透明的赛璐珞、透明塑料、玻璃或摄影软片等制成等间隔网板、平行线板等膜片,把膜片放在地图上适当的位置进行土地面积测算的方法。常用的方法有格值法(包括格网法和格点法)、平行线法等。结合实际工作经验,在此着重介绍格值法。格值法是指在膜片上建立了一组有单位面积值的格子或点子,然后用这些不连续的格子或点子去逼近一个连续的图斑(地块),从而完成图上面积测算的方法。该方法的优点是简便快速,但是图形边缘若是不完整的格网,则需要目视估计,因此容易造成误差,并难以控制。

1. 格网法

格网法也称方格法,是在透明板材上建立起互相垂直的平行线,平行线间的间距为1mm,则每一个方格是面积为$1mm^2$的正方形,把它的整体称为方格网求积板。

图 7-1 中 $abmn$ 为需要量测的图形,可将透明方格网覆于该图形的上面,首先按照图内各类面积区域线条数完整的方格进行计数,再统计和估读被图形边线分割的非整格面积,两者相加即得图形面积,最后可以按照比例尺换算成实地面积。

2. 格点法

将上述方格网的每个交点绘成0.1mm或0.2mm直径的圆点。去掉互相垂直的平行线,则点值(每点代表图上的面积)就是$1mm^2$。假设相邻点子的距离为2mm,则点值就是$4mm^2$。

图 7-2 中 $abcd$ 为待测的图形,将格点求积板放在图上数出图内与图边线上的点子,则按下列公式可求出图形面积:

$$P = (N - 1 + L/2)D \tag{7-1}$$

式中，N 为图形内的点子数；L 为图形轮廓线上的点子数；D 为点值。

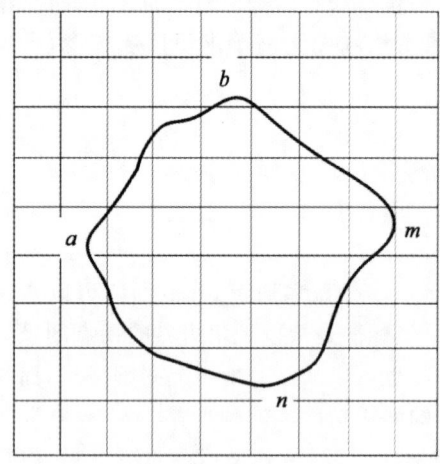

图 7-1　格网法图示

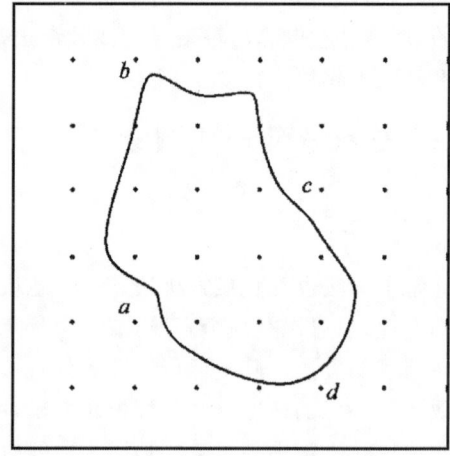

图 7-2　格点法图示

从图 7-2 中得出：$N=11, L=2$。
设 $D=1\text{mm}^2$，则 $P=11.0\text{mm}^2$。

(四)沙维奇法

沙维奇法比较适用于大面积的测算，其优点在于减少了所量图形的面积，降低了人为估算的误差，提高了精度。其原理如图 7-3 所示。构成坐标方里网的整数部分面积 P_0 不量测，只需测定不足整格部分 P_{a_1}、P_{a_2}、P_{a_3} 与 P_{a_4} 的面积和以及与之对应构成整格的补格部分 P_{b_1}、P_{b_2}、P_{b_3} 与 P_{b_4} 的面积。从图 7-3 上可以看出整格面积 $P_1 = P_{a_1} + P_{b_1}$，$P_2 = P_{a_2} + P_{b_2}$，$P_3 = P_{a_3} + P_{b_3}$，$P_4 = P_{a_4} + P_{b_4}$。

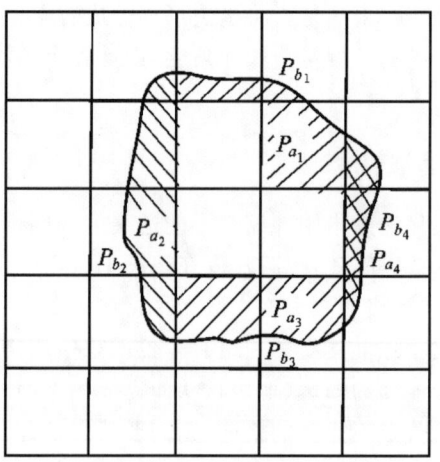

图 7-3　沙维奇法

设 P_{a_1}、P_{a_2}、P_{a_3}、P_{a_4} 面积的相应分划数为 a_1、a_2、a_3、a_4；P_{b_1}、P_{b_2}、P_{b_3}、P_{b_4} 面积的相应分划数为 b_1、b_2、b_3、b_4，整格面积的分划数为 $a_1 + b_1$、$a_2 + b_2$、$a_3 + b_3$、$a_4 + b_4$。

已知面积与求积仪分划值读数之间有下列正比关系：

$$P_{a_i} = \frac{P_i}{a_i + b_i} a_i \tag{7-2}$$

则用式(7-2)可计算不足整格部分的面积，故所求图形面积为：

$$F = P_0 + P_{a_1} + P_{a_2} + P_{a_3} + P_{a_4} = P + \sum_{i=1}^{n} P_{a_i} \tag{7-3}$$

(五)求积仪法

求积仪是一种以地图为对象测算土地面积的仪器,最早使用的是机械求积仪,由于科技的进步,近几年来研制出多种数字式求积仪,如数字求积仪、光电求积仪等。

1. 数字求积仪

在国内市场上,此种仪器来源于日本的测机舍,主要型号有三种:定极式 KP - 80(图 7 - 4)、动极式 KP - 90(图 7 - 5)和多功能 x - PLAN360i(图 7 - 6)。

用 KP - 80 和 KP - 90 可求出允许测量面积范围内的任意闭合图形的面积,通过面积的累加计算,可求出多次量测值(可多达 10 次)的平均值。测算时可选择比例尺和面积单位,测量精度在±0.2%以内。x - PLAN360i 是一种多功能的仪器,它集数字化和计算处理功能为一体,是一种十分方便的量测工具。x - PLAN360i 可以量测面积、线长(直线或曲线)、坐标、弧长和半径等,并通过小型打印机打印出量测结果,同时也可通过接口接收来自计算机的指令或向计算机输出量测结果。

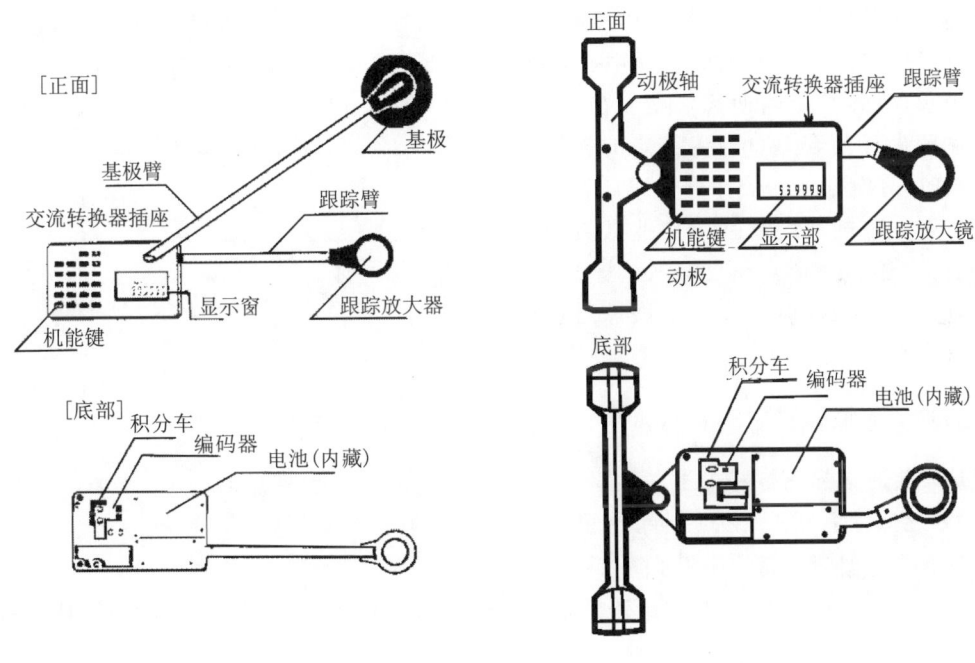

图 7 - 4　定极式 KP - 80　　　　　　图 7 - 5　动极式 KP - 90

2. 光电求积仪

光电求积仪是利用光学、电学以及机械传动三结合的精密量测仪器,利用光电对地图上要量测的地块图形进行扫描,并通过转换处理,通过分割求和,变成脉冲信号,从而计算出地块的面积。光电求积仪主要有光电面积量测仪与密度分割仪两种,具有速度快、精度高(当然低于解析法)等优点,但仪器价格昂贵。

(六)电算法

电算法测算面积是指数字化器与计算机联合进行图形面积量算。数字化器是指手扶跟踪

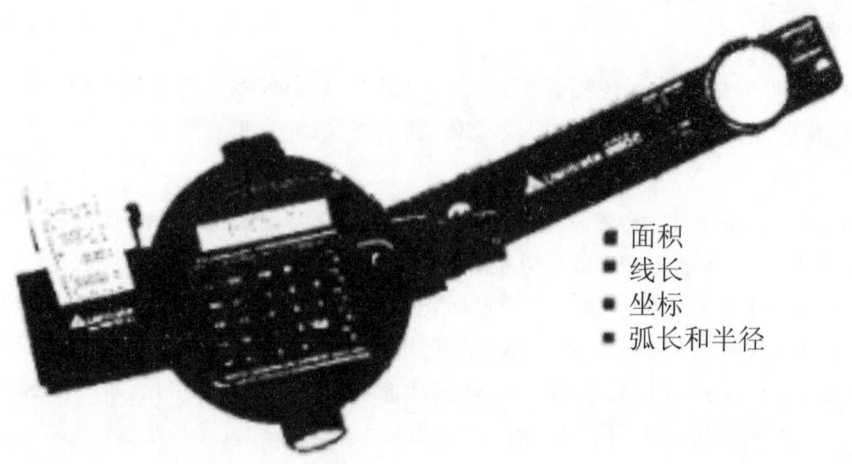

图 7-6 多功能 x-PLAN360i

数字化器,使用时,将图形轮廓拐点作起点,使指示器十字丝交点对准改点,启动开关,记录改点坐标;然后沿图形边界顺时针移动手扶跟踪器,根据图的特点,每隔一定距离量取一点坐标,并自动记录存储,直至返回起点记录坐标,还可自动调解坐标闭合差。当将记录的坐标输入计算机时,可根据坐标法计算公式计算出图形面积。该方法的精度直接与作业人员的熟悉程度有关,还与特征点密度有关。一般地,点越密,图形越逼真;但点多又会增加对点误差,因此,取点密度要适当。

(七)地球表面倾斜面的面积测算

地球表面通常都不是一个平面,若地面起伏不大,可近似地看成一个水平面,这里介绍一个倾斜面或近似倾斜面的面积求算。

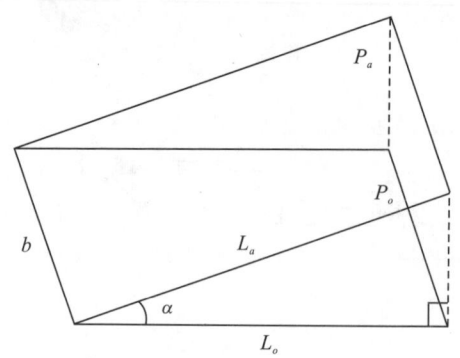

图 7-7 倾斜面积与水平面积图示

如图 7-7 所示,设 P_a 为自然地表倾斜面的面积,P_o 为 P_a 所对应的水平面积,其倾斜角为 α(单位为 rad),则:

$$P_a = b \times L_a = b \times \frac{L_o}{\cos\alpha} = \frac{P_o}{\cos\alpha} \tag{7-4}$$

$$\cos\alpha = 1 - \frac{\alpha^2}{2!} + \frac{\alpha^4}{4!} = \cdots \tag{7-5}$$

式(7-5)中,α 为弧度,取前两项,可得近似公式为:

$$P_a \approx \frac{P_o}{1 - \frac{\alpha^2}{2}} \approx P_o(1 + \frac{\alpha^2}{2}) \tag{7-6}$$

其中,$\alpha^2/2$ 即为倾斜自然地表面图形面积的修正数。用不同的 α,可以算出 α 的大小对面积的影响情况,如表 7-1 所示。

表 7-1　α 与 $\alpha^2/2$ 值

α	$\alpha^2/2$	α	$\alpha^2/2$	α	$\alpha^2/2$	α	$\alpha^2/2$	α	$\alpha^2/2$
0.6	1∶1824	4.0	1∶410	7.4	1∶120	10.8	1∶56	14.0	1∶33
1.1	1∶5427	4.6	1∶310	8.0	1∶103	11.3	1∶51	14.6	1∶31
1.7	1∶2272	5.1	1∶252	8.5	1∶91	11.9	1∶46	15.1	1∶29
2.3	1∶1241	5.7	1∶202	9.1	1∶79	12.4	1∶43	15.6	1∶27
2.9	1∶781	6.3	1∶165	9.6	1∶71	13.0	1∶39	16.2	1∶25
3.4	1∶568	6.8	1∶142	10.2	1∶63	13.5	1∶36	16.9	1∶23

注：α 以弧度为单位计算。

(八)地块在某一投影面的面积测算

地形图和地籍图的投影面一般是与大地水准面符合相当好的参考椭球面。在有的地方（如我国海拔较高的西部地区），也用与参考椭球面相平行的椭球面作为投影面，以方便地形图和地籍图的施测和使用。在地籍管理工作中，往往需要测算地球表面的水平面面积。在局部地区，投影面可近似看成水平面，如图 7-8 所示。

设 L 为地球表面的水平长度，L_0 为 L 投影面的长度，H 为地表水平面到投影面的高程，R 为地球半径，则有：

$$\frac{L}{L_0} = \frac{R+H}{R} = 1 + \frac{H}{R} \quad (7-7)$$

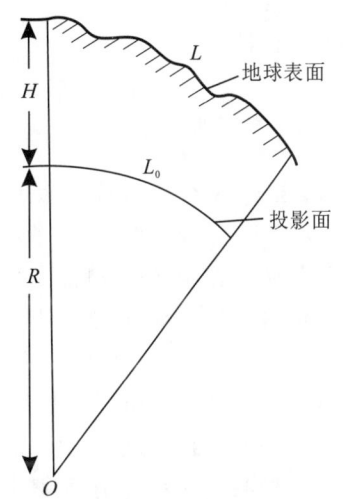

图 7-8　地球表面的水平面面积测算

由于相似图形面积之比等于其相应边平方之比，则有：

$$\frac{P}{P_0} = \left(\frac{L}{L_0}\right)^2 = 1 + \frac{2H}{R} + \frac{H^2}{R^2} \quad (7-8)$$

略去微小项 $\frac{H^2}{R^2}$，则得：

$$P = P_0\left(1 + \frac{2H}{R}\right) \quad (7-9)$$

式(7-8)中，P 为地球表面的图形面积；P_0 为图形在投影面上的面积；$2H/R$ 为图形面积由地面高程引起的修正系数。

利用不同的高程 H，可以得出不同的修正数。从表 7-2 中可以看出，如果测定面积的误差不大于 1/2000，则在图上测定海拔 1500m 以内高程面上的面积时，可以不考虑高程影响的修正。

表 7-2　H/m 与 $2H/R$ 值

H/m	$2H/R$	H/m	$2H/R$
100	1∶3200	2000	1∶1600
500	1∶6400	2500	1∶1270
1000	1∶3200	3000	1∶1060
1500	1∶2100	3500	1∶910

第二节　面积平差与测算精度

一、土地面积平差

(一)平差原则

平差遵循"从整体到局部,层层控制,分级测算,块块检核,逐级按比例平差"的原则,即要做到分级控制、分级测算、分级平差。

(1)按两级控制、三级测算。第一级:以图幅理论面积为首级控制。当各区块(街坊或村)面积之和与图幅理论面积之差小于限差值时,将闭合差按面积比例配赋给各区块,得出各分区的面积。第二级:以平差后的区块面积为二级控制。当测算完区块内各宗地(或图斑)面积之后,其面积和与区块面积之差小于限差值时,将闭合差按面积比例配赋给各宗地(或图斑),则得宗地(或图斑)面积的平差值。

(2)在图幅或区块内,采用解析法测算的地块面积,只参加闭合差的计算,不参加闭合差的配赋。

(二)平差方法

由于量测误差、图纸伸缩的不均匀变形等原因,容易导致测算出来的各地块面积之和 $\sum P'_i$ 与控制面积不等,若在限差内则可以进行平差配赋,即:

$$\Delta P = \sum_{i=1}^{k} P'_i - P_0 \tag{7-10}$$

$$K = -\Delta P / \sum_{i=1}^{k} P'_i \tag{7-11}$$

$$V_i = KP'_i \tag{7-12}$$

$$P_i = P'_i + V_i \tag{7-13}$$

式中,ΔP 为面积闭合差;P'_i 为某地块量测面积;P_0 为控制面积;K 为单位面积改正数;V_i 为某地地块面积的改正数;P_i 为某地块平差后的面积。

平差后的面积应满足检核条件：

$$\sum_{i=1}^{k} P_i - P_0 = 0 \tag{7-14}$$

二、控制面积测算

控制是相对的，二级被一级控制，然而又要对下一级起控制作用。控制级别越高，精度要求就越高。控制面积测算的方法有三种：

（1）坐标法。测量控制区块界线拐点的坐标，根据坐标法面积计算公式计算其面积。

（2）图幅理论面积法。土地面积测算通常以图幅为单位。图幅有两种，即梯形与正（矩）方形分幅。图幅大小均是固定的，面积可直接计算或从相关书籍中查取。

（3）沙维奇方法。在难以采用上述方法时，可采用沙维奇法。其精度低于上述两种方法，适用于测算面积较大的情况。

三、土地面积测算的精度要求

（一）两次测算较差要求

1. 求积仪测算

求积仪对同一图形两次测算，分划值的较差应不超过表 7-3 的规定。

2. 其他方法测算

同一图斑两次测算面积较差与其面积之比应小于表 7-4 的规定。

表 7-3 求积仪对同一图形两次测算的分划值的较差

求积仪量测分划值数	允许误差分划数
<200	2
200～2000	3
>2000	4

注：其指标适用于重复绕圈的累计分划值。

表 7-4 同一图斑两次测算面积较差与其面积之比

图上面积（mm²）	允许误差
<20	1/20
50～100	1/30
100～400	1/50
400～1000	1/100
1000～3000	1/150
3000～5000	1/200
>5000	1/250

注：图上面积太小的图斑，可以适当放宽。

（二）土地分级测算的限差要求

为了保证土地面积测算成果精度，通常按分级与不同测算方法来规定它们的限差。

（1）分区土地面积测算允许误差，按一级控制要求计算，即：

$$F_1 < 0.0025 P_1 = P_1/400 \tag{7-15}$$

式中，F_1 为与图幅理论面积比较的限差（公顷）；P_1 为图幅理论面积（公顷）。

（2）土地利用分类面积测算限差，作为二级控制，分别按不同公式计算。

求积仪法：$F_2 \leqslant \pm 0.08 \times \dfrac{M}{10\,000} \sqrt{15 P_2}$ \hfill (7-16)

方格法：$F_3 \leqslant \pm 0.1 \times \dfrac{M}{10\,000} \sqrt{15 P_2}$ \hfill (7-17)

式中，F_2、F_3 为不同测算方法与分区控制面积比较的限差（公顷）；M 为被量测图纸的比例尺分母；P_2 为分区控制面积（公顷）。

第三节　土地面积计算

土地面积亦称宗地面积，是最常见的不动产面积之一，是指一宗地权属界址线范围内的土地面积。

一、不同类型宗地面积测算的项目及关系

由于目前各地区使用建筑结构不同，土地使用情况也不同。现在有以下几种方法供参考。

（一）独立宗地面积测算的项目及关系

（1）用地面积，即宗地面积。
（2）建筑占地面积，即基底面积。
（3）其他面积，指宗地内基底面积以外的面积。
以上各项的关系是：用地面积＝基底面积＋其他面积。

（二）组合宗地面积测算的项目及关系

（1）共有使用权面积，即宗地总面积。
（2）权利人用地面积，即各权利人应拥有的土地面积。
（3）分摊基底面积，即各权利人应分摊到的基底面积。
（4）分摊共用面积，即各权利人应分摊到的除基底面积以外的土地面积。
（5）权利人的其他面积，如自购花园面积等。
以上各项的关系是：权利人用地面积＝分摊基底面积＋分摊共用面积＋权利人的其他面积。

二、土地面积分摊原则及方法

（一）土地面积分摊原则

（1）各权利人在获得房地产时已签订了合约，明确各权利人应拥有的房地产份额或面积的，登记时则按合约明确的份额或面积计算各权利人的用地面积。
（2）原没有明确各权利人用地面积的，则以各权利人拥有的房屋建筑面积按比例分摊土地面积。分摊时先分摊基底面积，然后再分摊共用面积。

（二）土地面积分摊方法

1. 常用分摊法
（1）分摊基底面积（建筑占地面积）的计算式：

$$\text{分摊基地面积} = \frac{\text{本栋基地面积}}{\text{本栋建筑面积}} \times \text{权利人建筑面积} \qquad (7-18)$$

(2) 分摊共用面积的计算式：

$$\text{分摊共用面积} = \frac{\text{公共使用权面积} - \text{宗地总基底面积}}{\text{宗地总建筑面积}} \times \text{权利人建筑面积} \quad (7-19)$$

(3) 当共用使用权宗地中部分权利人拥有自购花园时，则在计算分摊共用面积时须使用下式：

$$\text{分摊公用面积} = \frac{\text{公共使用权面积} - \text{宗地总基底面积} - \text{自购花园总面积}}{\text{宗地总建筑面积}}$$
$$\times \text{权利人建筑面积} \qquad (7-20)$$

(4) 一宗地中若具有不同土地类别且没有按照类别划分宗地，如需计算土地分类面积，可以从地形图、房地产现状图或宗地图上量算或按建筑面积近似分摊，各类用地面积之和应等于总用地面积。当一宗地按用途批准建设时，对于主要用途服务的配套设施用地可不另分类计算。例如，住宅小区里用地的小花园、绿化地、通行道路等，工业用地里的道路、绿化地、职工食堂、宿舍等。当只有一个权利人的宗地内房屋的用途不同时，如地面上能划清界限，则按上述方法处理，否则，按不同用途的房屋的建筑面积分摊土地面积，如综合性大楼（多为商业、办公、住宅混合型大楼）。

2. 土地价值最大化分摊法

该方法适用于一层为商服，二层及以上为住宅的高层楼房（以商服为主）。这种方法主要是将土地使用权确定给第一层商业用户，住宅层只分摊院内土地面积，土地只作为附属形式存在，要求实现土地价值最大化。因为商服用地单位地价最高，第一层商业用户是土地的直接使用者，又是土地的直接收益者，这就决定了第一层作为商服用地的土地直接收益者实际上完全归一层土地使用者直接所有，而住宅用户却无此直接收益。如果将基底面积同二层及以上用户进行平均分摊就会造成征收土地有偿使用费税时只收取部分商服用地的费税，从而使土地资产无形中流失，而住宅楼层被平均分摊面积并收取费税就失去了公平、合理的原则。

3. 按土地用途分摊法或称地价分摊法

该方法适用于多用途楼房。由于土地用途不同、层数不同，土地产生的价值就不同，按照不同用途对土地进行分摊，确定使用者分摊多少土地面积，就相应承担多少土地有偿使用费税，被认为是一种比较公平、合理的方法。具体公式如下：

$$S_\text{分} = S_\text{总} \times \frac{P_i}{\Sigma p_i \times n} \times N \qquad (7-21)$$

式中：$S_\text{分}$ 为土地分摊面积；P_i 为某一用途地价；$\Sigma p_i \times n$ 为不同用途地价之和；N 为某一使用者拥有的建筑层数；$S_\text{总}$ 为基底面积。

该公式也适用于同一层有多种用途的建筑物。

4. 楼价分摊法

适用于对相同用途不同层数的土地进行分摊。例如，甲、乙分别拥有同一幢楼中第一层、第二层，如果甲、乙享有同样的费税，就不合理。所以还应该利用楼价对统一用途不同层建筑享有土地进行分摊修正。由于不同层数的楼价是受市场因素影响的，而该楼的地价则不变，所以用楼价来修正地价是一种操作简单又合理的办法。

第四节　房屋面积计算

一、房屋面积计算的一般规定

面积测算系指水平面积测算。它分为房屋面积测算和用地面积测算两类，其中，房屋面积测算包括房屋建筑面积、房屋共有建筑面积、房屋产权面积、房屋使用面积等的测算。

各类面积测算必须独立测算两次，其较差应在规定的限差以内，取中数作为最后结果。量距应使用经检定合格的卷尺或其他能达到相应精度的仪器和工具。面积以平方米（m^2）为单位，取至0.01m。

二、房屋面积的计算范围

（一）全部计算面积的情形

（1）永久性结构的单层房屋按一层计算建筑面积，多层房屋按各层建筑面积的总和计算。

（2）房屋内的夹层、插层、技术层及楼梯间、电梯间等高度在2.20m以上的部分计算建筑面积。

（3）穿过房屋的通道，房屋内的门厅、大厅均按一层计算面积。门厅、大厅内的回廊部分，层高在2.20m以上的，按其水平投影面积计算。

（4）楼梯间、电梯（观光梯）井、提物井、垃圾道、管道井等均按房屋自然层计算面积。

（5）房屋天面上属永久性建筑，层高在2.20m以上的楼梯间、水箱间、电梯机房及斜面结构屋顶高度在2.20m以上的部位，按其外围水平投影面积计算。

（6）挑楼、全封闭的阳台按其外围水平投影面积计算。

（7）属永久性结构有上盖的室外楼梯，按各层水平投影面积计算。

（8）与房屋相连的有柱走廊、两房屋间有上盖的柱的走廊，均按其柱的外围投影面积计算。

（9）房屋间永久性的封闭的架空廊道，按外围水平投影面积计算。

（10）地下室、半地下室及其相应入口，层高在2.20m以上的，按其外墙（不包括采光井、防潮层及保护墙）外围水平投影面积计算。

（11）有柱或有维护结构的门廊、门斗，按其柱或外围结构的外围投影面积计算。

（12）玻璃幕墙等作为房屋外墙的，按其外围投影面积计算。

（13）属永久性建筑的车棚、货棚等，按柱的外围投影面积计算。

（14）依坡地建筑的房屋，利用吊脚作架空层，有维护结构的，按其高度在2.20m以上部位的外围水平面积计算。

（15）有伸缩棚的房屋，若其与室内相通的，伸缩缝计算建筑面积。

（二）仅计入一半建筑面积的情形

（1）与房屋相连、有上盖无柱的走廊、檐廊，按其维护结构外围水平投影面积的一半计算。

（2）独立柱、单排柱的门廊、车棚、货棚等属永久性建筑的，按其上盖的水平投影面积的一半计算。

(3)未封闭的阳台、挑廊,按其维护结构水平投影面积的一半计算。

(4)无顶盖的室外楼梯,按各层水平投影面积的一半计算。

(5)有顶盖不封闭的永久性的架空通廊,按外围水平投影面积的一半计算。

(三)不应计入建筑面积的情形

(1)层高小于 2.20m 的夹层、插层、技术层和层高小于 2.20m 的地下室、半地下室。

(2)突出房屋墙面的构件、配件、装饰柱、装饰性的玻璃幕墙、垛、勒脚、台阶、无柱雨棚等。

(3)房屋间无上盖的架空通廊。

(4)房屋的天面、挑台,天面上的花园、泳池。

(5)建筑物内的操作平台、上料平台及利用建筑物的空间安置箱、罐的平台。

(6)骑楼、过街桥的底层用作道路街巷通行的部分。

(7)利用引桥、高架路、高架桥、路面作为顶盖建造的房屋。

(8)活动房屋、临时房屋、简易房屋。

(9)独立烟囱、亭、塔、罐、池、地下人防干支线。

(10)与房屋室内不相通的房屋间伸缩缝。

第五节 其他不动产类型面积计算

一、海域面积计算

海域面积的计算对于获取海域使用数据是非常关键的,也是取得海域使用权的重要基础。海域面积的计算是为海域使用单位以及个人提供准确、客观和科学的数据,为国家和地方海洋行政主管部门提供审批、确权、执法依据和监督管理信息,是维护国家海域所有权和海域使用权人合法权益的重要内容,是促进海域的合理开发和可持续利用的基础工作。

海域面积的测算是在宗海界址点明确的基础之上,主要通过数学方法计算得到。目前计算海域面积的方法主要包括椭球体表面的计算方法和平面面积的解析法。一般地,用海面积较小,用平面面积来代替椭球体表面积;如果用海方式是大规模开放式养殖用海或者是大规模围填海工程,则应采用椭球体表面面积作为海域面积。

(一)参考椭球体面上的面积计算方法

依据《海域使用面积测量规范》(HY 070—2003)的要求,海域使用测量面积应当采用在参考椭球体面上的面积计算方法。

椭球面上梯形面积计算方法如下:

设梯形面积的纬度差为 dB,经度差为 dL,则椭球面上微分梯形面积 dF 为:

$$dF = MN\cos B dB dL \tag{7-22}$$

式中,M 为子午圈曲率半径;N 为卯酉圈曲率半径。

$$M = \frac{a(1-e^2)}{(1-e^2\sin^2 B)^{3/2}} \tag{7-23}$$

$$N = \frac{a}{\sqrt{1-e^2\sin^2 B}} \tag{7-24}$$

式中，a 为地球椭球长半径；e 为偏心率；B 为纬度；L 为经度。

对 dF 取定积分有：

$$\begin{aligned} F &= \int_{L_1}^{L_2}\int_{B_1}^{B_2} MN\cos B \, dB \, dL \\ &= \frac{b^2}{2}(L_2-L_1) \times \left[\frac{\sin B}{1-e^2\sin^2 B} + \frac{1}{2e}\ln\frac{1+e\sin B}{1-e\sin B}\right]_{B_1}^{B_2} \end{aligned} \tag{7-25}$$

对于椭球面上的任意多边形可分割成若干梯形小块，每个梯形小块运用公式计算出面积后求和即为椭球面上任意多边形的面积，即：

$$S = \sum_{i=1}^{n} F_i \tag{7-26}$$

其面积计算精度主要取决于测点精度和密度。由于该计算方法和过程比较复杂，实际应用中通常先依据其计算方法编制软件，在计算机上将测得的大地坐标输入后，直接求得海域使用面积。

(二) 平面面积计算方法

待测海域面积是一个封闭不规则的曲面区域，根据平面上不规则区域面积的求解方法，推演出下面集中求海域面积的方法。式(7-28)~式(7-32)中参数代表意义如下：a 为椭球长半轴或迟到半径；e 为偏心率；B 为纬度；L 为经度；r 为等纬圈半径；纬度以弧度为单位。

1. 弧长坐标法

海域面积测算的来源数据是地理坐标的经纬度。要使用平面坐标法的关键是处理由地理坐标到平面坐标的转换。弧长坐标法的原理：选取测得区域所有地理坐标中最小经度和最小纬度作为基准点 O，其坐标为 (B_0, L_0)，用各坐标到基准点的地理弧长作为平面坐标的横纵坐标，再使用平面坐标法的计算方法来计算海域面积。

地理经度到横向坐标转换，即求取等纬圈弧长作为平面横坐标 x：

$$x = r(L-L_0) = \frac{a\cos B}{\sqrt{1-e^2\sin^2 B}} \times (L-L_0) \tag{7-27}$$

地理纬度到纵向坐标转换，即求取子午线弧长 X。求解要用到椭圆积分，现在方法一般是用多项式展开的方法来求取满足足够精度的近似解。求平面纵坐标 y 使用如公式：

$$X = a_0 B - \frac{a_2}{2}\sin 2B + \frac{a_4}{4}\sin 4B - \frac{a_6}{6}\sin 6B + \frac{a_8}{8}\sin 8B \tag{7-28}$$

$$a_0 = m_0 + \frac{1}{2}m_2 + \frac{3}{8}m_4 + \frac{5}{16}m_6 + \frac{35}{128}m_8;$$

$$a_2 = \frac{1}{2}m_2 + \frac{1}{2}m_4 + \frac{15}{32}m_6 + \frac{7}{16}m_8;$$

$$a_4 = \frac{1}{8}m_4 + \frac{3}{16}m_6 + \frac{7}{32}m_8;$$

$$a_6 = \frac{1}{32}m_6 + \frac{1}{16}m_8 。$$

$$a_6 = \frac{1}{128}m_8 \tag{7-29}$$

$$m_0 = a(1-e^2), m_2 = \frac{3}{2}e^2 m_0, m_4 = \frac{5}{4}e^2 m_2, m_6 = \frac{7}{6}e^2 m_4, m_8 = \frac{9}{8}e^2 m_6 \tag{7-30}$$

$$y = X - X_0 \tag{7-31}$$

2. 曲面坐标法

本方法不需要进行坐标的转换,其原理是直接在地球旋转椭圆体上使用平面坐标法的方法,用椭球面上梯形的面积代替平面梯形的面积进行计算。椭球面上梯形的面积是指由两条纬线和两条经线所围成区域的面积,可用积分方法导出:

$$S_T = a^2(1-e^2)(L_2 - L_1)\left[\frac{\sin B}{2(1-e^2\sin^2 B)} + \frac{1}{4e}\ln\frac{1+e\sin B}{1-e\sin B}\right]_{B_1}^{B_2} \tag{7-32}$$

使用曲面坐标法时,选取测得区域所有地理坐标中最小纬度作为基准纬度,即式(7-32)中的 B_1,计算过程中用相邻两个地理坐标点的中分纬度与基准纬度以及两条经线构成的椭球面上梯形的面积代替曲面上相邻两地理坐标点与基准纬度构成的曲面梯形,中分纬度为 B_2。

3. 方格法

方格法需要将地理坐标转换为平面坐标,它往往作为海域面积的粗算方法使用。航海上一般采用墨卡托投影原理进行坐标转换。在测点附件任选一点 O,其坐标为 (B_0, L_0)。

地理经度到横向坐标转换,即求取经差对应赤道弧长作为平面横坐标 x:

$$x = a \times (L - L_0) \tag{7-33}$$

地理纬度到纵向坐标转换,涉及到墨卡托投影坐标下纬度线间距离的求取,使用纬距(纬度线到赤道的距离,单位取与赤道半径同单位)公式,纬距差为平面纵坐标 y:

$$MP = a\ln\left[\tan\frac{\pi}{4} + \frac{B}{2} - \left(\frac{1-e\sin B}{1+e\sin B}\right)^{e/2}\right] \tag{7-34}$$

$$y = MP - MP_0 \tag{7-35}$$

4. 数点法

数点法的基本原理是利用扫描仪扫描图像,如果扫描仪的分辨率和缩放比不变且用位图格式保存图像时,单位面积像素个数是一定的。按照以上扫描图像的特性,可以统计所量面积的像素个数,然后找出像素个数与所量面积的关系,即可求出所量面积。显然可以把数点法看作是对方格法的改进,将方格细化到像素点的大小,一方面可以把精度提高到像素点程度,另一方面更大限度地避免了人为操作或估算导致的误差和方格大小引起的误差结果。除此之外,数点法也对坐标法部分功能进行了完善:坐标法计算需要不规则区域是单连通,因此区域若存在凹陷、重叠都会限制坐标法的使用;数点法可直观地绘制出不规则区域,不受任何形状约束。

数点法非常适合计算机处理。在软件中使用的即为综合几种方法、多方面考虑并改进后的数点法,区域绘制用到了微软的新一代面向对象的开发平台 Microsoft Visual Studio 2005 的图形设备结果 GDI+,使用步骤如下。

首先按如下步骤获取像素点总数:

GDI+的 SetPixel 方法绘制空白绘图区域。

GDI+的 Fillpolygon 方法填充封闭特测区域,数据点坐标确定同方格法。

GDI+的 Getpixel 方法计算封闭待测区域像素点总数。

接下来,求取区域中最大最小纬度、最大最小经度围成的区域所包含的像素点总数,以及该区域所对应的椭球面上梯形的面积:

$$S_{max-min} = a^2(1-e^2)(L_{max}-L_{min})$$
$$\left[\frac{sinB}{2(1-e^2sin^2B)}+\frac{1}{4e}\ln\frac{1+esinB}{1-esinB}\right]_{B_{min}}^{B_{max}} \quad (7-36)$$

最后,按下式求取待测海域面积:

$$S = \frac{待测区域对应的像素点总数}{最大最小经纬度围区域像素点总数} \times S_{max-min} \quad (7-37)$$

二、林地面积计算

林地面积是不动产统一登记的基础性工作之一,其面积量测又是林地资源调查中的基础性工作,林地面积量测的手段、方法和功效直接影响森林资源调查、监测的手段、方法和功效。

(一)林地面积量测概述

当前国内外土地面积测量主要分为两大类:一类是野外直接测量法,如采用 GPS、罗盘、全站仪、经纬仪等;另一类是从地图上量测,主要为面向规则图形的解析算法、图解算法和面向任意不规则图形的量算法。在实际工作中,由精度要求、设备仪器及图形形态决定所选取的方法。林地也属土地的范畴,其面积测量与土地测量方法相似。

(二)林地面积量测常见方法

1. 三角网

在地面上选定一系列点位 1、2、3、…,使相互的两点通视,把它们按照三角形的形式连接起来构成三角网,三角网根据观测量的不同可以分为三角测量、三边测量和边角测量。三角测量观测各三角形内角和少数边长,三边测量观测所有的三角形边长和少量用于确定方位角的角度,而边角测量是在三角测量中多测一些边或者在三边测量中多测一些角度或观测三角网中的所有角度和边长。在三角网中没有观测的角度和边长可以通过三角形解算计算出来。实际观测过程中为了进行观测值的校核,提高图形强度,往往增加一些多余观测值。

2. 导线网

导线网是目前工程测量和地籍测量中较常用的一种布设形式,它包括单一导线和具有一个或多个节点的导线网。导线网的观测值是角度(方向)和边长独立导线网的起算数据,是一个起算点的坐标和一个方向的方位角。

3. GPS 网

20 世纪末以来,随着 GPS 技术在我国的应用,其技术以准确、便捷、时效的特点在面积量测、制图、资源勘探等领域飞速发展,GPS 应用于控制测量也非常普遍。GPS 控制测量又分为 GPS 静态控制测量和 GPS 控制测量。

GPS 静态控制网测量具有定位精度高、控制范围大、平面和高程可同步推算、选点灵活、不需要通视及全天候作业等特点,在城镇地籍测量中常用于基本控制测量,是首级控制网。有时为了提高整网的可靠性及均匀性,城市一级(或二级)控制网也采用静态或快速静态相对定位测量方法。

(三)林地面积量测的步骤

1. 平面控制测量

在这一阶段需要根据林地区域面积的大小和面积中误差的要求来确定控制网的等级、导线的平均边长等,并选择合适的仪器和方案进行测量,可对控制点进行精度评定。

2. 界址点的测定,即碎部测量

得出所测区域的界址点坐标,并由控制点的误差和测量过程中由测角量距产生的误差得出界址点的中误差。

3. 面积的确定

按照任意多边形面积公式可以方便地解求出所测区域的面积大小,并由界址点的测量精度推算出面积的相对精度。

三、草原面积计算

草原面积测量是草地生产规划设计和草地开发利用及建设发展等重要工作的基础资料。草原面积测量必须要求计算数据精确无误,与实地面积相符,满足生产各项要求。当前,草原面积测量大多参考土地面积测量方法。

草原面积测量工作也是遵循"层层控制、分级量算、按比例平差"原则开展,在草原地图上量算控制面积和土地面积,最终通过多种方法综合得出草原面积大小,面积误差必须在允许范围之内。

(一)草原面积的计算方法

草原面积的计算方法有野外调查法和航片判读法。航片判读方法属于内业工作,从图上测量的方法主要有格网法、求积仪法、光电扫描仪法。其中格网法、求积仪法和光电扫描仪法上述已有介绍,故不再赘述。

(二)草原面积航片判读法步骤

1. 建立草原判读的图例系统、确定图例结构与表示方法

图例系统是草原判读内容的科学系统化和归纳总结,应该与草地分类系统保持协调一致。草原分类系统与制图单位有关。草原分类系统是根据草地类型学的原则而拟定的分类,是对调查区的一个系统了解,但是由于受到比例尺或者分辨率的影响,制图单位可以表现为组合单元。

2. 航片作业面的勾绘工作

以航片作为判读的信息源必须要对每一张航片勾绘出作业面积。作业面积绘制首先是根据地物影像特点,将相邻像片镶嵌排列;然后划出像片重叠部分等分线;最后在等分线处,选刺3个以上明显的地物点,将这些点转刺到划作业面积的像片上,并进行连线,所选定的面积即为作业面积。

3. 判读及估算

根据影像解译标识、草原图例系统等相关的参考资料,应用草地类型学原理、生态自然地理原理等综合分析方法,采取对比外延,从宏观到细部判读。判读方法根据草原类型的分布规律、空间组合、复杂程度选择,包括逐块或逐片判读、分带判读、统计抽样判读。其中 1984 年中国农业科学院草原研究所和北京农业大学(现为中国农业大学)在内蒙古和河北省"沽源幅",以成数抽样的方法进行面积估算。采用系统成数点抽样,以 95% 的可靠性,90% 的精度,计算样点数量并通过公式计算点间距,逐次按行列判读样点周围 2mm 的类型和统计记录,再错动位置重复抽样判读和进行显著性测验,最后利用抽样判读的某地类成数和样点数进行数学计算,结合误差和精度计算,得到总体面积。

第六节 不动产面积测算程序与整合

整合是指按不同的事物和性质,将分散的资源和服务按一定的知识管理规则和服务目的组织在一起,使其相互协调一致,实现资源共享与增值。而不动产登记数据整合就是通过将现有的分散存放、格式不一、介质不同的不动产登记信息进行规范整合,依据不动产登记相关数据标准将不动产登记面积等数据整合来建设不动产登记数据库,为不动产登记信息管理基础平台运行提供数据支撑。

一、不动产登记整合的任务与原则

(一)不动产登记整合任务

(1)对土地、房产、森林、林木、海域等已有的登记信息按现行的数据标准和技术规范进行梳理与规范,形成符合相关技术标准的数据集。

(2)依据《不动产登记数据库标准》(试行)通过抽取、转换、补录、整合等方法,建立不动产登记数据库。

农村土地承包经营权、草原所有权和使用权、取水权、探矿权、采矿权等数据整合按相关规定执行。

(二)基本原则

1. 完整

整合过程中要遵守土地、房屋等数据库标准和规范的要求,对相关数据项进行补充和完善,确保规定的必选项和条件必选项内容完整。

2. 一致

在数据整合的过程中不应对原始数据进行修改,确保整合前后的数据一致。

3. 规范

依据现行的土地、房屋等数据库标准,对已有的不动产登记信息进行梳理并规范化。

二、土地面积测算流程

土地面积测算的程序(图7-9)与统计过程和土地面积测算的层次与方法有关。土地面积测算的方法通常可以是解析法与图解法。前一种一般用于城镇地籍;后一种适用于农村地籍。在城镇地籍中,对宗地面积精度要求比较高。从土地面积测算的全过程来看,一般是三级测算两级控制;图幅土地面积测算为第一级测算,其理论面积作为首级控制;街坊(或村)面积测算为第二级测算,其平差后的面积和为第二级控制;宗地(或农村地类)面积测算为第三级测算。如果要弄清农村居民地每户宅基地面积,应测量大比例尺(不小于1∶2000)居民地地籍图(或称岛图)。

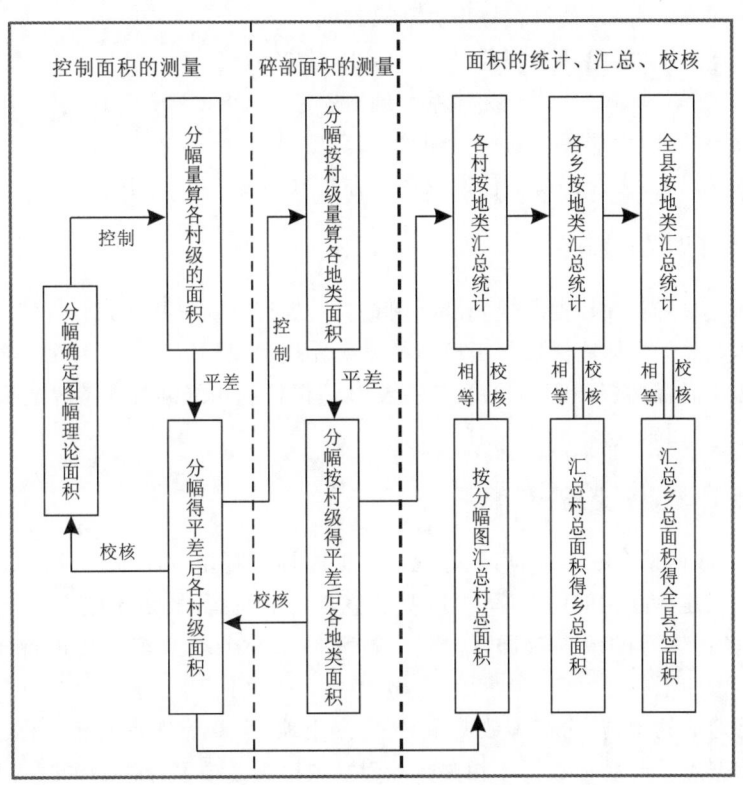

图7-9 土地面积测算程序

三、各类别不动产登记数据整理依据

(一)土地登记数据整理依据

(1)国土资源部 《城镇地籍数据库标准》(TD 1015—2007)。

(2)国土资源部 《地籍调查规程》(TD 1001—2012)。

(3)国土资源部、财政部、住房和城乡建设部、农业部、国家林业局 《关于进一步加快推进宅基地和集体建设用地使用权确权登记发证工作的通知》(2014)。

(二)房产登记数据整理

(1)住房和城乡建设部 《房地产市场基础信息数据标准》(JGJ/T 252—2011)。
(2)住房和城乡建设部 《房屋代码编码标准》(JGJ/T 246—2012)。
(3)住房和城乡建设部 《房地产市场信息系统技术规范》(CJJ/T 115—2007)。
(4)住房和城乡建设部 《房屋登记簿管理试行办法》(建住房[2008]84号)。

(三)海域(含无居民海岛)登记数据整理

(1)《海域使用管理法》。
(2)国家海洋局 《海域使用权登记办法》(2006)。
(3)国家海洋局 《海籍调查规范(HY/T 124—2009)》。
(4)国家海洋局 《海域使用分类体系》(国海管字[2008]273号)。
(5)国家海洋局 《无居民海岛使用测量规范》(2011)
(6)国家海洋局 《无居民海岛使用权登记办法》(国海岛字[2010]775号)。

(四)林权登记数据整理

(1)国家林业总局《森林资源规划设计调查技术规程》(GB/T 26424—2010)。
(2)国家林业总局《林地保护利用规划林地落界技术规程》(LY/T 1955—2011)。
(3)国家林业局森林资源管理司《关于提交林地保护利用规划林地落界成果数据有关要求的函》(资地函[2011]91号)。

四、不动产数据整合流程

不动产登记数据整合在土地、房屋等现行数据库标准规范和不动产登记数据库相关标准的指导下,按照先建标准化的原始库,再按要求整合成中间库,最终建成用于支撑不动产登记信息管理基础平台运行的成果数据库。整个过程的每一个环节都需要进行质量控制,如图7-10所示。具体如下:

(1)对于已建成的土地、房产等数据库,先依据土地、房产等现行的相关标准进行标准化、规范化后,再依据不动产登记数据库相关标准建立映射关系模型,对已有的登记信息补充完善后,转换形成符合要求的不动产登记数据库。

(2)对于已有不动产登记电子档案或部分电子数据的,首先对已有的登记信息通过提取、转换、补录等技术方法,建成符合土地、房产等现行标准的标准化、规范化的数据集,再依据不动产登记数据库相关标准,经整合后建成符合要求的不动产登记数据库。

(3)对于没有电子数据只有不动产登记纸质档案的,依据现行的土地、房产等登记数据库标准录入数据建成对应数据库,再依据不动产登记数据库相关标准,经整合后建成符合要求的不动产登记数据库。

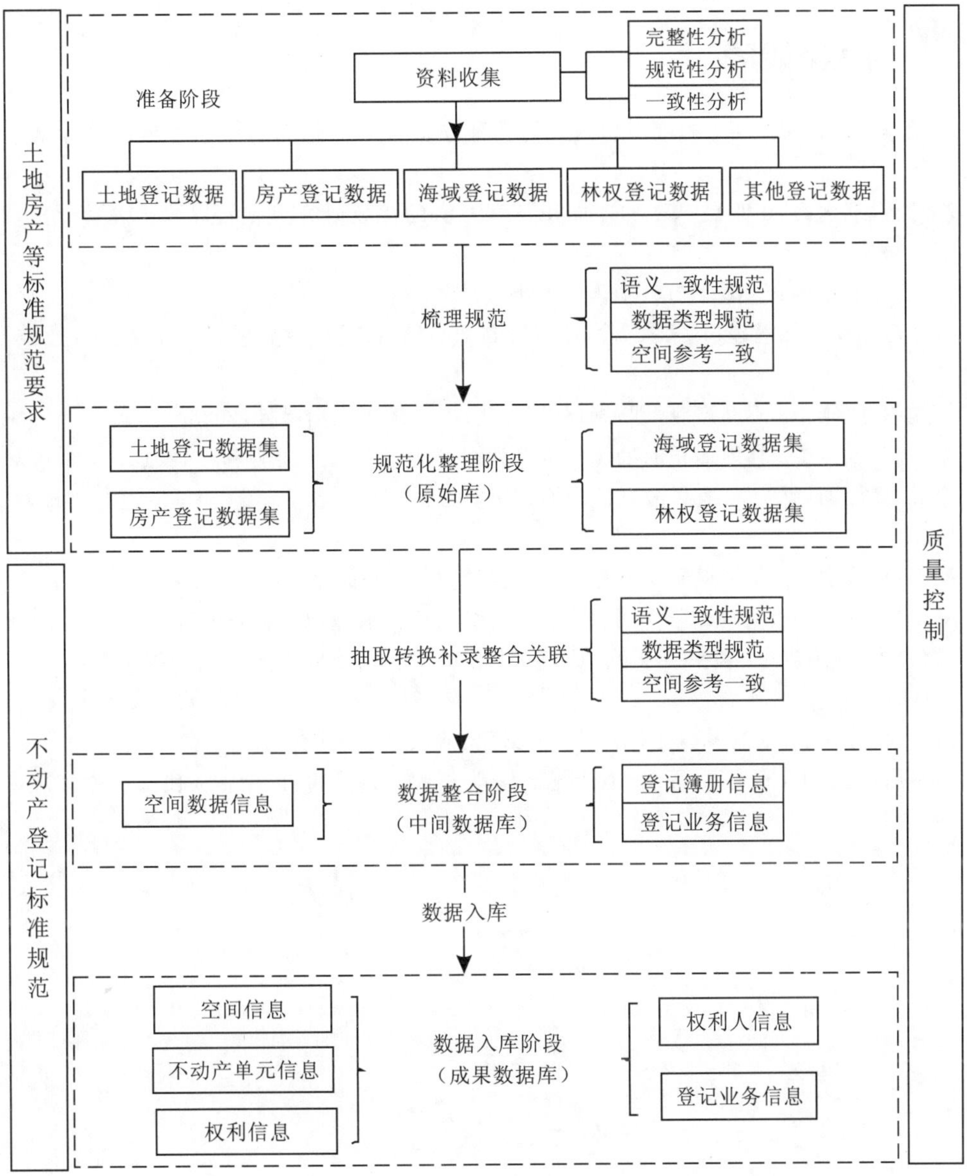

图 7-10　不动产登记数据整合流程图

思考题

1. 简述我国房屋面积计算的范围。
2. 简要介绍不动产面积量算方法。
3. 归纳土地面积测算程序与统计方法。

 主要参考文献

冯纪军,戴冉,朱金善. 海域面积测算的几种方法[J]. 大连海事大学学报,2007,33(6):101-103.

冯仲科,刘永霞,王小昆,等. 林地面积量算方法的比较研究[J]. 北京林业大学学报,2004,26(5):17-22.

高延利. 地籍调查[M]. 北京:中国农业出版社,2008.

国家海洋局海域管理司,国家海洋环境检测中心编. 海域使用测量培训教程[M]. 北京:海洋出版社,2003.

蓝悦明,康雄华. 不动产测量与管理[M]. 武汉:武汉大学出版社,2008.

李俊超,段生员. 林地面积的勘测技术及误差分析[J]. 江西林业科技,2012(4):33-36.

李胜,高俊国,赵晓龙,等. 海域使用面积测算方法与应用研究[J]. 海洋开发与管理,2013(7):11-14.

凌杰,王善刚. 关于宗地面积量算的几点浅谈[J]. 科技传播,2010(10).

刘德福. 草地调查与规划学实习指导[M]. 北京:中国农业出版社,1995.

谭伟,张贤,王志杰. 森林面积测量精度对比分析[J]. 山地农业生物学报,2007,26(6):495-498.

詹长根,詹祥云,刘丽. 地籍测量学[M]. 武汉:武汉大学出版社,2001.

周本用,赵庆丰,王光德,等. 房地产测量与评估[M]. 内蒙古:内蒙古人民出版社,1996.

第八章 不动产权籍调查数据库和管理系统建设

第一节 不动产权籍调查数据库与管理系统设计

一、建设背景与目的

改革开放后,我国的土地与房屋产权产籍理论和方法都得到了长足的发展,但在土地登记工作开展上,一度采用分散登记制度,这愈难适应社会发展和经济活动的要求,造成资源资产利用效益和社会管理效益低下,交易活动不安全,公民和社会组织行使权力不方便等问题。为解决此问题,2014年11月24日,国务院发布《不动产登记暂行条例》(以下简称《条例》),《条例》明确了由国土资源部负责不动产登记的职责,要求做到登记机构、登记簿册、登记依据和信息平台"四统一",从源头上取代了过去的分散登记。

不动产权籍调查是不动产登记的基础,也是不动产登记暂行条例实施、簿册统一和信息平台建设的重要支撑。2015年5月4日,国土资源部下发《关于做好不动产权籍调查工作的通知》(以下简称《通知》),再次强调了不动产权籍调查对开展不动产登记工作的重要作用。同时,该《通知》明确将建立不动产权籍调查数据库与管理系统,以规范调查结果,实现对不动产权籍调查成果的图形、属性、档案等信息的一体化存储、管理与应用,并结合日常不动产登记等业务对数据库进行及时更新和系统维护升级,满足不动产权籍调查的信息共享和成果应用。

二、数据库和管理系统的建设依据

不动产权籍调查数据库与管理系统应以现有的地(海)籍数据库为基础,对接与整合土地、房产、海域、土地承包经营权、林木等各类不动产登记数据,逐步梳理已有档案与数据库之间的关系,并将地籍数据库按照调查要求的标准整理完善。在此基础上,整体转换为不动产权籍调查数据库,实现不动产权籍调查成果一体化管理。

三、数据库和管理系统的主要内容

(一)数据库的含义

数据库是长期存储在计算机内,有组织、可共享的数据集合。数据库中的数据按一定的数据模型组织、描述和存储,具有较小的冗余度,较高的数据独立性和易扩散性,并可为各种用户共享。按照数据模型的分类,数据库包括层次数据库、网状数据库、关系数据库、面向对象数据库和对象-关系数据库。数据库管理系统(database management system,DBMS)是指用于建立、使用和维护数据库的软件。通过对数据库的管理和控制,它可以保证数据库的安全性和完整性。用户可以通过DBMS访问数据库中的数据,数据库管理员也能通过DBMS维护数据库(葛莹,2012)。

(二)系统总体框架

不动产权籍调查数据库与管理系统可在地籍管理系统的基础上进行改进,将其总体框架分为三大主体部分:不动产权籍调查数据库系统、地理信息平台和不动产权籍信息应用系统。总体框架设计如图8-1所示(张新长等,2009)。

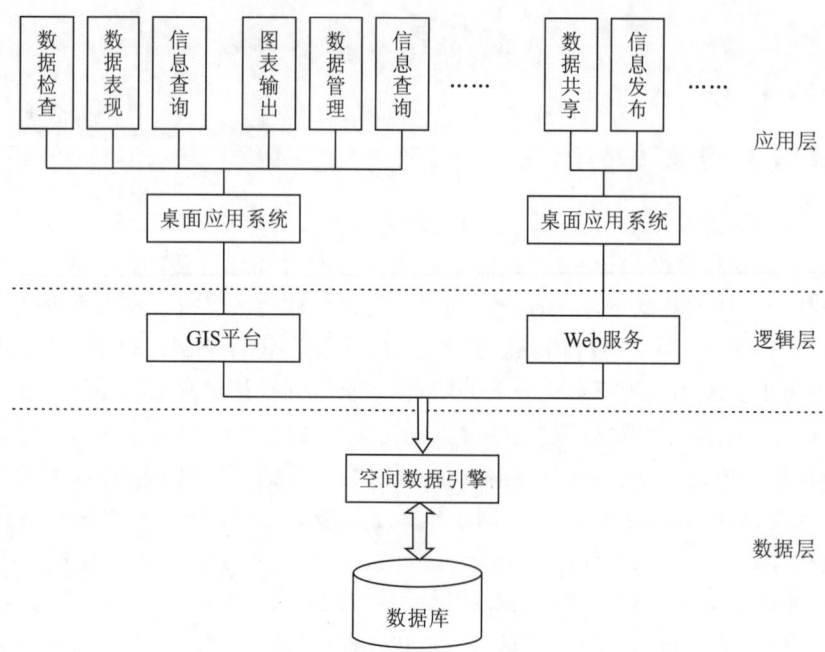

图8-1 不动产权籍调查数据库与管理系统的总体框架设计

(1)数据层。采用关系型数据库系统和空间数据引擎实现不动产权籍调查数据的高效存储和管理。

(2)逻辑层。逻辑层负责不动产权籍管理系统业务逻辑的实现,如空间数据的存储、表现和操作等。

(3)应用层。对不动产权籍调查管理系统核心业务的支持,实现不动产权籍调查数据库的具体应用,如数据转换、地籍变更、数据查询、图件输出、统计报表输出、不动产业务、信息发布等。

(三)建库的内容

依据数据库设计的理论和方法,不动产权籍调查数据库内容包括空间(图形)数据库和非空间(属性)数据库两种类型。空间数据库一般采用专用的图形数据库来管理,属性数据库则采用流行的关系数据库进行管理,为实现两种数据库的有效统一处理和管理,必须建立属性和空间数据之间的联结(林增杰等,2006)。

在内容上,不动产权籍调查数据库应包含:数据入库检查、数据入库、数据管理、查询统计报表、系统权限配置、目录数据库等重要板块,应用于不动产权籍调查数据处理、管理、交换和分析等方面。

第二节 建设原则与方法

为实现不动产统一登记的科学化、规范化和系统化,必须建立一个以不动产权籍调查为核心的不动产权籍调查数据库和管理系统,实现资源全局共享,实现对调查成果的信息化,提高不动产统一登记的工作质量、效率和水平,为国土资源管理提供数据技术和管理支持,为公众提供可公开的不动产信息查询服务。

一、系统建设原则(张新长等,2009)

(一)实用性与先进性

平台设计充分考虑地(海)籍管理现状,充分利用和整合现有的设备和资源,优化软件体系结构,扩展信息服务与决策功能。减少浪费,避免不必要的重复投资,提供一个实用的系统设计和整合方案。在保证系统实用性的基础上,必须考虑网络技术和软件开发技术等方面的先进性,以满足和适应将来业务的发展。实用性要求做到:易于使用、更新简单、便于系统管理数据、升级容易;具有优化的系统结构、完善数据库系统以及友好的用户界面;达到业务人员能够操作,实现土地管理业务处理的计算机化,逐步提高土地管理的信息化程度。先进性要求做到:符合现行标准、结构合理、数据严谨、功能齐全、技术先进、操作简单。

(二)统一性与通用性原则

构建城乡统一的不动产权籍调查数据库与管理系统,避免盲目重复开发,提高资源共享交换效率,实行软件过程控制,文档完整,程序清晰可读,使开发的系统容易维护。同时,在系统设计上,充分考虑系统的管理和维护需求,建立维护模块,专门面向系统维护人员,提高系统运行稳定性。

(三)易用性原则

系统遵照标准的用户界面设计规范,提供人性化的系统操作,界面友好,用户易于掌握和操作,重要功能或操作提供导航和帮助功能,可以使了解与不了解计算机的用户迅速学会并熟练使用系统。在系统设计上,采用C/S结构为核心,充分利用C/S体系架构的优势,同时结合B/S(B/A/S)结构设计体系,满足普通大众对不动产权籍调查信息查询的需求。

(四)前瞻性原则

信息技术发展非常快,硬件更新换代迅速,性价比不断提升。因此,在系统的设计中要有超前性,必须充分考虑技术的发展趋势,如采用关系数据库管理空间数据、InternetGIS 应用等问题。同时在硬件配置和系统设计中还需充分考虑系统的发展和升级,使系统具有较强的扩展能力,处于应用系统技术领先地位,确保系统能适应现代信息技术高速发展。

(五)可拓展性原则

系统必须具有较强的可扩展性和对需求变化的自适应能力,可适应业务管理内容和工作流程变化造成的系统需求的变化。数据库与管理系统应该为用户将来研发新的应用系统预留接口,以满足各部门不同阶段、不同应用的需求,以及为未来不动产权籍信息社会化和政务系统服务。在设计上,以组件化形式为主,为其他系统预留接口,便于系统的扩展。

(六)经济性原则

系统建设要求在实用的基础上做到最经济,以最小的投入获得最大的效益。在硬件和软件配置、系统开发和数据库建立上都充分考虑投入和经济效益。

二、系统建设方法

不动产权籍调查数据库的数据包括不动产权籍调查授权委托书、权源资料、不动产权籍调查表、界址点坐标成果表、不动产测量报告、宗地图、宗海图、房产分户图等,这些数据既有空间数据也有非空间数据,系统在进行数据入库前必须将所有空间数据转换成统一格式,同时针对不动产权籍调查数据进行标准化模式处理及图形与属性关联,将城镇、农村地籍数据和地类、地权数据通过空间数据引擎集成到不动产权籍调查数据库,不动产权籍调查数据库结构采用行政区级别(市、县、区)拼接连续无缝,这种体系有利于按照行政区域进行数据的访问与输出,根据行政区索引快速定位,有利于国土部门对不动产业务的管理应用(孙本宏等,2005)。根据不动产空间数据的特点,按照数据库—专题—层—要素—属性的层次架构构建数据库。数据库的建库流程如图 8-2 所示。

(一)数据入库检查

不动产权籍调查数据库入库检查板块主要提供数据入库前的质量检查,保证入库数据的完整性、正确性。系统将所有标准制作成数据字典存储在 Acess 中,利用这些数据字典为蓝本检查需要入库的调查数据,生成质量检查报告,便于系统对有错误的数据进行统一修改。

其中,对于空间数据与属性数据的检查标准不一样。空间数据从空间参考系、逻辑一致性和拓扑关系三方面进行检查,属性数据从文件形式和属性结构进行检查。

(二)数据入库

数据入库模块将数据入库的流程分为:数据模型和坐标系转换、数据的正确性和完整性控制、检查合格的数据写入数据库三方面。

在系统入库过程中应注意:接边机制、时间机制、完整性和入库的效率。在数据库更新时,要依据不动产信息变化的现状修正信息载体上相应要素的内容,以提高其精度和保持现势性。及时、准确地完成已有数据和现有数据的更新入库对整个系统应用和存在的价值十分重要。数据更新流程设计如图 8-3 所示。

第八章 不动产权籍调查数据库和管理系统建设

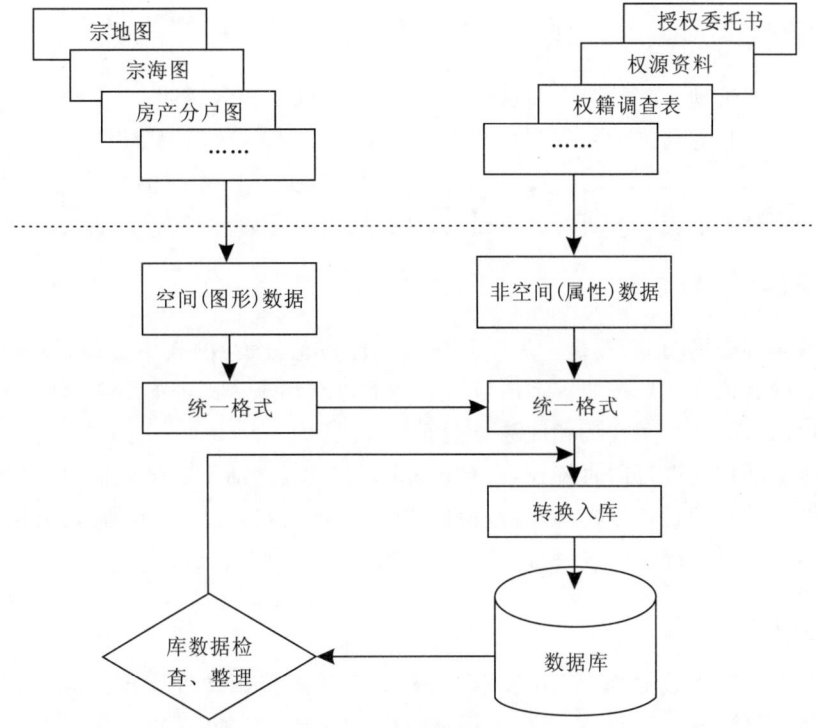

图 8-2 数据库建库流程

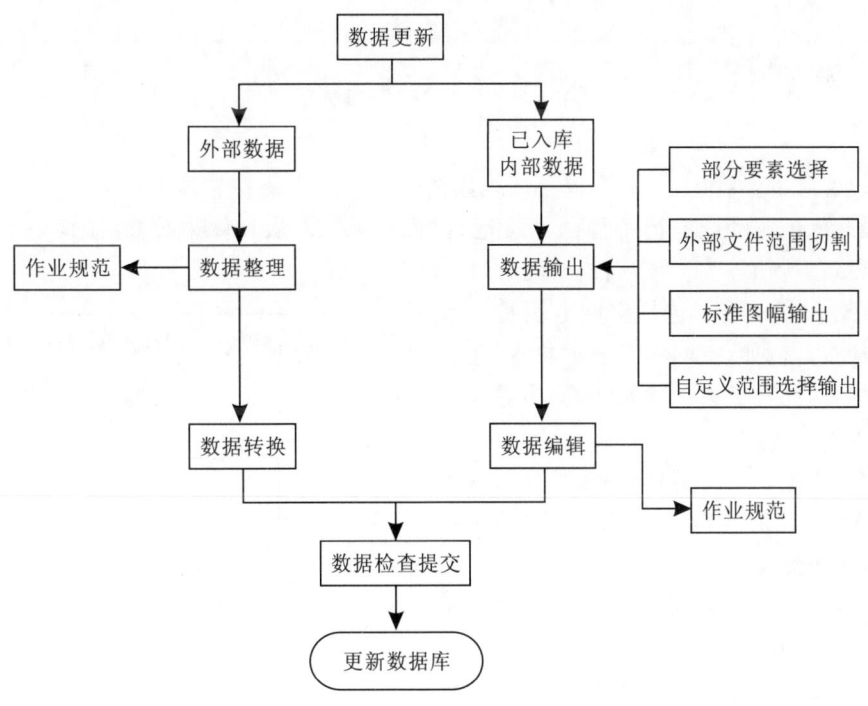

图 8-3 数据库更新流程

(三)数据管理

通过对数据的管理,实现不动产权籍调查数据对不同系统的透明化,实现调查数据资源的共享。对数据进行管理和维护要用到数据库管理系统,其基本思路是:将不动产权籍调查元数据信息进行分类和规划,确定各元数据项的类型和长度,并建立相应的元数据库;利用编程工具实现元数据管理子系统。完成对元数据信息的录入、浏览、查询、编辑、插入、删除等功能。

(四)数据的分析与查询

系统提供多种查询功能,按是否为空间图形属性信息分为:图查属性、属性查图和属性对属性的查询三种查询方式。按照查询内容所表达的含义和查询内容的取值,可分为选择查询、模糊查询、组合查询、自定义查询和回溯查询五种方式。

系统可对空间数据进行即时统计,可自定义统计类型,自动生成统计报表;同时,系统针对宗地信息提供多种专题统计分析功能,包括单位性质、使用权类型、土地用途、土地等级等。对于统计分析结果主要以统计图表、统计专题图和报表三种形式表达。

(五)目录数据

利用先进的计算机数据库、Web 技术,实现对不动产权籍调查管理目录数据的采集、汇总、入库、更新(李鹤元等,2003)。具体包括:数据录入/导入功能,数据查询功能和汇总报表查询功能。

第三节 主要功能

在系统实际的运行中,不动产权籍调查数据库与管理系统在整体上应服务于不动产权籍调查,并最终保证不动产登记工作的正常运行(图 8-4)。从具体来分,系统应具有定义、存储、管理、更新、传输等 11 个方面的功能(纪勇,2011)。

(1)数据入库检查。包括空间数据检查和属性数据检查。例如,空间参考系的检查、逻辑一致性的检查、拓扑关系的检查等,只有数据正确才可以入库。

(2)数据入库。主要是将检查、整理的数据导入数据库,这是最基本、最常用的功能,包括矢量数据、影像数据等。

(3)数据格式转换。提供常用地理信息平台数据格式之间互相转换功能。

(4)数据变更。提供人性化的、交互式的数据变更功能,记录变更过程,便于查阅。

(5)元数据的管理。保证元数据的完整性与正确性。

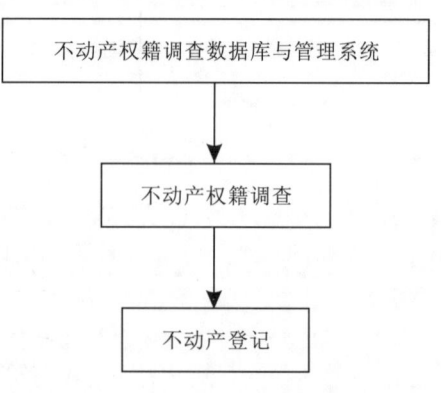

图 8-4 数据库整体的功能

(6)分析、处理功能。对已有的地籍信息能够进行分析、计算、统计、模拟、预测。

(7)输出功能。可以将查询、计算等结果以数字、文字、图形、表格等形式显示输出。

(8)数据查询。可以对地籍数据(空间数据、属性数据)进行精确查询、模糊查询、组合查询等。

(9)业务办理。主要包括不动产登记、土地发证等业务的办理。

(10)文档办理。把文档按行政区和年度存放在对应辖区的数据库中,统一管理。C/S 和 B/S 段可以浏览文档,在数据维护端可修改和更新文档。

(11)数据维护。对空间数据、文档数据、系统的配置信息进行维护。

1.简述不动产权籍调查数据库的内容。

2.不动产权籍调查数据库的建设原则有哪些?

3.不动产权籍调查数据库的主要功能是什么?

崔继昌,孙杏,方斌,等.德州市城乡一体化地籍管理系统建设初探[J].山东国土资源,2015,31(10):76-78.

葛莹.地籍数据建模:从二维走向三维[M].北京:科学出版社,2012.

纪勇.地籍测量与房地产测绘[M].北京:中国电力出版社,2011.

李鹤元,李波,朱文忠,等.地理空间元数据和基于网络的数据分发技术[J].测绘学院学报,2003(1):58-61.

林增杰,等.地籍学[M].北京:科学出版社,2006.

邵进达.地籍数据库的建立[J].工程勘察,1996(1):56-58.

孙在宏,陈惠明,等.土地管理信息系统[M].北京:科学出版社,2005.

田勍.基于ArcGIS的村镇地籍数据库建设方法[J].北京测绘,2015(6):94-98.

张新长,唐力明,等.地籍管理数据库信息系统研究[M].北京:科学出版社,2009.

中华人民共和国国土资源部.TD/T 1001—2012 地籍调查规程[S].北京:中国标准出版社,2012.

中华人民共和国国土资源部.不动产权籍调查技术方案(试行)[R].北京:国土资发(2015)41号,2015.

第九章 无人机测量技术及方法

第一节 无人机及其应用

无人机是一种机上无人驾驶的航空器,其具有动力装置和导航模块,在一定范围内靠无线电遥控设备或计算机预编程序自主控制飞行。无人机研制始于 20 世纪初有人驾驶飞机诞生后的十几年,经过近一个世纪的发展,已经形成了一个大家族。目前,全世界有超过五十个个国家装备了三百种以上的无人机,比较著名的有美国的"全球鹰""捕食者",中国的"ASN"系列大型 UAV,英国的"凤凰"中型 UAV,以色列的"云雀""鸟眼"系列小型无人机等。UAV 种类繁多,从动力、用途、控制方式、结构、航程和飞行器重量等方面可划分为多种类型。

(1)按动力划分,可分为油动和电动两种。油动无人机采用燃油(汽油)作为驱动,电动无人机采用电池(锂电池)作为驱动。油动无人机的显著优点是续航时间长,但存在安全隐患,坠机可能引发火灾;而电动无人机则相对安全许多,但受限于电池,续航时间短(图 9-1)。

图 9-1 电动无人机

(2)按外形结构划分,可划分为多旋翼无人机、固定翼无人机和无人直升机。

多旋翼无人机,也可叫作多轴无人机,根据螺旋桨数量,又可细分为四旋翼、六旋翼、八旋翼等。一般认为,螺旋桨数量越多,飞行越平稳,操作越容易。多旋翼无人机具有垂直起降、可悬停、对场地要求低等优点,在三维建模、倾斜摄影测量等方面作用愈发显著。

固定翼无人机外形与普通飞机类似,可采用滑跑、弹射、手抛等方式起飞,降落可采用伞降或滑跑方式着陆。固定翼无人机对场地有一定要求，在巡航距离、载重等方面明显强于多旋翼无人机。一般的无人机摄影测量作业，绝大多数采用固定翼无人机。

（3）按用途划分，则可分为军用级、工业级和消费级三个级别。

消费级无人机是最为大众所熟知的类型。这类无人机一般是电动驱动，体积不大，续航能力、飞行距离非常有限，价位也比较低，主要用于娱乐和航拍。

工业级无人机相较于消费级无人机有更高的技术门槛。为了满足行业需要，要求无人机有更长的续航能力、更远的飞行距离、更大的任务载荷、更可靠的安全保障等。

军用级无人机则是为战争服务的高科技武器，各方面技术要求都很严格。

（4）按行业应用划分，则是根据不同行业对无人机及其任务载荷有不同的细分需求，因此也衍生了各种"行业无人机"，如航拍无人机、农用无人机、航测无人机、巡线无人机、消防无人机、警用无人机等。

无人机应用在工业、农业、军事等行业，我们将其统称为专业应用级无人机。下面的五大领域是相关媒体评选出当下无人机应用的热门领域。

1. 植保领域

主要是利用无人机作为飞行平台，搭载药箱、喷洒设备或者监测设备，对农田进行喷药或者数据采集（图9-2）。

图9-2　多旋翼无人机在进行农药喷洒作业

无人机做植保早在几年前就已经被业内所认可，但由于技术限制和飞行安全限制等因素导致该行业只有少数厂商以服务外包形式进行。随着我国无人机政策的完善和实行，在有法可依的情况下，加之植保无人机快速高效的优势，该领域一定会被越来越多的人所关注。

2. 街景拍摄

主要是利用携带摄像机装置的无人机，开展大规模航拍，实现空中俯瞰的效果。它的成果主要有"全景地图"，其拍摄的街景图片不仅有一种鸟瞰世界的感觉，还带有些许艺术气息（图9-3）。

图 9-3　无人机拍摄的全景地图

3. 电力巡检

一般是在多旋翼无人机上装配高清数码摄像机、照相机以及 GPS 系统,沿电网进行定位自主巡航,实时传送拍摄影像,监控人员可在电脑上同步收看与操控(图 9-4)。一般是检查电塔上的设备是否完好,电力线有无破损等。

图 9-4　多旋翼无人机在进行电力巡检

4. 环保领域

无人机在环保领域的应用,大致可分为三种类型。

(1)环境监测。观测空气、土壤、植被和水质状况,也可以实时快速跟踪和监测突发环境污染事件的发展。

(2)环境执法。环境监测部门利用搭载了采集与分析设备的无人机在特定区域巡航,监测企业、工厂的废气与废水排放,寻找污染源(图 9-5)。

图 9-5　无人机对工厂区域进行监测

(3) 环境治理。利用携带了催化剂和气象探测设备的无人机在空中进行喷撒,可以在一定区域内消除雾霾。

5. 灾后救援

利用搭载了高清拍摄装置的无人机对受灾地区进行航拍,提供一手的最新影像(图 9-6)。

图 9-6　无人机参与灾难救援

第二节 无人机摄影测量系统

无人机摄影测量系统主要由三个部分组成：无人机飞行平台、相机组件、地面站。

1. 无人机飞行平台

摄影测量作业一般以固定翼无人机作为飞行平台，它的技术指标如下：

(1) 具备相对较长的续航时间，续航时间须大于 30min。

(2) 具备在四级风力气象条件下飞行的能力。

(3) 作业时巡航速度一般不超过 50km/h，最快不超过 80km/h。

(4) 配备自动驾驶仪，航路点和曝光点储存数量不少于 600 个。

(5) 导航定位 GPS 应满足输出频率不小于 4Hz，可使用双天线 GPS 导航和自动修正旋转角，并可使用带数据存储功能的双频 GPS 差分定位或精密单点定位来解算实际曝光点坐标。

2. 相机组件

由于无人机的载荷有限，不能搭载传统有人飞机上的常规航空相机。所以，无人机一般选择重量较轻、体积较小的微单数码相机，相机技术指标如表 9-1 所示（以索尼 ILCE-6000 为例）。

表 9-1 无人机载相机参数

索尼 ILCE-6000 相关指标	
品牌	索尼（SONY）
型号	ILCE-6000
颜色	黑色
有效像素	约 2430 万像素
传感器类型	Exmor APS HD CMOS
传感器尺寸	23.5mm×15.6mm（APS-C 画幅）
对焦方式	自动 AF，单次 AF、连续 AF、DMF、手动对焦
滤镜直径	屈光度调节 $-4.0 \sim +3.0 m^{-1}$
镜头防抖	镜头防抖（OSS 镜头）
快门	电子控制、纵向式焦平快门
防抖功能	防抖效果因拍摄条件和使用的镜头而异
遥控功能	一触遥控
存储介质	MS 卡、SD 卡
电池	可重复充电电池 NP-FW50
尺寸	约 120.0mm×66.9mm×45.1mm
重量	约 285g（仅主机）

3. 地面站

地面站(图9-7)主要功能有：

(1)飞行任务的规划与设计。即根据作业区域的形状、地面海拔及作业要求生成"弓"字形航线。

(2)控制飞机。即通过数据传输系统，向飞机发送数据和控制指令等。尤其是当地面人员控制失灵或超出控制范围时，地面站可以对无人机发出紧急操作指令以保证安全。

(3)掌握飞机飞行数据。地面站可接受、存储、显示、回放无人机的高度、空速、地速、方位、航向、航迹、飞行姿态等飞行数据。

(4)掌握飞机上各种设备的状态参数。地面站可以显示任务设备的工作状态，显示发动机转速、机载电源电压等数值。当出现机载电池电压不足、GPS卫星失锁、发动机停车、无人机失速、飞行数据误差等各种异常情况时，有报警提示功能。

图9-7 无人机地面站的操作界面

第三节 无人机摄影测量工作流程

无人机摄影测量的工作流程主要由前期准备、中期外业、后期内业三部分组成。

1. 前期准备

前期准备主要包括基础数据准备、气象数据收集、实地考察作业区、确定起降场地、航线设置、制定测量方案以及设备检查等。其中，实地考察起降场地是否符合要求非常重要，若作业区域内含有城镇、高山等，还需确认其高度对实际作业的影响。

2. 中期外业

中期外业主要包括飞行前对各项系统进行检查、系统各部分信号链接检查，起飞、作业、降落等。目前国内较为先进的无人机技术，一般由人工遥控起飞，进入航线后切入自动飞行状态,利用惯性导航平台及 GPS 控制无人机按照预定航线自主飞行,并实时将飞机的飞行数据传回地面,完成测量作业后,再由自动控制状态改为人工遥控进行降落。

3. 后期内业

后期内业主要是测量数据下载与整理、数据预处理、数据分析、形成结果等。后期内业的具体工作流程根据测量工作的目的和数据需求而定。以 DOM 制作为例,阐述内业处理流程。

1) 数据预处理

主要检查是否存在航摄漏洞、将外方位数据写入影像、计算相机内方位元素和畸变参数,生成航摄初步质量报告。

2) 空中三角测量

首先,将像控点坐标导入内业处理软件,通过人工交互方式在影像中定位这些点,将影像转换为自己所需的坐标系统。其次,通过处理软件自动识别特征点,对特征点和控制点进行加密解算,获取高精度的三维坐标。最后,输出空中三角测量处理的精度质量报告。该报告包括区域平差精度、相机检校参数(内方位元素、外方位元素、畸变参数)、二维特征点与三维加密点数量及分布情况等内容。

3) 点云加密

空中三角测量处理后,将得到影像的外方位元素和初始匹配点云,再结合无人机影像的高重叠度,通过高精度密集匹配算法可以得到海量像素级匹配点,生成地形地貌密集点云(图9-8),经过粗差剔除、滤波等处理,构建数字高程模型。

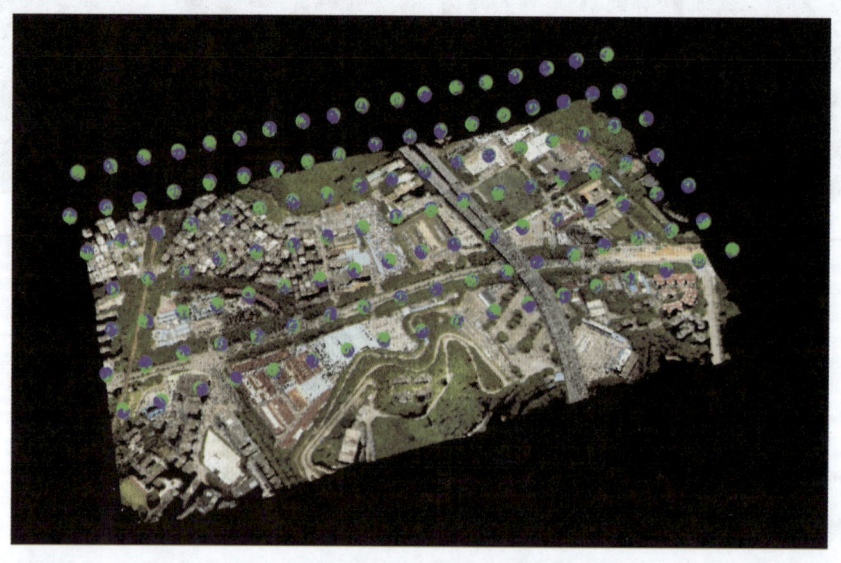

图 9-8 密集匹配点云

4) 数字正射影像(DOM)制作

数字高程模型生成以后,通过数字微分纠正的方法生成数字正射影像,之后再通过正射影像镶嵌完成一幅正射影像的制作,见图 9-9。

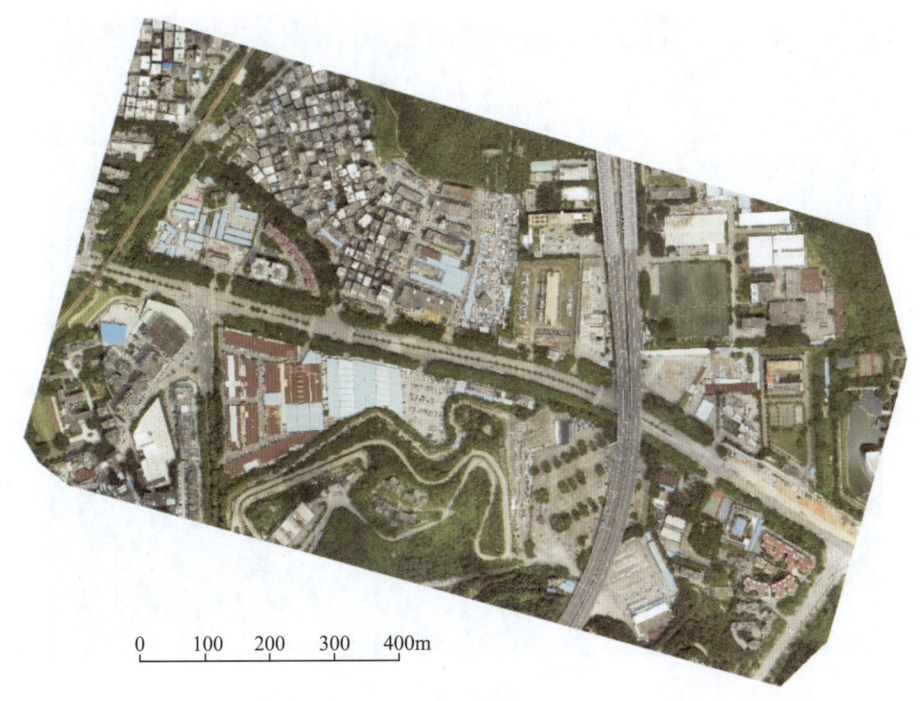

图 9-9 无人机正射影像

4. 工作流程的关键环节

1）起降点的选择

根据项目覆盖范围大小,确定起降场的数量及分布情况。无人机续航时间较短,需在划分的每个小区块内为无人机选择合适的起降地点,尽可能保证测区在无人机电台的通信范围内,减少无人机"失联"情况的发生。一般采用同一点起飞与降落,根据起飞、降落安全范围需求,起降点应选择半径超过 50m 的开阔区域,起降航线上没有过高建筑或树木。实际操作中宜选择学校足球场、开阔的荒地等(图 9-10)。

2）像片重叠度

航摄分区尽量按照地形特征进行,最低点地面分辨率不能低于 0.2m。航向重叠度一般应为 60%～85%,最小不应小于 53%;旁向重叠度一般应为 15%～60%,最小不应小于 8%。

3）影像质量

影像应清晰,层次丰富,反差适中,色调柔和;应能辨认出地面分辨率相适应的细小地物影像,能够建立清晰的立体模型。影像上不应有云、云影、烟、大面积反光(水域除外)、污点等缺陷。确保因飞机地速的影响,在曝光瞬间造成的像点位移一般不应大于 1px,最大不应大于 1.5px。

4）起飞前检查

航摄作业时,安全是首要考虑的要素。因此,飞机组装完成后,要进行一系列严格的检查并进行详细的记录,在确保安全的情况下才能升空作业。具体的检查项包括:俯仰检查、滚转

图 9-10　无人机起降场卫星影像上的选场

检查、水平设置、空速检查、高度计检查、转速检查、遥控器检查、GPS 定位检查、震动测试、电池测试、数传发射对传感器的影响测试。若使用了发射机,还需对发射机的稳定性、弹力等进行检查。

1. 根据不同的划分方法,可把无人机划分为哪些类型?
2. 目前,无人机可运用于哪些领域?
3. 请简述无人机摄影测量的工作流程。

附 录

附录 A 典型宗海界址界定示例

A.1 顺岸平推式围填海工程

用海特征：与海岸线相接的围填海工程。

界址界定图示	说明
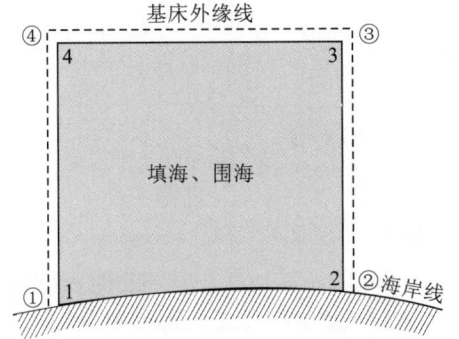	折线①—1—2—②—③—④—①围成的区域为本宗海的范围，属建设、农业、废弃物处置填海造地，或盐业、围海养殖。折线①—1—2—②为原来的海岸线；折线 2—3—4—1 为围堰、堤坝的坡顶线；折线②—③—④—①为围堰、堤坝基床或回填物倾埋水下的外缘线。

A.2 人工岛式填海造地工程

用海特征：离海岸线一定距离的填海造地工程，形成有效岸线。

界址界定图示	说明
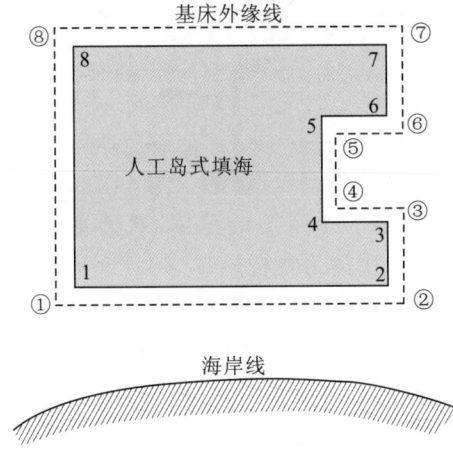	折线①—②—③—④—⑤—⑥—⑦—⑧—①围成的区域为本宗海的范围，用于油气开采的属人工岛式油气开采用海，其他用途的属建设、农业或废弃物处置填海造地。折线 1—2—3—4—5—6—7—8—1 为围堰、堤坝的坡顶线；折线①—②—③—④—⑤—⑥—⑦—⑧—①为围堰、堤坝基床或回填物倾埋水下的外缘线。

续附录 A

A.3 半封闭式围海

用海特征：用堤坝等设施圈围但不完全闭合的围海。

界址界定图示	说明
(基床外缘线图示)	折线①—②—③—④—⑤—①围成的区域为本宗海的范围，属围海养殖或港池、蓄水等用海。折线①—②—③为海岸线；线段⑤—④为堤坝基床外缘线，线段⑤—①和④—③为口门连线。

A.4 一般平台

用海特征：采用透水方式构筑的除码头和石油平台以外的平台。

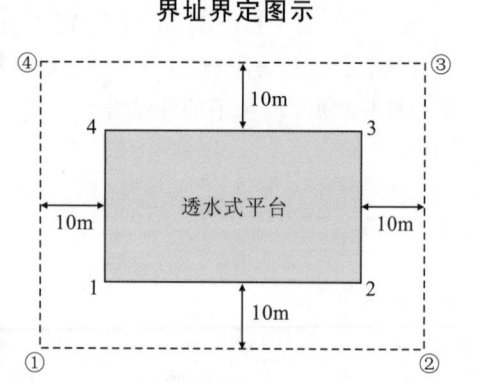

说明

折线①—②—③—④—①围成的区域为本宗海的范围，属透水构筑物用海，用途为平台。
折线 1—2—3—4—1 为平台的外缘线；折线①—②—③—④—①为平台外缘线向四周平行外扩 10m 形成的边线。

A.5 栈桥

用海特征：采用透水方式构筑的栈桥。

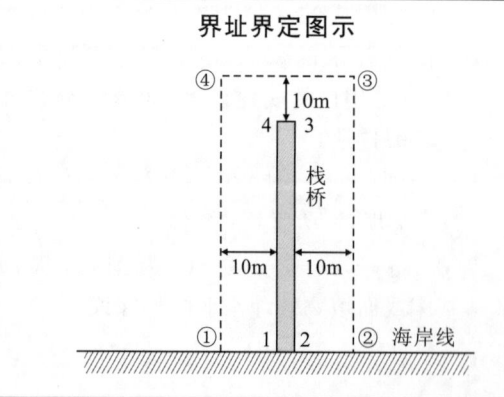

说明

折线①—1—2—②—③—④—①围成的区域为本宗海的范围，属透水构筑物用海，用途为栈桥。
折线①—1—2—②为海岸线；折线 2—3—4—1 为栈桥的外缘线；折线②—③—④—①为栈桥外缘线向外平行外扩 10m 形成的边线。

续附录 A

A.6 港口 用海特征:有防波堤等设施圈围的港口,内有透水式和非透水式码头。		
界址界定图示		**说明**
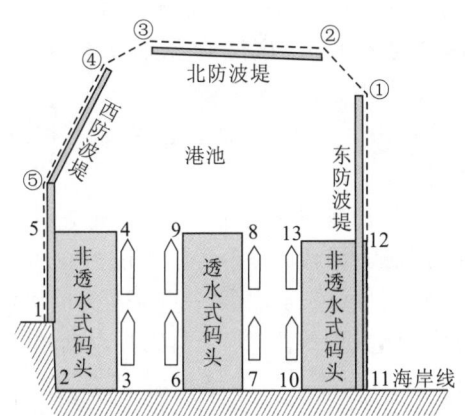		折线 1—2—3—6—7—10—11—12—①—②—③—④—⑤—5—1 围成的区域为本宗海的范围。其中折线 1—2—3—4—5—1 和 10—11—12—13—10 围成的区域属非透水构筑物用海;折线 6—7—8—9—6 围成的区域属透水构筑物用海,用途均为码头;折线 5—4—3—6—9—8—7—10—13—12—①—②—③—④—⑤—5 围成的区域属港池、蓄水等用海,用途为港池。折线 1—2—3—6—7—10—11 为海岸线;折线 3—4—5—1、7—8—9—6 和 11—12—13—10 为码头的外缘线;折线 12—①—②—③—④—⑤—5 为防波堤的水下护坡坡脚线和口门连线。

A.7 顺岸码头甲 用海特征:采用透水方式构筑的顺岸码头。回旋水域位于码头前方,横向范围不超过码头的两端。		
界址界定图示		**说明**
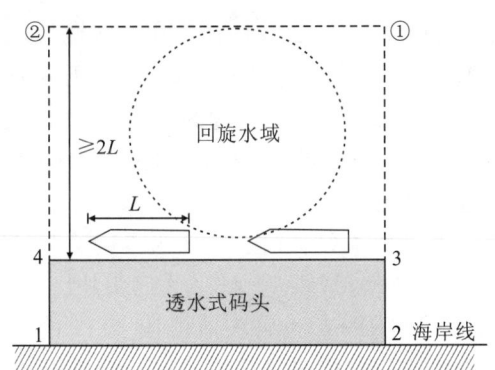		折线 1—2—3—①—②—4—1 围成的区域为本宗海的范围。其中折线 1—2—3—4—1 围成的区域属透水构筑物用海,用途为码头;折线 4—3—①—②—4 围成的区域属港池、蓄水等用海,用途为港池。线段 1—2 为海岸线;折线 2—3—4—1 为码头外缘线;线段②—4 和①—3 为码头前沿线 4—3 的垂线,并与码头两端相齐;线段②—① 为码头前沿线 4—3 的平行线,与 4—3 相距 2 倍设计船长或与回旋水域的外缘相切(以两者中距码头前沿线较远者为准)。

续附录 A

A.8 顺岸码头乙

用海特征:采用非透水方式构筑的顺岸码头,已形成有效岸线。回旋水域位于码头侧前方,横向范围超出码头一端。

界址界定图示	说明
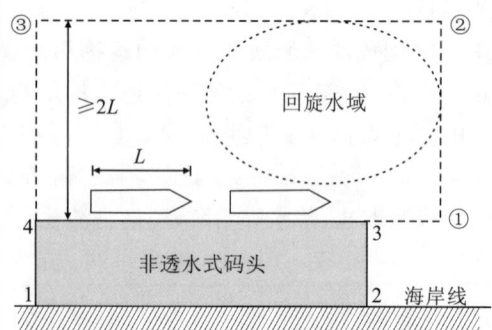	本项目用海分成两宗海。其中折线 1—2—3—4—1 围成的区域为一宗海的范围,属建设填海造地,用途为码头;折线 4—3—①—②—③—4 围成的区域为另一宗海,属港池、蓄水等用海,用途为港池。 线段 1—2 为原来的海岸线;折线 2—3—4—1 为码头外缘线;线段 3—① 为码头前沿线 4—3 的延长线;线段 ③—4 和 ②—① 为码头前沿线 4—3 的垂线,其中线段 ③—4 与码头左端相齐,线段 ②—① 与回旋水域外缘相切;线段 ③—② 为码头前沿线 4—3 的平行线,与 4—3 相距 2 倍设计船长或与回旋水域的外缘相切(以两者中距码头前沿线较远者为准)。

A.9 顺岸码头丙

用海特征:采用透水方式构筑的顺岸码头,右端与其他项目的码头相接,回旋水域的横向范围超出本项目码头与其他项目码头相接的一端。

界址界定图示	说明
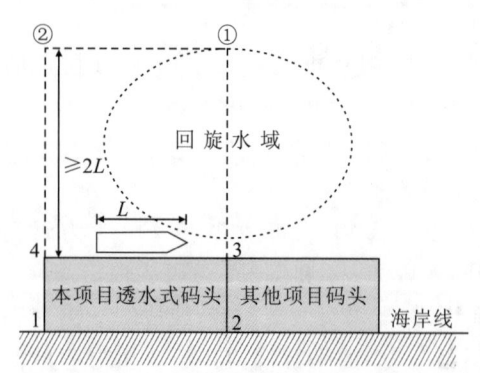	折线 1—2—3—①—②—4—1 围成的区域为本宗海的范围。其中折线 1—2—3—4—1 围成的区域属透水构筑物用海,用途为码头;折线 4—3—①—②—4 围成的区域属港池、蓄水等用海,用途为港池。 线段 1—2 为海岸线;线段 3—2 为本码头与其他码头的分界线;折线 3—4—1 为码头外缘线;线段 ②—4 和 ①—3 为码头前沿线 4—3 的垂线,并与码头两端相齐;线段 ②—① 为码头前沿线 4—3 的平行线,与 4—3 相距 2 倍设计船长或与回旋水域的外缘相切(以两者中距码头前沿线较远者为准)。

续附录 A

A.10 突堤码头甲

用海特征：采用透水方式构筑的突堤码头，两侧均设有泊位和回旋水域，一侧回旋水域的纵向范围超出码头前端。

界址界定图示	说明
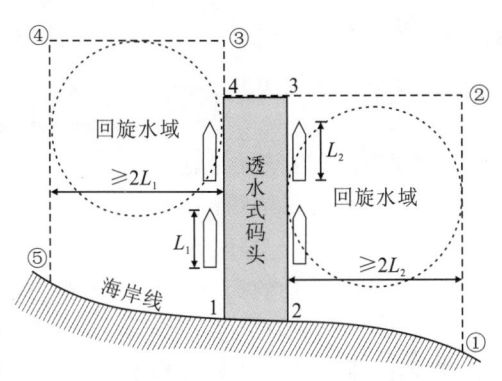	折线⑤—1—2—①—②—3—4—③—④—⑤围成的区域为本宗海的范围。其中折线1—2—3—4—1围成的区域属透水构筑物用海，用途为码头；折线⑤—1—4—③—④—⑤和2—①—②—3—2围成的区域属港池、蓄水等用海，用途为港池。折线⑤—1—2—①为海岸线；折线2—3—4—1为码头外缘线；线段③—4为4—1的延长线；线段④—③为4—1的垂线，与对应回旋水域外缘相切；线段3—②为3—2的垂线，与码头前端相齐；线段④—⑤和②—①分别为对应码头前沿线4—1和3—2的平行线，分别与4—1和3—2相距2倍设计船长或与回旋水域的外缘相切（以两者中距码头前沿线较远者为准）。

A.11 突堤码头乙

用海特征：采用非透水方式构筑的突堤码头，两侧均设有泊位，回旋水域位于码头侧前方。

界址界定图示	说明
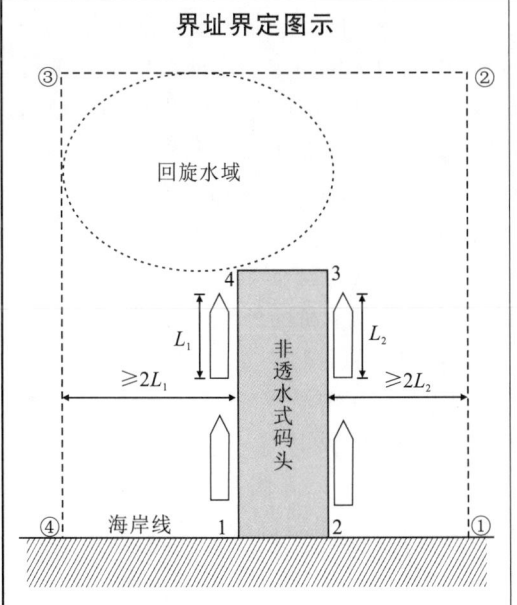	折线④—1—2—①—②—③—④围成的区域为本宗海的范围。其中折线1—2—3—4—1围成的区域属非透水构筑物用海，用途为码头；折线④—1—4—3—2—①—②—③—④围成的区域属港池、蓄水等用海，用途为港池。折线④—1—2—①为海岸线；折线2—3—4—1为码头外缘线；线段③—②为码头前沿线4—1和3—2的垂线，与回旋水域外缘相切；线段③—④为码头前沿线4—1的平行线，与4—1相距2倍设计船长或与回旋水域外缘相切（以两者中距码头前沿线较远者为准）；线段②—①为码头前沿线3—2的平行线，与3—2相距2倍设计船长。

续附录 A

A.12 突堤码头丙

用海特征:采用非透水方式构筑的突堤码头,与其他项目的突堤码头相邻(水域间距小于双方设计船长之和的 2 倍)。码头两侧均设有泊位,回旋水域位于码头侧前方。

界址界定图示	说明
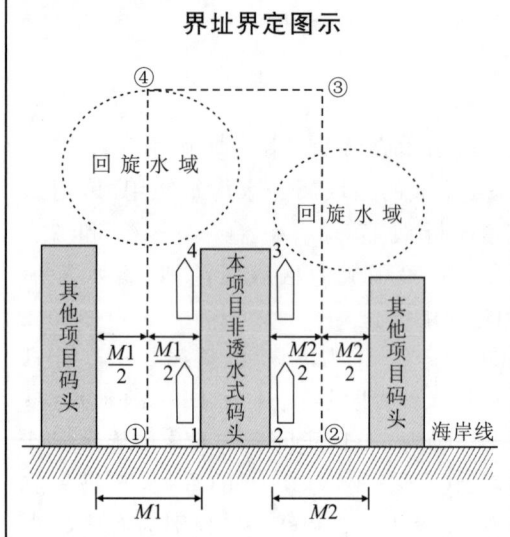	折线①—1—2—②—③—④—①围成的区域为本宗海的范围。其中折线 1—2—3—4—1 围成的区域属非透水构筑物用海,用途为码头;折线①—1—4—3—2—②—③—④—①围成的区域属港池、蓄水等用海,用途为港池。折线①—1—2—②为海岸线;折线 2—3—4—1 为码头外缘线;线段④—③为码头前沿线 4—1 和 3—2 的垂线,与最外的回旋水域外缘相切;线段④—①和③—②为码头前沿线 4—1 和 3—2 的平行线,平分或依比例分割本项目码头与相邻码头之间的水域距离。

A.13 T 型码头甲

用海特征:采用透水方式构筑的 T 型码头,码头后方有单个运货引桥。回旋水域位于码头前方,横向范围超出码头两端。

界址界定图示	说明
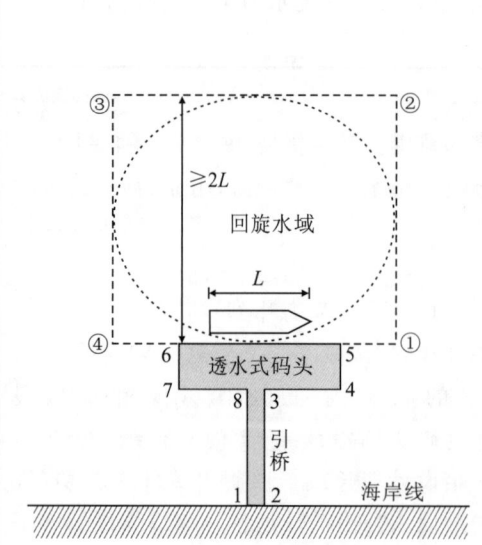	折线 1—2—3—4—5—①—②—③—④—6—7—8—1 围成的区域为本宗海的范围。其中折线 1—2—3—4—5—6—7—8—1 围成的区域属透水构筑物用海,用途为码头;折线④—6—5—①—②—③—④围成的区域属港池、蓄水等用海,用途为港池。线段 1—2 为海岸线;折线 2—3—4—5—6—7—8—1 为码头与引桥的外缘线;线段④—6 和 5—①为码头前沿线 6—5 的延长线;线段③—④和②—①为码头前沿线 6—5 的垂线,并与回旋水域外缘相切;线段③—②为码头前沿线 6—5 的平行线,与 6—5 相距 2 倍设计船长或与回旋水域的外缘相切(以两者中距码头前沿线较远者为准)。

续附录 A

A.14 T型码头乙

用海特征:采用透水方式构筑的 T 型码头,码头后方有多个运货引桥。回旋水域位于码头前方,占用公共航道。

界址界定图示	说明
	折线 1—2—3—①—②—4—1 围成的区域为本宗海的范围。其中折线 1—2—3—4—1 围成的区域属透水构筑物用海,用途为码头;折线 4—3—①—②—4 围成的区域属港池、蓄水等用海,用途为港池。线段 1—2 为海岸线;折线 2—3—4—1 为码头与引桥的外缘线;线段②—4 和①—3 为码头前沿线 4—3 的垂线,与码头两端相齐;线段②—① 为公共航道向码头一侧的边缘线。

A.15 T型码头丙

用海特征:采用透水方式构筑的 T 型码头,码头后方有多个运货引桥。码头一端与其他项目码头相接。回旋水域的横向范围超出本项目码头与其他项目相接的一端。

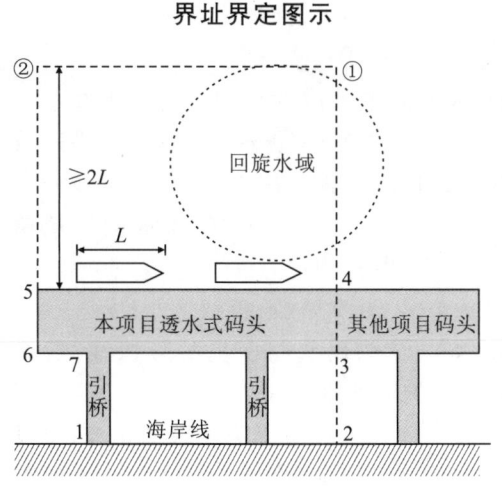

说明

折线 1—2—3—4—①—②—5—6—7—1 围成的区域为本宗海的范围。折线 1—2—3—4—5—6—7—1 围成的区域属透水构筑物用海,用途为码头;折线 4—①—②—5—4 围成的区域属港池、蓄水等用海,用途为港池。

线段 1—2 为海岸线;折线 4—5—6—7—1 为码头与引桥的外缘线;线段 4—3 为本码头与其他码头的分界线,与码头前沿线 5—4 垂直;线段 3—2 为分界线 4—3 的延长线,与岸线相接;线段②—5 和①—4 为码头前沿线 5—4 的垂线,与码头两端相齐;线段②—① 为码头前沿线 5—4 的平行线,与 5—4 相距 2 倍设计船长或与回旋水域外缘相切(以两者中距码头前沿线较远者为准)。

续附录 A

A.16 L 型码头甲

用海特征：采用非透水方式构筑的 L 型码头。泊位和回旋水域位于码头后方，回旋水域横向范围不超出码头的开敞端。

界址界定图示	说明
	折线 ⑤—1—2—①—②—4—5—③—④—⑤ 围成的区域为本宗海的范围。其中折线 ⑤—1—2—①—3—4—5—③—④—⑤ 围成的区域属非透水构筑物用海，用途为码头；折线 ①—②—4—3—① 围成的区域属港池、蓄水等用海，用途为港池。折线 ⑤—1—2 为海岸线；折线 2—①—3—4—5—③—④—⑤ 为码头与引堤的外缘线；折线 5—6—1 为护坡坡顶线；线段 4—② 为码头前沿线 3—4 的垂线，与码头开敞端相齐；线段 ①—② 为码头前沿线 3—4 的平行线，与 3—4 相距 2 倍设计船长或与回旋水域向岸一侧的边缘相切（以两者中距码头前沿线较远者为准）。

A.17 L 型码头乙

用海特征：采用非透水方式构筑的 L 型码头。泊位位于码头后方。回旋水域位于码头侧方，向岸一侧边缘与码头前沿线的垂直距离不足 2 倍设计船长。

界址界定图示	说明
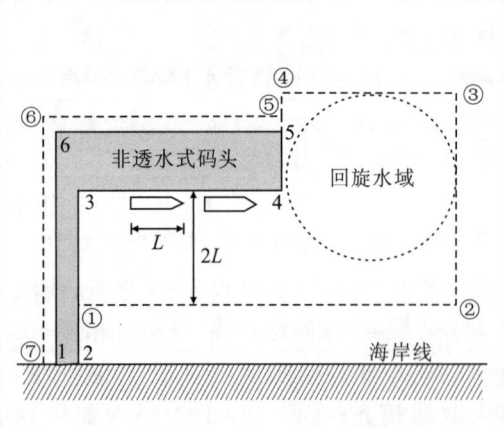	折线 ⑦—1—2—①—②—③—④—⑤—⑥—⑦ 围成的区域为本宗海的范围。其中折线 ⑦—1—2—①—3—4—5—⑤—⑥—⑦ 围成的区域属非透水构筑物用海，用途为码头；折线 ①—②—③—④—⑤—5—4—3—① 围成的区域属港池、蓄水等用海，用途为港池。折线 ⑦—1—2 为海岸线；折线 2—①—3—4—5—⑤—⑥—⑦ 为码头与引堤的外缘线；折线 5—6—1 为护坡坡顶线；折线 ④—⑤—5 为码头前沿线 3—4 的垂线，与码头开敞端相齐；线段 ④—③ 和 ③—② 分别为码头前沿线 3—4 的平行线和垂线，与回旋水域外缘相切；线段 ①—② 为码头前沿线 3—4 的平行线，与 3—4 相距 2 倍设计船长。

续附录 A

A.18 F 型码头甲
用海特征:采用透水方式构筑的 F 型码头。回旋水域位于码头前方或侧前方。

界址界定图示	说明
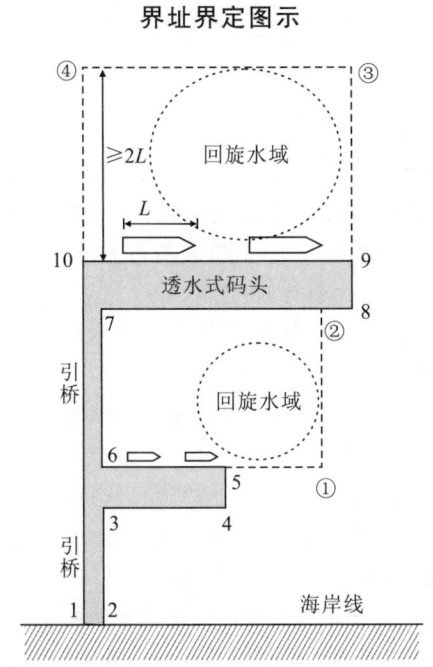	折线 1—2—3—4—5—①—②—8—9—③—④—10—1 围成的区域为本宗海的范围。其中折线 1—2—3—4—5—6—7—8—9—10—1 围成的区域属透水构筑物用海,用途为码头;折线 10—9—③—④—10 和 6—5—①—②—7—6 围成的区域属港池、蓄水等用海,用途为港池。线段 1—2 为海岸线;折线 2—3—4—5—6—7—8—9—10—1 为码头与引桥的外缘线;线段 ④—10 和 ③—9 为码头前沿线 10—9 的垂线,与码头两端相齐;线段 ④—③ 为码头前沿线 10—9 的平行线,与 10—9 相距 2 倍设计船长或与回旋水域外缘相切(以两者中距码头前沿线较远者为准);线段 5—① 为码头前沿线 6—5 的延长线;线段 ②—① 为码头前沿线 6—5 的垂线,与对应回旋水域外缘相切。

A.19 F 型码头乙
用海特征:采用透水方式构筑的 F 型码头,与其他项目的反 F 型或 L 型码头相邻(水域间距小于双方设计船长之和的 2 倍),呈合围状。

界址界定图示	说明
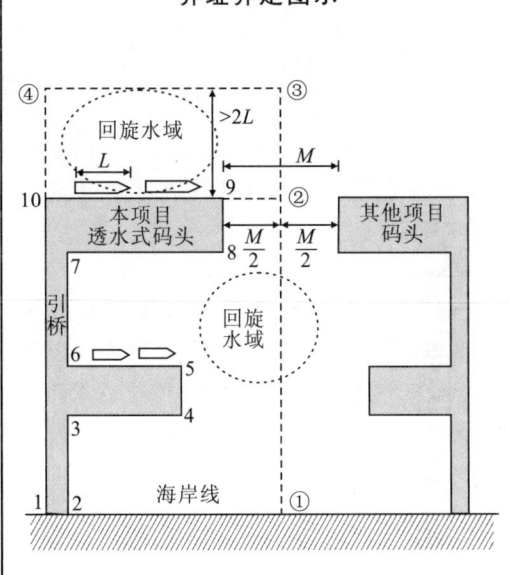	折线 1—2—①—②—③—④—10—1 围成的区域为本宗海的范围。其中折线 1—2—3—4—5—6—7—8—9—10—1 围成的区域属透水构筑物用海,用途为码头;折线 2—①—②—③—④—10—9—8—7—6—5—4—3—2 围成的区域属港池、蓄水等用海,用途为港池。线段 1—2 为海岸线;折线 2—3—4—5—6—7—8—9—10—1 为码头与引桥的外缘线;线段 ④—10 和 ③—②—① 为码头前沿线 10—9 和 6—5 的垂线,线段 ④—10 与码头一端相齐,线段 ③—②—① 平分或依比例分割本项目码头与相邻码头之间的水域距离;线段 ④—③ 为码头前沿线 10—9 的平行线,与 10—9 相距 2 倍设计船长或与回旋水域外缘相切(以两者中距码头前沿线较远者为准)。

续附录 A

A.20 蝶形码头

用海特征：由平台、系缆墩等多个分散的构筑物组成的蝶形码头，码头平台后方有人行栈桥。回旋水域位于码头前方，纵向范围不超过码头前沿线起 2 倍设计船长。横向范围超出码头两端。

界址界定图示	说明
	折线 1—2—3—4—5—①—②—③—④—6—7—8—1 围成的区域为本宗海的范围。其中折线 1—2—3—4—5—6—7—8—1 围成的区域属透水构筑物用海，用途为码头；折线④—①—②—③—④ 围成的区域属港池、蓄水等用海，用途为港池。线段 1—2 为海岸线；折线 7—8—3—4—5—6—7 为与平台和系缆墩等相切的矩形边；线段 8—1 和 3—2 为栈桥边缘外扩 10m 的平行线；线段④—6 和 5—① 为码头前沿线 6—5 的延长线；线段③—④和②—① 为码头前沿线 6—5 的垂线，与回旋水域外缘相切；线段③—② 为码头前沿线 6—5 的平行线，与 6—5 相距 2 倍设计船长或与回旋水域外缘相切（以两者中距码头前沿线较远者为准）。

A.21 游艇码头

用海特征：采用透水方式构筑的 F 型游艇码头，泊位密集，无专门的船舶回旋水域。

界址界定图示	说明
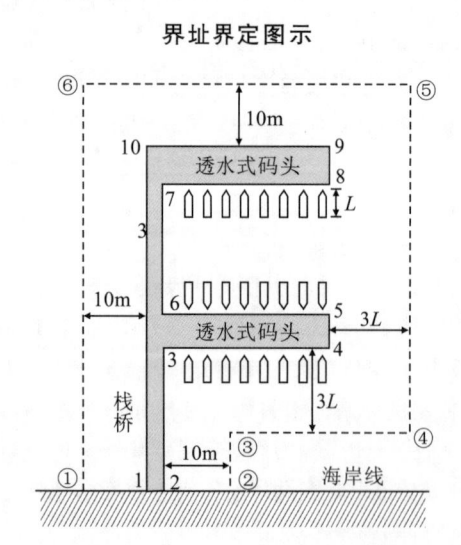	折线①—1—2—②—③—④—⑤—⑥—① 围成的区域为本宗海的范围，属透水构筑物用海，用途为游艇码头。 折线①—1—2—② 为海岸线；折线 2—3—4—5—6—7—8—9—10—1 为游艇码头与栈桥的外缘线；线段③—④和⑤—④分别为设置泊位的码头前沿线及码头开敞端外扩 3 倍设计船长形成的边线；线段③—②和折线⑤—⑥—① 为码头、栈桥边缘线外扩 10m 的边线。

续附录 A

A.22 船坞甲

用海特征：坞门宽度小于1倍设计船长。

界址界定图示	说明
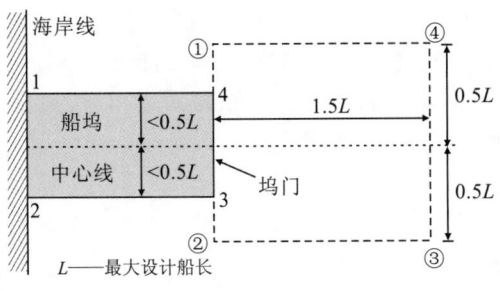	折线 1—2—3—②—③—④—①—4—1 围成的区域为本宗海的范围。其中折线 1—2—3—4—1 围成的区域属透水构筑物用海，用途为船坞；折线 ①—4—3—②—③—④—① 围成的区域属港池、蓄水等用海，用途为港池。 线段 1—2 为海岸线；折线 2—3—4—1 为船坞外缘线，线段 4—3 为坞门；线段 ①—4 和 3—② 为坞门 4—3 的延长线；线段 ①—④ 和 ②—③ 为船坞中心线的平行线，与船坞中心线相距 0.5 倍设计船长；线段 ④—③ 为坞门 4—3 的平行线，与坞门相距 1.5 倍设计船长。

A.23 船坞乙

用海特征：坞门宽度大于或等于1倍设计船长。

界址界定图示	说明
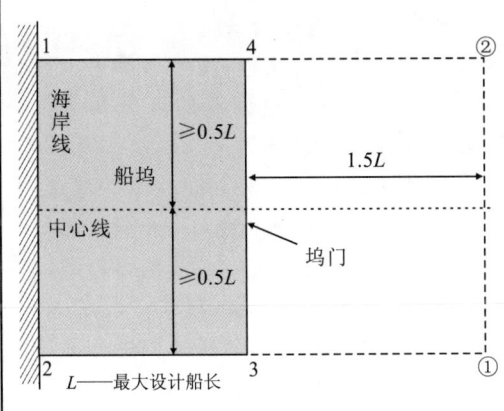	折线 1—2—3—①—②—4—1 围成的区域为本宗海的范围。其中折线 1—2—3—4—1 围成的区域属透水构筑物用海，用途为船坞；折线 3—①—②—4—3 围成的区域属港池、蓄水等用海，用途为港池。 线段 1—2 为海岸线；折线 2—3—4—1 为船坞外缘线，线段 4—3 为坞门；线段 4—② 和 3—① 为船坞中心线的平行线，与船坞两端相齐；线段 ②—① 为坞门 4—3 的平行线，与坞门相距 1.5 倍设计船长。

续附录 A

A.24 滑道甲
用海特征：纵向滑道。船头方向与滑道走向一致，与岸线垂直。

界址界定图示	说明
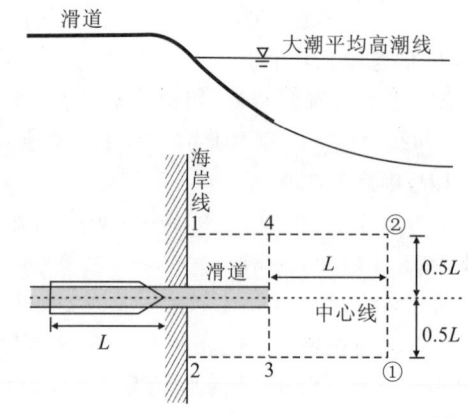	折线 1—2—3—①—②—4—1 围成的区域为本宗海的范围。其中折线 1—2—3—4—1 围成的区域属透水构筑物用海，用途为滑道；折线 3—①—②—4—3 围成的区域属港池、蓄水等用海，用途为港池。 线段 1—2 为海岸线；线段 1—4、4—②、2—3 和 3—① 为滑道中心线的平行线，与滑道中心线相距 0.5 倍设计船长；线段 4—3、②—① 为滑道中心线的垂线，线段 4—3 与滑道前端相齐，线段 ②—① 与滑道前端相距 1 倍设计船长。

A.25 滑道乙
用海特征：横向滑道。船头方向与滑道走向垂直，与岸线平行。

界址界定图示	说明
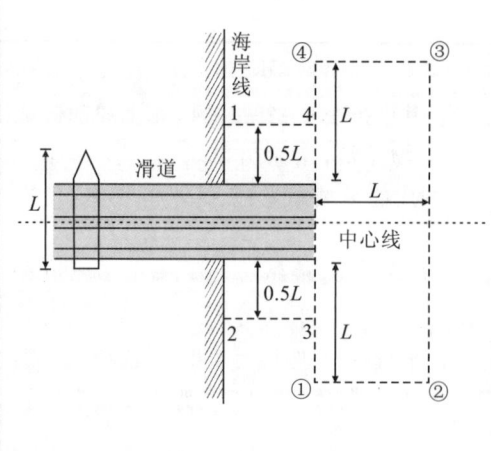	折线 1—2—3—①—②—③—④—4—1 围成的区域为本宗海的范围。其中折线 1—2—3—4—1 围成的区域属透水构筑物用海，用途为滑道；折线 3—①—②—③—④—4—3 围成的区域属港池、蓄水等用海，用途为港池。 线段 1—2 为海岸线；线段 1—4 和 2—3 为滑道中心线的平行线，与滑道两侧相距 0.5 倍设计船长；线段 ④—③ 和 ①—② 为滑道中心线的平行线，与滑道两侧相距 1 倍设计船长；线段 ④—4、4—3 和 3—① 为滑道中心线的垂线，与滑道前端相齐；线段 ③—② 为滑道中心线的垂线，与滑道前端相距 1 倍设计船长。

续附录 A

A.26 发电设施
用海特征：采用透水方式构筑的单个发电设施，离开海岸线一定距离。

界址界定图示	说明
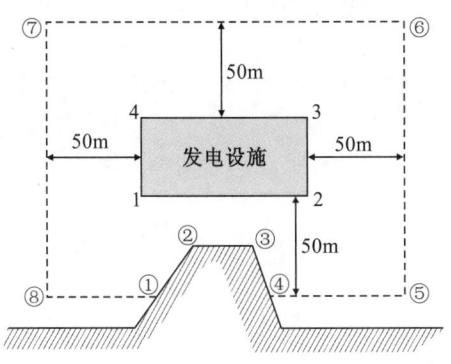	折线①—②—③—④—⑤—⑥—⑦—⑧—①围成的区域为本宗海的范围，属透水构筑物用海，用途为发电设施。折线①—②—③—④为海岸线；折线 1—2—3—4—1 为发电设施的外缘线；折线④—⑤—⑥—⑦—⑧—①为发电设施外缘线外扩 50m 形成的边线。

A.27 油气开采用人工岛及其连陆道路或堤坝
用海特征：不形成有效岸线，用于油气开采的人工岛及其连陆道路或堤坝。

界址界定图示	说明
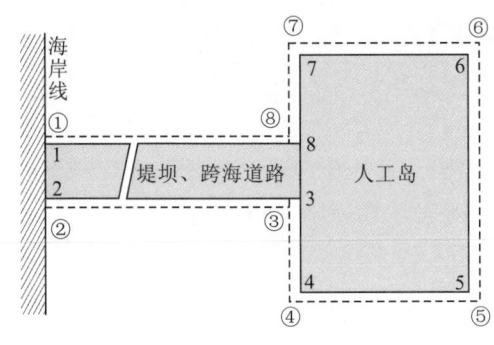	折线①—1—2—②—③—④—⑤—⑥—⑦—⑧—①围成的区域为本宗海的范围。其中折线①—1—2—②—③—⑧—①围成的区域属非透水构筑物用海，用途为连陆道路或堤坝；折线③—④—⑤—⑥—⑦—⑧—③围成的区域属人工岛式油气开采用海，用途为人工岛。折线①—1—2—②为海岸线；折线 2—3—4—5—6—7—8—1 为人工岛及其连陆道路或堤坝的护坡坡顶线；折线②—③—④—⑤—⑥—⑦—⑧—①为人工岛及其连陆道路或堤坝的水下外缘线。

续附录 A

A.28 石油平台

用海特征:采用透水方式构筑的综合生产石油平台或油气开采井口平台。

界址界定图示	说明
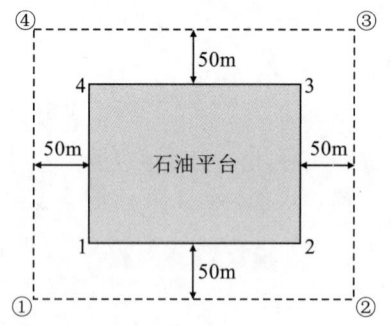	折线①—②—③—④—①围成的区域为本宗海的范围,属平台式油气开采用海,用途为石油平台。 折线 1—2—3—4—1 为平台的外缘线;折线①—②—③—④—①为平台外缘线向四周平行外扩50m形成的边线。

A.29 浮式生产储油装置甲

用海特征:采用单点系泊方式的储油轮。

界址界定图示	说明
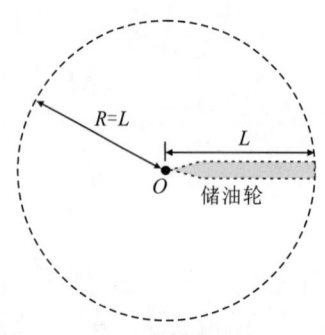	图中用虚线表示的圆为本宗海的范围,属平台式油气开采用海,用途为浮式生产储油装置。 圆心为系泊点,半径为1倍船长。

A.30 浮式生产储油装置乙

用海特征:采用多点伸展系泊方式的储油轮。

界址界定图示	说明
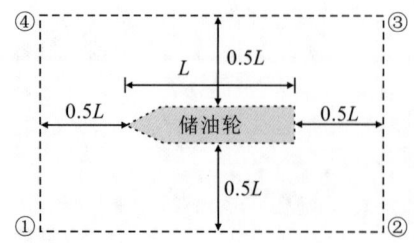	折线①—②—③—④—①围成的区域为本宗海的范围,属平台式油气开采用海,用途为浮式生产储油装置。 折线①—②—③—④—①为储油轮垂直投影的外切矩形外扩0.5倍船长的矩形边。

续附录 A

A.31 跨海桥梁及其附属设施用海	
用海特征:通过设置桥墩或采用直跨形式架空建设的跨海桥梁。	
界址界定图示	说明
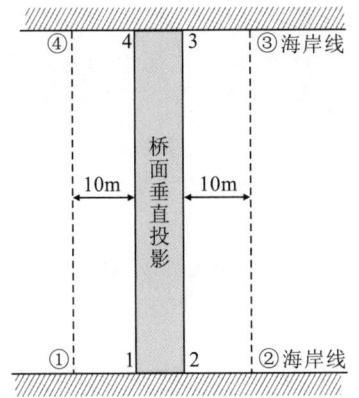	折线①—1—2—②—③—3—4—④—①围成的区域为本宗海的范围,属跨海桥梁、海底隧道等用海,用途为跨海桥梁。 折线①—1—2—②和③—3—4—④为海岸线;线段4—1和3—2为桥面垂直投影的外缘线;线段④—①和③—②为桥面垂直投影的外缘线向两侧外扩10m的平行线。

A.32 电缆管道和海底隧道用海	
用海特征:占用海床和底土空间铺设的电缆管道或海底隧道等。	
界址界定图示	说明
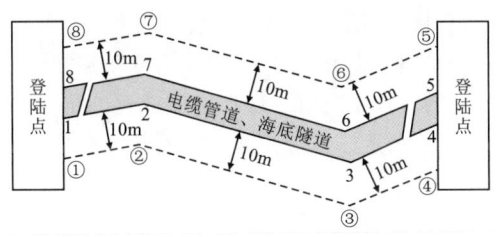	折线①—②—③—④—4—5—⑤—⑥—⑦—⑧—8—1—①围成的区域为本宗海的范围。其中电缆管道属海底电缆管道用海,用途为海底电缆管道;海底隧道属跨海桥梁、海底隧道等用海,用途为海底隧道。 折线1—2—3—4和5—6—7—8为电缆管道或海底隧道及其防护设施的外缘连线; 折线①—②—③—④和⑤—⑥—⑦—⑧为电缆管道或海底隧道及其防护设施的外缘连线向两侧平行外扩10m的边线。

续附录 A

A.33 海底场馆用海
用海特征：占用海床和底土空间构筑的海底场馆、仓储设施等，邻接海岸线。

界址界定图示	说明
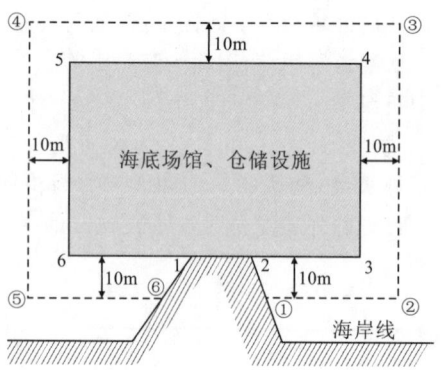	折线 1—2—①—②—③—④—⑤—⑥—1 围成的区域为本宗海的范围，属跨海桥梁、海底隧道等用海，用途为海底场馆或海底仓储等。 折线⑥—1—2—① 为海岸线，折线 2—3—4—5—6—1 为海底场馆或仓储设施的外缘线，折线①—②—③—④—⑤—⑥ 为海底场馆或仓储设施的外缘线外扩 10m 形成的边线。

A.34 取排水口甲
用海特征：沿岸取排水口。

界址界定图示	说明
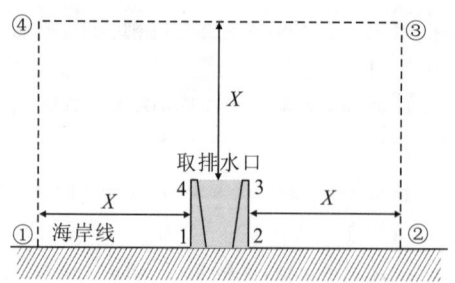	折线①—1—2—②—③—④—① 围成的区域为本宗海的范围。一般的取排水用海，属取、排水口用海，用途为养殖或工业取排水口；专门用于污水达标排放的排水口，属污水达标排放用海，用途为污水达标排水口。 折线①—1—2—② 为海岸线；折线 2—3—4—1 为取排水设施的外缘线；折线②—③—④—① 为取排水设施外缘线外扩 X 距离形成的矩形边，养殖、盐田取排水口取 $X=30m$，其他取排水口取 $X=80m$。

续附录 A

A.35 取排水口乙

用海特征:离岸取排水口。

界址界定图示	说明
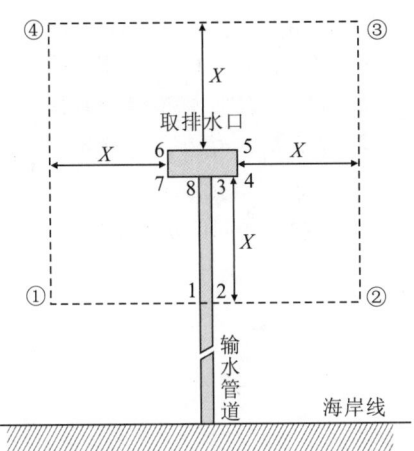	折线①—1—2—②—③—④—①围成的区域为本宗海的范围,属透水构筑物用海,用途为养殖或工业取、排水口。此范围内的与取、排水口相连的输水管道用海归入本宗海,其他部分输水管道应分为另一宗海。折线 3—4—5—6—7—8—3 为取、排水设施(头部)的外缘线;折线 1—2—3—8—1 为本宗海范围内的与取、排水口相连的输水管道;折线①—1—2—②—③—④—①为取排水设施外缘线外扩 X 距离的矩形边,养殖、盐田取排水口取 $X=30\text{m}$,其他取排水口取 $X=80\text{m}$。

A.36 开放式养殖用海甲

用海特征:单宗的筏式或网箱养殖。

界址界定图示	说明
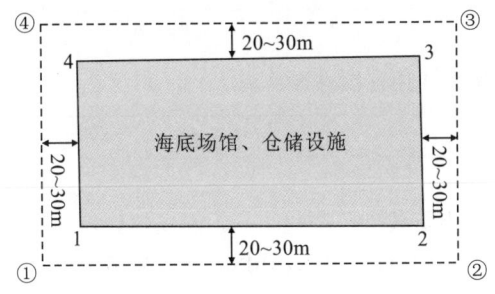	折线①—②—③—④—①围成的区域为本宗海的范围,属开放式养殖用海,用途为筏式或网箱养殖。折线 1—2—3—4—1 为筏脚(架)、桩脚(架)最外缘的连线;折线①—②—③—④—①为筏脚(架)、桩脚(架)外缘连线外扩 20~30m 的边线。

续附录 A

A.37 开放式养殖用海乙

用海特征:多宗相连的筏式或网箱养殖。本项目与其他相邻项目的水域间距不足 60m。

界址界定图示	说明
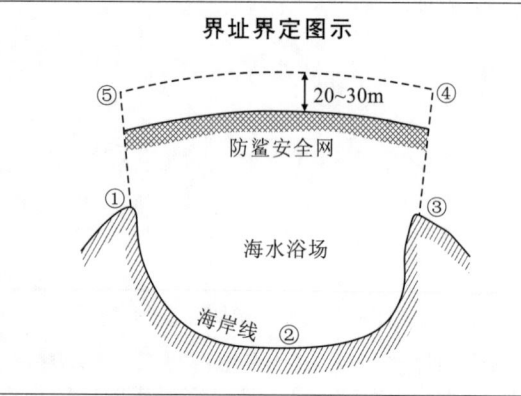	折线①—②—③—④—①围成的区域为本宗海的范围,属开放式养殖用海,用途为筏式或网箱养殖。折线 1—2—3—4—1 为筏脚(架)、桩脚(架)最外缘的连线;折线①—②—③—④—①为筏脚(架)、桩脚(架)外缘连线外扩 20~30m 的边线;线段③—②为本项目与相邻项目之间的水域中线。

A.38 浴场用海甲

用海特征:设置防鲨网的海水浴场。

界址界定图示	说明
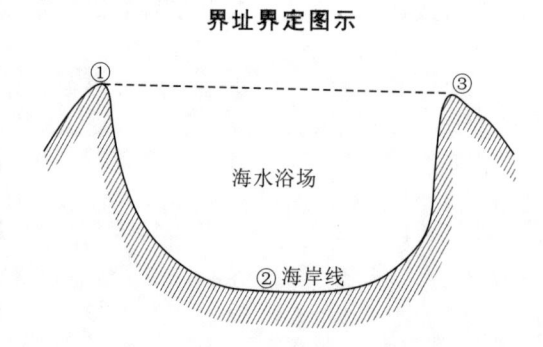	折线①—②—③—④—⑤—①围成的区域为本宗海的范围,属浴场用海,用途为浴场。折线①—②—③为海岸线;线段⑤—①和④—③为防鲨网两侧缆绳的延长线;线段⑤—④为防鲨网外缘线外扩 20~30m 的边线。

A.39 浴场用海乙

用海特征:海湾型或凹入型海水浴场,无防鲨网,实际使用范围在海湾内。

界址界定图示	说明
	折线①—②—③—①围成的区域为本宗海的范围,属浴场用海,用途为浴场。折线①—②—③为海岸线;线段①—③为岬角连线。

附录 B 海域使用面积测量作业记录表

	天气		海况	
DGPS 接收机	跟踪方式			
	接收卫星数			
	卫星号			
	天线			
	检定日期			
卫星健康状况		区信息	信标台	
通道信噪比			信标频率	
相位残差			信标信号	
数据文件名			存储介质	
故障或警告			工作电源	
备注				
记录人			时间(北京时)	

附录 C 海域使用面积测量记录表

测区名					用户名			
海域使用测量单位					海洋行政主管部门			
测量技术					坐标系			
主要仪器设备及配套设施								
测区周边环境及边界地物标志					测量船情况	船名		
						吨位		
						来源		
						航速		
拐点坐标值	拐点号	经度	纬度		起算点坐标值	拐点号	经度	纬度
	时间(北京时)					时间(北京时)		
记事					数据处理			
测量面积					填表人			
备注								

附录 D 海籍调查表样式

表 1 海籍现场测量记录表

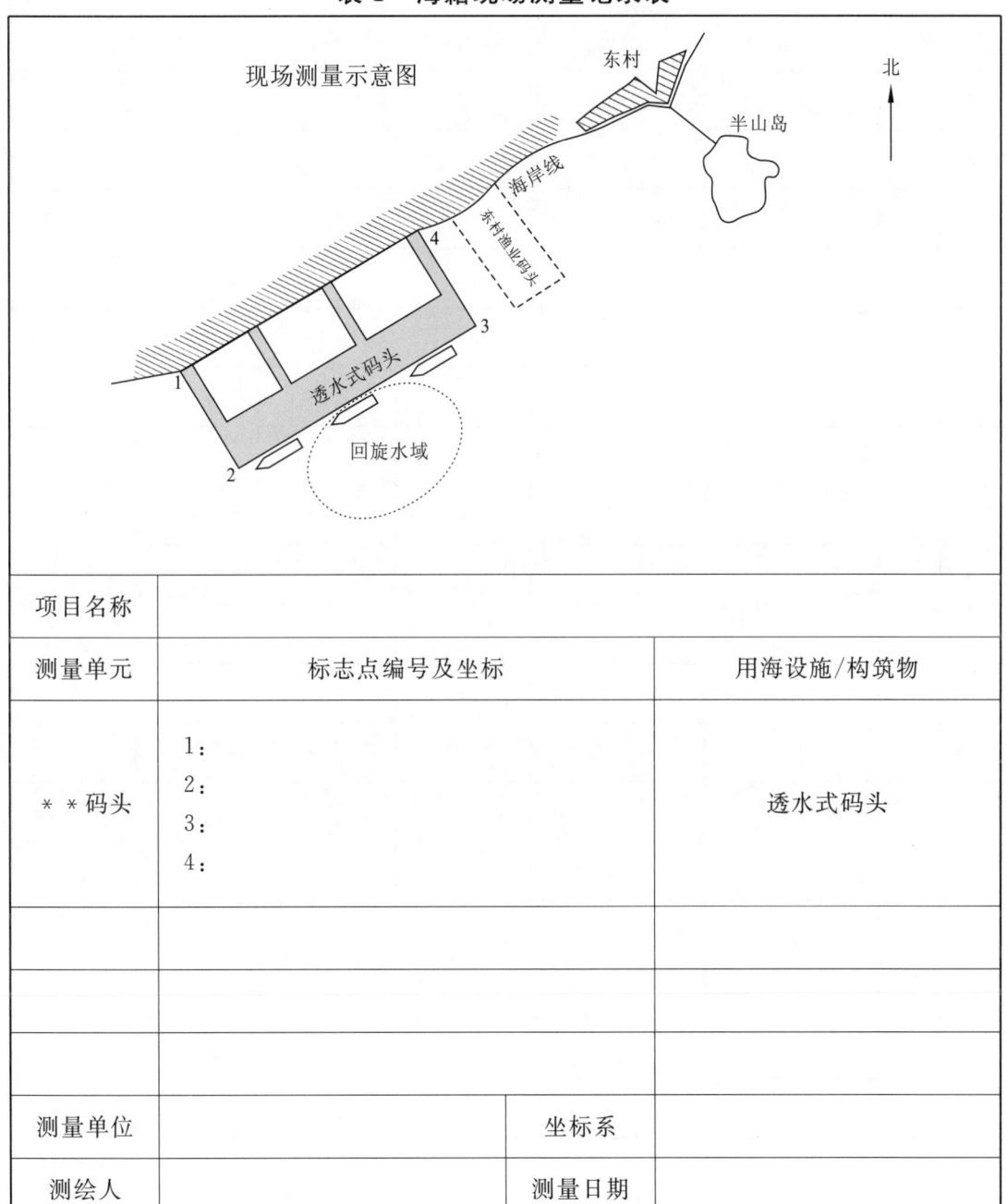

项目名称		
测量单元	标志点编号及坐标	用海设施/构筑物
**码头	1： 2： 3： 4：	透水式码头
测量单位		坐标系	
测绘人		测量日期	

表2 界址点坐标记录表

项目名称					坐标系	
投影方式	高斯-克吕格投影				中央经线	
界址点		大地坐标(° ′ ″)		平面坐标(m)		获取方式(√)
序号	编号	纬度	经度	x(纵向)	y(横向)	实测	推算
1							
2							
3							
4							
5							
6							
7							
8							
9							
10							
11							
12							
13							
14							
15							
16							
17							
18							

(可附页)

测绘人：　　　　　审核人：　　　　　测量日期：

表 3　宗海及内部单元记录表

宗海界址线：			宗海总面积： 　　　　　　　　　　公顷	
用海方式	内部单元 （按用途）	内部单元界址线	用海面积（公顷）	
			内部单元面积	合计

（表格行数可调整,可附页）

测绘人：　　　　　审核人：

附录 E 宗海图编绘图式图例

代码	图式名称	图式图例及尺寸(mm)	说明
01	海岸线	 ——— 0.35	颜色 RGB:0,92,230
02	界址点	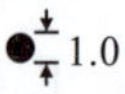 ● 1.0	颜色 RGB:0,0,0
03	外部界址线	 ——— 0.5	颜色 RGB:255,0,0
04	内部界址线	 ——— 0.2	颜色 RGB:0,0,0
05	宗海位置图图斑	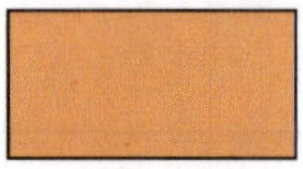	代表宗海位置图中的项目用海范围 颜色 RGB:245,162,122
06	宗海图斑Ⅰ		代表的用海方式:建设填海造地,农业填海造地,废弃物处置填海造地,非透水构筑物 颜色 RGB:255,204,0
07	宗海图斑Ⅱ	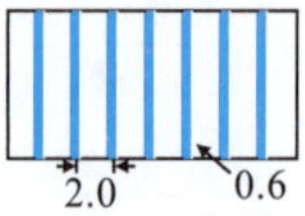 2.0 0.6	代表的用海方式:透水构筑物,跨海桥梁、海底隧道,海底电缆管道 颜色 RGB(L):0,147,221
08	宗海图斑Ⅲ		代表的用海方式:围海养殖,盐田,港池,蓄水 颜色 RGB:110,200,237
09	宗海图斑Ⅳ	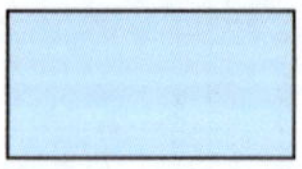	代表的用海方式:开放式养殖,浴场,游乐场,专用航道、锚地及其他开放式 颜色 RGB:173,237,237
10	宗海图斑Ⅴ	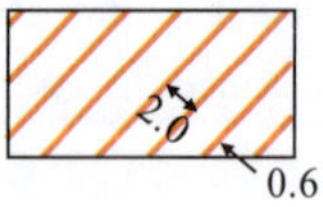 2.0 0.6	代表的用海方式:取、排水口,海砂等矿产开采,污水达标排放,倾倒,平台式油气开采,人工岛式油气开采,防护林种植等其他用海方式 颜色 RGB(L):227,180,87
11	毗邻其他项目用海图斑	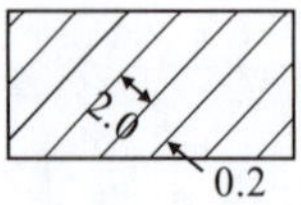 2.0 0.2	颜色 RGB(L):137,137,137

附录F 宗海位置图、宗海界址图、宗海平面布置图版式

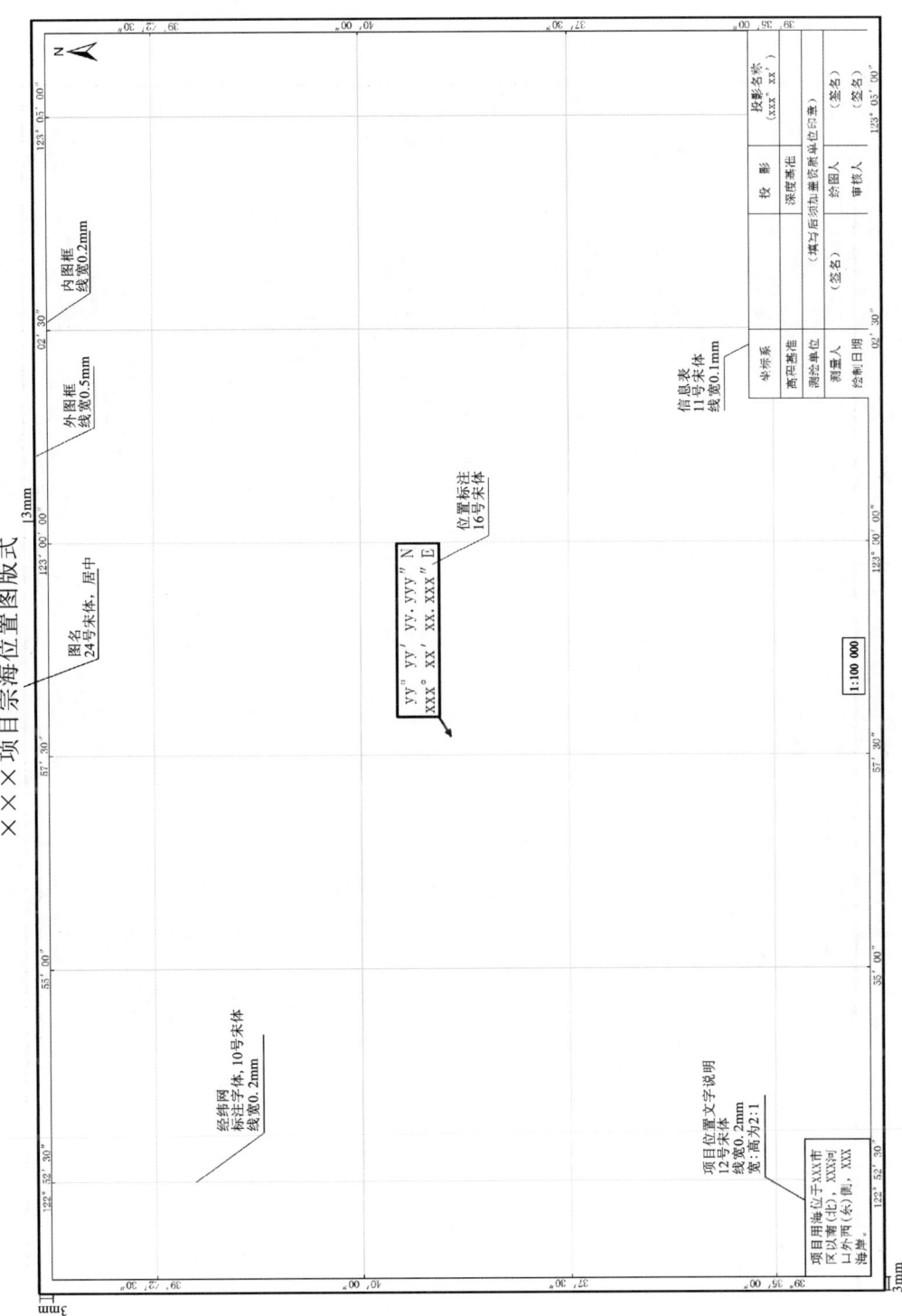

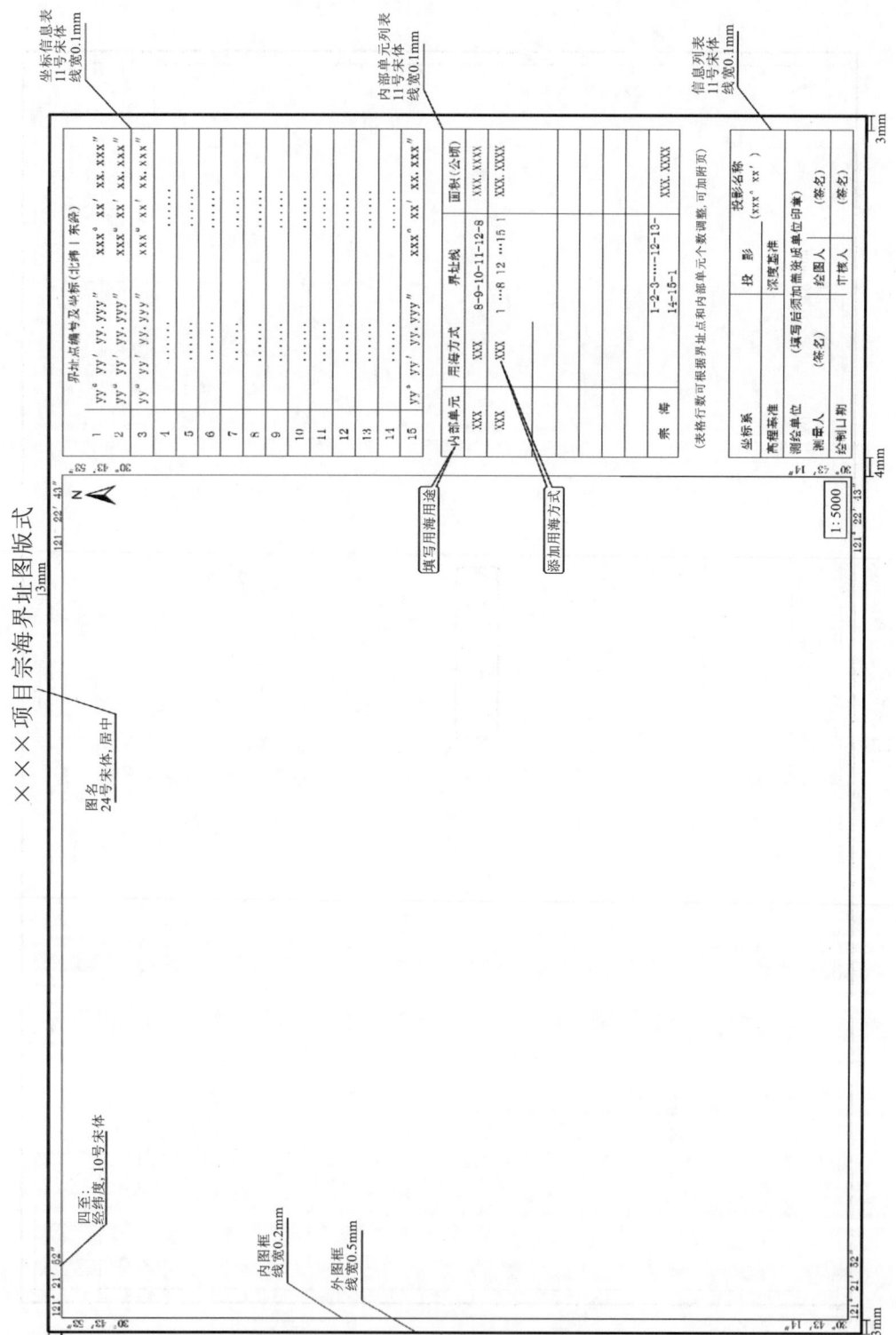

附 录

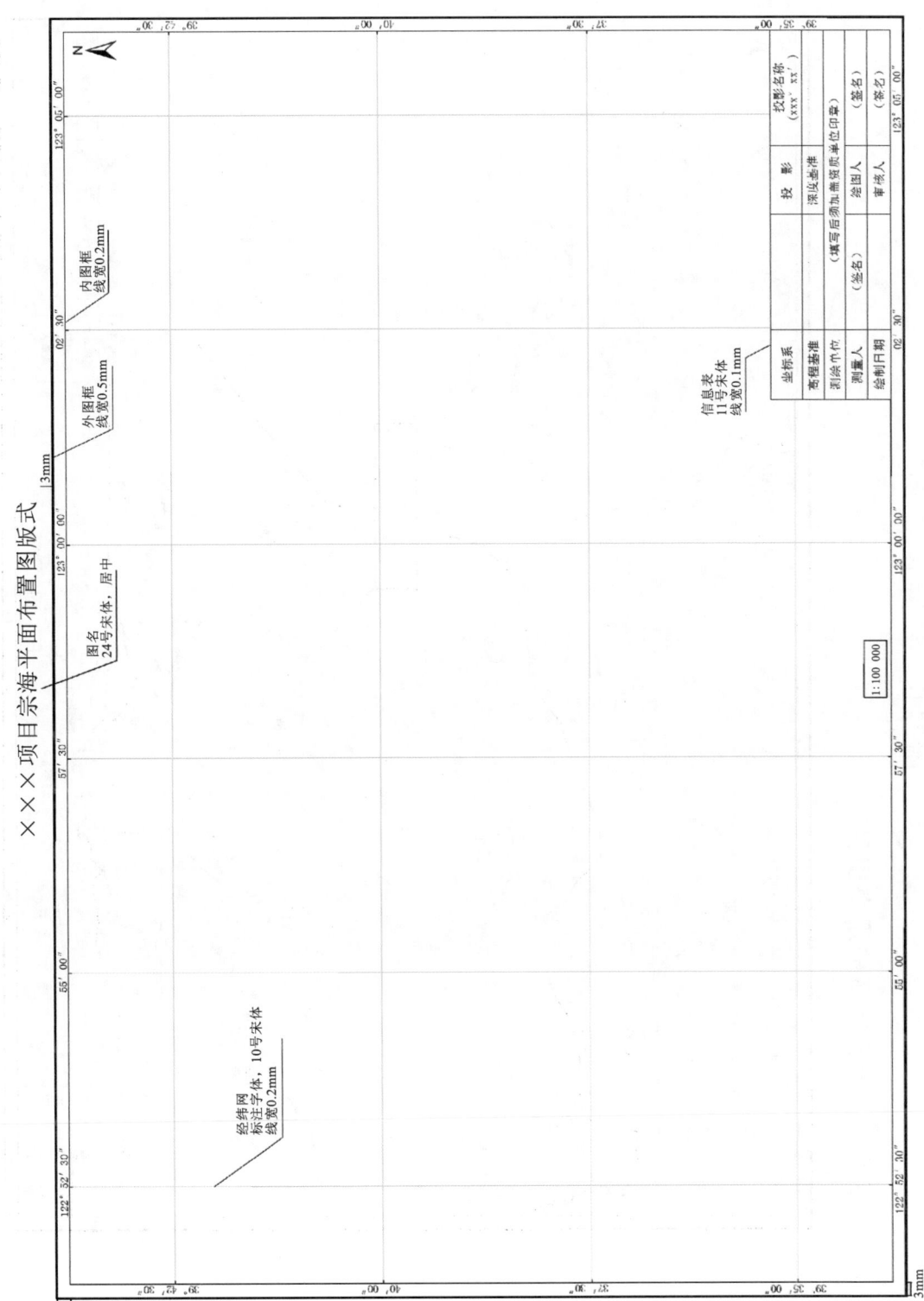

附录 G 宗海图范例

示例一 含多宗海的用海项目 1

×××项目宗海位置图

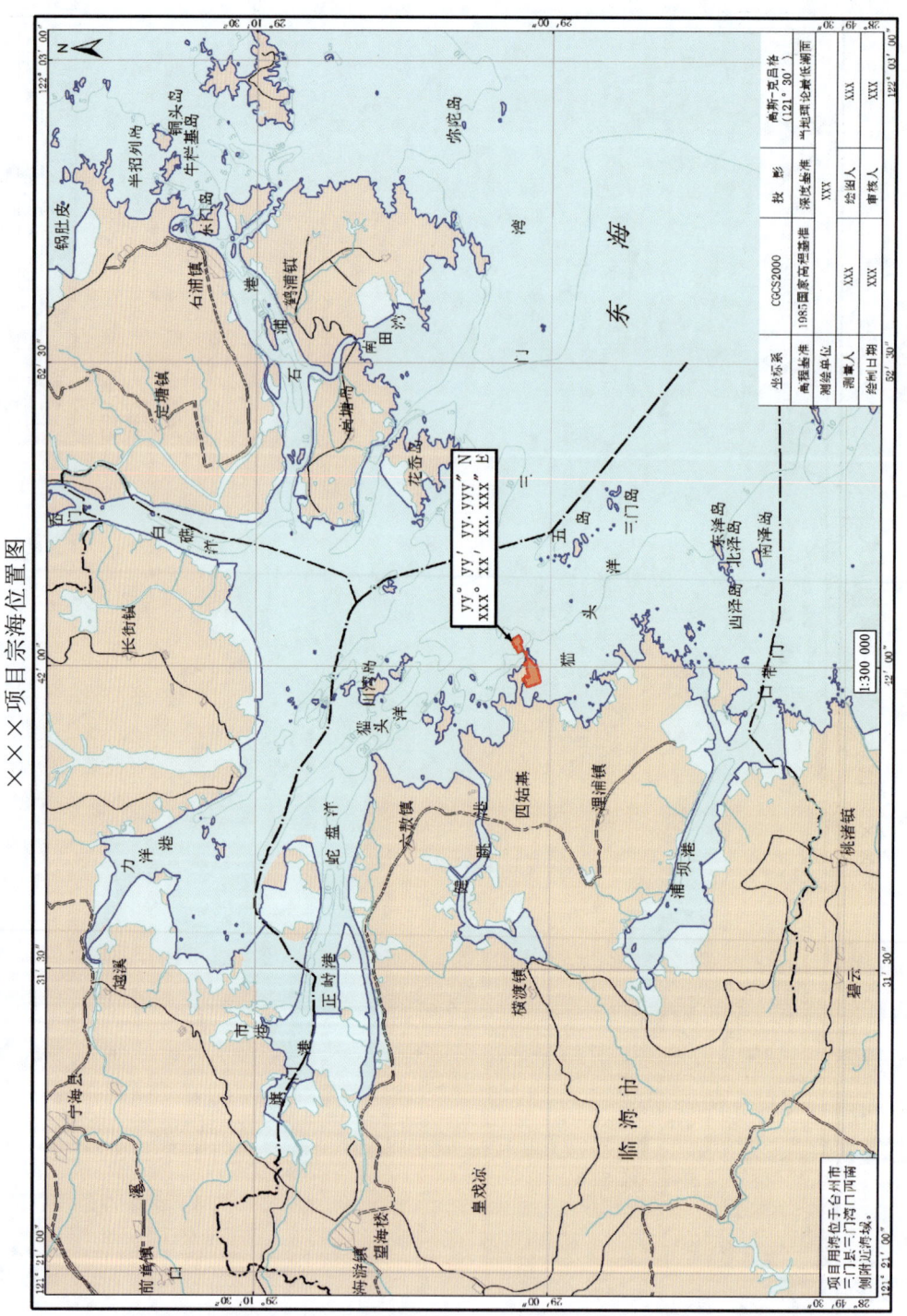

附 录

×××项目(电厂区、灰场)宗海界址图

界址点编号及坐标(北纬 | 东经)		
1	yy°yy′yy.yyy″	xxx°xx′xx.xxx″
2	yy°yy′yy.yyy″	xxx°xx′xx.xxx″
3	yy°yy′yy.yyy″	xxx°xx′xx.xxx″
4	yy°yy′yy.yyy″	xxx°xx′xx.xxx″
5	......	......
6		
7		
8		
9		
10		
11		
12		
13		
14		
15		
16	yy°yy′yy.yyy″	xxx°xx′xx.xxx″
剩余界址点编号及坐标(北纬|东经),见附页		

内部宗心	用海方式	界址线	面积(公顷)
电厂区①	建 设 填海造地	3-4-……-35-36-3	xxx.xxxx
电厂区②	建 设 填海造地	42-43-……-62-63-42	xxx.xxxx
灰 场	废弃物处置 填埋造地	1-2-3-36-37-38-39-40-41-42-63-……-75-76-1	xxx.xxxx
宗 海		1-2-……-75-76-1	xxx.xxxx

坐标系	CGCS2000	投 影	高斯-克吕格(121°30′)
高程基准	1985国家高程基准	深度基准	当地理论最低潮面
测绘单位	xxx		
测量人	xxx	绘图人	xxx
绘制日期	xxx	审核人	xxx

1:14 000

附页 ×××项目(电厂厂区、灰场)宗海界址点(续)

界址点编号及坐标(纬度|经度)					
17	yy°yyy′yy.yyy″	xxx°xx′xx.xxx″			
18	yy°yyy′yy.yyy″	xxx°xx′xx.xxx″			
19	yy°yyy′yy.yyy″	xxx°xx′xx.xxx″			
20	yy°yyy′yy.yyy″	xxx°xx′xx.xxx″			
21	yy°yyy′yy.yyy″	xxx°xx′xx.xxx″			
			76	yy°yy′yy.yyy″	xxx°xx′xx.xxx″

测绘单位	×××		
测量人	×××	绘图人	×××
绘制日期	××××年×月×日	审核人	×××

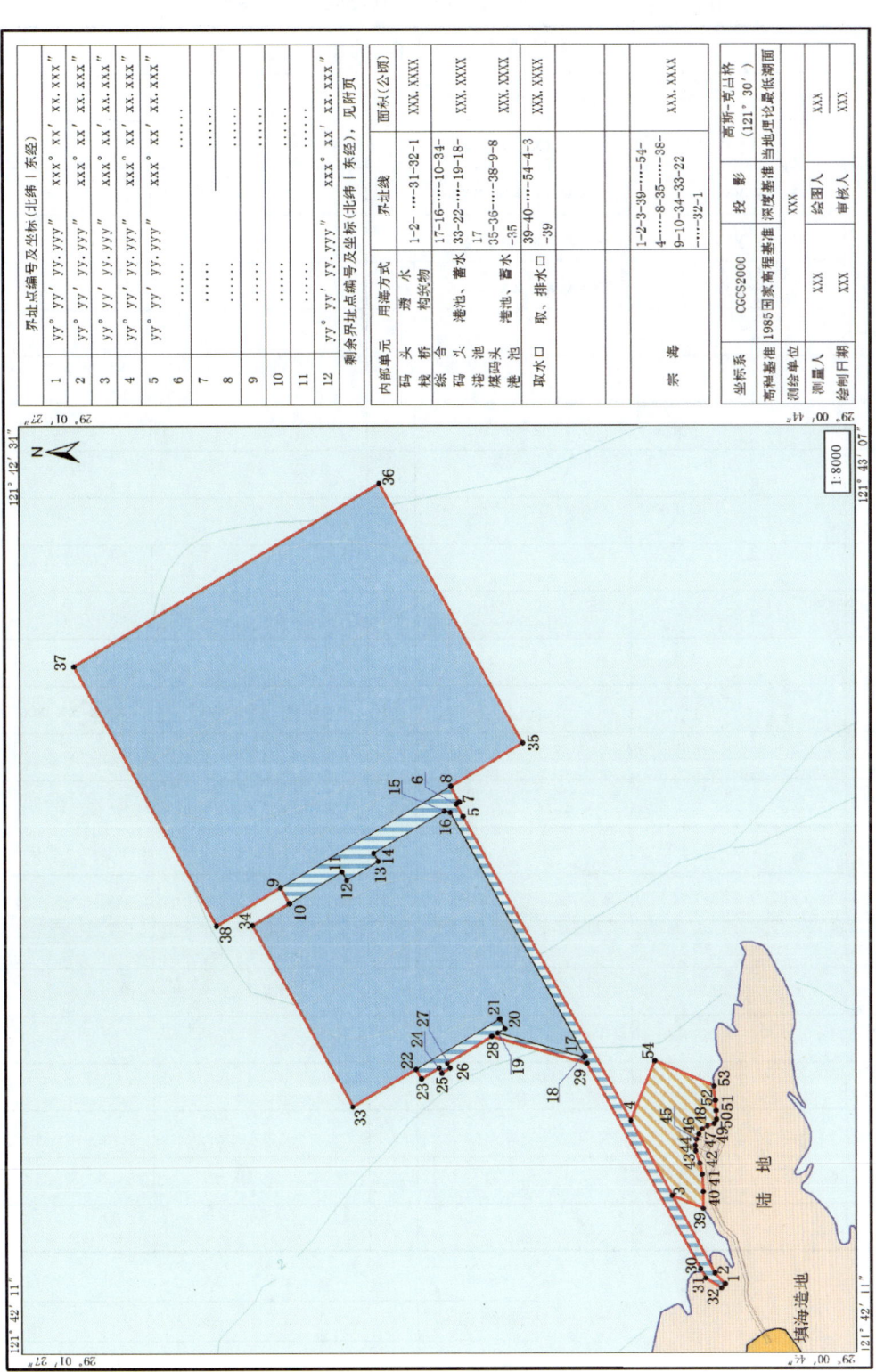

附页　×××项目(码头栈桥、港池及取水口)宗海界址点(续)

\multicolumn{5}{c}{界址点编号及坐标(纬度|经度)}				
13	yy°yy′yy.yyy″	xxx°xx′xx.xxx″		
14	yy°yy′yy.yyy″	xxx°xx′xx.xxx″		
15	yy°yy′yy.yyy″	xxx°xx′xx.xxx″		
16	yy°yy′yy.yyy″	xxx°xx′xx.xxx″		
17	yy°yy′yy.yyy″	xxx°xx′xx.xxx″		
……				
			54	yy°yy′yy.yyy″	xxx°xx′xx.xxx″

测绘单位	×××		
测量人	×××	绘图人	×××
绘制日期	××××年×月×日	审核人	×××

附 录

××××项目(排水口)宗海界址图

附页　×××项目(排水口)宗海界址点(续)

界址点编号及坐标(纬度|经度)					
19	yy°yy′yy.yyy″	xxx°xx′xx.xxx″			
20	yy°yy′yy.yyy″	xxx°xx′xx.xxx″			
21	yy°yy′yy.yyy″	xxx°xx′xx.xxx″			
22	yy°yy′yy.yyy″	xxx°xx′xx.xxx″			
23	yy°yy′yy.yyy″	xxx°xx′xx.xxx″			
……					
30	yy°yy′yy.yyy″	xxx°xx′xx.xxx″			

测绘单位	×××		
测量人	×××	绘图人	×××
绘制日期	××××年×月×日	审核人	×××

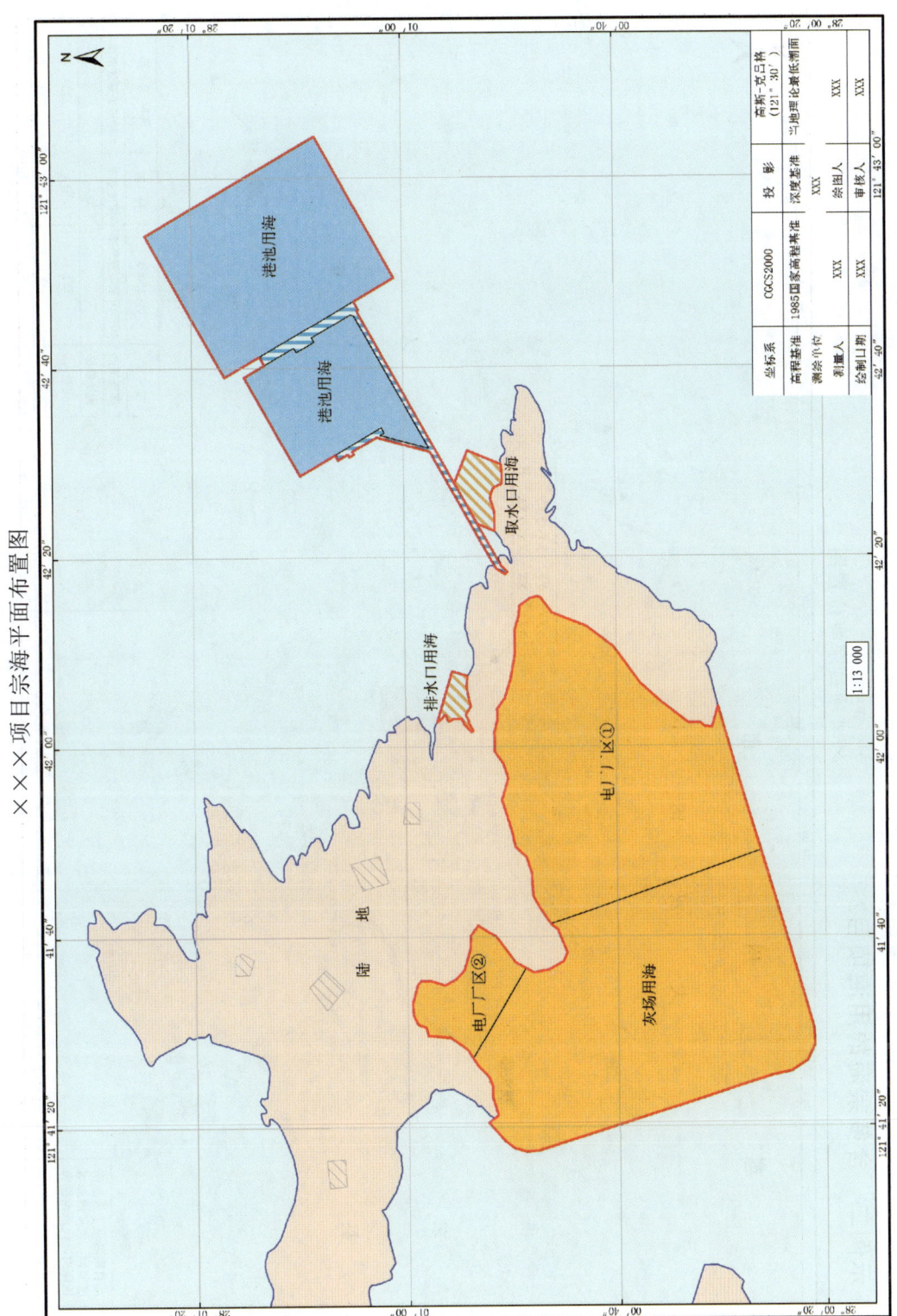

××××项目宗海平面布置图

示例二 含多宗海的用海项目2　×××项目宗海位置图

附 录

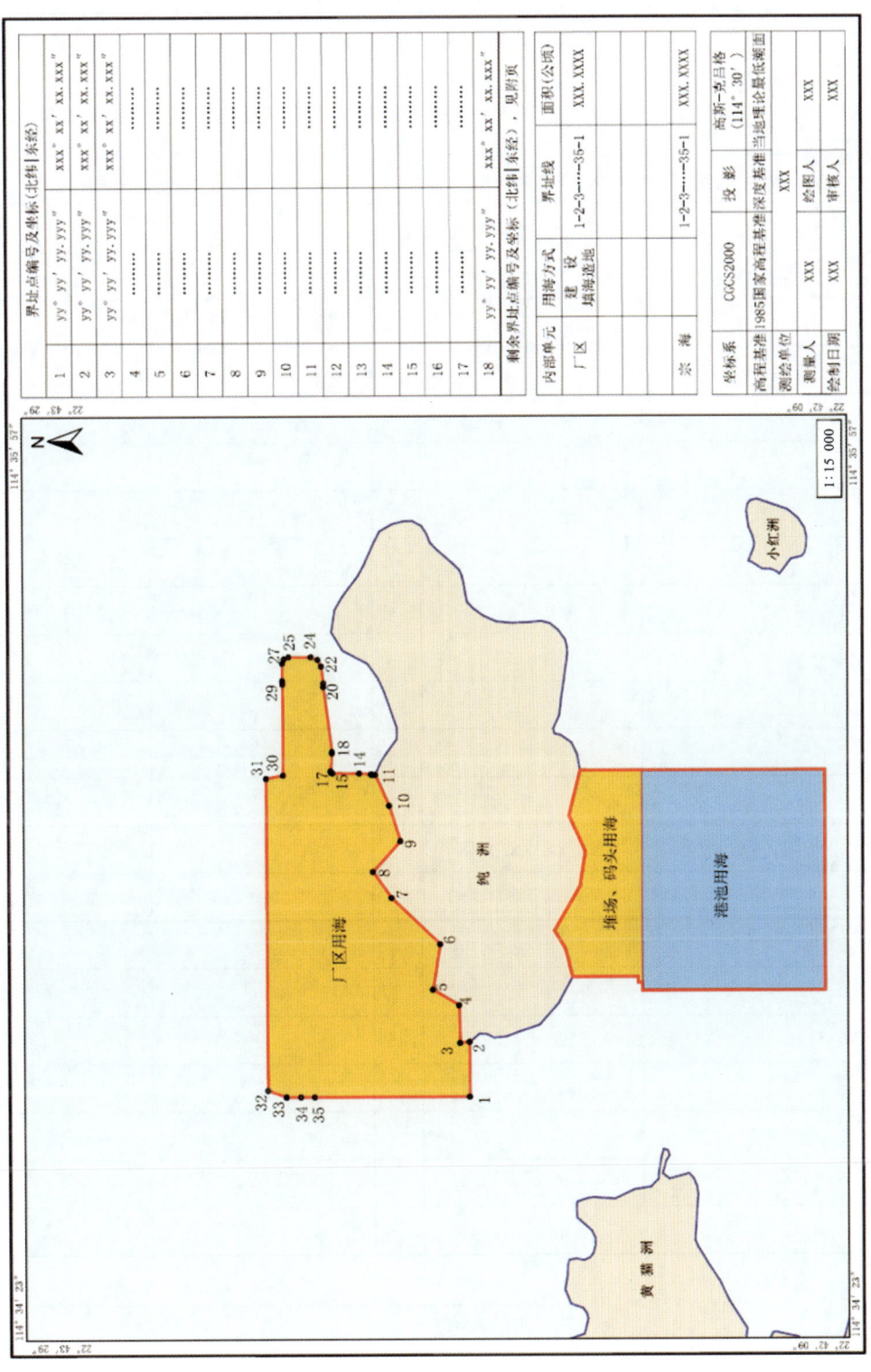

××××项目(厂区)宗海界址图

附页　×××项目(厂区)宗海界址点(续)

界址点编号及坐标(纬度|经度)					
19	yy°yy′yy.yyy″	xxx°xx′xx.xxx″			
20	yy°yy′yy.yyy″	xxx°xx′xx.xxx″			
21	yy°yy′yy.yyy″	xxx°xx′xx.xxx″			
22	yy°yy′yy.yyy″	xxx°xx′xx.xxx″			
23	yy°yy′yy.yyy″	xxx°xx′xx.xxx″			
……					
35	yy°yy′yy.yyy″	xxx°xx′xx.xxx″			

测绘单位	×××		
测量人	×××	绘图人	×××
绘制日期	××××年×月×日	审核人	×××

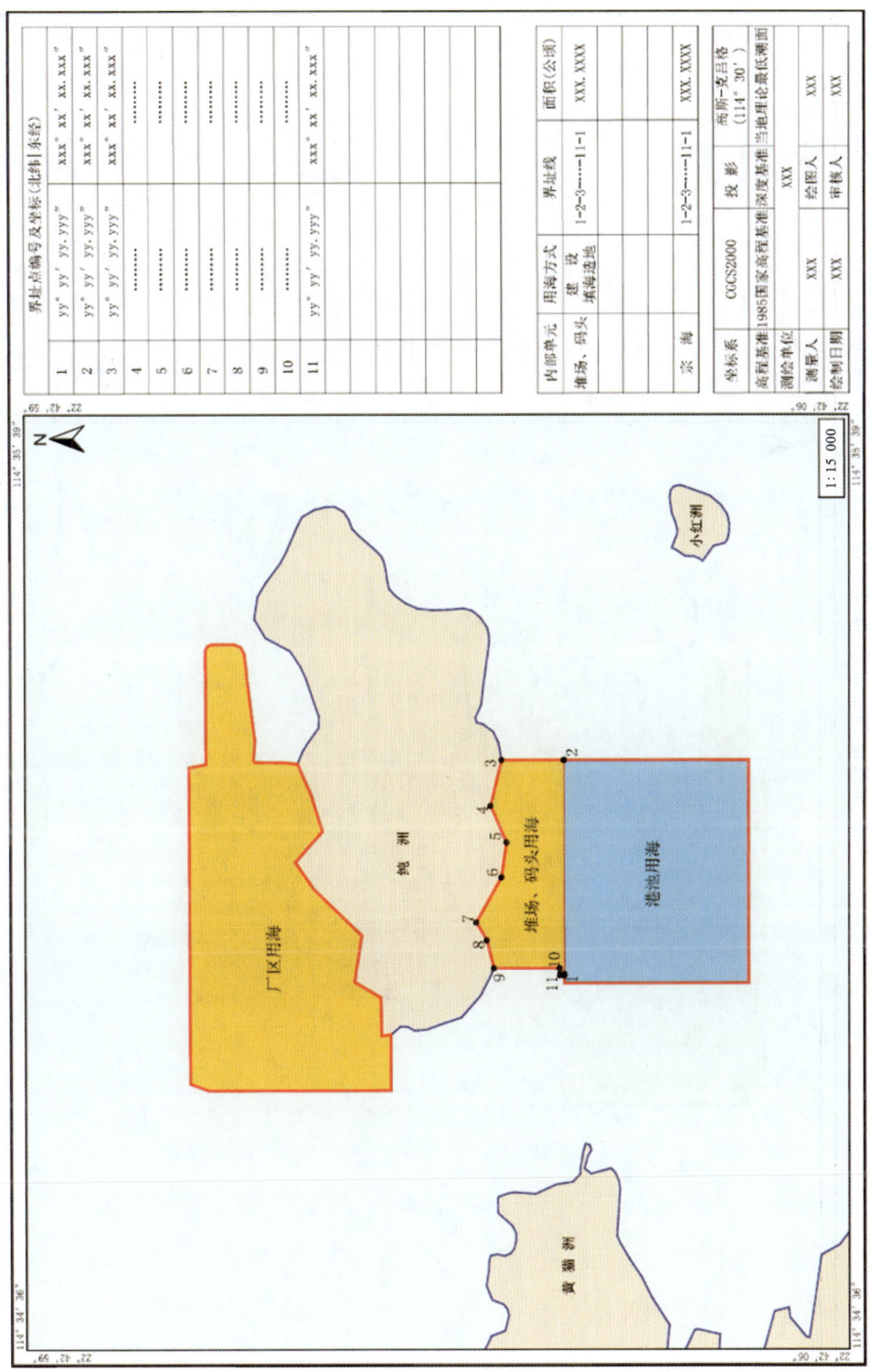

××××项目(港池)宗海界址图

示例三 海上风电用海项目

××××项目宗海位置图

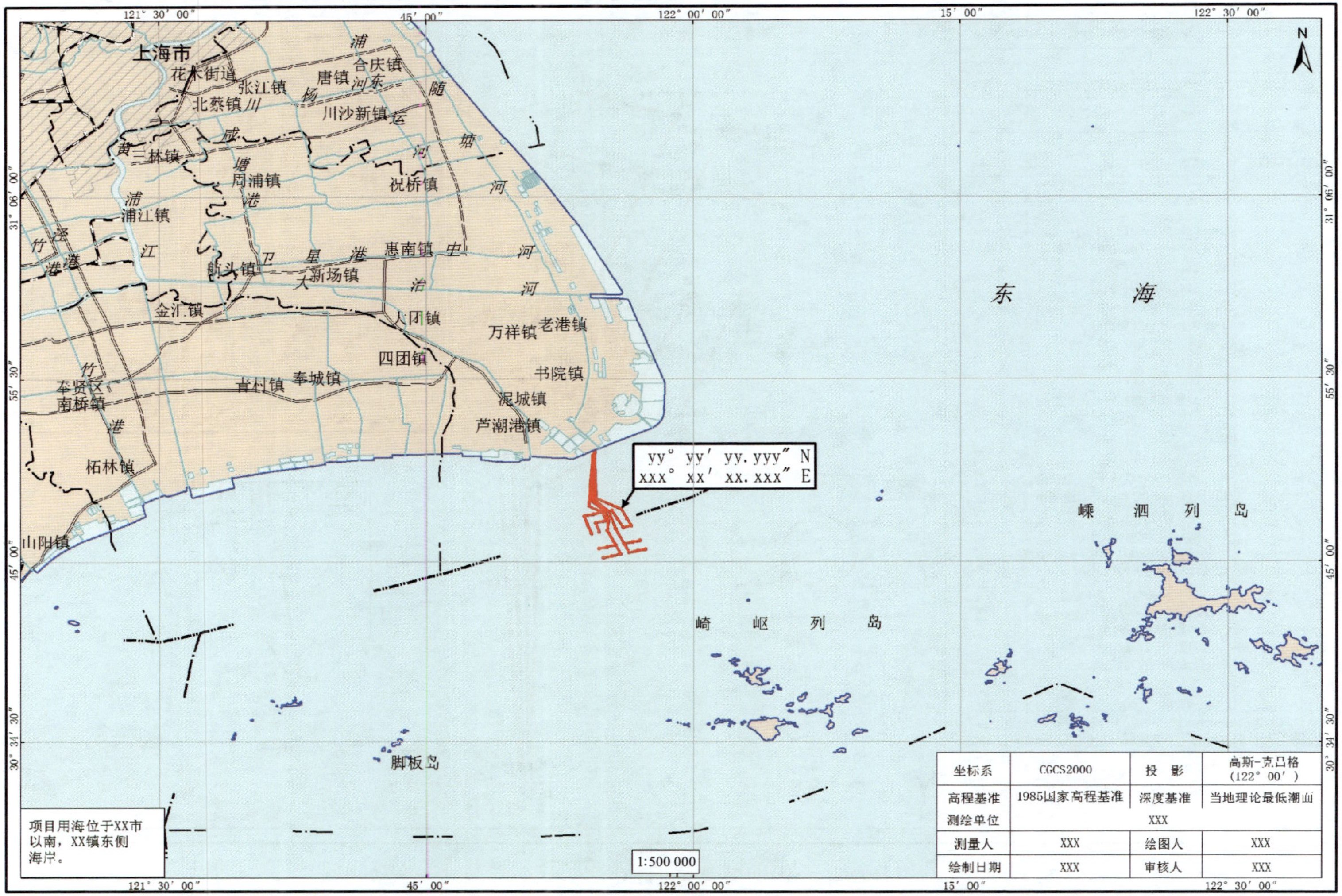

项目用海位于XX市以南，XX镇东侧海岸。

坐标系	CGCS2000	投 影	高斯-克吕格 (122°00′)
高程基准	1985国家高程基准	深度基准	当地理论最低潮面
测绘单位	XXX		XXX
测量人	XXX	绘图人	XXX
绘制日期	XXX	审核人	XXX

1:500 000

xxx°xx′xx.xxx″E
yy°yy′yy.yyy″N

× × ×项目宗海界址图

界址点编号及坐标(北纬 l 东经)		具体编号及坐标见附页	面积(公顷)	XXX.XXXX（单风机-s）
用海方式	界址线			XXX.XXXX
内部单元	透水构筑物	圆心点1~28（半径=r）	29-30-31-32-29; 33 34 35 36 33; 37 38 39 40 37; 41 42 43 44 41; 45 46 47 … 89 90 45; 91-92-93-94-91; 95-96-97 98 95; 99 100 101 102 99;	
风机				
海底电缆	海底电缆管道		103 104 105 106 103; 107 108 109 110 107; 111 112 113 114 111; 115 116 117 118 115; 119 120 121-122-119; 123-124-125-126-123; 127-128-129-130-127; 131 132 133 134 131; 135 136 137 138 135; 139 140 141 142 139; 143 144 145 146-143; 147-148-149-150-147; 151-152-153-154-151; 155-156-157-158-155; 159-160-161-162-159; 163-164-165-166-163; 167-168-169-170-167;	
宗海	CGCS2000	投 影	高斯-克吕格	XXX.XXXX
坐标系			(122°00′)	
高程基准:1985国家高程基准;深度基准:当地理论最低潮面				
测绘单位	XXX	绘图人	XXX	
测量人	XXX	审核人	XXX	
绘制日期	XXX			

附页 ×××项目宗海界址点(续)

界址点编号及坐标(纬度|经度)					
1	yy°yy′yy.yyy″	xxx°xx′xx.xxx″			
2	yy°yy′yy.yyy″	xxx°xx′xx.xxx″			
3	yy°yy′yy.yyy″	xxx°xx′xx.xxx″			
4	yy°yy′yy.yyy″	xxx°xx′xx.xxx″			
5	yy°yy′yy.yyy″	xxx°xx′xx.xxx″			
……	……	……			
			170	yy°yy′yy.yyy″	xxx°xx′xx.xxx″

测绘单位	×××		
测量人	×××	绘图人	×××
绘制日期	××××年×月×日	审核人	×××

示例四　海底电缆管道用海项目

×××项目宗海位置图

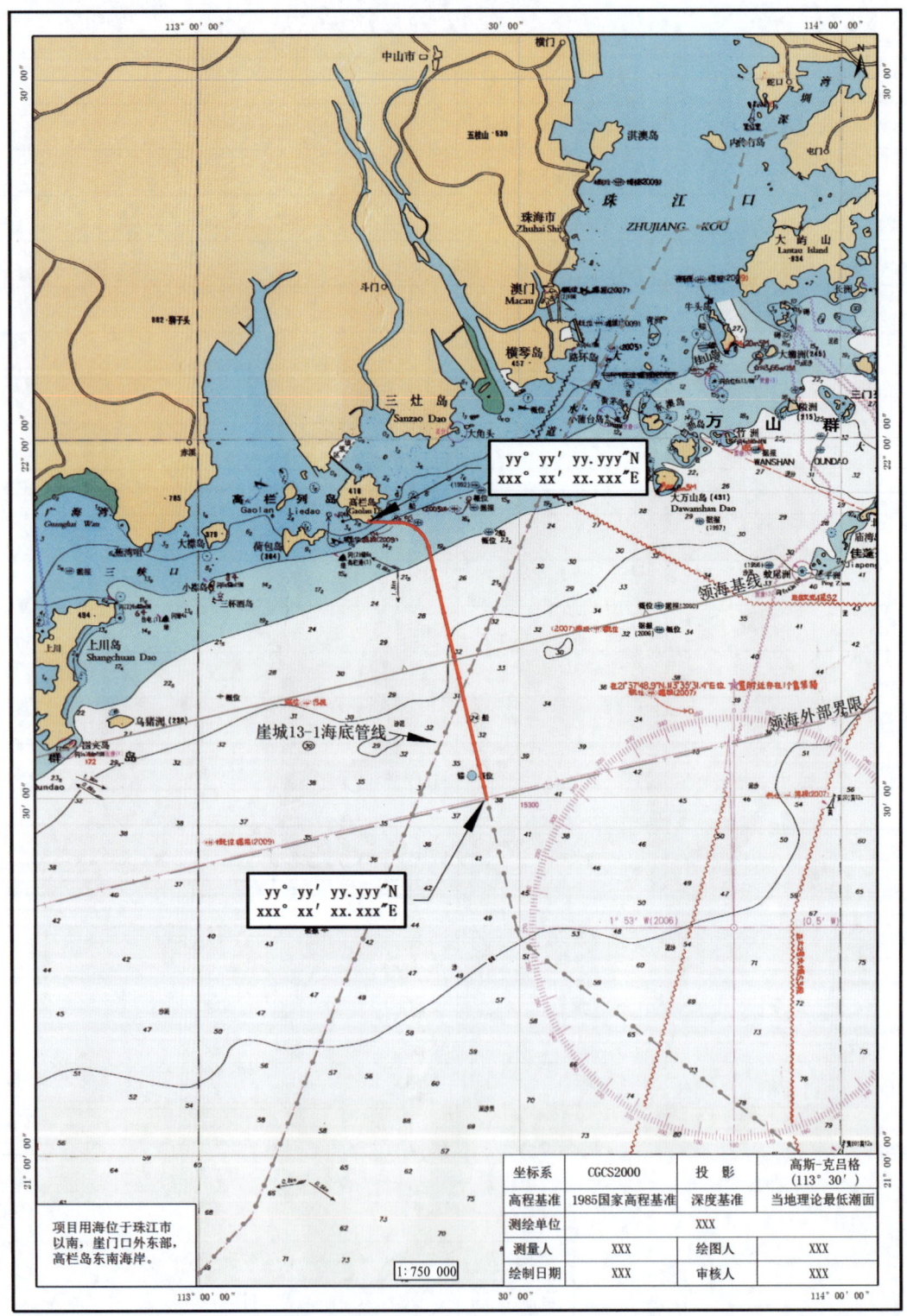

×××项目宗海界址图

界址点编号及坐标(北纬/东经)		
1	yy°yy'yy.yyy"	xxx°xx'xx.xxx"
2	yy°yy'yy.yyy"	xxx°xx'xx.xxx"
3	yy°yy'yy.yyy"	xxx°xx'xx.xxx"
4	yy°yy'yy.yyy"	xxx°xx'xx.xxx"
5	......	......
6		
7		
8		
9		
10		
11		
12		
13		
14		
15	yy°yy'yy.yyy"	xxx°xx'xx.xxx"
剩余界址点及坐标(北纬/东经),见附页		

内部单元	用海方式	界址线	面积(公顷)
海底管道	海底电缆管道	1 2 … 63 64 1	xxx.xxxx

宗海			
坐标系	CGCS2000	投 影	高斯-克吕格(113°30')
高程基准	1985国家高程基准	深度基准	当地理论最低潮面
测绘单位	xxx	绘图人	xxx
测量人	xxx	审核人	xxx
绘制日期	xxx		1-2-…-63-04-1

附页　×××项目工程宗海界址点(续)

界址点编号及坐标(纬度|经度)					
16	yy°yy′yy.yyy″	xxx°xx′xx.x″			
17	yy°yy′yy.yyy″	xxx°xx′xx.x″			
18	yy°yy′yy.yyy″	xxx°xx′xx.x″			
19	yy°yy′yy.yyy″	xxx°xx′xx.x″			
20	yy°yy′yy.yyy″	xxx°xx′xx.x″			
			64	yy°yy′yy.yyy″	xxx°xx′xx.x″

测绘单位	×××		
测量人	×××	绘图人	×××
绘制日期	××××年×月×日	审核人	×××

附 录

示例五 含相邻用海的用海项目 ×××项目宗海位置图

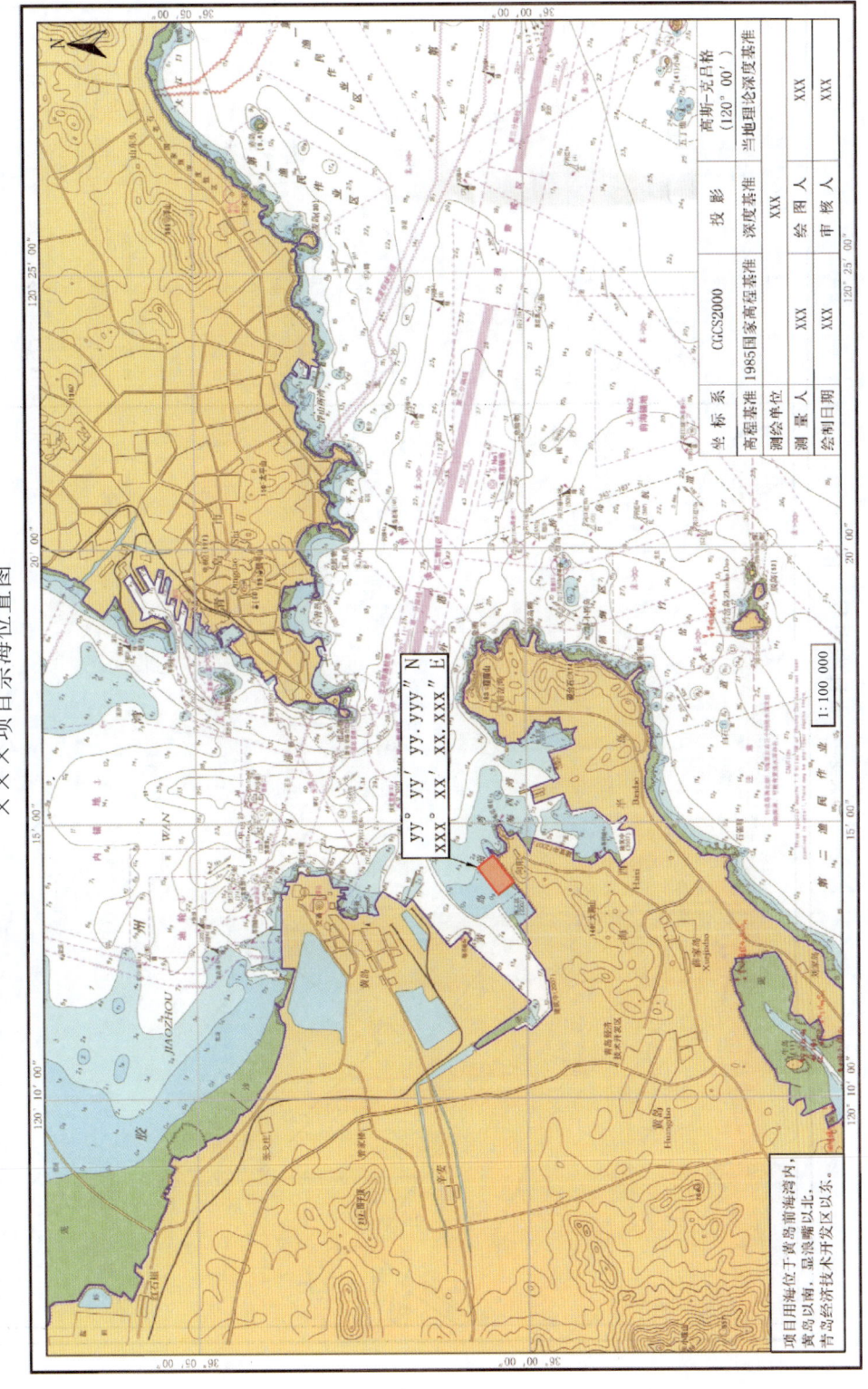

××× 项目宗海界址图

界址点编号及坐标（北纬|东经）			
1	xxx° xx' xx.xxx"	yy° yy' yy.yyy"	
2	xxx° xx' xx.xxx"	yy° yy' yy.yyy"	
3	xxx° xx' xx.xxx"	yy° yy' yy.yyy"	
4	xxx° xx' xx.xxx"	yy° yy' yy.yyy"	

单元	用海方式	界址线	面积（公顷）
码头	建设填海造地	1-2-3-4-1	XXX.XXXX
宗海		1-2-3-4-1	XXX.XXXX

坐标系	CGCS2000	投影	高斯—克吕格（120°00'）
高程基准 1985国家高程基准	深度基准 当地理论最低潮面		
测绘单位	XXX		
测量人	XXX	绘图人	XXX
		审核人	XXX
绘制日期	XXX		

1:66 000

附录 H 不动产权籍调查表(试行)

不动产权籍调查表

(试行)

宗地/宗海代码：

调查单位(机构)：

调查时间：　　　年　月　日

附录 H1　地籍调查表

宗地基本信息表						
权利人	所有权		权利人类型			
	使用权		证件种类			
			证件号			
			通讯地址			
权利类型		权利性质		土地权属来源证明材料		
坐落						
法定代表人或负责人姓名		证件种类		电话		
		证件号				
代理人姓名		证件种类		电话		
		证件号				
权利设定方式						
国民经济行业分类代码						
预编宗地代码			宗地代码			
不动产单元号						
所在图幅号		比例尺				
		图幅号				
宗地四至		北：				
		东：				
		南：				
		西：				
等级			价格(元)			
批准用途			实际用途			
		地类编码		地类编码		
批准面积(m²)		宗地面积(m²)		建筑占地总面积(m²)		
				建筑总面积(m²)		
土地使用期限						
共有/共用权利人情况						
说明						

界址标示表

界址点号	界标种类				界址间距(m)	界址线类别							界址线位置			说明
	钢钉	水泥桩	喷涂			界址线	道路	沟渠	围墙	围栏	田埂		内	中	外	

界址签章表

界址线			邻宗地		本宗地	日期
起点号	中间点号	终点号	相邻宗地权利人(宗地代码)	指界人姓名（签章）	指界人姓名（签章）	

（表格行数可调整,可附页）

宗地草图

界址说明表	
界址 点位说明	
主要权属界 线走向说明	

调查审核表

权属 调查记事	
	调查员：　　　　　日期：　　年　　月　　日
地籍 测量记事	
	测量人：　　　　　日期：　　年　　月　　日
地籍调查 结果 审核意见	
	审核人：　　　　　日期：　　年　　月　　日

共有/共用宗地面积分摊表

土地坐落			
宗地代码			
宗地面积(m^2)		定着物单元数	
定着物代码	土地所有权/使用权 面积(m^2)	独有/独用土地 面积(m^2)	分摊土地面积 (m^2)
合计			
备注			

注：无共有/共用情况的无需填写此表。

附录 H2　土地承包经营权、农用地其他使用权调查表

土地承包经营权、农用地其他使用权调查表						
宗地代码						
不动产单元号						
发包方	名称					
	负责人姓名			联系电话		
	负责人地址			邮政编码		
	证件种类			证件号		
承包方	承包方(代表)					
	有无承包合同			承包合同编号		
	有无经营权证			经营权证编号		
	取得(承包)方式	□家庭承包　□招标　□公开协商　□拍卖　□转让　□互换　□其他				
	注:本部分信息仅供家庭承包方式填写			家庭成员总数	共　　人	
	成员姓名	与户主关系	身份证号码		成员备注	
土地用途	□种植业　□林业　□畜牧业　□渔业　□其他					
地力等级			是否是基本农田		□是　□否	
水域滩涂类型						
养殖业方式						
适宜载畜量						
草原质量	草层高度				cm	
	草地覆盖度				%	
	建群					
	优势种					
调查记事			调查员：	日期：	年　月　日	
审核意见			审核人：	日期：	年　月　日	

附录 H3 集体土地所有权宗地分类面积调查表

集体土地所有权宗地分类面积调查表[单位:m²(公顷/亩)]			
权利人			
宗地代码			
不动产单元号			
分类面积	农用地		
^	其中	耕地	
^	^	林地	
^	^	草地	
^	^	其他	
^	建设用地		
^	未利用地		
调查记事	调查员：　　　日期：　年　月　日		
审核意见	审核人：　　　日期：　年　月　日		

注：集体土地所有权宗地调查时需填写此表。

附录 H4 房屋调查表

房屋基本信息调查表

市区名称或代码		地籍区		地籍子区		宗地号		定着物（房屋）代码	
不动产单元号									
房地坐落								邮政编码	
房屋所有权人				证件种类					
				证件号					
电话		住址							
权利人类型		项目名称				共有情况			
房屋性质		产别							
用途		规划用途							
幢号	户号	总套数	总层数	所在层	房屋结构	竣工时间	占地面积（m²）	建筑面积（m²）	专有建筑面积（m²）	分摊建筑面积（m²）	产权来源	墙体归属			
													东	南	西	北
房屋状况																
房屋权界线示意图										附加说明						
										调查意见						

建筑物区分所有权业主共有部分调查表				
宗地代码：				
建筑物区分所有权业主共有部分权利人				
建(构)筑物编号	建(构)筑物名称	建(构)筑数量或者面积(m^2)	占地面积(m^2)	分摊土地面积(m^2)	附记

房产分户图

附图
(房产分户图,可附页)

附录 H5　林权调查表

宗地代码		定着物代码	
不动产单元号			
森林、林木所有权人		证件种类	
		证件号	
森林、林木使用权人		证件种类	
		证件号	
代理人		证件类型	
		证件编号	
		电话	
权利人类型			
坐落			
造林年度			
小地名			
林班		小班	
面积(m²)		起源	
株数		主要树种	
林种	□防护林　□用材林　□经济林　□薪炭林　□特种用途林　□其他		
共有情况			
审核意见	审核人：　　　　　日期：　　年　月　日		
备注			

调查员：　　　　　　　　　　　　　　　　　　　　　　　　日期：　　年　月　日

附录 H6 海籍调查表

宗海基本信息表						
宗海代码							
不动产单元号							
权利人	权利人类型					
^	单位/个人		联系电话			
^	^		邮编			
^	^		地址			
^	证件种类		证件号			
^	法定代表人		身份证号			
^	联系/代理人		身份证号			
项目用海	项目名称			项目性质		
^	等级			构(建)筑物类型		
^	用海类型	用海类型 A		^		
^	^	用海类型 B		^		
海籍测量	宗海面积		公顷	宗海位置(文字说明)		
^	用海总面积		公顷	^		
^	用海方式		公顷	^		
^	^		公顷	^		
^	^		公顷	^		
^	^		公顷	^		
^	占用岸线		米	^		
^	使用金总额(万元)		使用金标准依据			
^	使用金缴纳情况						
权属核查	使用期限					
^	相邻用海	东	西	南	北	
^	使用人(签字)				
^	共有情况				

续附录 H6

无居民海岛状况	海岛名称		海岛代码	
	用岛范围		用岛面积(公顷)	
	海岛位置		用途	
记事	权属核查记事： 核查人：　　日期：　年　月　日			
	海籍测量记事： 测量员：　　日期：　年　月　日			
	海籍调查结果审核意见： 审核人：　　日期：　年　月　日			
备注					

宗海及内部单元记录表

宗海界址线：				宗海总面积(公顷)	
用海方式	内部单元（按用途）	内部单元界址线	使用金数额	用海面积(公顷)	
				内部单元面积	合计

（表格行数可调整，可附页）

测量员　　　　　　　　　　　　　　　审核人：

宗海现场测量记录表		
现场测量示意图		
项目名称		
测量单元	标志点编号及坐标	用海设施/构筑物
测量单位		坐标系
测量员		测量日期

宗海位置图

坐标系		深度基准	
投影		中央子午线	
绘图人		审核人	
绘制日期			

宗海界址图

界址点编号及坐标（纬度|经度）		
1		
2		
3		
4		
5		
界址线	面积（公顷）	
内部单元		

坐标系		深度基准	
投影		中央经线	
测量单位	（填写后需要加盖测量资质单位印章）		
测量员		绘图人	
绘制日期		审核人	

（表格行数可根据界址点和内部单元个数调整，可加附页）

附录 H7 构(建)筑物调查表

构(建)筑物调查表			
宗地(海)代码		坐落	
不动产单元号			
构(建)筑物所有权人		证件种类	
		证件号	
权利人类型			
构(建)筑物类型			
构(建)筑物规划用途			
构(建)筑物面积(m^2)			
竣工时间			
共有情况			
备注			
附图 (构(建)筑物平面图,可附页)			

附录 H8 不动产权籍调查表填表说明

1. 不动产权籍调查表填写要求

1.1 不动产权籍调查表由封面,地籍调查表,土地承包经营权、农用地其他使用权调查表,集体土地所有权宗地分类面积调查表,房屋调查表,林权调查表,海籍调查表,构(建)筑物调查表及填表说明组成。

1.2 不动产权籍调查表以宗地/海为基础,以不动产单元为单位填写。

1.2.1 不同的不动产单元,填写不同的调查表。

(1)对集体土地所有权宗地,需填写地籍调查表和集体土地所有权宗地分类面积调查表。

(2)对建设用地使用权宗地和宅基地使用权宗地,填写地籍调查表。如果其上存在房屋,则需填写房屋调查表。如果其上存在构(建)筑物,则需填写构(建)筑物调查表。

(3)对土地承包经营权宗地、非承包方式取得的草原使用权宗地和水域滩涂养殖权宗地,填写地籍调查表和土地承包经营权、农用地其他使用权调查表。如果土地承包经营权宗地(林地)上存在森林、林木,还需填写林权调查表。

(4)对非承包方式取得的林地使用权宗地,填写地籍调查表。如果其上存在森林、林木,还需填写林权调查表。

(5)对海域使用权宗海(含无居民海岛),填写海籍调查表。如果其上存在构(建)筑物,则需填写构(建)筑物调查表。

1.2.2 采用活页的形式填写调查表。

表格采用活页的形式,对整页无内容的,可不归入成果。如原表格式与本方案规定的表格式一致,并且内容没有任何变化的,其复印件加盖"复印件"印章后,可直接归入成果。

1.3 不动产权籍调查表必须做到图表内容与实际一致,表达准确无误,字迹清晰整洁。

1.4 表中填写的项目不得涂改,每一处只允许划改一次,划改符号用"\"表示,并在划改处由划改人员签字或盖章。全表划改不超过2处。

1.5 表中各栏目应填写齐全,不得空项。确属不填的栏目,使用"/"符号填充。

1.6 文字内容使用蓝黑钢笔或黑色签字笔填写,亦可采用计算机打印输出;不得使用谐音字、国家未批准的简化字或缩写名称;签名签字部分需手写。

1.7 项目栏的内容填写不下的可另加附页。宗地草图/宗海图可以附贴。凡附页和附贴的,应加盖相关单位部门印章。

2. 不动产权籍调查表封面

(1)宗地(海)代码:根据本书第六章第三节内容[《不动产权籍调查技术方案》(试行)中附录A《不动产单元设定与代码编制规则》]进行填写。

(2)调查单位(机构):记录负责承担本不动产单元调查任务的单位(机构)全称。

(3)调查时间:按照"××××年××月××日"的形式记载调查的日期。

3. 地籍调查表填写方法

3.1 宗地基本信息表。

(1)权利人。

所有权:属于国家所有的,填写国家;属于集体所有的,填写××农民集体。

使用权:填写权利人的姓名或名称。权利人为自然人的,填写身份证件上的姓名;权利人为法人、其他组织的,填写身份证件上的法定名称。

权利人类型:填写个人、企业、事业单位、国家机关、其他。无法归类为个人、企业、事业单位、国家机关的,填写其他。

证件种类:写权利人身份证件的种类。境内自然人一般为居民身份证,无居民身份证的,可以为户口簿、军官证等。法人或其他组织一般为组织机构代码证,无组织机构代码证的,可以为营业执照、事业单位法人证书、社会团体法人登记证书。港澳同胞的为港澳居民来往内地通行证或港澳同胞回乡证、居民身份证;台湾同胞的为台湾居民来往大陆通行证或其他有效旅行证件,在台湾地区居住的有效身份证件或经确认的身份证件;外籍人的身份证件为护照和中国政府主管机关签发的居留证件。

证件号:填写身份证件上的编号。

通讯地址:填写权利人的通讯地址及邮政编码。

(2)权利类型:填写具体的权利类型,包括集体土地所有权、国家土地所有权、国有建设用地使用权、宅基地使用权、集体建设用地使用权、土地承包经营权、林地使用权、草原使用权、水域滩涂养殖权等法律规定的权利。其中,土地承包经营权包括耕地、林地、草地、水域滩涂等承包经营权。

(3)权利性质:国有土地填写划拨、出让、作价出资(入股)、国有土地租赁、授权经营、家庭承包、其他方式承包等;集体土地填写家庭承包、其他方式承包、批准拨用、入股、联营等。土地所有权不填写。

(4)土地权属来源证明材料:填写土地权属来源证明材料的名称,有编号的还需填写编号。

(5)坐落:填写土地所在的具体地理位置。

(6)法定代表人或负责人姓名:为法人单位的填写法定代表人姓名、身份证号码和联系电话,为非法人单位的填写负责人相关信息。个人用地的不填。

证件种类:写权利人身份证件的种类。境内自然人一般为居民身份证,无居民身份证的,可以为户口簿、军官证等。法人或其他组织一般为组织机构代码证,无组织机构代码证的,可以为营业执照、事业单位法人证书、社会团体法人登记证书。港澳同胞的为港澳居民来往内地通行证或港澳同胞回乡证、居民身份证;台湾同胞的为台湾居民来往大陆通行证或其他有效旅行证件,在台湾地区居住的有效身份证件或经确认的身份证件;外籍人的身份证件为护照和中国政府主管机关签发的居留证件。

证件号:填写身份证件上的编号。

(7)代理人姓名:填写代理人名称、身份证号码和联系电话。无代理的不填。

证件种类:写权利人身份证件的种类。境内自然人一般为居民身份证,无居民身份证的,可以为户口簿、军官证等。法人或其他组织一般为组织机构代码证,无组织机构代码证的,可以为营业执照、事业单位法人证书、社会团体法人登记证书。港澳同胞的为港澳居民来往内地通行证或港澳同胞回乡证、居民身份证;台湾同胞的为台湾居民来往大陆通行证或其他有效旅行证件,在台湾地区居住的有效身份证件或经确认的身份证件;外籍人的身份证件为护照和中国政府主管机关签发的居留证件。

证件号:填写身份证件上的编号。

(8)权利设定方式:填写地上、地表、地下。集体土地所有权无需填写。

(9)国民经济行业分类代码:根据《国民经济行业分类与代码》(GB/T 4754—2011)大类标准,填写类别名称及编码。没有的不填。

(10)预编宗地代码:填写在外行业调查工作开始前,根据基础图件资料预编的宗地代码。

(11)宗地代码:根据本书第六章第三节内容[《不动产权籍调查技术方案》(试行)中附录A《不动产单元设定与代码编制规则》]进行填写。

(12)不动产单元号:根据本书第六章第三节内容[《不动产权籍调查技术方案》(试行)中附录A《不动产单元设定与代码编制规则》]进行填写。若宗地上有定着物,不填写此栏。

(13)所在图幅号:按下列方法填写。

比例尺:填写1∶500、1∶1000、1∶2000、1∶5000、1∶1万或1∶5万。

图幅号:填写宗地所在对应比例尺地籍图的图幅号。破宗时,填写宗地各部分地块所在地籍图的图幅号。

(14)宗地四至:填写相邻宗地的土地使用权人、所有权人名称。与道路、河流等线状地物相邻的应填写地物名称;与空地、荒山、荒滩等未确定使用权的国有土地相邻的,应准确描述相应地物、地貌的名称,不得空项。

(15)等级:填写根据《城镇土地分等定级规程》、《农用地质量分等规程》或《农用地定级规程》等确定的土地等别或级别。

(16)价格:填写基准地价或标定地价。

(17)批准用途:填写土地权属来源材料或用地批准文件中经政府批准的土地用途,用汉字表示。地类编码按照《土地利用现状分类》(GB/T 21010—2007)填写至二级类,用阿拉伯数字表示。

(18)实际用途:填写经现场调查后按《土地利用现状分类》(GB/T 21010—2007)二级类确定的宗地主要地类,用汉字表示。地类编码用阿拉伯数字表示。当涉及多种地类时,填写主要地类和代码,其他地类和代码在说明栏中进行填写。

(19)批准面积:填写经政府批准的宗地面积,不包括代征地、代管地的面积。

(20)宗地面积:填写经测量得到的宗地土地面积。此项由测绘单位在测量完成时提供,由调查人员填写,小数点后保留2位。

(21)建筑占地总面积:填写宗地内所有建筑物占地面积之和,小数点后保留2位。

(22)建筑总面积:填写宗地内建筑总面积,小数点后保留2位。

宗地内若有地下建筑物,地上建筑物与地下建筑物应分别填写建筑物总面积,用"/"作为分隔符。如"1000.00/300.00",其中,"1000.00"表示宗地地上建筑物总面积,"300.00"表示地下建筑物总面积。

(23)土地使用期限:有明确使用期限的,填写批准文件或者合同等确定的使用起止日期。如××××年××月××日起,××××年××月××日止。宗地内有多用途、多种使用期限的,可以分用途填写使用期限。土地所有权等未明确权利期限的可以不填。

(24)共有/共用权利人情况:应全称填写共有/共用权利人的名称、权利人类型、证件种类、证件号、通讯地址以及共有/共用情况。无共有/共用情况的不填。如因权利人过多填写不下时,可根据申请书编号顺序填写第一个权利人名称,后面加"等几人",将详细情况填写至共有/共用宗地面积分摊表。

(25)说明:填写土地权属来源证明材料的情况说明;日常地籍调查时,填写原土地权利人、土地坐落、宗地代码及变更主要原因等内容;对于集体土地所有权宗地,还可说明宗地被线状国有或其他农民集体土地分割的情况,需详细说明宗代码及如何被分割;实际用途涉及多种地类时,须列举其他地类的信息。

(26)对面积较大、界线复杂的集体土地所有权宗地和国有建设用地使用权宗地,宜签订土地权属界线协议书并签字盖章[见《地籍调查规程》(TD/T 1001—2012)附录B《土地权属界线协议书》]。界址线有争议的土地,填写土地权属争议原由书并签字盖章[见《地籍调查规程》(TD/T 1001—2012)附录A《土地权属争议原由书》]。

3.2 界址标示表。

(1)界址点号:从宗地某界址点开始按顺时针编列。例如:1、2、…、n、1。

(2)界标种类:根据实际埋设的界标种类在相应位置画"√"。表中没有明示的界标种类,补充在"界标种类"栏空白格中,如"石灰桩"等。

(3)界址间距:按照《地籍调查规程》(TD/T 1001—2012)要求进行填写。

(4)界址线类别:根据界线实际依附的地物和地貌在相应位置画"√"。表中没有明示的界址线类别,补充在"界址线类别"栏空白格中,如"山脊线、山谷线"等。

(5)界址线位置:界线标的物自有、他有、共有的分别在"外"处画"√"、"内"处画"√"、"中"处画"√";分别自有的在"外"处画"√",并在"说明"栏中注明,如"各自有墙"或"双墙"。

3.3 界址签章表。

(1)界址线起点号、中间点号、终点号:例如,某条界址线的界址点包括1、2、3、4、5、24、25、6,起点号填1,终点号填6,中间点号填2、3、4、5、24、25。

(2)相邻宗地权利人(宗地代码):填写相邻宗地权利人名称(或姓名)及相邻宗地的宗地代码。与道路、河流等线状地物以及与空地、荒山、荒滩等未确定使用权的国有土地相邻的,参考"宗地四至"填写。宗地代码填写方法见附录A。

(3)指界人姓名(签章):指界人签字、盖章或按手印。集体土地所有权调查时,应加盖集体土地所有权人印章。与未确定使用权的国有土地相邻时,邻宗地"指界人姓名(签章)"栏可不填写。

(4)日期:填写外业调查指界日期。

3.4 宗地草图。

绘制方法见《地籍调查规程》(TD/T 1001—2012)5.2.5的规定。对于界线复杂的集体土地所有权宗地和国有土地使用权宗地,应制作土地权属界线附图并签订土地权属界线协议书,可不绘制宗地草图。

3.5 界址说明表。

如果界址标示无法说明清楚全部或部分界址点线的情况,则需要填写此表对界址进行补充说明,填写要求如下。

(1)界址点位说明:利用工作底图和宗地草图,主要说明所依附标的物的类型及其位置(内、中、外),及其与周围明显地物地貌的关系。如2号点位于两沟渠中心线的交点上,5号界址点位于××山顶最高处;3号界址点位于××工厂围墙西北角处;8号界址点位于农村道路与××公路交叉点中心;10号界址点位于××承包田西南角等。

(2)主要权属界线走向说明:说明权属界线的具体走向。以两个相邻界址点为一节,叙述界线所依附的标的物的状况及其与周围宗地和地物地貌的关系。例如1—2,由1沿××公路中央走向至2;4—5,由4沿山脊线至5;9—10,由9沿××学校东侧围墙至10等。

3.6 调查审核表。

(1)权属调查记事。

①现场核实申请书有关栏目填写是否正确,不正确的作更正说明。

②界线有纠纷时,要记录纠纷原因(含双方各自认定的界址),并尽可能提出处理意见。

③指界手续履行等情况。

④界址设置、边长丈量等技术方法、手段。

⑤说明确实无法丈量界址边长、界址点与邻近地物的相关距离和条件距离的原因。

(2)地籍测量记事。

①测量前界标检查情况。

②根据需要,记录测量界址点及其他要素的技术方法、仪器。

③遇到的问题及处理的方法。

④提出遗留问题的处理意见。

(3)调查结果审核意见。

审核人对地籍调查结果进行全面审核,如无问题,即填写"合格";如果发现调查结果有问题,应填写"不合格",指明错误所在并提出处理意见。审核人签字或盖章确认。

3.7 共有/共用宗地面积分摊表。

(1)定着物单元数:表示同一宗地内所有的定着物单元数。

(2)定着物代码:根据本书第六章第三节内容[《不动产权籍调查技术方案》(试行)中附录A《不动产单元设定与代码编制规则》]进行填写,只填写定着物代码,不需填写宗地代码。

(3)土地所有权/使用权面积:土地权利人在一宗地内所有/使用的土地面积。

(4)独有/独用土地面积:土地权利人在一宗地内独自所有/使用的土地面积。

(5)分摊土地面积:各土地权利人在共有/共用面积内分摊到的土地面积。

(6)共有/共用宗地的所有权/使用权面积为独有/独用土地面积与分摊土地面积之和。共用一宗地,应做到不缺不漏。且所有不动产单元的所有权/使用权面积总和应等于该宗地面积。宗地内同一权利人有多个单元的,可合并填写。

(7)备注:针对共有情况,填写按份共有或共同共有。属于按份共有的,还要填写共有的份额。

4. 土地承包经营权、农用地其他使用权调查表填写方法

(1)宗地代码:根据本书第六章第三节内容[《不动产权籍调查技术方案》(试行)中附录A《不动产单元设定与代码编制规则》]进行填写。

(2)不动产单元号:根据本书第六章第三节内容[《不动产权籍调查技术方案》(试行)中附录A《不动产单元设定与代码编制规则》]进行填写。

(3)发包方。

①名称:以家庭承包或其他方式取得承包经营权的,填写承包合同的发包方全称。

②负责人姓名/联系电话:填写发包方当前负责人的姓名、联系电话和(或)手机号码。

③负责人地址/邮政编码:填写发包方负责人的通讯地址及对应的邮政编码。

④证件种类:写负责人身份证件的种类。境内自然人一般为居民身份证,无居民身份证的,可以为户口簿、军官证等。法人或其他组织一般为组织机构代码证,无组织机构代码证的,可以为营业执照、事业单位法人证书、社会团体法人登记证书。港澳同胞的为港澳居民来往内地通行证或港澳同胞回乡证、居民身份证;台湾同胞的为台湾居民来往大陆通行证或其他有效旅行证件,在台湾地区居住的有效身份证件或经确认的身份证件;外籍人的身份证件为护照和中国政府主管机关签发的居留证件。

⑤证件号:填写身份证件上的编号。

(4)承包方。

①承包方(代表):填写承包方代表的姓名(家庭承包)或承包方姓名、名称(其他方式承包)。

②有无承包合同/承包合同编号:根据实际情况说明农村土地承包合同情况,在对应选项前画"√"。选择"有"时,填写相应承包合同编号,选择"无"时,编号栏以"/"符号填充。

③有无经营权证/经营权证编号:根据实际情况说明土地承包经营权证情况,在对应选项前画"√"。选择"有"时,填写相应经营权证编号,选择"无"时,编号栏以"/"符号填充。

④取得(承包)方式:选择承包方取得农村土地承包经营权的方式,在对应选项前划"√"。选择"其他"方式时,注明取得(承包)的具体方式。

⑤家庭成员总数:填写农户家庭成员的总数。

成员姓名:填写家庭成员姓名,户主填在第一顺序位。

与户主关系:填写该家庭成员与本户户主的关系,以《家庭关系代码》(GB/T 4761—2008)为依据。

身份证号码:填写家庭成员身份证号码,无身份证的可填写其他有效证件号码并予以注明。

成员备注:视需要填写相应信息,如"××××年外嫁""××××年入赘""××××年入学的在校学生""国家公职人员""军人(军官/士兵)""××××年新生儿""××××年去世"等。

(5)土地用途:根据土地当前的实际用途在对应选项前画"√"。选择"其他"时,说明具体用途。

(6)地力等级:按照《耕地地力调查与质量评价技术规程》(NY/T 1634)、《全国耕地类型区、耕地地力等级划分》(NY/T 309)或土地发包时当地的实际情况填写耕地的地力等级。

(7)是否基本农田:根据具体情况在对应选项前画"√"。如无法确定该地块是否为基本农田,应在"调查记事"栏予以注明,相应栏目由农业主管部门会同国土部门确定后填写。

(8)水域滩涂类型:填写水域滩涂的类型,包括淡水水域滩涂或其他水域滩涂。

(9)养殖业方式:填写批准养殖的方式,包括池塘、大水面放养、围栏、工厂化、筏吊式、滩涂底播、网箱等养殖方式。

(10)适宜载畜量:填写管理部门按照草原的面积、牧草产量和家畜日采食量核定适宜畜养的家畜数量。

(11)草原质量:填写管理部门按照草原评价体系确定的草原质量情况,包括草层高度、草地覆盖度、建群种、优势种。

草层高度：每种植物测量5～10株植物个体。记录平均数，单位用厘米表示。

草地覆盖度：指植被垂直投影面积覆盖地表面积的百分比，一般用针刺法测定。

建群种：建群种是指在个体数量上不一定占绝对优势，但决定着群落内部的结构和特殊环境条件。建群种是群落的创造者、建设者。

优势种：是指群落中占优势的种类，它包括群落每层中在数量、体积上最大、对生态环境影响最大的种类。各层的优势种可以不止一个种，即共优种。

(12)调查记事/调查员：由调查员填写承包地块调查的情况。主要包括：①非承包地块的说明；②土地用途、土地利用类型的变更说明；③农村土地地力等级、是否基本农田的说明；④农村土地承包经营纠纷情况；⑤其他需要说明或注明的情况。由全体调查员签字或盖章确认。

(13)审核意见/审核人：审核人对调查结果进行全面审核，如无问题，填写"合格"。如发现问题，应填写"不合格"，指明错误所在并提出处理意见。审核人签字或盖章确认。

(14)日期：以阿拉伯数字填写日期，年份应填写完整年份。

5.集体土地所有权宗地分类面积调查表

(1)权利人：填写集体土地所有权利人名称，应和"地籍调查表"所有权权利人保持一致。

(2)宗地代码：根据本书第六章第三节内容[《不动产权籍调查技术方案》(试行)中附录A《不动产单元设定与代码编制规则》]进行填写。

(3)不动产单元号：根据本书第六章第三节内容[《不动产权籍调查技术方案》(试行)中附录A《不动产单元设定与代码编制规则》]进行填写。

(4)农用地：填写宗地内农用地总面积，并分别填写其中耕地、林地、草地和其他用地分类面积，农用地总面积和分类面积应相等。

(5)建设用地：填写宗地内建设用地面积。

(6)未利用地：填写宗地内未利用地面积。

(7)调查记事/调查员：由调查员填写其他有关情况说明。调查员签字或盖章确认。

(8)审核意见/审核人：审核人对调查结果进行全面审核，如无问题，填写"合格"。如发现问题，应填写"不合格"，指明错误所在并提出处理意见。审核人签字或盖章确认。

6.房屋调查表填写方法

6.1 房屋基本信息调查表。

(1)市区名称或代码：填写房屋所在市区的名称或代码。

(2)地籍区、地籍子区：根据本书第六章第三节内容[《不动产权籍调查技术方案》(试行)中附录A《不动产单元设定与代码编制规则》]进行填写。

(3)宗地号、定着物代码：根据本书第六章第三节内容[《不动产权籍调查技术方案》(试行)中附录A《不动产单元设定与代码编制规则》]进行填写。

(4)不动产单元号：根据本书第六章第三节内容[《不动产权籍调查技术方案》(试行)中附录A《不动产单元设定与代码编制规则》]进行填写。

(5)房地坐落：填写有关部门依法确定的房地坐落，一般包括街道名称、门牌号、幢号、楼层号、房号等。

(6)邮政编码：填写该区(县)的邮政编码号。

(7)房屋所有权人:填写权利人的姓名或名称,权利人为自然人的,填写身份证明上的姓名;权利人为法人、其他组织的,填写身份证明上的法定名称。

(8)证件种类:写权利人身份证件的种类。境内自然人一般为居民身份证,无居民身份证的,可以为户口簿、军官证等。法人或其他组织一般为组织机构代码证,无组织机构代码证的,可以为营业执照、事业单位法人证书、社会团体法人登记证书。港澳同胞的为港澳居民来往内地通行证或港澳同胞回乡证、居民身份证;台湾同胞为台湾居民来往大陆通行证或其他有效旅行证件,在台湾地区居住的有效身份证件或经确认的身份证件;外籍人的身份证件为护照和中国政府主管机关签发的居留证件。

(9)证件号:填写身份证件上的编号。

(10)电话、住址:填写房屋所有权人的电话号码和现住地的详细地址。

(11)权利人类型:填写个人、企业、事业单位、国家机关、其他。无法归类为个人、企业、事业单位、国家机关的,填写其他。

(12)共有情况:填写单独所有、按份共有或共同共有。属于按份共有的,还要填写共有的份额。

(13)项目名称:按幢填写项目名称。

(14)房屋性质:填写商品房、房改房、经济适用住房、廉租住房、共有产权住房、自建房等。

(15)产别:根据产权占有不同而划分的类别。按两级分类调记,具体分类标准按《房产测量规范》(GB/T 17986.1—2000)相关规定执行。

(16)用途:指房屋的实际用途。具体分类标准按《房产测量规范》(GB/T 17986.1—2000)相关规定执行。一幢房屋有两种以上用途,应分别注明。

(17)规划用途:填写建设工程规划许可文件及其所附图件上确定的房屋用途。

(18)房屋状况:按幢分别填写幢号、户号、总套数、所在层、总层数、房屋结构、户型、竣工时间、使用面积、建筑面积,东西南北的墙体归属及产权来源等信息。

①幢号:根据本书第六章第三节内容[《不动产权籍调查技术方案》(试行)中附录A《不动产单元设定与代码编制规则》]进行填写。

②户号:按照《房屋代码编码标准》(JGJ/T 246—2012)中的相关要求编制和填写。

③总层数:总层数为房屋地上层数与地下层数之和。假层、附层(夹层)、插层、阁楼(暗楼)、装饰性塔楼,以及突出屋面的楼梯间、水箱间不计层数。

④所在层:是指本权属单元的房屋在该幢楼房中的第几层。地下层以负数表示。

⑤房屋结构:分为钢结构、钢和钢筋混凝土结构、钢筋混凝土结构、混合结构、砖木结构、其他结构等六类。

⑥竣工时间:房屋竣工时间是指房屋实际竣工年份。拆除翻建的,应以翻建竣工年份为准。一幢房屋有两种以上竣工时间,应分别注明。

⑦占地面积:特指房屋地表底层外围水平投影面积,包括地表底层的阳台、柱廊、门廊、室外楼梯等水平投影面积。

⑧建筑面积:房屋外墙(柱)勒脚以上各层的外围水平投影面积,包括阳台、挑廊、地下室、室外楼梯等,且具备有上盖,结构牢固,层高2.20m以上(含2.20m)的永久性建筑。

⑨专有建筑面积:填写区分所有的建筑物权利人专有部分建筑面积。

⑩分摊建筑面积:填写区分所有的建筑物权利人分摊的共有部分建筑面积。

⑪产权来源:指产权人取得房屋产权的时间和方式,如继承、分析、买受、受赠、交换、自建、翻建、征用、收购、调拨、价拨、拨用等。产权来源有两种以上的,应全部注明。

⑫墙体归属:是房屋四面墙体所有权的归属,分别注明自有墙、共有墙和借墙等三类。

(19)房屋权界线示意图:房屋权界线示意图是以权属单元为单位绘制的略图,表示房屋及其相关位置、权界线、共有共用房屋权界线,以及与邻户相连墙体的归属,并注记房屋边长。对有争议的权界线应标注部位。房屋权界线是指房屋权属范围的界线,包括共有共用房屋的权界线,以产权人的指界与邻户认证来确定,对有争议的权界线,应做相应记录。

(20)附加说明:在调查中对产权不清或有争议的,以及设有典当权、抵押权等他项权利的,应做出记录。

6.2 建筑物区分所有权业主共有部分调查表。

(1)建筑物区分所有权业主共有部分权利人:填写"业主共有",不填写具体业主姓名或名称。

(2)建(构)筑物编号、名称、数量或者面积:填写竣工验收后建(构)筑物编号、建(构)筑物名称、数量或者建筑面积。

(3)占地面积:特指建(构)筑物的占地面积。

(4)分摊土地面积:填写建(构)筑物在宗地内的分摊土地面积。

(5)附记:记载建筑区划内属于小区全体业主共有或者部分幢号业主共有的情况、是否分摊等情况。

6.3 房产分户图。

参照《房产测量规范》(GB/T 17986.1—2000)中的规定,按照《不动产权籍调查技术方案》(试行)中附录 D 的要求绘制。

7. 林权调查表填写方法

(1)宗地代码、定着物代码:根据本书第六章第三节内容[《不动产权籍调查技术方案》(试行)中附录 A《不动产单元设定与代码编制规则》]进行填写。

(2)不动产单元号:根据本书第六章第三节内容[《不动产权籍调查技术方案》(试行)中附录 A《不动产单元设定与代码编制规则》]进行填写。

(3)森林或林木所有权人:填写权利人的姓名或名称,权利人为自然人的,填写身份证明上的姓名;权利人为法人、其他组织的,填写身份证明上的法定名称。

(4)森林或林木使用权人:填写权利人的姓名或名称,权利人为自然人的,填写身份证明上的姓名;权利人为法人、其他组织的,填写身份证明上的法定名称。

(5)证件种类和证件号:写权利人身份证件的种类。境内自然人一般为居民身份证,无居民身份证的,可以为户口簿、军官证等。法人或其他组织一般为组织机构代码证,无组织机构代码证的,可以为营业执照、事业单位法人证书、社会团体法人登记证书。港澳同胞的为港澳居民来往内地通行证或港澳同胞回乡证、居民身份证;台湾同胞的为台湾居民来往大陆通行证或其他有效旅行证件,在台湾地区居住的有效身份证件或经确认的身份证件;外籍人的身份证件为护照和中国政府主管机关签发的居留证件。证件号是填写身份证件上的编号。

(6)代理人姓名、证件类型和证件编号:姓名填写代理人名称、身份证号码和联系电话。无代理人的不填。证件类型填写居民身份证、军官证、护照等。证件编号填写代理人的公民身份证号码、军官证号码、护照号码等。

(7)权利人类型:填写个人、企业、事业单位、国家机关、其他。无法归类为个人、企业、事业单位、国家机关的,填写其他。

(8)坐落:填写调查的森林、林木所在的具体地理位置。

(9)造林年度:填写有关文件确定的造林年度。

(10)小地名:填写地形图上的标有地名,应以地形图为准,地形图上没有记载或者记载有误的,用当地群众普遍认可的地名。

(11)林班、小班:根据森林资源规划设计调查所区划的林班和小班数据填写。

(12)面积:填写经测量得到的林地面积。此项由测绘单位在测量完成时提供,由调查人员填写,小数点后保留2位。

(13)起源:填写天然林或者人工林。

(14)株数:森林、林木难以用面积准确表明的,填写零星树木、四旁树木和农田林网等的株数。

(15)主要树种:填写森林、林木所在宗地上1~3种主要树木种类。

(16)林种:填写森林种类,包括防护林、用材林、经济林、薪炭林、特种用途林等。

(17)共有情况:填写单独所有、按份共有或共同共有。属于按份共有的,还要填写共有的份额。

(18)审核意见:审核人对林权调查结果进行全面审核,如无问题,即填写"合格";如果发现调查结果有问题,应填写"不合格",指明错误所在并提出处理意见。

8. 海籍调查表填写方法

8.1 海籍调查基本信息表。

(1)不动产单元代码(号):根据本书第六章第三节内容[《不动产权籍调查技术方案》(试行)中附录A《不动产单元设定与代码编制规则》]进行填写。

(2)权利人:

①权利人类型:填写个人、企业、事业单位、国家机关、其他。无法归类为个人、企业、事业单位、国家机关的,填写其他。

②单位/个人:填写权利人的姓名或名称,权利人为自然人的,填写身份证明上的姓名;权利人为法人、其他组织的,填写身份证明上的法定名称。

③地址、邮编:记录申请单位的地址或个人住址、邮政编码。如果申请者是非法人单位,或单位地址不明确,填写负责人通信地址。

④证件种类:写权利人身份证件的种类。境内自然人一般为居民身份证,无居民身份证的,可以为户口簿、军官证等。法人或其他组织一般为组织机构代码证,无组织机构代码证的,可以为营业执照、事业单位法人证书、社会团体法人登记证书。港澳同胞的为港澳居民来往内地通行证或港澳同胞回乡证、居民身份证;台湾同胞的为台湾居民来往大陆通行证或其他有效旅行证件,在台湾地区居住的有效身份证件或经确认的身份证件;外籍人的身份证件为护照和中国政府主管机关签发的居留证件。

⑤证件号:填写身份证件上的编号。

⑥法定代表人、身份证号:记录申请单位法定代表人的姓名、身份证号码。如果申请者是非法人单位,填写负责人的姓名、身份证号码并注明。

⑦联系/代理人、身份证号、联系电话:记录负责处理本宗海海域使用权相关问题的授权代表人的姓名、身份证号码和联系电话。

(3)项目用海。

①项目名称:记录用海用岛的项目名称。

②项目性质:根据用海、用岛项目总体情况,填写公益性或经营性。

③等级:填写财政、海洋主管部门按规定确定的海域等级。

④用海类型:记录本宗海的一级和二级使用类型,按《海域使用分类体系》中规定的用海类型填写。

⑤构(建)筑物类型:填写构(建)筑物的类型,包括透水构筑物、非透水构筑物、跨海桥梁、海底隧道等海上构筑物类型。

(4)海籍测量。

①宗海面积:记录宗海总面积,保留四位小数。

②用海总面积:填写用海项目批准使用的全部海域面积。

③用海方式:记录本宗海存在的用海方式及其对应内部单元的面积。用海方式按《海域使用分类体系》中规定的二级用海方式填写;面积保留四位小数。

④占用岸线:记录本宗海占用的岸线长度,保留两位小数。

⑤宗海位置:以文字方式记录宗海的地理方位、与明显标志物的相对位置等。

⑥使用金总额,填写项目用海、用岛的使用金总额。

⑦使用金标准依据,填写确定项目用海、用岛使用金的标准依据、文件名称。

⑧使用金缴纳情况,填写海域使用人向管理部门缴纳海域使用金的方式,包括一次性、逐年、分期等不同方式。逐年、分期缴纳的,逐年、逐期分别记载。可以另加页记载。

(5)权属核查。

①使用期限:有明确使用期限的,填写批准文件或者合同等确定的使用起止期限。如××××年××月××日起××××年××月××日止。宗海内有多用途、多种使用期限的,可以分用途填写使用期限。

②相邻用海的使用人:由本宗海毗邻用海的业主对双方共有界址点、界址线位置进行确认,并签字。无毗邻用海的,填"无";有毗邻用海但业主未签字的,填"未签"。

③共有情况:填写单独所有、按份共有或共同共有。属于按份共有的,还要填写共有的份额。

(6)无居民海岛状况。

①海岛名称、海岛代码:按照国家发布的全国海岛名称及代码填写。

②用岛范围:填写整岛利用或者局部利用。

③用岛面积:填写批准用岛的面积。

④海岛位置:注明管辖区域,并描述海岛与周边大陆或者海岛的相对位置和距离。

⑤用途:填写旅游娱乐、交通运输、工业、仓储、渔业、农林牧业、可再生能源利用、城乡建设、公共服务等。能够与《土地利用现状分类》(GB/T 21010—2007)衔接的,在备注栏同时记载二级类。

(7)记事。

①权属核查记事:记录权属核查中发现的问题和需要说明的情况,例如尚未确权的毗邻用海及与本宗海的具体关系等,并由完成权属核查的人员签署姓名和日期。

②海籍测量记事:简要记录测量采用的技术方法和使用的仪器;测量中遇到的问题和解决

办法。若存在遗留问题,应记录问题及可行的解决方案,并由完成海籍测量的人员签署姓名和日期。

③海籍调查结果审核意见:记录对海籍调查结果是否合格、有效的评定意见,并由负责本宗海调查成果审核的人员签署姓名和日期。

(8)备注:记录其他需要说明的问题。

(9)调查单位(章):填写负责承担海籍调查任务的单位全称,并加盖测量资质单位印章。

(10)宗海代码:根据本书第六章第三节内容[《不动产权籍调查技术方案》(试行)中附录A《不动产单元设定与代码编制规则》]进行填写。

8.2 宗海及内部单元记录表。

(1)宗海界址线:记录以"＊—＊—…—＊—＊"方式表示的界址线,"＊"代表界址点编号。首尾界址点编号应相同,以表示界址线闭合。

(2)宗海总面积:记录宗海总面积,保留四位小数。

(3)用海方式:记录本宗海出现的用海方式名称,按《海域使用权分类体系》(2008)中规定的二级用海方式填写。

(4)内部单元:记录对应用海方式的宗海内部单元名称,按用途取名,如码头、港池等。

(5)内部单元界址线:记录各宗海内部单元的界址线,要求同"宗海界址线"。

(6)使用金数额:按照用海方式填写其对应的使用金数额。

(7)内部单元面积:记录宗海内部单元的面积,保留四位小数。

(8)合计:记录每种用海方式的面积合计数,保留四位小数。

(9)测量人、审核人:签署测绘、审核人员的姓名。

(10)本表中对应各用海方式的宗海内部单元记录行数应根据实际情况进行调整,填写空间不足时可加附页。

8.3 海籍现场测量记录表。

按《海籍调查规范》(HY/T 124)相关要求绘制宗海示意图,填写相关界址点坐标。

8.4 宗海位置图绘制说明。

按《海籍调查规范》(HY/T 124)相关要求绘制。

8.5 宗海界址图绘制说明。

按《海籍调查规范》(HY/T 124)相关要求绘制。

9.构(建)筑物调查表填写方法

(1)宗地(海)代码:根据本书第六章第三节内容[《不动产权籍调查技术方案》(试行)中附录A《不动产单元设定与代码编制规则》]进行填写。

(2)不动产单元号:根据本书第六章第三节内容[《不动产权籍调查技术方案》(试行)中附录A《不动产单元设定与代码编制规则》]进行填写。

(3)坐落:构(建)筑物的坐落。

(4)构(建)筑物所有权人:填写权利人的姓名或名称,权利人为自然人的,填写身份证明上的姓名;权利人为法人、其他组织的,填写身份证明上的法定名称。

(5)证件种类:填写权利人身份证件的种类。境内自然人一般为居民身份证,无居民身份证的,可以为户口簿、军官证等。法人或其他组织一般为组织机构代码证,无组织机构代码证的,可以为营业执照、事业单位法人证书、社会团体法人登记证书。港澳同胞的为港澳居民来往内地通行证或港澳同胞回乡证、居民身份证;台湾同胞的为台湾居民来往大陆通行证或其他有效旅行证件,在台湾地区居住的有效身份证件或经确认的身份证件;外籍人的身份证件为护照和中国政府主管机关签发的居留证件。

(6)证件号:填写身份证件上的编号。

(7)权利人类型:填写个人、企业、事业单位、国家机关、其他。无法归类为个人、企业、事业单位、国家机关的,填写其他。

(8)构筑物类型:填写构筑物的类型,包括隧道、桥梁、水塔等地上构筑物。透水构筑物、非透水构筑物、跨海桥梁、海底隧道等海上构筑物类型。

(9)构(建)筑物规划用途:填写构(建)筑物规划许可文件及其所附图件上确定的用途。

(10)构(建)筑物面积:填写构(建)筑物的测量面积。

(11)竣工时间:填写构(建)筑物竣工验收文件确定的竣工时间。

(12)共有情况:填写单独所有、按份共有或共同共有。属于按份共有的,还要填写共有的份额。

附录Ⅰ 代码表

为使不动产单元代码标准文本格式整齐统一,按照《标准编写规则 第3部分:信息分类编码》(GB/T 20001.3—2001)规定,不动产单元代码标准文本格式见表1。

表1 不动产单元代码标准文本格式

代码	名称	说明
XXXXXX	XX 县(市、区)	
XXXXXX001	001 地籍区	
XXXXXX001001	001 地籍子区	
XXXXXX001001G	国家所有	
XXXXXX001001GBXXXXXX	建设用地使用权宗地(地表)	
XXXXXX001001GBXXXXXXFXXXXXXXX	建设用地使用权宗地(地表)内的房屋等建筑物、构筑物	
……	……	
XXXXXX001001GBXXXXXXQXXXXXXXX	建设用地使用权宗地(地表)内的其他定着物	
……	……	
XXXXXX001001GBXXXXXXW00000000	建设用地使用权宗地(地表)内无定着物	
……	……	
XXXXXX001001GSXXXXXX	建设用地使用权宗地(地上)	
XXXXXX001001GSXXXXXXFXXXXXXXX	建设用地使用权宗地(地上)内的房屋等建筑物、构筑物	
……	……	
XXXXXX001001GSXXXXXXQXXXXXXXX	建设用地使用权宗地(地上)内的其他定着物	
……	……	
XXXXXX001001GXXXXXXX	建设用地使用权宗地(地下)	
XXXXXX001001GXXXXXXXFXXXXXXXX	建设用地使用权宗地(地下)内的房屋等建筑物、构筑物	
……	……	
XXXXXX001001GXXXXXXXQXXXXXXXX	建设用地使用权宗地(地下)内的其他定着物	
……	……	
XXXXXX001001GXXXXXXXW00000000	建设用地使用权宗地(地下)内无定着物	
……	……	
XXXXXX001001GDXXXXXXW00000000	土地承包经营权宗地(耕地)	
……	……	
XXXXXX001001GEXXXXXX	土地承包经营权宗地(林地)	
XXXXXX001001GEXXXXXXLXXXXXXXX	土地承包经营权宗地(林地)内的森林、林木	
……	……	
XXXXXX001001GEXXXXXXQXXXXXXXX	土地承包经营权宗地(林地)内的其他定着物	
……	……	
XXXXXX001001GEXXXXXXW00000000	土地承包经营权宗地(林地)内无定着物	
……	……	
XXXXXX001001GFXXXXXXW00000000	土地承包经营权宗地(草地)	
……	……	

续表 1

代码	名称	说明
XXXXXX000000GHXXXXX	海域使用权宗海	
XXXXXX000000GHXXXXXFXXXXXXXX ……	海域使用权宗海内的房屋等建筑物、构筑物 ……	
XXXXXX000000GHXXXXXLXXXXXXXX ……	海域使用权宗海内的林木 ……	
XXXXXX000000GHXXXXXQXXXXXXXX ……	海域使用权宗海内的其他定着物 ……	
XXXXXX000000GHXXXXXW00000000 ……	海域使用权宗海内无定着物 ……	
XXXXXX000000GGXXXXX	使用权无居民海岛	
XXXXXX000000GGXXXXXFXXXXXXXX ……	使用权无居民海岛内的房屋等建筑物、构筑物 ……	
XXXXXX000000GGXXXXXLXXXXXXXX ……	使用权无居民海岛内的林木 ……	
XXXXXX000000GGXXXXXQXXXXXXXX ……	使用权无居民海岛内的其他定着物 ……	
XXXXXX000000GGXXXXXW00000000 ……	使用权无居民海岛内无定着物 ……	
XXXXXX001001GWXXXXX	使用权未确定或有争议的土地(海域)	
XXXXXX001001GWXXXXXFXXXXXXXX ……	未确定或有争议的土地(海域)内的房屋等建筑物、构筑物 ……	
XXXXXX001001GWXXXXXLXXXXXXXX ……	未确定或有争议的土地(海域)内的森林、林木 ……	
XXXXXX001001GWXXXXXQXXXXXXXX ……	未确定或有争议的土地(海域)内的其他定着物 ……	
XXXXXX001001GWXXXXXW00000000 ……	未确定或有争议的土地(海域)内无定着物 ……	
XXXXXX001001GYXXXXX	其他使用权土地(海域)	
XXXXXX001001GYXXXXXFXXXXXXXX ……	其他使用权土地(海域)内的房屋等建筑物、构筑物 ……	
XXXXXX001001GYXXXXXLXXXXXXXX ……	其他使用权土地(海域)内的森林、林木 ……	
XXXXXX001001GYXXXXXQXXXXXXXX ……	其他使用权土地(海域)内的其他定着物 ……	
XXXXXX001001GYXXXXXW00000000 ……	其他使用权土地(海域)内无定着物 ……	
XXXXXX001001J	集体所有	
XXXXXX001001JAXXXXXW00000000	集体土地所有权宗地	
XXXXXX001001JBXXXXX	建设用地使用权宗地(地表)	
XXXXXX001001JBXXXXXFXXXXXXXX ……	建设用地使用权宗地(地表)内的房屋等建筑物、构筑物 ……	
XXXXXX001001JBXXXXXQXXXXXXXX ……	建设用地使用权宗地(地表)内的其他定着物 ……	

续表1

代码	名称	说明
XXXXXX001001JBXXXXXW00000000	建设用地使用权宗地(地表)内无定着物	
……	……	
XXXXXX001001JSXXXXX	建设用地使用权宗地(地上)	
XXXXXX001001JSXXXXXFXXXXXXXX	建设用地使用权宗地(地上)内的房屋等建筑物、构筑物	
……	……	
XXXXXX001001JSXXXXXQXXXXXXXX	建设用地使用权宗地(地上)内的其他定着物	
……	……	
XXXXXX001001JXXXXXX	建设用地使用权宗地(地下)	
XXXXXX001001JXXXXXXFXXXXXXXX	建设用地使用权宗地(地下)内的房屋等建筑物、构筑物	
……	……	
XXXXXX001001JXXXXXXQXXXXXXXX	建设用地使用权宗地(地下)内的其他定着物	
……	……	
XXXXXX001001JXXXXXXW00000000	建设用地使用权宗地(地下)内无定着物	
……	……	
XXXXXX001001JCXXXXXFXXXXXXXX	宅基地使用权宗地	
……	……	
XXXXXX001001JDXXXXXW00000000	土地承包经营权宗地(耕地)	
……	……	
XXXXXX001001JEXXXXX	土地承包经营权宗地(林地)	
XXXXXX001001JEXXXXXLXXXXXXXX	土地承包经营权宗地(林地)内的森林、林木	
……	……	
XXXXXX001001JEXXXXXQXXXXXXXX	土地承包经营权宗地(林地)内的其他定着物	
……	……	
XXXXXX001001JEXXXXXW00000000	土地承包经营权宗地(林地)内无定着物	
……	……	
XXXXXX001001JFXXXXXW00000000	土地承包经营权宗地(草地)	
……	……	
XXXXXX001001JWXXXXX	使用权未确定或有争议的土地	
XXXXXX001001JWXXXXXFXXXXXXXX	未确定或有争议的土地内的房屋等建筑物、构筑物	
……	……	
XXXXXX001001JWXXXXXLXXXXXXXX	未确定或有争议的土地内的森林、林木	
……	……	
XXXXXX001001JWXXXXXQXXXXXXXX	未确定或有争议的土地内的其他定着物	
……	……	
XXXXXX001001JWXXXXXW00000000	未确定或有争议的土地内无定着物	
……	……	
XXXXXX001001JYXXXXX	其他使用权土地	
XXXXXX001001JYXXXXXFXXXXXXXX	其他使用权土地内的房屋等建筑物、构筑物	
……	……	
XXXXXX001001JYXXXXXLXXXXXXXX	其他使用权土地内的森林、林木	
……	……	
XXXXXX001001JYXXXXXQXXXXXXXX	其他使用权土地内的其他定着物	
……	……	

续表 1

代码	名称	说明
XXXXXX001001JYXXXXXW00000000	其他使用权土地内无定着物	
……	……	
XXXXXX001001Z	土地(海域)所有权未确定或有争议	
XXXXXX001001ZAXXXXXW00000000	集体土地所有权宗地	
XXXXXX001001ZBXXXXX	建设用地使用权宗地(地表)	
XXXXXX001001ZBXXXXXFXXXXXXX	建设用地宗地(地表)内的房屋等建筑物、构筑物	
……	……	
XXXXXX001001ZBXXXXXQXXXXXXX	建设用地宗地(地表)内的其他定着物	
……	……	
XXXXXX001001ZBXXXXXW00000000	建设用地宗地(地表)内无定着物	
……	……	
XXXXXX001001ZSXXXXX	建设用地使用权宗地(地上)	
XXXXXX001001ZSXXXXXFXXXXXXX	建设用地宗地(地上)内的房屋等建筑物、构筑物	
……	……	
XXXXXX001001ZSXXXXXQXXXXXXX	建设用地宗地(地上)内的其他定着物	
……	……	
XXXXXX001001ZXXXXXX	建设用地使用权宗地(地下)	
XXXXXX001001ZXXXXXXFXXXXXXX	建设用地宗地(地下)内的房屋等建筑物、构筑物	
……	……	
XXXXXX001001ZXXXXXXQXXXXXXX	建设用地宗地(地下)内的其他定着物	
……	……	
XXXXXX001001ZXXXXXXWXXXXXXX	建设用地宗地(地下)内无定着物	
……	……	
XXXXXX001001ZCXXXXXFXXXXXXX	宅基地使用权宗地	
……	……	
XXXXXX001001ZDXXXXXW00000000	土地承包经营权宗地(耕地)	
……	……	
XXXXXX001001ZEXXXXX	土地承包经营权宗地(林地)	
XXXXXX001001ZEXXXXXLXXXXXXX	土地承包经营权宗地(林地)内的森林、林木	
……	……	
XXXXXX001001ZEXXXXXQXXXXXXX	土地承包经营权宗地(林地)的其他定着物	
……	……	
XXXXXX001001ZEXXXXXW00000000	土地承包经营权宗地(林地)内无定着物	
……	……	
XXXXXX001001ZFXXXXXW00000000	土地承包经营权宗地(草地)	
……	……	
XXXXXX000000ZHXXXXX	海域使用权宗海	
XXXXXX000000ZHXXXXXFXXXXXXX	海域使用权宗海内的房屋等建筑物、构筑物	
……	……	
XXXXXX000000ZHXXXXXLXXXXXXX	海域使用权宗海内的林木	
……	……	
XXXXXX000000ZHXXXXXQXXXXXXX	海域使用权宗海内的其他定着物	
……	……	

续表 1

代码	名称	说明
XXXXXX000000ZHXXXXXW00000000	海域使用权宗海内无定着物	
……	……	
XXXXXX000000ZGXXXXX	**使用权无居民海岛**	
XXXXXX000000ZGXXXXXFXXXXXXXX	使用权无居民海岛内的房屋等建筑物、构筑物	
……	……	
XXXXXX000000ZGXXXXXLXXXXXXXX	使用权无居民海岛内的林木	
……	……	
XXXXXX000000ZGXXXXXQXXXXXXXX	使用权无居民海岛内的其他定着物	
……	……	
XXXXXX000000ZGXXXXXW00000000	使用权无居民海岛内无定着物	
……	……	
XXXXXX001001ZYXXXXX	**其他使用权土地(海域)**	
XXXXXX001001ZYXXXXXFXXXXXXXX	其他使用权土地(海域)内的房屋等建筑物、构筑物	
……	……	
XXXXXX001001ZYXXXXXLXXXXXXXX	其他使用权土地(海域)内的森林、林木	
……	……	
XXXXXX001001ZYXXXXXQXXXXXXXX	其他使用权土地(海域)内的其他定着物	
……	……	
XXXXXX001001ZYXXXXXW00000000	其他使用权土地(海域)内无定着物	
……	……	

附录 J　不动产登记证书

2015年3月1日起，不动产登记簿证正式启用，同时下发了填写说明，对不动产权证书的填写方式予以了明确。为便于各级不动产登记机构能够正确填写证书，现根据填写说明，对证书内页填写的几个重点内容予以释义，并就有关事项予以说明。

表1　不动产权证书内页样式、内页填写规范

___（　）_____不动产权第　　号		以张三在安徽省XX市购置的一套新建商品房登记为例，内页填写范例如下：	
		皖(2015)XX市不动产权第XXXXXXX号	
权利人		权利人	张　三
共有情况		共有情况	房屋单独所有
坐　落		坐　落	福建省XX市XX小区1号楼602
不动产单元号		不动产单元号	340XXX 002002 Gb00151 F00010002
权利类型		权利类型	国有建设用地使用权/房屋所有权
权利性质		权利性质	出让/商品房
用　途		用　途	城镇住宅用地/住宅
面　积		面　积	共有宗地面积5980.7m²/房屋建筑面积148.18m²
使用期限		使用期限	国有建设用的使用权2010年10月24日起2080年10月23日止
权利其他状况		权利其他状况	分摊土地使用权面积：15.93m² 房屋结构：钢混 专有建筑面积：117.31m²，分摊建筑面积：30.87m² 房屋总层数：12层，所在层数：第6层 房屋竣工时间：2014年01月01日

填写规范如下。

（一）关于权利人的填写

填写不动产权利人的姓名或名称。共有不动产，发一本证书的，权利人填写全部共有人，"权利其他状况"栏记载持证人；共有人分别持证的，权利人填写持证人；其余共有人在"权利其他状况"栏记载。宅基地、家庭承包方式取得的承包土地等共有不动产，权利人填写户主姓名，其余权利人在"权利其他状况"栏记载。

（二）关于共有情况的填写

填写单独所有、共同共有或者按份共有的比例。涉及土地、海域的，填写土地、海域使用权的共有情况。涉及土地、海域及其房屋、构筑物的，填写房屋、构筑物所有权的共有情况。

(三)关于坐落的填写

填写宗地、宗海所在地的地理位置名称。涉及地上房屋的,填写有关部门依法确定的房屋坐落,一般包括街道名称、门牌号、幢号、楼层号、房号等。

(四)关于不动产单元号的填写

为保证不动产单元编码的唯一性,以及更加方便判断,将不动产单元号分为四段表示:第一段表示所在行政区划,第二段表示地籍区和地籍子区,第三段表示宗地号,第四段表示定作物编码。

(五)关于权利类型的填写

按照相关法律和《不动产登记暂行条例》的规定,填写不动产权利的具体名称,涉及两种权利的,用"/"分开。

(六)关于权利性质的填写

国有土地填写出让、划拨、作价出资(入股)、国有土地租赁、授权经营等;集体土地填写家庭承包、其他方式承包、批准拨用、入股、联营等;房屋填写房屋性质;森林、林木填写林种。涉及两种权利的,用"/"分开,并与权利类型相对应。

(七)关于用途的填写

土地按《土地利用现状分类》(GB/T 21010—2007)填写二级分类,海域按《海域使用分类体系》填写用海类型二级分类。房屋、构筑物填写规划用途。涉及两种的,用"/"分开。

(八)关于面积的填写

填写不动产单元的面积。涉及土地、海域及房屋、构筑物的,用"/"分开,分别填写土地使用权、海域使用权及房屋、构筑物所有权的面积。

(九)关于使用期限的填写

土地上有房屋、构筑物的,由于房屋所有权无使用期限,因此只填写土地出让合同中记载的土地使用权起止日期,如"国有建设用地使用权××××年××月××日起××××年××月××日止"。海域上有构(建)筑物的,只填写海域使用权的起止日期,填写"海域使用权××××年××月××日起××××年××月××日止。土地所有权以及划拨土地使用权、宅基地使用权等未明确权利期限的不填写。

(十)关于权利其他状况的填写

根据不同的不动产权利类型,记载不动产权利的其他状况,如分摊土地使用权面积、房屋结构等。权利其他状况直接与权利类型栏相对应,有哪种权利类型,则对应填写与之相对应的权利其他状况。

附录 K 不动产测量报告编写要求

不动产测量报告主要反映日常不动产测量的技术标准执行情况、技术方法、程序、成果质量和主要问题的处理等情况。不动产测绘技术报告是长期保存的重要技术档案,编写要求如下。

一、基本要求

(一)不动产测量报告技术报告由承担生产任务的项目负责人编写。单位的技术负责人或法定代表人对报告的客观性、完整性等进行审核并签字,并对编写质量负责。

(二)内容要真实、完整。文字要简明扼要,公式、数据和图表应准确,名词、术语、符号、代号和计量单位等应与有关法规、标准一致。

(三)报告体例中的一级标题不能省略。根据具体的测量内容,如果二级标题所指的内容没有做,则填写"无"。

(四)报告中的内容可以增加和细化,但不能减少。

二、内容说明

(一)概述

1. 任务来源。主要阐述委托任务的单位、时间、请求测量的文件等。

2. 不动产简况。主要阐述不动产的位置、权属性质和类型、权属的历史及其沿革、原有调查测量登记等情况。

3. 测量内容。主要阐述本次需要测量的具体工作,如控制点、界址点、面积、放样、地物地貌等。

4. 测量工具。说明本次测量所使用的 GPS 接收机、全站仪、钢尺等测量仪器的型号和规格及其检定情况。

(二)测量技术依据

列出本次测量所依据的技术标准,包括国家、行业、地方等标准。

(三)控制测量

具体指明控制坐标是从哪个单位来的,坐标系统名称等。说明控制检查和控制测量的方法和操作步骤。

(四)界址测量

说明界址检查、界址放样、界址测量的方法和操作步骤。

(五)其他要素测量

说明地物、地貌和其他要素测量的方法和操作步骤。

(六)图件的编制

说明宗地图、宗海图和房产分户图的编制方法和程序。

(七)房屋面积测算

说明房屋面积测算的方法和操作步骤。

(八)质量评价

主要阐述测量成果的质量状况和可用性。

(九)成果目录

按照具体的测量内容提交相应的成果。其中现场照片等影像必须提交。

(十)成果附件